재무제표

무작정따라하기

재무제표 무작정 따라하기

The Cakewalk Series - Analyzing Financial Statements

초판 1쇄 발행 · 2007년 1월 5일
1차 개정판 1쇄 발행 · 2009년 7월 15일
1차 개정판 5쇄 발행 · 2010년 11월 20일
2차 개정판 1쇄 발행 · 2011년 12월 10일
2차 개정판 2쇄 발행 · 2012년 6월 5일
3차 개정판 1쇄 발행 · 2014년 7월 1일
3차 개정판 5쇄 발행 · 2016년 8월 15일
4차 개정판 1쇄 발행 · 2017년 6월 15일
4차 개정판 5쇄 발행 · 2021년 7월 27일
5차 개정판 1쇄 발행 · 2022년 12월 23일
5차 개정판 2쇄 발행 · 2023년 10월 6일

지은이 · 유종오
발행인 · 이종원
발행처 · (주)도서출판 길벗
출판사 등록일 · 1990년 12월 24일
주소 · 서울시 마포구 월드컵로 10길 56(서교동)
대표 전화 · 02)332-0931 | **팩스** · 02)323-0586
홈페이지 · www.gilbut.co.kr | **이메일** · gilbut@gilbut.co.kr

기획 및 책임 편집 · 이재인(jlee@gilbut.co.kr) | **마케팅** · 정경원, 김진영, 최명주, 김도현
제작 · 이준호, 손일순, 이진혁, 김우식 | **영업관리** · 김명자, 심선숙 | **독자지원** · 윤정아, 전희수

교정교열 · 김혜영 | **디자인** · 신세진 | **전산편집** · 김정미 | **일러스트** · 조윤혜, 정민영
CTP 출력 및 인쇄 · 북솔루션 | **제본** · 북솔루션

ISBN 979-11-407-0231-2 13320
(길벗도서번호 070500)

정가 25,000원

독자의 1초까지 아껴주는 길벗출판사

(주)도서출판 길벗 IT교육서, IT단행본, 경제경영서, 어학&실용서, 인문교양서, 자녀교육서 www.gilbut.co.kr
길벗스쿨 국어학습, 수학학습, 어린이교양, 주니어 어학학습, 학습단행본 www.gilbutschool.co.kr

재무제표
무작정 따라하기

유종오 지음

길벗

재무제표 최신 정보 반영 및
분석편 전면 개정!

이 책이 출간된 지 벌써 15년이 되었다. 오랜 기간 독자 여러분의 꾸준한 사랑을 받아온 점에 대해 필자로서 독자 여러분께 항상 진심 어린 감사를 드린다. 필자는 그동안 국내외 회계환경과 제도의 변화가 있을 때마다 책을 꾸준히 개정증보를 해왔는데, 이번 판은 4차 개정판 이후 5년 만에 이뤄진 개정판으로 본문 제2편 재무제표 분석편을 전면 개정하였다.

우선 재무제표 분석 대상으로 삼은 회사를 삼성전자는 그대로 두고, 현대자동차를 네이버로 바꾸었다. 그리고 재무제표의 수치도 최근 자료로 업데이트하였다.

특히 어떤 기업이 좋은 기업인가라는 관점에서 재무제표 분석 기법을 적용하여 두 회사를 국내기업 및 글로벌 기업과 비교분석한 점이 이번 판에서 크게 달라진 점이다.

재무제표는 주주를 비롯한 기업 이해관계자들의 의사결정에 필요한 재무정보를 요약한 것으로서 회계처리의 결과물이다. 따라서 회계처리 기준이 변경되면 당연히 재무제표도 그 영향을 받는다. 우리나라는 2011년 국제회계기준을 도입하면서 국제회계환경에 직접적인 영향을 받게 되었다. 그 사이 세계적인 코로나팬데믹이 발생하여 아직도 그 영향이 계속되고 있고,

기업의 사회적 책임, ESG를 통한 지속가능성에 대한 관심도 매우 커졌다. 모두 회계기준의 변화를 요구하는 변화들이다. 다만 회계기준의 변경은 이해관계자들간의 이해상충을 유발하므로 생각만큼 쉽게 바꾸기는 어렵다. 필자는 그동안 회계기준의 변화를 그때그때 책에 반영해왔기 때문에 이번 개정판에서 회계기준 변경과 관련된 개정내용은 거의 없다.

이번 제5차 개정판에서는 삼성전자와 네이버의 최근 재무제표를 바탕으로 국내외 동종기업 또는 글로벌경쟁기업과 비교하면서 기업의 재무상황에 대한 해석사례를 제시해 보았다.
삼성전자 재무제표와 국내전기전자업종의 재무제표 지수 및 글로벌기업 애플의 재무제표 수치와 비교하여 강점과 약점을 평가해보았다.
네이버에 대해서는 국내정보통신업종의 재무제표 지수 및 글로벌검색기업 구글의 재무제표 수치와 비교해서 기업의 재무상황을 평가해보았다.
물론 이러한 재무제표 해석을 통해 어떤 정답을 제시하려는 것은 아니다. 이해관계자의 입장에 따라 또 해석하는 기법에 따라 다른 해석도 가능하다. 하나의 해석방법을 제시한 것으로 보면 되겠다.

또 독자 여러분들이 이런 해석방법론을 바탕으로 직접 재무제표를 분석해 볼 수 있도록 현대자동차와 테슬라자동차회사의 최근 재무제표를 제공하고 문제를 제시하였다.
본문의 해석사례를 참고하면서 독자 여러분 스스로 두 회사 재무제표를 분석해보면 재무제표에 대한 이해가 더 깊어질 것으로 기대한다.

유종오

유경미
(29세 / 회사 회계 담당자)

쉽게 읽기만 하면 되는 재무제표 분석서!

'재무제표'란 말만 들어도 어렵게 느껴지고, 회계 관련 전문지식이 있는 사람만이 재무 제표를 이해할 수 있다는 고정관념이 있습니다.

실무를 하면서 회계지식을 쌓기 위해 전문서적을 공부하거나 회계학원을 다니려고 했 더니, 많은 시간과 노력이 필요해 대단히 부담스럽게 느껴졌습니다.

그런데 이 책은 생활 속에서 틈틈이 짬을 내어 공부할 수 있다는 점에서 무척 좋았습니 다. 어려운 용어가 친절히 설명되어 있어서 쉽게 이해할 수 있었고, 확인 학습할 수 있 는 문제까지 수록되어 있어서 출퇴근 시간에 간단히 복습할 수 있었습니다.

재무제표를 이해하기 위해 머리 싸매고 공부할 필요 없이, 쉽게 읽고 실무에 적용하며 몸에 익힐 수 있는 책입니다.

박미선
(27세 / 회사원)

창업자나 기업 경영자에게 추천하고 싶은 책!

평소 사회생활을 하면서 재무제표에 대해 공부하고 싶다는 생각이 있었습니다. 그러던 차에 만난 이 책은 재무제표의 기본기를 닦기에 좋은 책이었습니다. 재무제표를 모르 는 초보자라도 이 책을 차근차근 읽어간다면, 재무제표를 경영활동에 활용하는 방법에 대해 쉽게 이해할 수 있을 것입니다.

재무제표의 흐름은 물론 유동자산이나 비유동자산처럼 조금은 낯선 용어도 쉽게 풀이 해주는 등, 간단한 소설과 잘 짜인 설명을 통해 가볍게 읽으며 재무제표의 전체적 흐름 을 파악할 수 있었습니다. 각 장의 끝에 나오는 실전문제도 배운 내용을 한 번씩 되짚게 해주어 무척 유용했습니다.

창업자나 기업경영을 하시는 분들 또는 세무와 관련된 일을 시작하는 분들에게 추천하 고 싶습니다. 재무제표는 잘 알지만 그 원리는 잘 모르는 분들께도 많은 도움이 될 것 같습니다.

차례

PART 1

재무제표 이해하기

준비마당

재무제표 읽기 전에 알아야 하는 것들

둘째 마당

재무제표 2요소 손익계산서

셋째마당

재무제표 3요소 현금흐름표

부록

특별부록

PART 1

재 무 제 표 무 작 정 따 라 하 기

재무제표
이해하기

재무제표
읽기 전에
알아야 하는 것들

재무제표가 쉬워지는 토막소설

주식투자 초보자인 김초보 씨는 주식투자로 재미를 봤다는 친구의 권유로 몇몇 회사 종목에 투자를 했다. 한 종목은 그래도 이름이 알려진 회사여서 주저함이 없었지만, 다른 회사는 이름이 낯선 회사여서 좀 망설였다. 하지만 친구가 오를 것이라고 해서 산 것이다. 그다지 큰돈을 투자한 것은 아니어서 부담은 별로 크지 않았다.

하지만 웬걸, 생소한 이름의 회사 주식은 이틀간 오르는 듯하더니, 사흘째부터 주가가 곤두박질치기 시작해 곧 반 토막이 나고 말았다.
친구에게 물어보니 "나도 당한 것 같아. 작전세력이 치고 빠졌다는 거야."라면서 자기도 회사 사정을 모르면서 그 회사 주식을 사두면 단기간에 급등할 것이라는 이야기를 어딘가에서 듣고 샀다가 낭패를 봤다는 것이 아니겠는가?

김초보 씨는 투자금액이 적어서 그나마 다행이었지만, 이렇게 소문만 듣고 투자를 하다가는 큰 손해를 보겠다는 생각이 들어서 평생을 주식투자자로 생활해온 박 선생께 자문을 구하기로 했다.
박 선생은 여러 가지 말씀을 해주었는데, 그중 가장 기억에 남는 말은 견실한 회사에 투자해야 한다는 것과 투자한 회사에 대해 올바로 알아야 한다는 것이었다. 그리고 회사에 대해 올바로 알려면 그 회사의 재무제표를 봐야 하며, 동시에 그 재무제표에 대한 감사의견을 반드시 살펴보아야 한다고 했다.

김초보 씨는 '재무제표'라는 말은 많이 들어봤지만 정확히 어떤 것인지 잘 모르는 상태이고, '감사의견'이라는 용어 역시 생소했다. 하지만 역시 주식투자로 삶을 꾸려온 분은 기본이 다르다는 느낌을 받았다.

박 선생을 만난 뒤 김초보 씨는 자신이 산 종목 회사의 재무제표를 찾아보았다. 그랬더니 몇 년 전부터 계속 적자행진을 하고 있는 회사였다. 문득 자기 자신이 한심하다는 생각과 함께 낯이 뜨거워졌다.

김초보 씨는 이 기회에 재무제표를 제대로 한번 공부해봐야겠다는 생각이 들었다. 마침 공인회계사인 친구가 있어서 이참에 우정도 돈독히 할 겸 찾아갔다.

친구의 말이 재무제표는 하나가 아니라 재무상태표, 손익계산서, 현금흐름표, 자본변동표, 주석, 이렇게 5가지를 모두 일컫는다고 한다. 앞으로 김초보 씨는 친구의 도움을 받아 차례차례로 재무제표를 공부할 생각을 하니 신이 났다.

지금부터 김초보 씨를 따라 재무제표의 바다에 풍덩 빠져보자!

001

재무제표, 어떤 사람에게 필요할까?

1. 재무제표는 회사의 건강진단서

(1) 회사에 대해서 알고 싶다!

❶ 외부이해관계자

주주: 이 회사는 올해 배당*을 얼마나 할까?

　　　이 회사 주가는 앞으로 어느 정도나 오를까?

거래처: 이 회사와 거래하면 대금을 제때 지불해줄까?

은행: 이 회사에서 원금과 이자를 제때 받을 수 있을까?

세무서: 이 회사는 올해 세금을 제대로 계산했나?

❷ 내부이해관계자

경영자: 신규투자를 하면 언제쯤 이익이 날까?

　　　　인력을 충원하면 이익을 늘릴 수 있을까?

근로자, 종업원: 내년에 임금인상을 얼마나 할 수 있을까?

　　　　　　　이 회사는 내 인생을 걸 만한 안정적인 직장일까?

한 회사에 대한 이해관계자는 주주, 채권자, 거래처, 정부당국 등 외부이해관계자부터 경영자나 종업원 같은 내부이해관계자 그리고 지역사회

📣 **용어 해설**

배당(Dividend)

주식회사가 이익금의 일부를 현금이나 주식으로 할당해서 자금을 낸 사람이나 주주에게 나누어주는 것을 말한다.

와 취직을 앞둔 젊은이들까지……. 이들이 회사에 대해 알고자 하는 목적은 각기 다르지만, 모두 회사의 과거와 현재 상태를 파악하고 싶어하며, 나아가 미래의 모습을 예측하고 싶어한다는 점에서는 동일하다.

(2) 재무제표란?

회사에 관한 정보[*]는 무수히 많다. 회사의 연혁에서부터 제품정보, 보유기술 정보, 경영자정보, 인력정보, 재무정보 등…….

그러나 회사의 이해관계자가 경제적 의사결정을 할 때 이들 정보가 모두 필요한 것은 아니다. 더구나 이들 정보에 접근할 수 있는 권한과 폭도 매우 제한되어 있다.

경영자는 사업제휴나 자본조달을 위해 투자자나 채권자 등 외부이해관계자들에게 그들이 필요로 하는 정보를 제공해주어야 한다. 투자자, 채권자 등 외부이해관계자가 회사에 대한 투자 의사결정을 하는 데 필요한 정보는 경영자가 제공하는 정보로서, 대부분 회사의 미래 현금흐름 창출능력을 파악할 수 있는 핵심정보, 즉 재무제표(Financial Statements) 정보다.

재무제표는 재무상태표, 손익계산서, 현금흐름표, 자본변동표, 재무제표에 대한 주석을 한꺼번에 칭하는 용어다.[*] 재무제표에는 일정시점 회사의 자산과 부채, 자본의 상태, 일정기간 회사의 경영성과와 현금흐름, 자본변동, 회사의 회계정책 등에 대한 정보가 모두 담겨 있다.

용어 해설

회사에 관한 정보
회사의 정보가 모두 공개되는 것은 아니다. 예를 들어 제품의 핵심기술 정보는 회사의 운명을 좌우할 정도로 중요하므로 보통 대외비로 분류된다.

용어 해설

재무제표의 구성요소
다음에서 자세히 설명한다.
• 재무상태표 → 첫째마당
• 손익계산서 → 둘째마당
• 현금흐름표 → 셋째마당
• 자본변동표 → 넷째마당
• 재무제표의 주석 → 다섯째마당

| 재무제표의 구성요소 |

재무상태표
손익계산서
현금흐름표
자본변동표
재무제표의 주석 → 이 모든 것의 합! → 재무제표

2. 재무제표를 이해하려면 어떤 공부가 필요할까?

회사가 아무리 좋은 정보를 제공한다 해도 그 정보를 이해하거나 해석하지 못하면 그것은 그림의 떡일 것이다. 그렇다면 재무제표를 읽고 이해하는 데 어떤 공부가 필요할까?

우선 분명히 말할 수 있는 것은 영어책을 읽는 것보다 재무제표를 읽는 것이 훨씬 쉽다는 것이다. 영어책을 읽으려면 최소한 알파벳을 알아야 하고, 더 나아가 영어 단어와 문법, 무수한 관용표현 등을 공부해야 하며 그 기간도 수년이 걸린다.

하지만 재무제표는 우리말과 숫자로 이루어져 있고 구조가 단순하다. 물론 재무제표에만 등장하는 전문용어가 있기는 하지만, 상식으로 이미 알고 있는 용어도 많다. 상식 수준의 용어를 좀더 정확히 공부하고 몇몇 새로운 용어에 익숙해지면, 재무제표를 읽고 해석하는 것은 그리 어렵지 않다.

3. 재무제표는 누구에게 필요할까?

재무제표의 이용자는 회사의 이해관계자들이다. 이들은 회사에 대한 자신의 경제적 의사결정을 위해 재무제표를 이용한다. 의사결정의 목적에 따라 필요로 하는 정보가 조금씩 다르다.

(1) 투자자, 은행 등 채권자에게 필요한 재무제표

주주 등의 투자자나 투자하려는 자, 은행 등의 채권자는 재무제표를 통해서 회사의 재무적 건전성과 현금유동성, 이익의 크기를 파악한다. 그럼으로써 받게 될 배당의 크기, 주식 가격의 변동 전망, 채권이나 대여금의 회수 가능성, 이자 지급능력 등을 알 수 있다.

회사의 미래 현금흐름*에 대한 이 같은 정보는 투자자들이 투자 의사결정을 하는 데 있어서 핵심적인 것이다.

(2) 거래처에 필요한 재무제표

회사에 재화와 용역을 공급하는 거래처는 회사가 지급기한 내에 지급할 능력이 있는지 판단할 수 있는 재무정보를 얻기 위해 재무제표를 이용한다.

(3) 경영자에게 필요한 재무제표

경영자는 기업의 영업활동(신제품개발, 구매, 제조, 보관, 판매, 인사, 경리 등)과 투자활동, 재무활동에 관한 의사결정을 하고, 그 결과가 재무제표로 나타난다.

잠깐만요

재무제표는 주식회사 탄생과 함께 시작됐다

인류역사에서 상업활동에 대한 회계기록은 기원전 2200년경 《함무라비 법전》에 이미 등장했다고 전해진다. 하지만 현대적 의미의 재무제표가 탄생한 것은 20세기 초 주식회사*의 탄생과 함께였다.

주식회사는 인류의 위대한 발명 중 하나라고 할 수 있다. 대규모의 자본을 조달하는 탁월한 회사 형태이기 때문이다. 주식회사는 주식발행을 통해서 코흘리개의 쌈짓돈부터 자산가의 많은 자금까지, 돈의 주인을 가리지 않고 수많은 이들로부터 거대한 자본을 조달한다.

주식회사 경영자는 자금조달을 위해 잠재적인 투자자에게 그들이 필요로 하는 정보를 제공할 뿐 아니라, 주주를 비롯한 투자자들에게 자신의 경영성과를 보고해야 할 의무가 있다. 재무제표가 공시되기 시작한 것은 바로 이런 목적 때문이다.

우리나라 상법은 회사의 경영자에게 회계장부와 그에 근거한 재무제표의 작성·비치 책임을 지우고, 재무상태표는 주주총회 승인 후 지체없이 공고하도록 하고 있다. 또 '주식회사등의외부감사에관한법률'(이하 외감법)에서도 회사로 하여금 재무제표를 작성, 비치, 공시하도록 하고 있다.

재무제표는 경영자가 회사의 경영활동 계획(Plan)을 수립하는 기초이며, 이 계획을 실행(Do)하고, 일정기간의 경영에 대한 성과를 평가(See)하는 잣대가 된다.

(4) 종업원, 노동조합에 필요한 재무제표

회사의 종업원과 노동조합 또한 재무제표의 주요 이용자다. 이들은 재무제표를 통해 임금인상이나 노동조건 개선, 계속고용의 가능성을 평가하고, 나아가 경영자와 교섭에 필요한 정보를 얻는다.

(5) 정부당국에 필요한 재무제표

정부당국에도 재무제표는 필수적인 정보다. 회사가 세금을 정확하게 계산했는지, 세금을 납부할 능력은 어느 정도인지 파악할 수 있을 뿐 아니라, 공공복리 증진을 위해 회사의 경영활동에 대한 규제와 관리를 하는 자료로서 재무제표가 필요하다.

MEMO

TEST

재무제표를 얼마나
알고 있는지 평가해보자!

그럼 본격적인 공부에 앞서, 다음 질문에 답하면서 재무제표에 대한 자신의 이해 수준이 어느 정도인지 먼저 평가해보자.

1	재무제표는 무엇인가?
2	재무제표의 5가지 구성요소는 무엇인가? ① ② ③ ④ ⑤
3	회사의 재무상태를 나타내는 재무제표는 무엇인가?
4	회사의 경영성과를 나타내는 재무제표는 무엇인가?
5	회사의 현금흐름에 대한 정보를 나타내는 재무제표는 무엇인가?
6	재무상태표상 자본의 크기와 변동내역을 나타내는 재무제표는 무엇인가?

7	재무제표를 보완하는 정보로서, 수치 이면의 회계정책 또는 주요 재무정보를 무엇이라고 하는가?
8	회사의 이익잉여금을 처분한 내역으로서 주석에 공시하는 재무정보는 무엇인가?
9	회사의 결손금을 처리한 내역으로서 주석에 공시하는 재무정보는 무엇인가?
10	재무제표를 작성할 책임은 누구에게 있나? ① 공인회계사　　　② 세무사　　　③ 경영자

해설

제대로 답한 문제가 몇 개인지 세어보자.

· 8~10개: 재무제표에 대한 기본상식이 이미 탄탄한 사람이다. 이 책을 읽으면서 자신이 가지고 있는 기본개념을 다시 한번 잘 확인하고, 확실하게 자기 것으로 만드는 시간이 되도록 해보자.

· 4~7개: 재무제표에 대해 어느 정도 감은 잡고 있는 사람이다. 하지만 몇 가지 개념에 대해서는 명확히 이해하지 못한 상태다. 이번 기회에 이 책을 통해 확실하게 재무제표에 통달하기 바란다.

· 3개 이하: 이제 막 재무제표를 공부하기 시작한 사람이다. 이 책을 읽으며 공부하다 보면, 자기도 모르는 사이에 재무제표 왕초보 딱지를 완전히 뗄 수 있을 것이다. 아자!

정답
1. 회사의 재무상태와 경영성과 등을 정해진 양식에 표시한 재무보고서다.
2. ① 재무상태표, ② 손익계산서, ③ 현금흐름표, ④ 자본변동표, ⑤ 재무제표의 주석
3. 재무상태표 / 4. 손익계산서/ 5. 현금흐름표/ 6. 자본변동표/ 7. 재무제표의 주석
8. 이익잉여금처분계산서 / 9. 결손금처리계산서 / 10. ③ 경영자

재무제표 작성 기준은
무엇일까?

1. 재무제표는 '기업회계기준'에 따라 작성한다

재무제표는 회사의 수많은 거래정보를 정리해 다양한 이해관계자에게
제공하는 재무정보다. 그런데 만약 회사의 재무정보가 그 형식과 내용
에서 이를 제공하는 회사마다 또는 담당하는 사람마다 다른 방식으로
작성한다면 어떻게 될까?

회사는 필요에 따라 당기순이익*을 늘릴 수도 있고 줄일 수도 있을 것
이며, 그에 따라 회사의 자산이나 부채 상태도 달라질 것이다. 결국 모든
정보들이 조작 가능해지고 분식회계*가 일상화되어버린다.

그렇게 되면 정보이용자들이 회사가 제공한 재무정보를 신뢰할 수 없을
것이며, 이렇게 제각각으로 제공되는 정보를 제대로 이해하는 것은 더
더욱 어려운 일이 될 것이다. 결과적으로 외부이해관계자들에게 자신의
재무정보가 신뢰할 만하다는 것을 입증하기 힘들어 회사는 자금조달에
어려움을 겪게 될 것이다.

그래서 인류가 고안해낸 방식이 바로 '일반적으로 인정된 회계원
칙'(GAAP: Generally Accepted Accounting Principles), 즉 '기업회계기준'이다.
기업회계기준이란 모든 회사, 어떤 경리담당자라도 회사의 경영성과(이
익측정), 재무상태, 현금흐름, 자본변동 내역을 표시할 때 준수해야 하는

 용어 해설

당기순이익
(Net Profit for The Period)
손익계산서에서, 당기의 총수익
에서 영업비용을 포함한 총비용
을 뺀 순이익을 말한다.

분식회계(Manipulation)
기업이 재정상태나 경영실적을
실제보다 좋게 보이게 할 목적에
부당한 방법으로 자산이나 이익
을 부풀려 계상하는 것을 말한다.
이는 주주와 채권자들에게 거짓
정보를 제공하는 행위다. 분식회
계에 대한 책임은 일차적으로 경
영자에게 있다.

일반적인 회계처리 방법을 정한 지침이다.

누구든 이러한 기업회계기준에 따라 거래와 재무사항을 기록하면, 같은 거래에 대해서는 같은 결과를 보여주게 되므로 재무제표의 신뢰성이 높아진다. 또 정보이용자들도 기업회계기준을 알기만 하면 어떤 회사의 재무정보든 이해할 수 있다. 같은 기업회계기준을 따르는 회사들끼리 재무제표를 비교하는 것도 가능해진다.

(1) 기업회계기준 제정기관

우리나라에서 기업회계처리기준(한국채택국제회계기준, 일반기업회계기준)은 금융위원회에 제정권한이 있고, 그 위임을 받아 민간기구인 한국회계기준원 회계기준위원회에서 제정한다. 한편, 중소기업회계기준은 법무부의 '회계자문위원회'에서 제정한다.

(2) 3종류의 기업회계기준과 기타 비영리회계기준

우리나라에는 현재 '한국채택국제회계기준'(K-IFRS), '일반기업회계기준', '중소기업회계기준'이 있고, 각 회사는 자신이 처한 조건에 따라 3종류 중 하나의 회계기준을 선택해 적용하면 된다.

❶ 한국채택국제회계기준(K-IFRS)

한국채택국제회계기준을 의무적으로 적용해야 하는 기업은 다음과 같다.

> 가. 주권상장기업(유가증권시장 및 코스닥시장 상장기업)
> 나. 해당 사업연도 또는 다음 사업연도 중에 주권상장법인이 되려는 기업
> 다. 법에 따른 금융지주회사 및 금융기관, 보험회사, 신용카드사업자, 투자매매업자, 투자중개업자, 집합투자업자, 신탁업자 및 종합금융회사
> 라. 위 회사와 지배종속관계의 회사

❷ 일반기업회계기준

일반기업회계기준은 외감법*에 따라 외부감사를 받는 주식회사 등 한
국채택국제회계기준을 적용하지 않는 회사에 의무적으로 적용된다. 일
반기업회계기준은 한국채택국제회계기준(K-IFRS)을 따르되, 기업의 재
무제표 작성부담을 최소화하고 국제적 정합성을 고려해 한국회계기준
원에서 제정한 것이다.

❸ 중소기업회계기준

중소기업회계기준은 외감법의 적용을 받지 않는 주식회사에 적용된다.
물론 주식회사 이외의 회사도 적용할 수 있다.

❹ 기타 비영리조직회계기준

이외에 지정기부금단체 등 공익법인과 학교, 의료법인, 사회복지법인
등 비영리조직에는 개별 법령에 따른 고유한 비영리조직회계기준이 따
로 있다.

한국채택국제회계기준과 일반기업회계기준, 그리고 중소기업회계기준
이 어떻게 다른지는 부록에 실어두었다.

2. 재무제표의 속성

재무제표를 더욱 잘 이해하기 위해서는 재무제표를 작성할 때 사용하는
기본가정과 원칙, 재무정보의 특성을 알아두는 것이 좋다.

(1) 재무제표의 기본가정

❶ 기업실체의 가정(Business Entity Assumption)

기업은 소유주(주주 또는 출자자)와 독립적으로 존재한다는 가정이다. 이에 따라 소유주라 해도 회삿돈을 마음대로 써서는 안 되며, 동시에 소유주는 기업에 대해 무한책임을 지지도 않는다. 주주 또는 출자자는 기업의 소유주이지만 기업에 투자한 금액을 한도로 유한책임을 질 뿐이다. '소유와 경영의 분리'라는 개념은 바로 이 가정에서 생겨난 것이다.

❷ 계속기업의 가정(Going-concern Assumption)

재무제표는 일반적으로 기업이 계속기업*이며 예상 가능한 기간 동안 영업을 계속할 것이라는 가정하에 작성된다. 따라서 기업은 경영활동을 청산하거나, 중요하게 축소할 의도나 필요성을 갖고 있지 않다는 가정하에 재무제표를 작성한다.

만약 그러한 의도나 필요성이 있다면 계속기업을 가정한 기준과는 다른 기준을 적용해 재무제표를 작성해야 타당하다. 회사가 청산할 때는 모든 자산을 헐값에 처분하고 부채도 일시에 갚아야 해서 계속기업일 때보다 회사의 가치가 더 떨어지기 때문이다. 그리고 이때 적용한 기준은 반드시 별도로 공시해야 한다.

❸ 기간별 보고의 가정(Periodicity Assumption)

기업의 재무상태와 경영성과 등을 보고하고 평가하기 위해 인위적으로 회사의 재무보고 기간을 구분하는 것을 말한다. 이렇게 구분된 기간을 회계연도*라고 한다. 최초의 회계연도를 1기로 하고, 해가 거듭될수록 그 기수가 늘어난다.

용어 해설

계속기업(Going-concern)
사업을 반영구적으로 계속하는 기업 또는 회계상 그렇게 되어 있는 기업을 말한다.

회계연도(Fiscal Year)
기업의 경영성과를 평가하기 위해 회사에서 임의로 구분한 기간을 말한다. 직전 결산일 다음날부터 당해 결산일까지가 한 회계연도가 된다. 대부분의 회사는 1월 1일부터 12월 31일까지를 한 회계연도로 정하고 있다. 직전 결산일 다음날을 기초(期初)라고 하고, 당해 결산일을 기말(期末), 그 중간을 기중(期中)이라고 하는 것도 알아두자.

❹ **발생기준의 가정(Accrual-basis Assumption)**

재무제표는 그 목적에 맞게 발생기준을 적용해서 작성한다. 거래나 그밖의 사건을 현금및현금성자산*의 수취·지급시점에 인식하는 현금기준(Cash-basis)과 달리, 발생기준(Accrual-basis)은 거래 등이 발생한 시점에 인식해서 해당 기간의 장부에 기록하고 재무제표에 표시하는 방법이다. 예를 들어 제품을 외상으로 판매하는 경우 판매대금이 아직 현금으로 들어오지 않았지만, 제품을 납품한 시점에 매출과 해당 외상매출금을 장부에 기록하는 것이다.

발생기준을 적용해 작성한 재무제표는 과거의 거래뿐만 아니라 미래에 현금을 지급해야 하는 의무나 현금이 들어올 것이 기대되는 자원에 대한 정보를 이용자에게 제공할 수 있어서, 이용자가 경제적 의사결정을 하는 데 매우 유용하다.

앞의 4가지 기본가정 외에도 다음과 같은 가정이 있다.

❺ **화폐적 측정의 가정(Monetary Unit Assumption)**

이것은 회사에서 벌어지는 온갖 사건과 거래 중에서 재무제표에 반영되는 것은 화폐로 측정할 수 있는 사건 및 거래에 한정된다는 뜻이다. 그래서 우수한 경영진이나 안정된 노사관계 또는 브랜드가치 등과 같이 분명 그 회사의 자산이지만 화폐단위로 측정할 수 없는 것들은 재무제표에 반영되지 않는다.

(2) 재무제표 작성의 원칙

❶ **재무제표의 작성 책임과 공정한 표시**

재무제표는 경제적 사실과 거래의 실질을 반영해 공정하게 작성해야 하며, 재무제표의 작성 및 표시에 대한 책임은 경리나 공인회계사 등 기장

대리인이 아니라 경영진에게 있다.

❷ 재무제표 항목의 구분과 통합표시

중요한 항목은 재무제표의 본문이나 주석에 내용이 가장 잘 나타날 수 있도록 구분해서 표시해야 하며, 그렇지 않은 항목은 성격이나 기능이 유사한 항목과 통합해서 표시할 수 있다. 중요성에 대한 판단은 양적 중요성 및 질적 중요성을 모두 고려해서 해야 하며, 판단기준은 재무제표 이용자의 관점에서 이루어져야 한다.

❸ 비교재무제표 작성

재무제표의 기간별 비교가능성을 높이기 위해 전기 재무제표의 모든 계량정보를 당기*와 비교하는 형식으로 표시해야 한다. 또 전기 재무제표의 비계량정보가 당기 재무제표를 이해하는 데 필요한 경우에는 당기 정보와 비교해서 주석에 기재하는 것이 원칙이다.

용어 해설

당기(Current Term)
재무제표는 일정한 회계기간 (Fiscal Period)을 정해 그 기간 동안의 거래를 바탕으로 작성된다. 이때 직전 회계연도를 전기 (Previous Term), 당해 회계연도를 당기, 다음 회계연도를 차기 (次期, Next Term)라고 한다.

❹ 항목 표시와 분류의 계속성

재무제표의 기간별 비교가능성을 높이기 위해 재무제표 항목의 표시와 분류는 원칙적으로 매년 동일해야 한다. 만약 항목의 표시와 분류방법이 변경된 경우 당기와 비교할 수 있도록 전기의 항목을 재분류하고, 그 내용·금액 및 재분류가 필요한 이유를 주석에 기재한다.

❺ 이해하기 쉽도록 간단명료하게

재무제표는 이해하기 쉽도록 간단하고 명료하게 표시해야 한다. 일반기업회계기준을 적용할 때는 예시된 재무제표 양식을 참조해 작성하는 것이 좋으며, 기업명과 보고기간 종료일 또는 회계기간, 보고통화 및 금액 단위를 반드시 표시해야 한다.

(3) 재무정보의 특성

재무제표에 담긴 정보의 질적 특성에는 목적적합성과 신뢰성, 비교가능성, 비용 대비 효익 요건의 충족 등이 있다.

3. 재무제표 요소의 인식과 측정기준

(1) 재무제표 요소의 인식

재무제표의 요소를 인식*하기 위해서는 다음 3가지 요건을 충족해야 한다.

가. 당해 항목이 재무제표 기본요소의 정의를 충족해야 한다.
나. 해당 항목과 관련된 미래경제적효익*이 기업에 유입되거나 기업으로부터 유출될 가능성이 높다.
다. 해당 항목의 원가 또는 가치를 신뢰성 있게 측정할 수 있다.

이에 따라 자산, 부채, 자본, 수익, 비용을 인식하는 요건은 다음과 같다.

❶ 자산을 인식하는 요건

자산은 미래경제적효익이 기업에 유입될 가능성이 높고, 해당 항목의 원가 또는 가치를 신뢰성 있게 측정할 수 있을 때 재무상태표에 인식한다.

❷ 부채를 인식하는 요건

부채는 현재 의무를 이행함에 따라 자산이 유출될 가능성이 높고, 해당 금액을 신뢰성 있게 측정할 수 있을 때 재무상태표에 인식한다.

용어 해설

인식
거래나 사건 금액을 자산, 부채, 수익, 비용 등으로 재무제표에 표시하는 것을 말한다.

미래경제적효익
자산을 이용해서 수익을 창출하거나 비용을 절감함으로써 얻을 수 있는 미래 현금유입의 증가 또는 미래 현금유출의 감소를 말한다.

❸ 자본을 인식하는 요건

자본은 투자된 화폐액 또는 투자된 구매력으로서, 기업의 순자산(자산-부채)이나 지분과 동일하다. 이때 이익은 기초 순자산을 초과한 금액으로 인식한다.

❹ 수익을 인식하는 요건

수익은 거래가 실현되었거나 실현 가능한 시점에 기업 자산의 증가나 부채의 감소와 관련해서 미래경제적효익이 증가하고, 이를 신뢰성 있게 측정할 수 있을 때 (포괄)손익계산서에 인식한다(= 수익인식-실현주의 원칙).

❺ 비용을 인식하는 요건

비용은 기업 자산의 감소나 부채의 증가와 관련해서 미래경제적효익이 감소하고 이를 신뢰성 있게 측정할 수 있을 때, 발생된 원가와 특정 수익 항목의 발생 간에 존재하는 직접적인 관련성을 기준으로 (포괄)손익계산서에 인식한다(= 수익-비용 대응의 원칙).

경제적효익이 여러 회계기간에 걸쳐 발생할 것으로 예상되는 경우, 비용은 감가상각비처럼 체계적이고 합리적인 배분절차를 통해 인식하며, 미래경제적효익이 기대되지 않는 지출은 즉시 비용으로 처리한다.

(2) 재무제표 요소의 측정기준

재무제표 요소를 측정할 때는 보통 역사적원가[즉, 취득(거래 발생) 당시의 거래 금액]로 화폐금액을 결정하는데, 그 외에도 여러 가지 측정기준을 결합해 사용할 수 있다. 예를 들어 재고자산은 역사적원가와 실현가능가치를 비교해서 낮은 가격을 기준으로 평가한다.

❶ 역사적원가 기준

자산은 취득 대가로 취득 당시에 지급한 현금및현금성자산이나 그 밖의 공정가치로 기록하며, 부채는 부담하는 대가로 받은 금액으로 기록한다.

❷ 현행원가 기준

자산은 동일하거나 동등한 자산을 현재시점에 취득할 경우 그 대가로 지불해야 하는 현금및현금성자산의 금액으로, 부채는 현재시점에서 그 의무를 이행하는 데 필요한 현금 등의 할인하지 않은 금액으로 평가한다.

❸ 실현가능가치 기준

자산은 정상적으로 처분할 경우 받을 것으로 예상되는 현금 등의 금액으로 평가하고, 부채는 정상적인 영업과정에서 의무를 이행하기 위해 지급될 것으로 예상되는 현금성자산의 할인하지 않은 금액으로 평가한다.

❹ 현재가치 기준

자산은 정상적인 영업과정에서 그 자산이 창출할 것으로 기대되는 미래순현금유입액의 현재할인가치로 평가하며, 부채는 의무를 이행함으로써 예상되는 미래순현금유출액의 현재할인가치로 평가한다.

어려운 용어가 많이 나왔다고 여기서 그냥 책을 덮지는 말자. 재무제표의 기본적인 사항을 짚어두려는 것뿐이다. 본격적으로 첫째마당부터 마지막까지 공부한 후 다시 돌아와 읽어보면 머릿속에 쏙쏙 들어올 것이다.

4. 재무제표 간의 상호관계

재무상태표, 손익계산서, 현금흐름표, 자본변동표, 재무제표의 주석 등을 합해서 재무제표라고 한다. 그런데 이 재무제표는 동일한 회사의 1년 동안의 거래를 바탕으로 이루어진 것이다. 다시 말해 한 부모에게서 태어난 형제들과도 같다.

형제들의 몸속에는 같은 피가 흐르듯이, 재무제표 속에도 그와 동일한 요소가 있다. 바로 '당기순이익'이다. 이를 도표로 살펴보면 아래와 같다. 회사는 영업을 개시한 이후 지속적으로 경영활동을 한다. 그 결과 회사의 자산과 부채는 끊임없이 변동한다. 이 변동은 모든 재무제표에 영향을 미친다. 아래 도표는 그 관계를 보여준다.

기초재무상태표는 회계연도 초의 회사 자산과 부채를 보여준다. 회사는 회계연도 동안 경영활동을 통해 수익과 비용이 발생하며 그 최종결과가 손익계산서의 맨 아래 항목인 당기순이익이다.

| 재무제표 요소 간 상호연관성 |

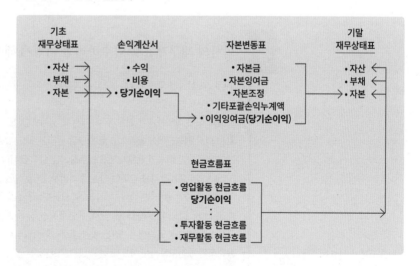

**이익잉여금
(Retained Earnings)**
영업활동에서 얻은 세금공제 후 이익으로서 배당 등으로 처분되지 않고 회사에 유보된 금액을 말한다.

순자산(Net Assets)
재무상태표상의 자산에서 부채를 뺀 잔액을 순자산이라고 한다. 회사의 자산에는 부채도 포함되어 있는데, 이를 뺀 나머지가 순자산이고, 이것이 바로 자본이다.

이익잉여금처분계산서
이익잉여금 처분 등에 관한 정보로 배당 여부도 여기에 표시된다. 재무상태표의 이익잉여금(또는 결손금)에 대한 보충정보로서 주석에 공시하도록 하고 있다.

이 당기순이익은 기말재무상태표에 이익잉여금*으로 표시된다. 다시 말해 회사는 회계기간 동안 당기순이익만큼 순자산*이 늘어난 것이다. 또 당기순이익은 이익잉여금처분계산서*의 미처분이익잉여금에 포함되어 주주에게 배당되거나 사내에 유보되어 결손보전 및 자본전입 등의 재원으로 쓰인다.

또한 당기순이익은 현금흐름표의 영업활동 현금흐름을 계산하는 기초가 되고, 자본변동표상의 이익잉여금 변동의 원천 중 하나다. 이처럼 모든 재무제표는 서로 연결되어 있으며, 그 연결고리가 바로 당기순이익이라는 것을 알 수 있다.

결국 기초재무상태표와 기말재무상태표 사이의 자산, 부채, 자본의 변동은 이 당기순이익을 매개로 현금흐름표와 자본변동표의 변동 결과를 반영한 것이라고 할 수 있다.

잠깐만요

회사의 재무제표를 입수하려면 어떻게 해야 할까?

우리나라 상법은 회계장부를 5년간 비치함과 동시에 회사의 재무상태표를 외부에 공시하도록 의무화하고 있다.

회사와 직접 이해관계가 있는 주주, 채권자, 노동조합, 또는 정부당국은 일정한 절차를 거쳐서 회사 경영진에게 재무제표를 요구할 권리가 있으나, 직접적인 이해관계가 없는 일반 개인이 특정한 회사의 재무제표를 입수하기는 쉽지 않다.

그러나 외부회계감사를 받아야 하는 주식회사 등(① 직전연도 자산규모가 120억 원 미만, ② 매출 100억 원 미만, ③ 부채가 70억 원 미만, ④ 종업원 수 100명 미만의 회사로서 4개 요건 중 3개 이상 해당되면 면제, 유한회사는 ⑤ 사원 수 50인 미만)의 재무제표는 누구든 인터넷으로 열람할 수 있다. 외감법(주식회사외부감사에관한법률)에 의해 반드시 금융감독원에 전자공시를 하도록 하고 있기 때문이다.

금융감독원이 운영하는 전자공시시스템(dart.fss.or.kr)에 접속하면 누구든 아무런 제약 없이 이들 회사의 재무제표를 열람하거나 다운받을 수 있다(특별부록4. 참조).

MEMO

재무제표 작성기준의
완전이해에 도전해보자!

이번 장에서 설명한 내용을 기초로 가벼운 마음으로 문제를 풀어보자.

1	재무제표를 작성하는 기준을 무엇이라고 하는가?
2	우리나라 일반기업회계기준은 어떤 법률을 근거로 제정되는가?
3	우리나라 기업회계기준을 만드는 기관으로 틀린 것은? ① 한국채택국제회계기준 — 한국회계기준위원회 ② 일반기업회계기준 — 한국회계기준위원회 ③ 중소기업회계기준 — 한국회계기준위원회
4	재무제표를 작성할 때의 기본가정은 무엇인가? ① ② ③ ④
5	회사의 브랜드가치를 재무제표에 표시할 수 있을까? 만약 없다면 이유는 무엇인가?

6	회사의 매출이 일어난 시점을 판매대금을 수금한 때가 아니라, 제품을 판매한 시점으로 잡아 회계처리하는 가정을 무엇이라고 하는가?
7	재무제표에 표시되는 정보가 갖추어야 할 질적 특성은 무엇인가? ① ② ③ ④
8	어떤 재무정보가 생략되거나 잘못 표시되어 정보이용자의 판단이 달라질 수 있을 때, 그 정보의 특성을 무엇이라고 하는가?
9	우리나라 금융감독원의 전자공시시스템에 재무제표를 반드시 공시해야 하는 주식회사는 어떤 회사들인가?
10	재무제표를 상호연결하는 고리 역할을 하는 항목(계정과목)은 무엇인가?

정답

1. 일반적으로 인정된 회계원칙(GAAP) 또는 기업회계기준
2. 상법과 주식회사등의외부감사에관한법률(외감법)
3. ③ 중소기업회계기준은 법무부산하 회계자문위원회에서 제정한다.
4. ① 기업실체의 가정, ② 계속기업의 가정, ③ 기간별 보고의 가정, ④ 발생기준의 가정
5. 표시할 수 없다. 브랜드가치는 화폐로 측정할 수 없기 때문이다.
6. 발생기준의 가정
7. ① 목적적합성, ② 신뢰성, ③ 비교가능성, ④ 제약 요건 충족
8. 목적적합성
9. ① 직전연도 자산규모가 120억 원 미만, ② 매출액 100억 원 미만, ③ 부채가 70억 원 미만, ④ 종업원 수 100명 미만 중 3개 이상에 해당하지 않는 주식회사
10. 당기순이익

준비마당 재무제표 읽기 전에 알아야 하는 것들 43

재무제표
무작정 따라하기

003

재무제표는
어떻게 만들까?

1. 재무제표 만드는 과정 요약

기업은 한 회계기간(분기, 반기 또는 1년) 동안에 발생한 모든 거래를 기록하고, 결산하고, 재무제표를 작성해 외부에 공시한다. 재무제표 만드는 과정을 간단히 요약하면 다음과 같다.

 용어 해설

계정과목(Title of Accounts)
회계에서 어떤 거래를 기록할 때 약속하는 표준화된 항목의 호칭을 말한다. 현금 계정과목, 자본 계정과목 등이 있다.

원재료를 구매하거나 매출이 발생하는 모든 사건이 거래다. 거래가 발생하면 경리담당자는 거래가 어떤 계정과목*에 속하는지 식별한다.	① 거래의 식별

↓

거래금액을 차변(왼쪽)과 대변(오른쪽)으로 나누어 전표(또는 분개장)에 기록하고, 그에 관한 증빙을 전표 뒷면에 붙이고, 승인권자의 결재를 받는다.	② 전표에 분개

↓

그리고 동시에 각 거래를 계정별로 구분된 총계정원장이라는 장부에 하나하나 기록한다.	③ 총계정원장에 전기

↓

기말이 되면 계정별원장 잔액을 차변 계정과 대변 계정으로 나누어 시산표에 순서대로 열거한 뒤 차변과 대변의 합계가 일치하는지 검증한다.	④ 수정전시산표 작성

↓

기중에 회계처리를 유보했던 매출원가나 감가상각비, 당기에 속하는 보험료, 이자수익, 비용 등을 계산해 기말수정분개를 한다.	⑤ 기말수정분개

↓

기말수정분개를 반영한 수정후시산표를 작성해 최종적으로 한 번 더 검증한다.	⑥ 수정후시산표 작성

$\downarrow$

이렇게 검증이 완료되면 다음 회계기간 기록을 위해 당기의 모든 계정별원장을 마감하고, 재무상태표 계정의 잔액은 다음 기로 이월한다.	⑦ 장부의 마감

$\downarrow$

그다음 시산표상의 잔액을 기초로 재무상태표, 손익계산서, 현금흐름표, 자본변동표 등의 재무제표를 작성한다.	⑧ 재무제표 작성

2. 재무제표 만드는 과정

| 회계의 순환과정 |

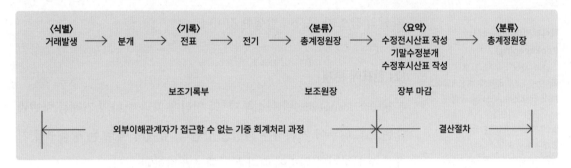

(1) 거래의 식별

회계에서 거래란 자산과 부채에 변동을 가져오는 사건이나 거래를 말한다. 여기에는 상품매매, 비품구입 등 정상적인 경영활동에 의한 것도 있지만, 도난이나 분실 같은 비정상적인 사건도 포함된다.

회계적 사건이나 거래를 구분해보면 모두 8가지로 나눌 수 있다. 이를 '거래의 8요소'라고 한다.

가. 자산의 증가: 현금의 증가, 상품의 증가 등

나. 자산의 감소: 현금의 감소, 상품의 감소, 상품의 도난 등

다. 부채의 증가: 은행에서 차입 등

라. 부채의 감소: 차입금 상환 등

증자(增資, Capital Increase)

증자는 자본금이 늘어난다는 말한다. 유상증자는 신주(新株)를 발행함으로써 자금을 새로 조달해 자본금을 늘리는 것이고, 무상증자는 잉여금의 자본전입이나 주식배당 따위로 자본금의 법률상 증가만을 가져오는 명목상의 증자를 말한다.

감자(減資, Capital Reduction)

자본금이 감소하는 것을 감자라고 한다. 감자를 할 때는 채권자보호를 위한 절차를 취하도록 하고 있다.

복식부기(Double-entry Bookkeeping)

기업의 자산과 부채, 자본의 변화하는 과정과 결과를 계정과목을 통해 대변과 차변으로 구분해서 이중기록하는 장부기록방법을 말한다. 반대개념은 현금 항목 등 증감이 발생할 때 해당항목의 변동만 기록하는 단식부기(Single-entry Bookkeeping)다.

차변(借邊, 왼쪽) / 대변(貸邊, 오른쪽)

복식부기에 따라 거래를 분개할 때 왼쪽을 차변, 오른쪽을 대변이라고 한다. 영어로는 차변을 Dr, 대변을 Cr이라고 한다. 15세기 베네치아에서 장부를 작성할 때 회사에 대한 채무자(Debtor), 즉 회사의 권리를 왼쪽에, 회사에 대한 채권자(Creditor), 즉 회사의 의무를 오른쪽에 기록한 데서 비롯되었다.

마. 자본의 증가: 유상증자* 등

바. 자본의 감소: 감자*, 배당 등

사. 수익의 발생: 매출 발생 등

아. 비용의 발생: 급여 지급 등

'거래의 식별'이란 회계상의 사건이나 거래가 위의 8가지 요소 중 어디에 속하는지 파악하고, 그 금액을 확정하는 과정을 말한다. 예를 들어 상품 100만 원어치를 현금으로 구입했다고 하자. 이것은 상품이라는 자산이 100만 원 증가함과 동시에 현금이라는 자산이 100만 원 줄어드는 거래다. 이 거래는 거래의 8가지 요소 중 2가지 요소, 즉 '자산의 증가'와 '자산의 감소'가 동시에 발생한 것이다.

(2) 전표에 분개

분개(分介, Journalizing)란 복식부기*의 원리에 따라 하나의 거래를 차변과 대변으로 나누어 기록하는 과정을 말한다. 앞에서 예로 든 상품구입 거래를 복식부기의 원리에 따라 분개해보면 다음과 같다.

> **회계처리 요약: 상품구입 사례**
> **차변** 상품 1,000,000원　　　　**대변** 현금 1,000,000원

이 거래는 '상품구입'이라는 하나의 거래지만 '상품이 증가하는 거래'와 '현금이 감소하는 거래'의 2가지 측면을 가지고 있다. 이처럼 회사의 모든 거래는 항상 2가지 측면을 동시에 갖고 있는데, 이를 '거래의 이중성'이라고 한다. 복식부기란 바로 거래의 이중적 측면을 차변(왼쪽)과 대변(오른쪽)*으로 나누어 기록하는 방법을 말한다.

아무리 많은 거래라도 복식부기의 원리에 따라 분개해놓으면 결산시점에 차변 합계와 대변 합계가 일치한다. 만약 차이가 난다면 회계처리가

잘못된 것이므로 바로잡아야 한다. 즉, 자기검증을 할 수 있는 것이다.

거래를 분개할 때 앞에서 말한 거래의 8요소는 다음 표와 같이 차변 요소와 대변 요소로 다시 구분할 수 있다. 그리고 전표*는 이렇게 하나의 거래를 차변과 대변으로 분개해 기록하는 문서양식을 말한다.

 용어 해설

전표(傳票, Slip)의 종류
대체전표(Transfer Slip)는 현금유출입 없이 이루어지는 거래, 출금전표(Paying-out Slip)는 현금이 나가는 거래, 입금전표(Paying-in Slip)는 현금이 들어오는 거래를 표시한다.

| 거래의 8요소 구분 |

구분	차변(왼쪽) 요소	대변(오른쪽) 요소
자산의 변동	자산의 증가	자산의 감소
부채의 변동	부채의 감소	부채의 증가
자본의 변동	자본의 감소	자본의 증가
수익 및 비용의 발생	비용의 발생	수익의 발생

| 전표 예시 |

전표는 대체전표, 출금전표, 입금전표 3종류가 있다.

거래발생일

거래 내용

전표의 일련번호

(대 체) **전표**

일자 : 20××년 ×월 ×일

결 재	담당	과장	부장	사장

계정과목	적 요	금액	
		출금(차변)	입금(대변)
외상매출금	상품	13,926,000	
부가세예수금	상품		1,266,000
상품매출	상품		12,660,000
합 계		13,926,000	13,926,000

No. 50001

회사명 : 가나다주식회사

(3) 총계정원장에 전기

총계정원장(總計定元帳, General Ledger)이란 분개에 이용된 회계 계정과목별로 거래를 정리한 장부다. 현금계정원장부터 자본금계정원장에 이르기까지, 모든 계정*별로 원장이 있다.

| 총계정원장 예시 |

총계정원장
기간 : 20××년 ×월 ~ 20××년 ×월

회사명 : 가나다주식회사 계정과목 : 제품매출

년 / 월	차변	대변	잔액
[전기이월]			
20×× / 01		75,320,553	75,620,553
20×× / 02		97,203,520	172,524,073
20×× / 03		84,560,320	257,084,393
20×× / 04		93,538,475	350,622,868
20×× / 05		82,060,425	432,683,293
20×× / 06		90,766,056	523,449,349
20×× / 07		82,849,280	606,298,629
20×× / 08		93,128,515	699,427,144
20×× / 09		107,493,790	806,920,934
20×× / 10		81,649,110	888,570,044
20×× / 11		93,775,590	982,345,634
20×× / 12	1,267,621,724	285,276,090	
[합 계]	1,267,621,724	1,267,621,724	

(4) 수정전시산표 작성

시산표(試算表, Trial Balance)란 한 회계연도의 결산을 하기 위해 기중 회계 처리를 차변과 대변에 속하는 계정과목별로 집계하여 하나의 표에 나타 낸 것이다. 차변 합계와 대변 합계가 일치하는지 검토해서 오류를 검증 하는 절차의 하나로 작성한다.

| 수정전시산표 예시 |

수정전시산표

가나다주식회사   20××년 12월 31일

현 금	957,000	매 입 채 무	9,590,000
은 행 예 금	1,186,000	차 입 금	1,230,000
매 출 채 권	1,345,000	자 본 금	1,000,000
상 품	2,564,000	매 출	13,373,000
소 모 품	939,000	임 대 료	79,000
토 지	5,513,000	수 수 료 수 익	4,000
건 물	2,058,000	이 자 수 익	50,000
매 입	10,150,000		
급 여	150,000		
보 험 료	414,000		
여 비 교 통 비	10,000		
수 선 유 지 비	5,000		
이 자 비 용	35,000		
	25,326,000		25,326,000

(5) 기말수정분개

기말수정분개(Year-end Adjustment Journalizing)란 매출원가나 감가상각[*]비, 보험료 등 몇몇 계정에 대해 기중에는 처리를 유보했다가 기말에 가서 정확한 금액을 계산해 전표를 발생시키는 것을 말한다.

| 기말수정분개 예시 |

1. 기말수정분개

(1)	(차)	매출원가	2,564,000	(대)	상 품(기초)	2,564,000
		매출원가	10,150,000		매 입	10,150,000
		상 품(기말)	2,154,000		매출원가	2,154,000
(2)	(차)	감가상각비	35,000	(대)	감가상각누계액	35,000
(3)	(차)	임 대 료	9,000	(대)	선수임대료	9,000
(4)	(차)	선급보험료	327,000	(대)	보 험 료	327,000
(5)	(차)	미 수 이 자	50,000	(대)	이 자 수 익	50,000
(6)	(차)	소 모 품 비	21,000	(대)	소 모 품	21,000
(7)	(차)	이 자 비 용	10,000	(대)	미지급이자	10,000
(8)	(차)	법인세 비용	50,000	(대)	미지급이자	50,000

(6) 수정후시산표 작성

수정후시산표(Adjusted Trial Balance)는 앞에서 설명한 기말수정분개 사항을 수정전시산표에 반영해서 다시 작성한 것이다. 기중에 처리한 모든 회계기록의 오류 여부를 최종적으로 검증하기 위해서 작성한다.

수정후시산표 예시를 수정전시산표 예시와 비교해보면 차변에는 선급보험료, 미수이자, 매출원가, 감가상각비, 소모품비 항목이, 대변에는 감가상각비누계액, 선수임대료, 미지급이자, 미지급법인세 항목이 추가되고, 관련 항목에 금액 차이가 발생한 것을 알 수 있다.

수정후시산표

가나다주식회사   20××년 12월 31일

현 금	957,000	매 입 채 무	9,590,000
은 행 예 금	1,186,000	차 입 금	1,230,000
매 출 채 권	1,345,000	감 가 상 각 누 계 액	35,000
상 품	2,154,000	선 수 임 대 료	9,000
소 모 품	918,000	미 지 급 이 자	10,000
선 급 보 험 료	327,000	미 지 급 법 인 세	50,000
미 수 이 자	50,000	자 본 금	1,000,000
토 지	5,513,000	매 출	13,373,00070,000
건 물	2,058,000	임 대 료	4,000
매 출 원 가	10,560,000	수 수 료 수 익	100,000
급 여	150,000	이 자 수 익	
보 험 료	87,000		
여 비 교 통 비	10,000		
수 선 유 지 비	5,000		
감 가 상 각 비	35,000		
소 모 품 비	21,000		
이 자 비 용	45,000		
법 인 세 비 용	50,000		
	25,471,000		25,471,000

(7) 장부의 마감

수정후시산표를 통해 회계기간 동안의 모든 거래기록의 오류를 검증했으면 장부를 마감(Closing of Books)한다. 장부의 마감이란 총계정원장상의 당기말 현재 금액을 정산해 이번 회계기간의 성과를 정리함과 동시에 다음 회계기간의 첫거래를 기록할 수 있는 상태로 준비하는 것을 말한다.

손익계산서 계정인 매출 등 수익 계정과 매출원가 등 비용 계정은 당기 성과에 반영하고 종결지어야 하므로 이를 각각 총집계하여 서로 상계[*] 한 뒤 그 차액인 당기순이익만을 재무상태표의 이익잉여금 항목으로 대체한다. 재무상태표 계정인 자산, 부채, 자본 계정들은 총계정원장의 최

용어 해설

상계(相計, Offset)

차변 금액과 대변 금액 중에서 서로 관련된 금액을 제거하는 것을 말한다. 가령 은행에서 1억 원을 차입하면 차변에 현금(자산) 1억 원, 대변에 차입금(부채) 1억 원이 생긴다. 이때 총액으로 표시하면 재무상태에 자산 1억 원, 부채 1억 원으로 제대로 나타나지만, 만약 서로 관련된 현금과 차입금을 상계해버리면 재무상태표에 아무것도 표시되지 않는 문제가 발생한다.

종잔액을 다음 회계기간으로 이월하는 등의 절차를 밟는다.

참고로 마감분개를 예시하면 다음과 같다.

[수익대체분개]			
(차)매출	13,373,000	(대)집합손익	13,547,000
임대료	70,000		
수수료	4,000		
이자수익	100,000		
[비용대체분개]			
(차)집합손익	10,963,000	(대)매출원가	10,560,000
		급여	150,000
		보험료	87,000
		여비교통비	10,000
		수선유지비	5,000
		감가상각비	35,000
		소모품비	21,000
		이자비용	45,000
		법인세비용	50,000
[재무상태표 이월분개]			
(차)집합손익	13,547,000	(대)집합손익	10,963,000
		이익잉여금	2,584,000
		(당기순이익)	

(8) 재무제표 작성

마지막으로 재무제표 작성(Preparing of Financial Statements) 단계로 넘어간다. 재무제표 작성은 수정후시산표상의 잔액을 재무상태표와 손익계산서 계정으로 각각 구분해서 재무상태표 계정은 재무상태표 양식에, 손익계산서 계정은 손익계산서 양식에 옮겨적는 작업이다. 현금흐름표, 자본변동표는 이미 작성한 손익계산서와 재무상태표를 이용해 작성한다.

3. 재무제표 이용에 감사의견 활용하기

회사가 작성한 재무제표가 회사의 재무 정보를 정확하게 나타내는 것은 아니다. 작성자의 오류, 회사 경영자의 분식 등 여러 가지 한계를 가지고 있다. 이러한 점을 보완하기 위해 정보이용자는 감사보고서를 활용할 필요가 있다.

재무제표가 갖는 한계를 살펴보자. 우선 재무제표에는 회사의 정보 가운데 화폐단위로 측정이 가능한 정보만 표현한다. 정보의 신뢰성을 위해 계속 변동하는 현재 시가보다는 취득 당시의 원가로만 표시*하기도 한다.

또한 재무제표에는 다음의 2가지 오류가 포함될 수 있다.

시가와 취득원가 표시

한국채택국제회계기준(K-IFRS)은 목적적합성을 중시해서 시가(공정가치) 평가를 원칙으로 하되, 취득원가 표시도 허용하고 있다.

> 가. 회사 담당자의 실수(입력 오류, 회계기준에 대한 이해 부족 등으로)
> 나. 담당자 또는 최고위층에 의한 고의적인 부정(분식회계 등)

이러한 오류는 재무제표 이용자의 의사결정을 왜곡할 수 있기 때문에 이해관계자가 많은 일정규모(40쪽 참조) 이상의 주식회사(또는 유한회사)에 대해서는 반드시 공인회계사에 의한 외부회계감사를 받도록 외감법으로 강제하고 있다.

공인회계사는 회사가 작성한 재무제표에 대해 다음 4가지 감사의견을 표명할 수 있다. 이는 재무제표가 회계기준을 준수하고 있는지 여부에 대한 의견이다.

재무제표 이용자는 회사의 재무제표가 포함하는 오류나 부정의 가능성을 늘 염두에 두어야 하며, 감사를 받은 재무제표라면 감사의견을 유심히 살펴보고 이용하는 것이 좋다.

❶ 적정의견(Unqualified Opinion)

회사의 재무제표가 기업회계기준에 따라 작성되었으며, 주석과 기타 공시도 적정할 때 제시한다. 절대적인 것은 아니지만 합리적 수준에서 적정하게 작성된 재무제표임을 표명하는 것이다.

❷ 한정의견(Qualified Opinion)

회사의 재무제표가 전반적으로는 적정하지만, 공시해야 할 정보를 누락했거나 몇몇 부분에서 기업회계기준을 위배한 경우 또는 기말 이후에 감사계약을 해서 감사하는 사람이 적정한 감사증거를 확보하지 못한 경우에 표명한다. 적정하지만 옥에 티가 있는 재무제표임을 의미한다.

❸ 부적정의견(Adverse Opinion)

회사의 재무제표가 전반적으로 기업회계기준을 위배하고 있을 때 표명한다. 상장회사의 경우 관리종목으로 지정되거나 코스닥의 경우 상장폐지 사유가 될 수 있다.

❹ 의견거절(Disclaimer of Opinion)

회사의 재무제표에 대한 적정성을 판단할 감사증거를 전반적으로 확보하지 못했거나 회사가 부도 같은 중대한 불확실성에 직면한 경우에는 감사의견 자체를 거절한다.

의견거절을 받으면 '상장폐지 실질 심사 대상'으로 공시되고, 최악의 경우 부적정의견처럼 상장폐지의 근거가 될 수 있다.

기업의 재무제표와 감사보고서 제출기한은 언제까지일까?

재무정보 이용자가 기업의 재무제표를 적시에 이용할 수 있도록 기업이 재무제표를 제출해야 하는 기한이 정해져 있다.

회사는 우선 외부감사인(회계법인 또는 공인회계사 감사반)에게 개별재무제표는 정기주주총회 6주일 전, 연결재무제표는 정기주주총회 4주 전(IFRS 채택 시) 또는 재무제표일로부터 90일 이내(IFRS 미채택 시)에 제출해야 한다.

그러면 감사인은 해당 재무제표에 대한 감사보고서를 정기주주총회 1주일 전까지 회사에 제출하고, 회사 또는 감사인은 이 재무제표 및 감사보고서를 정기주주총회 종료 후 2주일 이내에 증권선물위원회와 한국공인회계사회에 제출해야 한다.

가령 3월 14일에 정기주주총회가 열리기로 되어 있다면, 회사가 감사인에게 재무제표를 제출해야 하는 시기는 그로부터 6주 전인 1월 31일까지이며, 감사인이 회사에 감사보고서를 제출해야 하는 시기는 3월 7일 그리고 회사 또는 감사인이 재무제표 및 감사보고서를 증권선물위원회 또는 한국공인회계사회에 제출하는 시기는 3월 31일이 된다.

재무제표에 관해 얼마나 알고 있는지 평가해보자!

다음 질문에 답하면서 재무제표에 대한 이해 수준이 어느 정도인지 평가해보자.

1	회계상의 거래란 무엇을 말하는가?
2	다음 중 회계상의 거래가 아닌 것은 무엇인가? ① 상품을 구입하다　　　　　　　　　② 컴퓨터를 도난당하다 ③ 경리과장을 영입하다　　　　　　　④ 거래처로부터 상품 주문을 받다
3	회계상의 모든 거래는 8가지 요소로 이루어져 있다. 무엇인가? ①　　　　②　　　　③　　　　④ ⑤　　　　⑥　　　　⑦　　　　⑧
4	회계상의 모든 거래는 이중적인 성격을 갖는다. 다음 거래를 각각 2가지 거래 요소로 나누어 보자. ① 자본금으로 5,000만 원을 납입받다.　　　　(　　　/　　　) ② 상품을 현금 100만 원을 주고 구입하다.　　(　　　/　　　) ③ 상품을 150만 원짜리 어음을 받고 판매하다.　(　　　/　　　) ④ 직원에게 상여금으로 100만 원을 지급하다.　(　　　/　　　)
5	다음은 재무제표 작성과정을 나타낸 것이다. 괄호에 들어갈 내용은 무엇인가? 거래 발생 → (　　　　　　　) → 전표 작성 → (　　　　　　　) → 수정전시산 표 작성 → 기말수정분개 → (　　　　　　　) → 장부 마감 → 재무제표 작성
6	회계상의 거래를 2가지 거래 요소로 구분해 기록하는 장부작성 방법을 무엇이라고 하는가?

7	복식부기에 의해 분개할 때는 차변과 대변으로 나누어 기록한다. 다음 거래는 어디에 속하는지 차변 요소와 대변 요소로 구분해보자. ① 자산의 증가: 차변☐ 대변☐　　② 자산의 감소: 차변☐ 대변☐ ③ 부채의 증가: 차변☐ 대변☐　　④ 부채의 감소: 차변☐ 대변☐ ⑤ 자본의 증가: 차변☐ 대변☐　　⑥ 자본의 감소: 차변☐ 대변☐ ⑦ 수익의 발생: 차변☐ 대변☐　　⑧ 비용의 발생: 차변☐ 대변☐
8	외감법에 따르면 일정 규모 이상인 주식회사 또는 유한회사는 공인회계사로부터 외부회계감사를 받아야 한다. 이때 외부감사인이 회사 재무제표에 표명할 수 있는 의견은 4종류다. 어떤 것들인가? ①　　　　　　②　　　　　　③　　　　　　④
9	회사의 재무제표가 전반적으로 기업회계기준을 위배했을 때 외부감사인(공인회계사)은 어떤 의견을 표명하는가?
10	외부감사인은 재무제표에 대한 의견을 거절하기도 하는데 어느 경우에 그렇게 하는가?

해설

2. ①과 ②는 순자산의 변동을 가져오므로 회계상의 거래다. ③과 ④처럼 직원을 채용하거나 상품을 주문받는 사건은 그 자체로는 순자산의 변동이 발생하지 않으므로 회계상의 거래가 아니다. 즉, 직원에게 급여를 지급하거나 주문한 상품을 판매해야 비로소 회계상의 거래가 된다.

정답

1. 회사 자산이나 부채, 순자산의 변동을 가져오는 사건을 말한다. / 2. ③, ④
3. ① 자산의 증가, ② 자산의 감소, ③ 부채의 증가, ④ 부채의 감소, ⑤ 자본의 증가, ⑥ 자본의 감소, ⑦ 수익의 발생, ⑧ 비용의 발생
4. ① 자산(현금)의 증가 / 자본금의 증가, ② 자산(상품)의 증가 / 자산(현금)의 감소, ③ 자산(받을어음)의 증가 / 수익(매출)의 발생, 또는 비용(매출원가)의 발생 / 자산(상품)의 감소, ④ 비용(급여)의 발생 / 자산(현금)의 감소
5. 거래 발생 → (분개) → 전표 작성 → (총계정원장에 전기) → 수정전시산표 작성 → 기말수정분개 → (수정후시산표 작성) → 장부 마감 → 재무제표 작성
6. 복식부기 / 7. ① 차변, ② 대변, ③ 대변, ④ 차변, ⑤ 대변, ⑥ 차변, ⑦ 대변, ⑧ 차변
8. ① 적정의견, ② 한정의견, ③ 부적정의견, ④ 의견거절 / 9. 부적정의견
10. 회사가 부도위기 등 중대한 불확실성에 직면했거나 재무제표의 적정성 여부를 판단할 증거를 전반적으로 확보하지 못했을 때

재무제표 1요소
재무상태표

재무제표가 쉬워지는 토막소설

김초보 씨는 재무제표를 이해하려면 우선 재무제표가 어떻게 생겼는지 직접 봐야겠다고 생각했다. 그래서 금융감독원이 운영하는 전자공시시스템(dart.fss.or.kr)에 접속해 A회사의 재무제표를 다운로드받았다.

"뭘 먼저 보아야 하나? 아, 그렇지! 재무상태표를 보면 다른 재무제표 정보도 알 수 있다고 했지."
준비마당에서 배운 지식을 가지고 김초보 씨는 먼저 재무상태표를 쭉 살펴보았다. 수많은 계정과목들, 복잡한 숫자들, 그것도 2개의 회계연도 숫자가 나란히 붙어 있었다.
그런데 아무리 들여다봐도 어디서부터 어떻게 살펴보아야 할지 막막하기만 했다. 고민 끝에 김초보 씨는 재무상태표를 들고 공인회계사인 친구를 찾아갔다.

"이야, 정말 재무제표 공부 시작하기로 한 거야? 잘 생각했다. 재무제표는 주식투자나 회계실무에 있어서 기본 중의 기본이라고 할 수 있어. 주가가 꼭 회사의 재무상태대로 움직이는 건 아니지만, 투자위험을 최소화하려면 회사 상태를 점검하는 게 필수지."
"그런데 재무상태표를 어디서부터 어떻게 읽어야 하는 거야? 도무지 감이 안 잡혀."

"우선은 재무상태표를 통해서 뭘 파악하고 싶은지를 생각해야지. 가령

이 회사의 자본금이 얼마인지 알려면 바로 자본금 계정의 숫자를 살펴보면 되고, 현금유동성을 살펴보려면 유동자산의 현금및현금성자산과 단기금융상품 계정 등을 살펴보면 되지."

"아, 목적이 분명해야 한다는 얘기로구나. 내가 지금 이 회사에 대해 궁금한 건 은행에 빚을 얼마나 지고 있나, 위험한 수준은 아닌가 하는 점인데……."

"그러면 부채의 차입금 계정을 살펴봐야지. 단기차입금과 장기차입금 계정 말이야. 위험성 여부를 확인하려면 유동성비율(유동자산÷유동부채)도 계산해봐야 할 거고……."

이렇게 김초보 씨는 A회사의 재무상태표를 놓고 친구와 이야기를 나누면서 재무상태표를 보는 눈이 하나씩 뜨이는 것 같았다.

현금유동성, 유동성비율 같은 말이 뭔지 잘 모르겠더라도 염려하지 말자. 이어지는 본문에서 하나씩 세세하게 설명하고 있기 때문이다. 자, 이제 여러분도 같이 재무상태표가 어떤 것인지, 어떤 부분을 주목해서 봐야 하는지 살펴보자.

재무상태표
작성원칙과 읽는 방법

재무제표
무작정 따라하기

004

1. 재무제표의 핵심은 재무상태표

재무제표를 이해하기 위한 준비과정을 마쳤으니, 이제 직접 재무제표를 읽고 이해하는 순서로 넘어가보자. 그런데 재무제표에는 5가지 구성요소[*]가 있다고 했다. 그러면 어떤 재무제표부터 먼저 공부해야 할까?

재무제표 중에서 어느 것이 제일 중요한지에 대한 정답은 없다. 정보이용자의 목적에 따라 다르기 때문이다. 어느 시점에서 회사의 재무상태 전반을 보려면 재무상태표[*]를 보아야 할 것이고, 어느 기간 동안 회사의 이익실적을 살펴보려면 손익계산서를 보아야 할 것이다.

(1) 재무상태표의 목적

하지만 일반적으로 정보이용자들은 재무제표 중에서 재무상태표를 제일 중요시한다. 재무상태표는 일정시점 현재 기업이 보유하고 있는 경제적 자원인 자산과 경제적 의무인 부채 그리고 자본에 대한 정보를 제공하는 재무보고서다. 또 기업의 유동성, 재무적 안전성과 위험 등을 평가하는 데 유용한 정보를 제공하고, 설립 이후 해당 시점까지의 경영성과를 집약적으로 보여주기 때문이다.

한 회사의 재무상태표를 살펴볼 때는 투자목적이든 대출목적이든 거래

 용어 해설

재무제표의 구성요소
재무제표에는 재무상태표, 손익계산서, 현금흐름표, 자본변동표, 재무제표의 주석이 있다.

재무상태표(= 대차대조표)
재무상태표는 영어로 B/S (Balance sheet) 또는 'Statement of Financial Position'이라고 한다.

목적이든, 그 회사와 관련해서 분명한 목적을 갖고 있어야 필요한 정보가 무엇인지도 분명해진다.

재무상태표를 올바로 이해하기 위해서는 우선 재무상태표의 구조를 파악하고 구성요소를 살펴보는 것이 좋다. 큰 눈으로 숲을 보고, 그다음에 숲속의 나무를 하나씩 살펴가는 것이다. 그리고 마지막으로 재무상태표 구성요소 간의 상호관계를 이해하면 재무상태표는 여러분의 손에 꽉 잡히게 된다. 자, 시작해보자!

(2) 재무상태표의 기본구조

재무상태표는 특정시점에서 기업의 재무상태를 나타내는 보고서로 자산과 부채, 자본 등 3가지 구성요소로 이루어져 있다. 재무상태표의 차변(왼쪽)에는 회사가 보유하고 있는 자산과 그 운용형태를 보여주고, 대변(오른쪽)에는 회사가 보유 자산을 취득하기 위해 조달한 자금의 원천(부채와 자본)이 무엇인지 나타내준다.

❶ 자산(Assets)

자산은 '과거 거래나 사건의 결과로 현재 기업이 통제하고 있고, 미래경제적효익을 창출할 것으로 기대되는 자원'으로서, 기업이 영업활동 등을 위해 보유하거나 운용하고 있는 재산을 말한다.

❷ 부채(Liabilities)

부채는 '과거의 거래나 사건의 결과로 현재 기업이 부담하고 있고 미래에 자원의 유출 또는 사용이 예상되는 의무'다. 기업이 영업활동 등을 위해 자본금이 아닌 외부로부터 조달한 자금 또는 지급해야 하는 채무를 나타낸다.

❸ 자본(Capital, Stockholder's Equity)

자본*은 '기업의 자산 총액에서 부채 총액을 차감한 잔여액 또는 순자산으로서 기업의 자산에 대한 소유주(주주)의 잔여청구권*'이다. 주주로부터 출자받은 자본금, 자본잉여금, 자본조정, 이익잉여금, 기타포괄손익누계액을 말한다.

2. 재무상태표를 작성하는 원칙

재무상태표에는 수많은 자산 항목, 부채 항목, 자본 항목들이 포함되어 있다. 이들을 아무런 원칙 없이 늘어놓으면 정보이용자들이 회사의 재무상태를 파악하는 일이 매우 힘들어진다. 그래서 일반기업회계기준은 재무상태표를 작성할 때 따라야 하는 몇 가지 원칙을 제시하고 있다.

(1) 구분과 통합표시

재무상태표의 자산과 부채, 자본 중 중요한 항목은 재무상태표 본문에 별도항목으로 구분해서 표시한다. 중요하지 않은 항목은 성격 또는 기능이 유사한 항목에 통합해서 표시할 수 있다. 통합할 만한 적절한 항목이 없는 경우에는 기타 항목으로 통합 표시할 수 있다.

가령 현금및현금성자산은 기업의 유동성 판단에 중요한 정보이므로 별도항목으로 구분해서 표시하고, 자본금도 배당금지급 및 청산 시의 권리가 상이한 보통주 자본금과 우선주 자본금을 구분해서 표시하는 식이다.

| 재무상태표의 구분표시 |

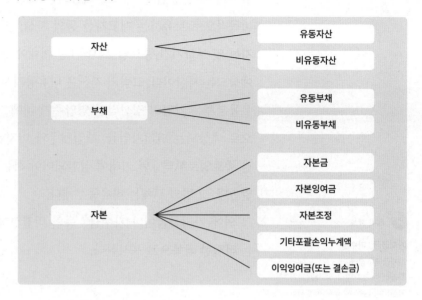

(2) 자산과 부채의 총액표시

자산과 부채는 원칙적으로 상계해서 표시하지 않는다. 다만, 기업이 채권과 채무를 상계할 수 있는 법적 권리를 가지고 있고, 채권과 채무를 순액기준으로 결제하거나 채권과 채무를 동시에 결제할 의도가 있다면 상계해서 표시할 수 있다.

물론 매출채권*에 대한 대손충당금 등 자산이나 부채의 가감 항목에 대해서는 직접 가감해서 표시할 수 있으며, 이 경우 주석에 해당 내용을 기재해야 한다.

(3) 유동성 기준으로 배열

자산과 부채는 유동성*이 큰 항목부터 배열하는 것을 원칙으로 한다. 유동자산에서 비유동자산으로, 유동부채에서 비유동부채로 배열하는 것이다.

유동자산은 사용에 제한이 없는 현금및현금성자산, 기업의 정상적인 영

 용어 해설

매출채권(Trade Receivables)
제품이나 서비스를 외상으로 판매하고 거래처에 대해 판매대금을 청구할 수 있는 권리를 말한다. 받을어음 또는 외상매출금을 포함한다.

유동성(Liquidity)
비현금자산을 얼마나 빨리 현금화할 수 있는지를 나타내는 성질을 말한다. 유동성이 크다는 것은 현금화가 쉽다는 뜻이다.

업주기 내에 실현될 것으로 예상되는 매출채권이나 판매목적 또는 소비목적으로 보유하는 재고자산 등의 자산, 단기매매목적으로 보유하는 자산 및 보고기간 종료일로부터 1년 이내에 현금화 또는 실현될 것으로 예상되는 자산이다. 그밖의 자산은 비유동자산이다.

유동부채는 기업의 정상적인 영업주기 내에 상환 등을 통해 소멸할 것으로 예상되는 단기차입금, 매입채무와 미지급비용 등의 부채, 보고기간 종료일로부터 1년 이내에 상환되어야 하는 장기차입금 등의 부채를 말한다. 그 밖의 부채는 비유동부채다.

그 외에 가지급금이나 가수금* 등의 미결산항목*은 그 내용을 나타내는 적절한 과목으로 표시한다.

 용어 해설

가지급금 / 가수금

가지급금은 임원이나 종업원에게 가불해준 것처럼 아직 사용처가 확정되지 않은 채 회사에서 지급한 돈을 말한다. 가수금은 반대로 회사가 임원이나 대주주 등에게서 일시적으로 빌려 쓴 돈을 말한다.

미결산항목

미결산항목은 가지급금이나 가수금처럼 아직 정식 계정과목으로 처리하지 않은 항목을 말한다. 결산시점에 가지급금은 단기대여금 등으로, 가수금은 단기차입금 등으로 표시한다.

3. 재무상태표 읽는 방법

그럼 이제 재무상태표의 큰 틀을 한번 훑어보자. 다음 재무상태표 예시를 통해 어느 부분을 어떻게 주목해서 보면 되는지 살펴보자.

(1) 재무상태표의 기본구조부터 이해하자

재무상태표는 크게 자산, 부채, 자본의 3가지 요소로 이루어져 있다. 이 3가지 요소 사이에는 다음과 같은 관계가 있는데, 이를 '재무상태표 등식'이라고 한다.

> **재무상태표 등식**
> 자산 = 부채 + 자본
> (또는) 자산 — 부채 = 자본

재무제표의 제목 ————————

재무제표기준일 표시 ————————

회사 이름 표시 ————————
화폐단위 표시 ————————

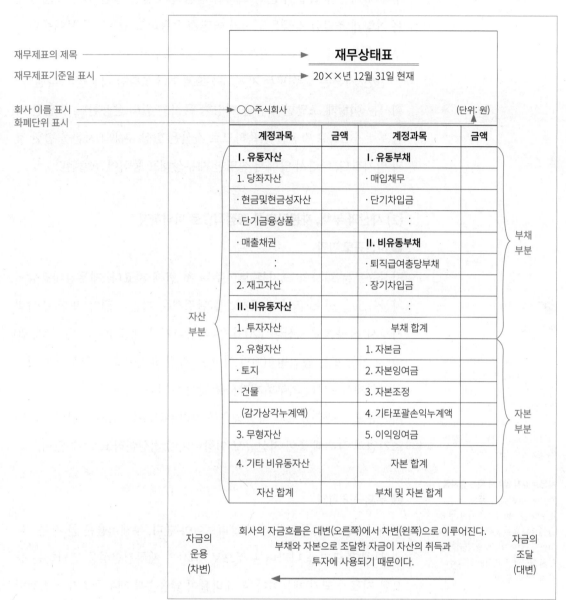

재무상태표

20××년 12월 31일 현재

○○주식회사 (단위: 원)

계정과목	금액	계정과목	금액
I. 유동자산		**I. 유동부채**	
1. 당좌자산		·매입채무	
·현금및현금성자산		·단기차입금	
·단기금융상품		:	
·매출채권		**II. 비유동부채**	
:		·퇴직급여충당부채	
2. 재고자산		·장기차입금	
II. 비유동자산		:	
1. 투자자산		부채 합계	
2. 유형자산		1. 자본금	
·토지		2. 자본잉여금	
·건물		3. 자본조정	
(감가상각누계액)		4. 기타포괄손익누계액	
3. 무형자산		5. 이익잉여금	
4. 기타 비유동자산		자본 합계	
자산 합계		부채 및 자본 합계	

자산 부분

부채 부분

자본 부분

자금의 운용 (차변)

회사의 자금흐름은 대변(오른쪽)에서 차변(왼쪽)으로 이루어진다.
부채와 자본으로 조달한 자금이 자산의 취득과
투자에 사용되기 때문이다.

자금의 조달 (대변)

부채와 자본을 합친 부분이 회사가 자금을 조달한 원천이다. 자산 부분은 이렇게 조달한 자금을 회사가 어떻게 운용하고 있는지를 보여준다. 부채가 은행 등 채권자, 거래처 등 타인으로부터 조달한 자금을 나타내는 반면, 자본은 주주 또는 자기 자신으로부터 조달한 자금을 나타낸다. 회사는 이렇게 조달한 자금을 다양한 목적을 위해 운용한다. 조달한 자금(부채, 자본)으로 자산을 취득하므로 자산은 항상 부채와 자본을 합한 것과 일치한다. 따라서 앞에서 설명한 재무상태표 등식이 도출된다.

(2) 자산과 부채, 자본규모를 중점적으로 파악하자

❶ 자산규모 파악

자산규모는 회사의 크기를 보여주는 첫 번째 지표다. 재무상태표상의 자산규모는 중소기업*과 대기업을 판정하는 기준이 된다. 또한 주식회사로서 직전연도 자산이 120억 원 이상이거나 매출 100억 원, 부채 70억 원 이상 또는 종업원 100명 이상 등 일정 요건이 되면 외감법에 의해 공인회계사로부터 외부회계감사를 받아야 한다.

자산규모는 매출규모의 적정성을 측정하는 지표가 되기도 한다. 즉, 제조기업의 경우 매출이 자산규모 이상이어야 정상이라고 할 수 있다.

❷ 부채규모 파악

부채규모는 자본규모와 함께 살펴보아야 한다. 부채비율은 곧 자본* 대비 부채의 크기를 나타내는 것으로, 회사의 재무건전성을 판단하는 중요한 지표가 되기 때문이다. 부채비율이 낮을수록 재무구조가 안정적이라고 할 수 있다.

 용어 해설

중소기업

자산규모가 5,000억 원 이상이거나 자본 1,000억 원 이상 및 매출액 1,500억 원 이상, 종업원 1,000명 이상이면 중소기업에서 제외된다. 중소기업에 해당되면 다양한 세제혜택이 주어지며, 동시에 기업회계기준의 적용에서도 특례를 적용받을 수 있다.

자본 = 갚지 않아도 되는 출자금

자본은 남에게 빌리지 않고 주주로부터 출자받거나 회사가 벌어들인 돈을 말한다. 주주는 일단 출자한 뒤에는 회사에 출자금의 반환을 요구할 수 없다는 점에서 다른 채권자와 다르다.

❸ 자본규모 파악

자본규모는 회사의 잠재력을 보여주는 지표다. 자본규모가 커질수록 회사는 갚지 않아도 되는 자금이 커지고, 외부자금 차입규모를 줄일 수 있어서 재무구조가 좋아진다. 자본규모는 회사가 외부자금의 압력을 막아낼 수 있는 안전판 역할을 한다고 할 수 있다.

재무상태표의 자본 항목에서는 이익잉여금에 관한 정보를 통해서 회사가 설립된 이후 이익의 발생 여부, 현재의 배당과 재투자가능 정도를 판단할 수 있다. 이는 투자자에게 매우 중요한 정보다.

❹ 자산, 부채, 자본의 세부항목 살피기

정보이용자의 목적에 따라 다르기는 하지만, 자산에서는 일반적으로 회사의 주된 영업활동과 관련된 자산(재고자산 등) 비중이 적정한지를 주목해서 본다. 또 현금및현금성자산, 금융상품 등은 현금유동성의 크기를 보여주는 것으로, 유동부채와 함께 유동비율이나 당좌비율[*]을 평가하는 데 있어서 중요하다.

부채에서는 역시 차입금을 살펴야 한다. 회사가 만기까지 부채를 갚지 않으면 부도로 이어질 수 있기 때문이다.

자본에서는 배당 여부를 파악할 수 있는 이익잉여금과 결손금[*]의 크기도 중요하다. 결손금은 현재까지 회사의 영업실적이 나쁘다는 것을 보여주는 수치일 뿐 아니라 향후 소득이 발생할 때 법인세를 줄이는 효과가 있기도 하다.

 용어 해설

유동비율, 당좌비율

• 유동비율 = 유동자산 ÷ 유동부채
• 당좌비율 = 당좌자산 ÷ 유동부채

모두 회사의 부도가능성을 평가하는 비율이다. 유동비율이나 당좌비율이 100% 아래로 떨어지면 부도위험이 있다고 평가한다.

결손금(Losses)

기업의 경영활동 결과 순자산이 감소한 경우 해당 감소분의 누적금액을 말한다. 결손금은 회사가 벌어들인 이익의 누적액보다 손실의 누적액이 더 클 때 나타난다.

| 재무상태표 표시원칙 및 필수표시 항목 비교 |

분류	일반기업회계기준	한국채택국제회계기준 (K-IFRS)	중소기업회계기준
배열원칙	유동성배열법	유동과 비유동 구분 (예외: 유동성배열법)	유동성배열법
자산항목	**유동자산** 당좌자산 재고자산 **비유동자산** 투자자산 유형자산 무형자산 기타 비유동자산	**비유동자산** 유형자산 투자부동산 무형자산 금융자산 지분법투자자산 생물자산 **유동자산** 재고자산 매출채권 및 기타채권 현금 및 현금성자산 매각예정자산	**유동자산** 당좌자산 재고자산 **비유동자산** 투자자산 유형자산 무형자산 기타 비유동자산
부채항목	**유동부채** 단기차입금, 매입채무, 당기법인세부채, 미지급비용, 이연법인세부채… **비유동부채** 사채, 신주인수권부사채, 전환사채, 장기차입금, 퇴직급여충당부채, 장기제품보증충당부채, 이연법인세부채	**비유동부채** 장기금융부채(상환우선주) 장기충당부채 이연법인세 **유동부채** 매입채무 및 기타채무 단기금융부채 유동성장기차입금 당기법인세부채 이연법인세부채	**유동부채** 단기차입금, 매입채무, 당기법인세부채, 미지급비용, 이연법인세부채… **비유동부채** 사채, 신주인수권부사채, 전환사채, 장기차입금, 퇴직급여충당부채, 장기제품보증충당부채, 이연법인세부채
자본항목	**자본금** **자본잉여금** **자본조정** **기타포괄손익누계액** **이익잉여금(또는 결손금)**	**납입자본** **적립금** **이익잉여금** **기타자본** 자본에 표시된 비지배지분	**자본금** **자본잉여금** **자본조정** **이익잉여금(또는 결손금)**

자산과 자본, 부채와 자본의 차이는 무엇일까?

흔히 자산과 자본이 비슷한 말이라고 생각한다. 하지만 회계상 둘은 엄격히 다르다. 쉽게 설명하면 다음과 같다.

자산은 남에게 빌린 것이든 회사 자신의 것이든 상관없이 현재 회사가 보유하고 있는 모든 재산을 말한다. 반면, 자본은 남에게 빌린 부채를 빼고 순수한 회사 자신의 재산만 말한다. '순자산'이라고도 한다.

부채와 자본은 같이 대변에 속해 있지만, 내용을 보면 전혀 다르다. 부채와 자본 모두 회사가 조달한 자금의 원천이라는 점에서는 동일하다. 하지만 부채는 회사가 갚아야 하는 의무가 있는 반면, 자본은 갚지 않아도 되는 자금이다.

재무상태표 개론의 완전이해에 도전해보자!

재무상태표의 구성요소와 구조, 작성원칙, 주목해서 볼 부분 등을 살펴보았다. 이제 문제를 풀면서 정리해보자.

1	자산과 자본의 차이는 무엇인가?
2	재무상태표에서 회사 자금의 조달원천을 나타내는 요소는 무엇인가?
3	재무상태표에서 조달한 자금의 운용을 나타내는 요소는 무엇인가?
4	회사가 벌어들인 이익 중에서 배당하지 않고 회사에 남아 있는 것은 재무상태표의 어느 항목에 표시될까?
5	재무상태표 등식은 무엇인가?

6	유동자산과 비유동자산을 구분하는 기준은 무엇인가?

7	다음 중 재무상태표 작성 원칙이 아닌 것은 무엇인가? ① 구분과 통합표시　　　　　　　② 자산과 부채의 순액표시 ③ 유동성 기준으로 배열

8	다음 중 회사가 만기에 원금을 갚아야 하는 의무가 없는 자금은 무엇인가? ① 은행에서 차입한 금액　　　　　② 회사채를 발행해서 조달한 금액 ③ 주주로부터 출자받은 자본금

9	회사의 부도위험을 평가하는 지표는 무엇인가?

10	자본 항목을 5가지 요소로 구분해보자. ①　　　　　　　　　　　　② ③　　　　　　　　　　　　④ ⑤

해설

1. 바꿔 말하면, 자본은 자산에서 부채를 뺀 금액이다.
2. 부채는 타인으로부터 조달한 자금이고, 자본은 주주로부터 조달한 자금이다.
3. 이 재무상태표 등식에 따라, 재무상태표상에서 차변의 합계와 대변의 합계는 항상 일치한다.
4. 주주로부터 출자받은 자본금은 상환의무가 없다.

정답

1. 자산은 부채와 자본을 합한 금액이다. / 2. 부채와 자본 / 3. 자산
4. 자본의 이익잉여금 항목 / 5. 자산 = 부채 + 자본, 또는 자산 — 부채 = 자본
6. 1년 이내에 현금화할 수 있는지 여부로 구분한다.
7. ② 자산과 부채는 총액으로 표시해야 한다.
8. ③ 주주로부터 출자받은 자본금 / 9. 유동비율 또는 당좌비율
10. ① 자본금, ② 자본잉여금, ③ 자본조정, ④ 기타포괄손익누계액, ⑤ 이익잉여금

재무상태표
자산 이해하기

1. 자산이란?

자산은 흔히 '재산'과 유사한 용어로 쓰인다. 하지만 재무제표에서 자산
은 일상생활에서 쓰는 재산과 달리 좀더 엄격한 의미를 갖는다. 즉, "과
거의 거래나 사건의 결과로서 기업이 통제(지배)하고 있고, 미래경제적효
익이 유입될 것으로 기대되는 자원"을 자산이라고 한다.

차량을 예로 들어 설명하면 대표이사가 사용하는 차량이라도 회사가 구
입한 차량은 회사의 자산이지만, 대표이사가 개인용도로 구입한 차량은
회사 자산이 아니다. 개인 차량을 회사가 마음대로 처분할 수 없고, 차량
을 처분한 대가도 회삿돈이 아니기 때문이다.

회사가 구입한 차량의 경우 "과거의 거래나 사건"이란 '회사가 자동차회
사로부터 차량을 구입한 사건'을 말하고, 그렇게 구입한 차량은 현재 "기
업이 통제하고" 있으며, 미래에 그 차량을 처분하면 현금, 즉 "경제적효
익이 유입될" 수 있으므로 차량은 자산의 자격이 있다.

이때 차량 구입자금이 자본금인지 은행에서 차입한 돈인지 여부는 상관
없다. 다시 말해 재무제표상의 자산은 자기자본만이 아니라 타인(은행 등)
에게 빌린 돈으로 취득한 것도 포함한다는 뜻이다. 따라서 단순히 자산
이 많은 것만으로는 우량한 회사인지 아닌지 알 수 없다. 자기자본 대신

부채만 많을 수도 있기 때문이다. 그래서 부채도 잘 살펴봐야 한다.

| 자산의 세부분류 |

자산 (Assets)	유동자산 (Current Assets)	당좌자산(Quick Assets)
		재고자산(Inventories)
	비유동자산 (Non-current Assets)	투자자산(Investment Assets)
		유형자산(Tangible Assets)
		무형자산(Intangible Assets)
		기타 비유동자산(Other Non-current Assets)

(1) 자산은 유동자산과 비유동자산으로 분류

재무상태표에서 자산은 크게 '유동자산'과 '비유동자산'으로 분류한다. 유동자산과 비유동자산을 나누는 기준은 1년 단위 또는 정상영업주기다. 즉, 1년 이내에 현금화할 수 있는 자산은 유동자산이고 그렇지 않은 자산은 비유동자산에 속한다.

재무상태표에서 자산을 열거할 때는 유동성배열법에 따라 유동성이 큰 자산부터 먼저 배열하므로, 유동자산이 먼저 나오고 다음에 비유동자산이 나온다. 비유동자산 중에서도 유동성이 큰 항목부터 먼저 배열한다.

잠깐만요

차량구입 시 세금 등 부대비용은 어떻게 처리할까?

자산을 취득할 때는 취득에 따른 부대비용이 발생하기도 한다. 부대비용이란 그 자산을 원래 용도대로 사용할 수 있을 때까지 들어가는 비용을 말한다.

예를 들어 차량을 살 때는 차량가격의 10%에 해당하는 부가가치세를 부담하고, 또 취득세와 등록세도 내야 한다. 그뿐만이 아니다. 차량을 인도받는 비용도 있다. 만약 회사가 구입한 임직원 공용 승용차의 가격이 1,500만 원이고, 부가가치세가 150만 원, 취득 및 등록세가 120만 원, 인도비용이 30만 원이라면 장부상 차량의 취득원가는 얼마로 기록해야 할까? 1,500만 원일까? 아니면 전부 합한 1,800만 원일까?

장부에 기록해야 하는 금액은 차량 취득금액에 부대비용을 모두 포함한 1,800만 원이다. 기업회계기준에 따르면 자산의 장부금액은 그 자산을 취득해서 사용할 수 있는 상태가 될 때까지 발생한 지출을 모두 포함하기 때문이다.

(2) 유동자산은 당좌자산과 재고자산으로 분류

유동자산은 구체적으로 다음과 같은 자산을 말하며, 그 성격에 따라 당좌자산과 재고자산으로 분류한다.

가. 사용의 제한이 없는 현금및현금성자산

나. 기업의 정상적인 영업주기 내에 실현될 것으로 예상되거나 판매목적 또는 소비목적으로 보유하고 있는 자산

다. 단기매매목적으로 보유하는 자산

라. 기타 보고기간 종료일로부터 1년 이내에 현금화 또는 실현될 것으로 예상되는 자산

❶ 당좌자산(Quick Assets)

당좌자산은 유동자산 중에서도 예금이나 어음(매출채권)같이 상대방의 승인 없이 은행에서 해약하거나 할인하면 곧바로 현금화할 수 있는 자산을 말한다. 현금과 예금, 단기매매증권, 외상매출금, 단기대여금 등이 있다(6장에서 자세히 설명한다).

❷ 재고자산(Inventories)

재고자산은 제품이나 상품처럼 복잡한 제조과정을 거친 뒤에 누군가가 구매를 해주어야 비로소 현금화할 수 있는 자산이다. 원재료, 재공품(제조하는 과정에 있는 물품), 반제품, 저장품, 제품, 상품 등 다양한 항목이 존재한다(7장에서 자세히 설명한다).

용어 해설

당좌자산과 재고자산의 유동성

재고자산은 소비자가 사주어야 비로소 매출채권이나 현금을 받을 수 있는 반면, 당좌자산인 매출채권은 그런 과정을 거치지 않고 곧바로 금융권에서 할인하면 현금화가 가능하다. 그러므로 재고자산보다 당좌자산의 유동성이 더 크다.

따라서 당좌자산이 재고자산보다 유동성*이 더 크다고 할 수 있다. 재무상태표에서 당좌자산을 재고자산보다 앞에 표시하는 이유다.

(3) 비유동자산은 투자자산, 유형자산, 무형자산 등으로 분류

비유동자산은 유동자산에 속하지 않는 자산으로 '투자자산', '유형자산', '무형자산' 그리고 '기타 비유동자산'으로 나뉜다. 이들을 표시할 때는 유동성 순서에 따라 일반적으로 투자자산, 유형자산, 무형자산, 기타 비유동자산 순서로 배열한다.

❶ 투자자산(Investment Assets)

투자자산은 1년 이상에 걸쳐 투자수익이나 타기업지배목적 등의 부수적인 기업활동의 결과로 보유하는 매도가능증권, 지분법적용투자주식, 장기대여금 및 영업활동에 사용되지 않는 토지 등 투자부동산을 말한다(8장에서 자세히 설명한다).

❷ 유형자산(Tangible Assets)

유형자산은 재화의 생산이나 용역의 제공, 임대 등 기업 본연의 영업활동을 수행하기 위해 장기간 사용하는 자산으로서 물리적 실체가 있는 자산이다. 토지, 건물, 기계장치, 차량운반구, 비품, 건설중인자산 등이 여기에 속한다(9장에서 자세히 설명한다).

❸ 무형자산(Intangible Assets)

무형자산은 기업 본연의 영업활동에 사용할 목적으로 장기간 보유하고 있으나 물리적 실체가 없는 자산이다. 영업권, 산업재산권, 개발비, 컴퓨터 소프트웨어, 영업권, 광업권 등이 여기에 속한다(10장에서 자세히 설명한다).

❹ 기타 비유동자산(Other Non-current Assets)

기타 비유동자산은 이연법인세자산*, 임차보증금, 장기매출채권 및 장기미수금 등 투자수익이 없고 유형자산이나 무형자산에 속하지 않는 비유동자산을 말한다(10장에서 자세히 설명한다).

용어 해설

이연법인세자산
(Deferred Tax Assets)

이연법인세자산 또는 이연법인세부채는 성격에 따라 유동자산 또는 유동부채로 분류하는데, 한국채택국제회계기준(K-IFRS)에서는 비유동자산(부채)으로 분류한다.

| 유동자산, 비유동자산의 분류 |

분류	세분	종류
유동자산	당좌자산	현금및현금성자산, 단기투자자산, 매출채권, 선급비용 등
	재고자산	상품(제품), 재공품, 원재료, 소모품 등
비유동자산	투자자산	투자부동산, 매도가능증권, 지분법적용투자주식 등
	유형자산	토지, 건물, 기계장치, 차량운반구, 건설중인자산 등
	무형자산	영업권, 산업재산권, 개발비 등
	기타 비유동자산	이연법인세자산, 임차보증금, 장기매출채권, 장기미수금 등

※ 유동성은 위 항목에서 아래 항목으로 갈수록 작아진다고 할 수 있음

MEMO

자산 개요의
완전이해에 도전해보자!

지금까지 자산이 무엇인지 공부했다. 자산을 유동자산, 비유동자산으로 분류하는 것도 알아보았다. 다음 문제를 풀면서 정리해보자.

1　자산은 유동성에 따라 크게 2가지로 분류한다. 자산의 분류를 적어보자.

　① _____　　　② _____

2　다음 중 재무상태표상의 자산에 속하지 않는 것은 어느 것인가?

　① 법인통장의 예금　　　　　　② 판매대금으로 받은 어음

　③ 대표이사 소유의 자가용　　　④ 법인 소유의 골프회원권

3　다음은 건물을 취득할 때 들어간 비용이다. 장부에 기록할 건물의 금액은 얼마일까?

　: 건물공사에 투입된 총 원가 10억 원, 건물취득 시 발생한 취득세 및 등록세 4,000만 원

4　유동자산에 속하는 당좌자산과 재고자산의 차이는 무엇인가?

5　비유동자산은 다시 4가지 자산으로 분류한다. 아래에 적어보자.

　① _____　　　② _____

　③ _____　　　④ _____

6　다음 자산을 유동성이 큰 순서대로 배열해보자.

　① 예금　　　　　② 재고자산　　　　　③ 차량운반구

7	다음 중 유형자산에 속하지 않는 것은 무엇인가? ① 사옥건물　　　　　　　　　② 사옥건물의 부속토지 ③ 업무용차량　　　　　　　　　④ 유휴자금으로 취득한 토지
8	유형자산과 무형자산은 어떻게 구분하는가?
9	무형자산에는 어떤 것들이 있나?
10	임차보증금이나 장기미수금처럼 투자수익이 발생하지 않는 자산은 어떤 자산으로 분류하는가?

해설

2. 대표이사 소유의 자가용은 회사 자산이 아니라 대표이사 개인의 재산이다.

3. 자산가치는 원가뿐만 아니라 부대비용까지 합한 금액이다.

4. 유휴자금으로 취득한 토지는 영업에 사용하지 않으므로 투자자산에 속한다.

8. 유형자산과 무형자산은 영업활동에 사용할 목적으로 보유한다는 점에서는 동일하지만, 물리적 실체가 있는지 없는지에 따라 구분을 달리한다. 물리적 실체가 있는 것은 유형자산이고, 물리적 실체가 없는 것은 무형자산이다.

정답

1. ① 유동자산, ② 비유동자산 / 2. ③ 대표이사 소유의 자가용 / 3. 10억 4,000만 원
4. 당좌자산은 곧바로 현금화할 수 있는 반면, 재고자산은 판매과정을 통해서 나중에 현금화한다는 점에서 다르다. 즉 유동성에 차이가 있다.
5. ① 투자자산, ② 유형자산, ③ 무형자산, ④ 기타 비유동자산
6. ① 예금 > ② 재고자산 > ③ 차량운반구 / 7. ④ 유휴자금으로 취득한 토지
8. 물리적 실체의 유무 / 9. 영업권, 개발비, 산업재산권, 저작권, 특허권 등 / 10. 기타 비유동자산

유동자산 완전정복하기
① 당좌자산

당좌자산이란 현금과, 판매과정 없이 즉시 현금으로 바꿀 수 있는 자산을 말한다. 그래서 영어로는 Quick Assets, 즉 '신속자산'이라고 한다.

당좌자산에 속하는 현금및현금성자산, 단기투자자산, 매출채권, 기타당좌자산에 대해 하나씩 살펴보자.

 용어 해설

당좌예금(Current Deposits)

은행과 당좌거래 계약을 체결한 후 일상의 상거래에서 취득한 현금 및 수표를 은행에 예입하고, 그 예금액 범위 내에서 거래은행을 지급인으로 하는 당좌수표 또는 어음을 발행할 수 있는 예금계정을 말한다. 당좌예금은 이자가 없는 지급거래 수단이다. 당좌대월 약정이 있는 경우 약정한도까지 예금액을 초과해서 지급하는 차입(마이너스 대출)도 가능하다.

유가증권(Securities)

주식이나 회사채처럼 재산권을 표시하는 증권이다. 실물이 발행되는 경우도 있고, 명부에 등록만 되어 있을 수도 있다. 유가증권은 적절한 액면금액 단위로 분할되고, 시장에서 거래되거나 투자의 대상이 되기도 한다.

1. 현금및현금성자산

현금은 크게 회사가 갖고 있는 현금과 은행에 있는 현금인 예금(요구불예금)으로 나뉜다. 즉 외화, 지폐, 동전 등의 통화와 당좌예금*, 보통예금이 여기에 속한다.

한편 현금성자산이란 큰 거래비용 없이 현금으로 전환하기가 쉽고, 이자율 변동에 따른 가치변동의 위험이 경미한 금융상품으로서 취득 시에 만기가 3개월 이내인 유가증권*(채권, 상환우선주 등)과 단기금융상품(양도성예금증서 등)을 말한다. 만약 만기가 3개월 초과~1년 이내면 단기투자자산으로 분류한다.

현금및현금성자산은 회사의 가장 기본적인 지급수단이다. 재무상태표상의 현금및현금성자산 금액은 기업이 가진 단기간의 지급능력을 보여주는 지표다. 따라서 회사의 규모가 커질수록 재무상태표상의 현금및현금성자산 잔액은 커진다. 그리고 기업의 유동성 판단에 중요한 정보이므로 별도항목으로 구분해서 표시한다.

계정과목 유의사항 **현금및현금성자산**

① 현금및현금성자산은 도난의 위험이 높아 취급과정에서 부정이 발생하기 쉽고, 거래가 빈번해 처리과정에서 오류가 발생하기도 쉽다. 따라서 이 자산에 대해서는 수입과 지출 및 회계처리에 있어서 엄격한 내부통제시스템이 갖추어져 있어야 한다.

② 현금및현금성자산 계정과목을 살필 때 전년도와 비교해서 중요한 변동이 있다면 그 이유를 파악한다. 외부에 공시되는 재무제표는 대부분 비교재무제표* 형식을 취하고 있으므로, 전년도 잔액과 쉽게 비교할 수 있다.

현금및현금성자산	계정과목 종류	유의사항
취득 시 3개월 이내에 현금화할 수 있는 금융상품	현금, 예금, 어음, 수표, 양도성예금증서	부정발생 소지, 현금 동원능력 파악

용어 해설

비교재무제표

연속한 두 회계기간의 재무제표를 비교형식으로 표시해 작성한 재무제표를 말한다. 기업회계기준에서는 재무제표를 비교형식으로 작성할 것을 의무화하고 있다.

잠깐만요

현금및현금성자산 세부항목 간단 설명!

- **요구불예금(Demand Deposit)**: 금융기관에 예치한 예금 중 언제든 이자의 손해 없이 인출할 수 있는 예금을 말한다. 정기예금같이 중도해약 시 이자를 손해 보는 경우는 요구불예금이 아니다.

- **채권(Bonds)**: 채권은 정부, 공공단체, 주식회사 등이 일반인으로부터 비교적 거액의 자금을 일시에 조달하기 위해 발행하는 차용증서다. 채권은 상환기한이 정해져 있는 기한부증권이며, 이자가 확정되어 있는 확정이자부증권의 성질을 가진다. 채권 중 회사가 받을 채권은 수취채권, 회사가 지급해야 하는 채권은 지급채무라고 한다.

- **양도성예금증서**: 흔히 CD(Certificate of Deposit)라 불리는 것으로, 금융기관이 정기예금에 대해 발행하는 무기명할인식 예금증서를 말한다. 최저단위 5,000만 원 이상으로, 제삼자에게 양도할 수 있고 만기에 상환받아 현금화할 수 있다.

2. 단기투자자산

단기투자자산(Short-term Investment Assets)은 주로 기업이 자금에 여유가 있을 때 단기적인 투자수익을 목적으로 보유하는 단기금융상품, 단기매매증권, 단기대여금 등을 말한다.

(1) 단기금융상품

단기금융상품*(Short-term Financial Instruments)은 정기예금, 정기적금과 사용이 제한되어 있는 예금 중에서 단기적 자금운용을 목적으로 보유하거나, 매도가능증권이나 만기보유자산 중 만기가 결산일로부터 1년 이내인 자산을 말한다.

단기금융상품은 예금이 주종을 이루는데, 정기예금이나 적금 이외에 대표적인 예금으로는 양도성예금증서, 상호부금, 금전신탁, 환매조건부채권, CMA, 단기금융회사의 발행어음, 기업어음 등이 있다.

계정과목 유의사항 **단기금융상품**

① 단기금융상품에는 외화예금도 포함되는데, 그 금액이 중요하면 별도의 계정과목으로 구분해서 표시하고, 동시에 외화자산의 내용, 환산기준 및 환산손익 내용을 주석에 기재한다.
② 사용이 제한된 현금성자산은 제한된 기간에 따라 유동자산 또는 비유동자산으로 분류한다.
③ 단기금융상품을 보유하면 회계기간 중에 이자수익이 발생하며, 이는 손익계산서에 표시된다. 물론 손익계산서의 이자수익은 단기금융상품만이 아니라 유가증권, 장기금융상품에서 발생하는 이자수익까지 모두 포함해 총액으로 표시하므로, 이들 계정을 모두 합한 금액을 대상으로 이자수익 계상*이 적정한지 따져보아야 한다.

단기금융상품	계정과목 종류	유의사항
결산일로부터 1년 이내에 회수가능한 금융상품	정기예금, 정기적금, 상호부금, 금전신탁, 환매조건부채권, CMA, 단기금융회사의 발행어음, 기업어음, 외화예금 등	사용제한 여부, 이자수익과 비교

물론 단기금융상품 중에서 취득 시 만기가 3개월 이내인 것은 현금및현금성자산으로 분류해야 한다.

단기금융상품 세부항목 간단 설명!

- **상호부금**: 일정한 계약기간을 정해 은행에 일정한 금액을 불입하고, 중도 또는 만료 시에 계약금액을 대출해주는 상품이다. 통상 총 불입횟수의 3분의 1에 해당하는 부금을 불입하면 담보제공을 전제로 계약금액을 대출해준다. 영세상공인을 대상으로 한다.

- **금전신탁(Money in Trust)**: 은행이 금전을 신탁재산으로 수탁해 유가증권, 신탁대출 등에 운용하고 원금과 신탁이익을 신탁자에게 지급하는 형태의 금융상품이다.

- **환매조건부채권(Bonds under Repurchase Agreements)**: 채권매매 당사자 간에 일정기간 후 채권매매 당시의 가격에다 소정의 이자를 더한 가격으로 되사거나 되팔 것을 약정하고 거래하는 것을 말한다. 흔히 Repo라고 표시하며, 환매채 또는 RP라는 약어로 사용한다. 환매채거래는 채권이라는 형식을 취하지만 사실상 단기금융대차거래다.

- **CMA(Cash Management Account, 자산관리계좌)**: 단기금융회사(종금사)가 다수 고객으로부터 자금을 조달해 기금화해서 운용하기 위해 발행하는 기명식 통장의 하나로, 180일 이내의 약정기간을 정해 운용수익에서 관리수수료와 운용수수료를 차감한 잔액을 수익으로 지급한다.

- **CP(Commercial Paper, 기업어음)**: 흔히 재화 및 용역거래에 따른 결제수단인 약속어음(진성어음)과 달리, 상거래 없이 기업이 자기신용을 바탕으로 보증 없이 단기자금조달을 위해 발행한 융통어음을 말한다. 기업의 부도에 따른 위험은 CP 매입자가 부담하게 된다.

(2) 단기매매증권

단기매매증권(Securities Held for Trading)은 주식이나 채권 등 유가증권으로서, 기업이 유휴자금으로 단기적인 시세차익을 목적으로 보유하고 시장성*이 있는 증권을 말한다.

유가증권은 보유기간과 보유목적, 회사의 능력 등에 따라 크게 단기매매증권과 매도가능증권, 만기보유증권, 지분법적용투자주식으로 분류한다(단기매매증권을 제외한 다른 증권은 8장에서 설명한다).

📢 용어 해설 —————

시장성(Marketability)
증권거래소 같은 공개시장에서 자유로이 처분하거나 취득할 수 있는 성질을 말한다.

공정가치(Fair Value)
특별한 이해관계가 없는 독립적인 거래당사자들이 합리적인 판단력과 거래의사를 가지고 거래하는 과정에서 자산이 교환되거나 부채가 결제될 수 있는 금액을 말한다. 거래시장이 존재하는 경우에는 시장가격이 공정가치가 된다.

계정과목 유의사항 **단기매매증권**

① 만약 단기매매증권이 상장폐지 등으로 발행 기업의 시장성을 상실한다면 수시로 처분할 수 없기 때문에 더 이상 유동자산으로 분류하지 못한다. 이때는 비유동자산 중에서 투자자산에 속하는 매도가능증권으로 분류한다.
② 단기매매증권은 매년말 시장에서 형성된 가격(이를 공정가치*라고 한다)으로 평가해 장부에 표시한다. 이때 평가에 따른 이익은 단기매매증권평가이익으로, 손실은 단기매매증권평가손실로 해서 영업외수익 및 영업외비용으로 처리한다.

단기매매증권	계정과목 종류	유의사항
결산일로부터 1년 이내에 처분할 단기차익목적의 시장성 있는 유가증권	국채, 공채, 회사채, 거래소 및 코스닥 상장주식	손익계산서의 단기매매증권평가손익 및 처분손익과 비교

회계처리 요약: 단기매매증권

1. 취득할 때
   - <u>차변</u> 단기매매증권 xxx | <u>대변</u> 현금 xxx

2. 기말 공정가치로 평가할 때
   1) 취득 시보다 가격이 상승했을 때
      - <u>차변</u> 단기매매증권 xxx | <u>대변</u> 단기매매증권평가이익 xxx (영업외수익)

   2) 취득 시보다 가격이 하락했을 때
      - <u>차변</u> 단기매매증권평가손실 xxx (영업외비용) | <u>대변</u> 단기매매증권 xxx

3. 처분할 때
   - <u>차변</u> 현금 등 xxx
     단기매매증권처분손실 xxx (영업외비용) | <u>대변</u> 단기매매증권 xxx
     단기매매증권처분이익 xxx (영업외수익)

유가증권은 다음 순서도에 따라 분류하자!

유가증권은 단기매매증권(Held for Trading), 매도가능증권(Available for Sale), 만기보유증권(Held to Maturity), 이렇게 3가지로 분류한다. 하지만 회사가 보유한 유가증권이 실제 어디에 속하는지 분류하는 것은 그렇게 쉬운 일이 아니다. 그래서 다음의 순서도를 참고하면 도움이 될 것이다.

용어 해설

채무증권(Bonds)
회사채, 국공채 등 상환시기(만기)가 정해져 있고, 보유기간 중 이자지급의무가 있는 채권을 말한다. 주식은 지분증권(Equity Securities)이라고 한다.

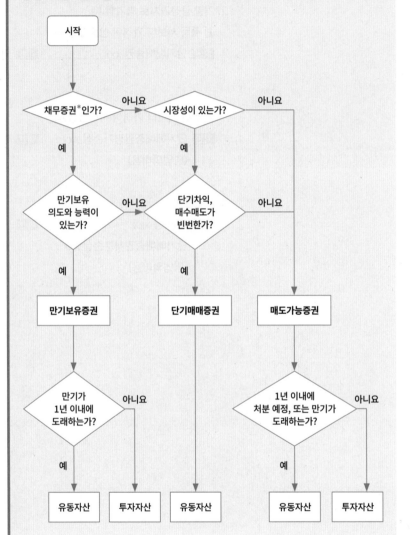

(3) 단기대여금

단기대여금(Short-term Loans)은 말 그대로 결산일로부터 1년 이내에 회수하기로 하고 빌려준 금전을 말한다. 회수약정일이 결산일로부터 1년이 넘는 경우는 '장기대여금'으로 처리한다.

하지만 같은 대여금이라도 빌려준 상대방이 누구인지에 따라 취급이 달라진다. 다시 말해 기업의 주주·임원·종업원·관계회사 등 특수관계자에게 대여한 경우와 그렇지 않은 경우에 기업회계기준과 세법에서 달리 취급한다.

특수관계자와 거래분에 대해서는 주석에 그 내역을 공시해야 한다. 법인세법에서도 특수관계자 대여금에 대해서는 특별히 업무무관 가지급금*이라고 해서, 인정이자*를 계상하거나 일정비율만큼 지급이자를 비용으로 인정해주지 않음으로써 법인세를 더 내게 한다.

용어 해설

가지급금
(Suspense Payments)
회사의 자금이 지출되었지만 결산일까지 지출내역이 확정되지 않은 금액을 처리하는 임시계정이다. 보통 특수관계자(주주·임원·종업원·관계회사 등)에게 자금을 대여할 때 발생한다. 결산할 때 이러한 임시계정은 단기대여금 등 정식계정으로 바꾸어주어야 한다.

인정이자(Deemed Interest)
회사가 특수관계자에게 업무와 관계없이 무상 또는 낮은 이율로 금전을 대여한 경우, 국세청장이 정하는 이자율에 의해 계산한 이자상당액과의 차액을 이자수입이 있었던 것으로 보아 법인의 소득에 더하는 것을 말한다. 그만큼 법인세부담이 증가하게 된다.

잠깐만요

가지급금과 관련해 기업이 사채업자에게 돈을 빌릴 때의 문제점

기업이 금융기관이 아닌 사채업자 개인 또는 법인에게 돈을 빌리는 경우 회계상 차입한 금액은 부채 계정에 기록해야 하고, 지급하는 이자에 대해서는 손익계산서의 영업외비용으로 계상해야 한다.

하지만 일반적으로 사채업자는 돈을 빌려줄 때 거래사실 자체를 장부에 나타내지 말 것을 조건으로 하는 경우가 많다. 이는 2가지 이유 때문인데 첫째는 사채이자율이 매우 높아 소득이 노출되는 것을 꺼리고, 둘째는 사채업자의 이자소득에 대해서 27.5%에 해당하는 세금을 원천징수해야 하므로 이에 대한 부담이 크기 때문이다.

따라서 기업은 부채에 사채를 표시하지 못할 뿐 아니라 이자도 표시하지 못하기 때문에 재무상태표상 이자지급액을 가지급금으로 처리한다. 따라서 이런 회사의 재무상태표는 자산은 과대하고 부채는 과소하지만 실상은 기업이 부실할 수밖에 없다.

계정과목 유의사항 단기대여금

① 특수관계자 대여금에 대해서는 기중에는 세목별로 주주·임원·종업원 가지급금, 관계회사대여금 계정으로 회계처리를 하다가, 기말 결산시점에는 이들을 통합해 단기대여금 또는 주임종단기대여금(또는 주임종단기채권)이라는 계정과목으로 재무상태표에 표시한다.

② 앞서 말한 가지급금 계정에는 특수관계자에 대한 지급액을 처리하는 것 이외에도 사채업자에게 지급하는 이자 등을 정상적으로 비용처리할 수 없어서 그 속에 포함시키는 경우도 있다. 이는 사채업자들이 자신의 소득을 노출시키기를 꺼리기 때문에 나타나는 변칙적인 회계처리다. 이렇게 계상된 가지급금은 자산이 아니므로 자산이 과대계상되는, 일종의 분식회계에 해당한다.

③ 단기대여금에 대해서도 매출채권과 같이 회수가능성을 평가해 대손충당금을 설정해주어야 한다. 하지만 단기대여금과 관련된 대손상각비를 손익계산서에 표시할 때는 영업외비용에 포함시킨다. 주된 영업활동과 관계없는 비용이기 때문이다.

단기대여금	계정과목 종류	유의사항
결산일로부터 1년 이내에 회수하기로 약정된 대여금	주주·임원·종업원에 대한 대여금, 관계회사대여금	법인세법상 가지급금 해당 여부, 회수가능 여부 확인

3. 매출채권

기업에서 일상적으로 이루어지는 영업활동의 주된 내용은 제품이나 상품을 제조, 판매하거나 용역을 제공하는 것, 즉 회사의 수익을 창출하는 것이다.

매출채권(Trade Receivables)은 이렇게 회사의 주된 영업활동 과정에서 재화판매 및 용역제공에 대한 대가로 아직 받지 못한 금액을 말한다. 매출채권은 외상 판매에 대한 청구권이라고 할 수 있다.

기업이 보유하는 채권을 통틀어서 수취채권(= 받을채권, Receivables)이라고 한다. 수취채권이란 미래에 타인에게 일정한 금액이나 재화 및 용역을 청구할 수 있는 권리인데, 다음 2가지로 구분한다. 주된 영업활동에서 발생한 '매출채권'과 주된 영업활동 이외에서 발생한 '기타채권'(Other

Receivables)이다. 이를 표로 나타내면 다음과 같다.

| 수취채권의 구분 |

구분	계정과목
매출채권	외상매출금, 받을어음(진성어음)
기타채권	단기대여금, 미수금, 미수수익, 선급금, 선급비용

매출채권의 계정과목은 형식에 따라 '외상매출금'과 '받을어음'으로 나누어진다. 외상매출금은 쉽게 말해 외상으로 판매한 매출금인데, 어음*처럼 증서를 갖추지 않은 금액을 말한다.

받을어음은 일정기간 후(만기)에 지급하기로 한 증서(약속어음 등)를 말한다. 받을어음은 앞에서 설명한 기업어음(CP), 즉 상거래 없이 기업의 신용만으로 발행하는 어음과는 다른 어음으로, 흔히 진성어음이라고 한다. 참고로 어음과 채권의 계정분류는 다음 표와 같다.

| 어음과 채권의 계정분류 |

구분	내용	의미	계정과목
어음	상업어음 (진성어음)	주된 영업활동에서 발생	매출채권(받을어음)
		주된 영업활동 이외에서 발생	미수금
채권	금융어음 (융통어음)	일반적 상거래와 무관하게 신용을 담보로 자금조달 목적으로 발행	대여금
	보증 또는 담보로 취득한 어음		해당 채권 장부에 메모한 후 이를 재무제표의 주석에 기재함

용어 해설

어음의 부도(Defaults)

어음을 소지한 자가 어음 만기일에 어음 금액을 지급받기 위해 어음을 제시했는데 지급이 거절되면 부도가 발생한다. 일반적인 약속어음은 은행을 지급처로 하는데, 은행은 어음발행인의 당좌예금 잔액이 지급해야 할 금액보다 부족한 경우 "예금잔고 부족"이라는 도장을 찍어 부도를 확인한다. 이를 '부도방'(不渡榜)이라고 한다.

잠깐만요

업종별관행에 따라 매출채권을 다르게 부른다

외상매출금이라는 용어는 주로 제조업과 도소매업에서 쓰인다. 건설업에서는 '공사미수금', 운송업에서는 '미수운임', 보험업에서는 '미수보험금' 등으로 업계 고유의 용어를 사용한다. 물론 이러한 업계관행은 회계상 용인되는 것이다. 반대로 이들 업종에서도 매출채권이나 외상매출금으로 표시해도 무방하다.

계정과목 유의사항	매출채권

① 재무상태표에 표시할 때는 외상매출금과 받을어음을 합산해서 매출채권이라는 단일과목으로 표시하도록 하고 있으므로, 각각의 금액을 찾아보려면 '매출채권명세서'라는 부속명세서를 살펴보아야 한다.

② 매출채권은 회사의 가장 중요한 수익창출 활동인 매출과 동시에 발생하기 때문에 손익계산서의 매출 항목과 함께 살펴보아야 한다. 매출액 대비 매출채권 비율이 낮을수록 매출채권의 현금화 속도가 빠르므로 영업활동이 활발하다고 할 수 있다.

③ 매출채권은 현금으로 회수할 수 있는지를 매기말에 평가해서, 회수가 불투명한 매출채권에 해당하는 금액은 대손상각비라는 당기 비용으로 처리한다.

매출채권	계정과목 종류	유의사항
재화판매나 용역제공의 대가로 받을, 거래상대방에 대한 청구권	외상매출금, 받을어음	매출액과 비교 평가, 매출채권의 회수가능 여부 평가

4. 대손충당금 및 대손상각비

매출채권과 관련해서 꼭 알아두어야 하는 대손충당금 및 대손상각비에 대해 살펴보자. '대손'(貸損, Loss from Bad Debt)이란 채권을 회수할 수 없게 되어 경제적 손실을 입는 것을 말한다.

일반적으로 회사는 보유한 매출채권을 전액 현금으로 회수하지는 못한다. 거래상대방이 부도가 날 수도 있고, 고의적으로 떼먹을 수도 있기 때문이다. 따라서 장부상 매출채권 잔액 속에는 받을 수 없는 것도 섞여있다.

이 때문에 재무상태표상의 매출채권을 회수 가능한 금액으로 평가해서 나타낼 필요가 있다. 그렇게 하지 않으면 받을 수 없는 매출채권까지 자산으로 잡아, 회사의 자산이 실제보다 과대하게 표시되기 때문이다. 일종의 분식회계인 셈이다.

(1) 대손충당금이란?

'대손충당금'(Allowance for Doubtful Account)은 매출채권, 대여금, 기타 이에 준하는 채권에 대해 미래에 발생할 대손, 즉 거래상대방의 부도 등의 사유로 채권을 회수할 수 없게 되는 상황에 대비해 설정하는 충당금이다(한국채택국제회계기준에서는 손실충당금이라고 한다).

일반기업회계기준에서는 회수가 불확실한 금융자산*(유가증권 제외)에 대해 합리적이고 객관적인 기준에 따라 산출한 대손추산액*을 대손충당금으로 설정하도록 하고 있다.

(2) 대손추산액 평가방법 2가지

매출채권의 대손추산액을 평가하는 방법은 크게 2가지가 있다. 즉 '매출채권을 개별적으로 평가해서 대손추산액을 산출하는 방법'과 '과거 회사의 대손경험률*에 의해 산출하는 방법'이다.

전자의 방법으로는 '연령분석법'이 쓰이는데, 매출채권을 발생시기(매출채권의 연령)에 따라 분류한 뒤 연령이 오래된 것일수록 대손충당금을 크게 설정하는 방법이다. 다시 말해 매출채권의 발생시기가 각각 1개월 이내면 1%, 3개월 이내면 3%, 6개월 이내면 5%, 1년 이내면 10%, 2년 이내면 50% 등의 대손율을 적용해서 이를 합산한 금액을 대손충당금으로 설정하는 것이다.

후자의 방법으로는 '매출채권잔액비례법'을 이용한다. 즉, 회사의 과거 몇 년간의 매출채권 중 실제로 대손처리된 채권액의 비율을 계산해서 당기 매출채권 잔액에 곱해 대손충당금을 설정하는 것이다.

(3) 대손충당금 계산 사례

가령 매출채권이 다음과 같을 때, 2가지 방법에 따라 대손충당금을 실제로 계산해보자.

용어 해설

금융자산(Financial Asset)
현금, 소유지분증서 및 현금(또는 다른 금융자산)을 수취하거나 유리한 조건으로 금융자산을 교환할 수 있는 계약상의 권리를 말한다. 매출채권, 대여금, 투자채권 등을 포함한다.

대손추산액(Estimated Bad Debts Losses)
회사가 보유하고 있는 채권에 대해 합리적인 방법으로 대손가능성을 평가해서 미래의 대손으로 추정한 금액을 말한다.

대손경험률
과거 회사가 보유한 채권 가운데 실제로 회수하지 못한 채권의 비율, 즉 회수 못 한 채권을 총채권으로 나눈 비율을 말한다.

다음 표에서 당기말 매출채권 잔액은 38억 원이고, 매출채권의 발생시기는 각각 다음과 같다. 과거 3년간의 대손경험률은 5%였다.

발행시기	대손충당금 계산(사례)					

발행시기	2년 이내	1년 이내	6개월 이내	3개월 이내	1개월 이내	합계
매출채권	1억 원	3억 원	4억 원	10억 원	20억 원	38억 원
대손추정률	50%	20%	5%	3%	2%	-
대손추산액	0.5억 원	0.6억 원	0.2억 원	0.3억 원	0.4억 원	2억 원

우선 연령분석법에 의한 대손충당금은 대손추산액 합계액인 2억 원이다. 그리고 매출채권잔액비례법에 의한 대손충당금은 1억 9,000만 원(= 38억 원 × 5%)이다.

2가지 방법 중에서 연령분석법에 의한 금액이 더 크므로 회사가 보수주의 원칙에 따라 회계처리한다면 대손충당금으로 2억 원을 설정하고, 재무상태표상의 매출채권 항목에 다음과 같이 표시한다.

매출채권	38억 원	
(대손충당금)	2억 원	36억 원

이를 해석하면, 회사가 총 38억 원의 매출채권을 보유하고 있는데, 이 중 2억 원은 회수가 불확실하므로 대손충당금으로 설정했고, 회수가 확실한 매출채권은 36억 원이라는 뜻이다.

대손충당금 계정을 평가계정이라고도 하는데, 그 이유는 앞의 표시처럼 매출채권 중에서 2억 원만큼은 회수가 불투명하므로 사실상 매출채권 잔액은 36억 원으로 보아야 한다고 평가해서 표시하는 계정이기 때문이다. 물론 대손충당금을 자산에서 직접 가감할 수도 있는데, 이때는 해당 금액을 주석에 기재해야 한다.

(4) 대손상각비 처리

만약 이렇게 대손충당금을 설정한 뒤에 결과적으로 매출채권 중에서 2억 원이 아니라 3억 원을 회수할 수 없게 되었다면, 채권 3억 원을 감소시키면서 동시에 대손충당금 2억 원도 없애는 회계처리를 한다. 그때 부족한 1억 원은 '대손상각비'(Bad Debt Expenses)로 해서 판매비와관리비로 회계처리한다.

그러므로 '대손상각'이라는 말은 결과적으로 회수할 수 없게 된 채권에 대해 더 이상 자산가치가 없어서 비용으로 회계처리하는 절차를 말한다.

```
회계처리 요약: 매출채권 및 대손

1. 매출채권이 발생한 때
   [차변] 매출채권 xxx              [대변]  매출 xxx

2. 매출채권을 현금으로 회수하거나 할인할 때
   [차변] 현금 등 xxx              [대변]  매출채권 xxx
         매출채권처분손실 xxx
         (영업외비용)

3. 매출채권 잔액에 대해 대손충당금을 설정할 때
   [차변] 대손상각비 xxx            [대변]  대손충당금 xxx
         (판매비와관리비)

4. 매출채권을 회수할 수 없는 것으로 확정한 때
   [차변] 대손충당금 xxx            [대변]  매출채권 xxx
대손충당금 잔액이 부족한 때 ──      대손상각비 xxx
```

5. 기타 당좌자산

기타 당좌자산 항목은 현금및현금성자산, 단기투자자산, 매출채권에 속하지 않는 당좌자산을 통틀어 말한다. 여기에는 선급비용, 선급금, 미수금, 미수수익 등이 있다.

(1) 선급비용과 선급금

❶ 선급비용(Prepaid Expenses)

선급비용은 기간계약에 따라 지불하는 기업의 비용으로서, 기간경과 전에 미리 지급한 금액을 말한다. 보험료와 임차료 선급액 중 결산일로부터 1년 이내에 비용처리되는 금액이 대표적인 예다.

가령 차량을 10월 1일에 취득해 1년간 자동차보험에 가입하면서 1년분 보험료로 120만 원을 선급했다면, 당기 보험료는 3개월분인 30만 원이 다. 나머지 90만 원은 내년도인 차기 보험료에 해당하고, 바로 이 금액 90만 원이 선급비용이다. 즉 당기에 해당하는 보험료는 120만 원에서 90만 원을 뺀 30만 원이고, 이 금액만이 당기 비용으로 손익계산서에 반 영된다.

하지만 예외로 종업원에 대한 급여선급액 등은 주주·임원·종업원 단기 대여금으로 처리한다는 것에 유의하자.

회계처리 요약: 자동차보험 사례

1. 10월 1일 보험료 지급할 때
   `차변` 보험료 120만 원   `대변` 현금 등 120만 원

2. 12월 31일 기말결산할 때(다음 기에 해당하는 금액에 대해 결산분개)
   `차변` 선급비용 90만 원   `대변` 보험료 90만 원

---

❷ 선급금(Advance Payments)

선급금은 상품이나 원재료를 매입하거나 외주가공을 의뢰하고, 거래의 이행을 담보하기 위해 그 대금의 전부 또는 일부를 미리 지급할 때 발생 한다. 재화와 용역을 외상으로 매입하는 외상매입금과는 정반대라고 할 수 있다.

또 대여금이 금전을 상환하도록 요구하는 금전채권인 데 반해, 선급금 은 재화의 인도나 용역의 이행에 대한 물품채권 또는 용역채권이라는 점에서 대여금과 다르다.

① 선급비용도 선급금과 같이 대손충당금을 설정할 수 있다. 선급비용은 아직 기간이 경과되지 않아 비용으로 계상하지 못한 것인데, 상대방의 상황에 따라 선급비용의 효익을 보지 못할 수도 있기 때문이다.

선급비용	계정과목 종류	유의사항
보험료 등 보험기간 이전에 지급한 비용	선급보험료, 선급이자, 선급임차료, 선급법인세	기간귀속 여부 확인해서 비용처리

② 선급금은 반드시 재화와 용역의 공급처럼 상거래와 관련된 선급액만을 대상으로 한다. 가령 유형자산을 취득할 때 지급하는 계약금도 일종의 선급금에 해당하지만, 이 선급액은 선급금 계정이 아니다. 건설중인자산* 계정으로 처리했다가, 취득을 완료했을 때 토지 또는 건물 등의 해당 유형자산 계정으로 대체한다.

선급금	계정과목 종류	유의사항
결산일로부터 1년 이내 재고자산 등을 취득하기 위해 미리 지급한 금액	재고자산선급금, 용역선급금	재고자산과 비교

용어 해설

건설중인자산
(Construction in Progress)
유형자산을 취득할 때, 취득을 개시한 날부터 완료될 때까지 지출된 모든 재료비·노무비·경비를 처리하는 미결산계정을 말한다. 건설중인자산에는 건설을 위해 지출한 도급금액 또는 취득한 기계 등이 포함된다.

(2) 미수금과 미수수익

❶ 미수금(Non-trade Receivable)

미수금은 아직 받지 못한 금전을 말한다. 매출채권 등과 같이 거래상대방에게 금전을 청구할 수 있는 권리도 일종의 미수금에 해당하지만, 기업회계기준에서는 매출채권과 미수금을 서로 구분하고 있다.

매출채권이 기업의 주된 영업활동 과정에서 발생한 채권이라면, 미수금은 기업의 투자활동이나 재무활동, 즉 주된 영업활동 이외에서 발생한 채권이다.

예를 들어 유형자산을 외상으로 처분하고 회수하지 못한 대금 또는 보험지급 사유가 발생해서 보험금이 확정된 때 발생하는 미수령보험금액 등이 미수금에 해당한다.

이와 같이 채권을 구분해서 표시하는 이유는, 재무제표 정보이용자들에게 기업의 주된 영업활동 정보와 기타의 정보를 구분해서 알려주는 것이 유용하기 때문이다.

❷ 미수수익(Accrued Income)

미수수익은 수익이 발생했지만 아직 권리가 확정되지 않은 수익을 말한다. 예를 들어 건물을 임대해주면 임대료수익이 발생한다. 6월 1일부터 임대차가 시작되어 매월 1달분 임대료를 다음달 10일에 지급받기로 했다고 하자. 결산일인 12월 31일 현재 기업에는 12월분 임대료수익이 발생했지만, 실제 수익은 임대료 회수일인 1월 10일이 되어야 들어온다. 이때 이 12월 1달분에 해당하는 임대료를 손익계산서상에 임대료수익으로 잡는 것과 동시에, 재무상태표상에 미수수익으로 계상하는 것이다.

만약 1월 10일이 지났는데도 무슨 사정이 생겨 임대료가 들어오지 않으면, 그때부터 계정과목도 미수수익에서 미수금으로 바뀐다. 비로소 임대료채권이 발생하는 것이다.

미수수익 계정은 임대료나 이자, 용역제공같이 기간이 경과함에 따라 수익이 발생하는 거래에서 나타나게 된다. 즉, 수익계산의 대상기간이 정해져 있고, 계약상 대가의 회수일이 정해져 있으며, 대상기간 동안 발생한 수익을 일수계산으로 추정하는 경우에 나타난다.

회계처리 요약: 건물임대 사례

1. 12월 31일에 12월분 임대료수익이 발생한 때

   `차변` 미수수익 xxx   `대변` 임대료수익 xxx

2. 1월 10일에 임대료가 들어온 때

   `차변` 현금 등 xxx   `대변` 미수수익 xxx

3. 1월 10일 이후에도 임대료가 들어오지 않은 때

   `차변` 미수금 xxx   `대변` 미수수익 xxx

`계정과목 유의사항` **미수금과 미수수익**

① 일반적으로 미수금 계정에 포함되는 거래는 다음과 같다. 재료 및 부산물의 처분, 유가증권의 처분, 투자자산의 처분, 유형자산의 처분, 투자한 회사가 배당을 결의한 경우, 보험지급 통보를 받은 경우, 세금환급이 결정된 경우 등이다.

② 결산 시에는 단기대여금의 경우와 마찬가지로, 미수금에 대해서도 회수가능성을 평가해 회수할 수 없는 미수금에 대해서는 대손충당금을 설정하고, 그와 관련된 대손상각비는 역시 영업외비용으로 처리한다.

미수금	계정과목 종류	유의사항
결산일로부터 1년 이내에 회수가능한 기타 채권	유형자산처분미수금, 배당미수금, 보험금미수금 등	미수금 발생원천 및 시기 확인, 회수가능성 평가

③ 어느 회사든 예금을 보유하고 있기 때문에 미수수익이 발생하지만, 중소기업에서는 대부분 편의상 이자나 임대료가 입금될 때 회계처리를 하기 때문에 미수수익이라는 계정이 표시되지 않는 경우도 있다. 이럴 때는 이자수익이나 임대료수익이 회계에 잡히지 않아 수익이 적어지고 재무정보가 왜곡될 수 있다. 따라서 장단기대여금, 장단기금융상품이나 부채의 임차보증금 계정을 살펴보고 자산의 적정계상 여부를 평가해보아야 한다.

④ 미수수익은 기간경과에 따라 인식한 수익으로서 아직 확정된 채권이 아니지만 대손추산액을 측정해 대손충당금을 설정하고, 이때 대손상각비는 영업외비용으로 처리한다. 하지만 금융기관 예금에 대한 미수이자는 대손가능성이 거의 없으므로 대손충당금을 설정하지 않을 수도 있다.

미수수익	계정과목 종류	유의사항
기간이 경과했으나 아직 회수 기일이 도래하지 않은 수익	미수임대료수익, 미수이 자수익	미수수익이 발생하는 자산과 미수수익 계상 여부 확인

(3) 기타 계정과목

지금까지 당좌자산의 주요 계정과목들에 대해 살펴보았다. 이외에도 당좌자산 계정에 속하는 항목들이 있다. 당기법인세자산(선급법인세), 선급부가가치세, 예치보증금, 전도금 등이 그것이다. 기타로 분류되는 이들 항목에 대해 간략히 알아보자.

❶ 당기법인세자산(Current Tax Asset)

법인세(Income Taxes)는 법인이 한 사업연도의 거래를 총결산해 산출한 소득에 대해 결산일로부터 3개월이 되는 날까지 신고납부해야 하는 세금이다. 이 법인세는 결산 시에는 기업회계기준에 따라 당기법인세부채(Current Tax Liability, 미지급법인세) 및 법인세비용(Tax Expense)으로 계상했다가 실제 납부할 때 이를 대체처리한다.

그런데 법인은 이처럼 정기적으로 신고납부하는 법인세 외에 기중에 수령하는 이자소득이나 배당소득 등에 대한 원천징수법인세와 중간예납법인세를 납부하게 되는데, 이를 선급법인세라고 한다. 선급법인세는 결산 시 당기법인세부담액(Current Income Tax)에서 차감하며, (+)금액은 당기법인세부채로 (-)금액은 당기법인세자산으로 장부에 표시한다.

회계처리 요약

1. 이자소득에 대한 법인세원천징수 시

차변 예금 xxx	대변 이자수익 xxx
선급법인세 xxx	

2. 법인세 중간예납 시

차변 선급법인세 xxx	대변 예금 xxx

3. 결산 시

1) 법인세비용 〉선급법인세

차변 법인세비용 xxx	대변 선급법인세 xxx
	미지급법인세 xxx

2) 법인세비용 〈 선급법인세

차변 법인세비용 xxx	대변 선급법인세 xxx

계정과목 유의사항 **선급법인세**

선급법인세는 결산 시 당해년도의 총소득에 대해 신고납부할 법인세 등의 금액과 상계처리하고, 납부해야 하는 법인세보다 선급법인세가 많을 때는 재무상태표에 당기법인세자산으로 표시한다.

선급법인세	계정과목 종류	유의사항
회사의 이자수익 등이 발생할 때 그에 대해 원천징수된 법인세 또는 중간예납법인세	이자관련선급법인세, 용역선급법인세	선급법인세 내역 확인, 법인세 신고 시 공제 확인

❷ 선급부가가치세(Prepaid VAT, 부가가치세대급금)

우리나라의 부가가치세제도에 의하면, 부가가치세가 과세되는 상품 또는 제품을 판매하거나 용역을 제공하는 사업자는 이를 제공받는 상대방으로부터 판매액의 10%에 해당하는 부가가치세를 징수해서 납부하도록 하고 있다.

이 부가가치세는 판매자 입장에서는 세무서에 납부해야 하는 세금으로 부채에 해당되는 '부가가치세예수금'이지만, 재화나 용역을 매입하는 사업자 입장에서는 이렇게 징수당한 부가가치세를 향후에 공제 또는 환급받을 수 있으므로 자산에 해당하는 '선급부가가치세'가 된다.

계정과목 유의사항 선급부가가치세

선급부가가치세는 결산 시에 회사의 선급부가가치세와 부가가치세예수금을 상계처리해 잔액만 재무상태표에 표시한다. 만약 선급부가가치세가 부가가치세예수금보다 크면 이를 세무서로부터 환급받을 수 있다.

선급부가가치세	계정과목 종류	유의사항
재화·용역 매입 시 거래상대방에게 징수당한 부가가치세액	부가가치세대급금, 선급부가가치세	부가가치세예수금과 상계 여부 확인

회계처리 요약: 부가가치세

1. 부가가치세가 과세되는 경우(과세사업)
   1) 상품 등을 매입한 때

   | 차변 | 상품 등 xxx | 대변 | 현금 또는 매입채무 xxx |

   선급부가가치세 xxx

   상품 대금의 10%에 해당하는 금액

   2) 상품 등을 판매한 때

   | 차변 | 현금 또는 매출채권 xxx | 대변 | 매출 xxx |

   예수부가가치세 xxx

   판매금액의 10%

   부가가치세 실제 납부금액

   3) 부가가치세를 납부할 때

   | 차변 | 예수부가가치세 xxx | 대변 | **현금 등 xxx** |
   | | | | 선급부가가치세 xxx |

2. 부가가치세가 면세되는 경우(면세사업*)
   1) 상품 등을 매입한 때

   | 차변 | 상품 등 xxx | 대변 | 현금 또는 매입채무 xxx |

   2) 상품 등을 판매한 때

   | 차변 | 현금 또는 매출채권 xxx | 대변 | 매출 xxx |

3. 영세율 적용*하는 수출업자의 경우
   1) 상품 등을 매입한 때

   | 차변 | 상품 등 xxx | 대변 | 현금 또는 매입채무 xxx |
   | | 선급부가가치세 xxx | | |

   2) 상품 등을 판매한 때

   | 차변 | 현금 또는 매출채권 xxx | 대변 | 매출 xxx |

   3) 부가가치세를 신고할 때

   | 차변 | 미수금 xxx | 대변 | 선급부가가치세 xx |

 용어 해설

면세사업
부가가치세 면세사업의 경우 부가가치세 납부의무가 없고, 징수당한 부가가치세는 고스란히 상품, 용역의 취득원가로 처리한다.

영세율 적용
영세율이 적용되는 수출재화 등을 판매할 경우에 납부세액은 없으나 부가가치세매입세액은 공제, 환급받을 수 있다.

❸ 예치보증금(Deposits Received for Guarantees)

영업상 거래관계에서 거래상대방에게 재화 또는 용역을 제공하기로 약정하고, 이 계약의 이행을 담보하기 위해 거래상대방에게 예치하는 금전을 말한다. 일반적으로는 중소기업이 대기업에 대해 또는 양자의 관계에서 약한 입장에 있는 회사가 예치보증금을 요구받는 경우가 많다.

❹ 전도금(Imprest)

기업의 사업장이 본사 이외에 지점 등 여러 곳에 있을 때 각 사업장의 운영경비를 충당하기 위해 본점에서 일정한 주기로 정해진 금액을 내려보내는데, 이 금액을 전도금이라고 한다.

전도금 계정을 사용하는 것은 본사와 사업장이 서로 떨어져 있어서 지출에 대한 통제가 어렵기 때문이다. 따라서 전도금을 사용하는 사업장에서는 사용내역과 그 잔액을 정확하게 기록해야 한다.

잠깐만요

금융상품(금융자산과 금융부채)을 좀더 알아보자

금융상품이란 '거래당사자 일방에게 금융자산을 발생시키고, 동시에 다른 거래상대방에게 금융부채나 지분상품을 발생시키는 모든 계약'을 말한다. 금융상품은 금융자산과 금융부채, 지분상품을 통칭하는 개념이다. 따라서 선급비용이나 선급금, 선수수익, 선수금과 같이 계약의 결과 재화나 용역의 수취 또는 제공을 가져오는 경우는 금융상품이 아니다.

금융자산은 당기손익인식금융자산(단기매매증권 등), 매도가능금융자산, 대여금 및 수취채권, 만기보유금융자산으로 분류한다. 금융부채는 당기손익인식금융부채(단기차입금 등)와 그 밖의 부채로 분류한다.

금융상품을 최초에 인식할 때는 공정가치로 측정하며, 그후에는 공정가치평가금융상품과 상각후원가평가금융상품으로 구분해서 평가한다.

당좌자산의 완전이해에 도전해보자!

6장에서는 유동자산 중 당좌자산에 대해 설명했다. 항목들을 꼼꼼히 살펴보고 나니 당좌자산이 무엇인지 감이 잡히지 않는가? 이제 문제를 풀어보자.

1	유동자산을 크게 2가지로 어떻게 구분할 수 있는가? ① ②
2	당좌자산의 종류를 생각나는 대로 써보자.
3	다음 자산을 재무상태표상 표시되는 계정과목으로 분류해보자. ① 통화, 요구불예금, 수표: (　　　　　　　　　) ② 회사가 단기차익 목적으로 보유하는 삼성전자 주식, 네이버 채권: (　　　　　　　) ③ 제품을 판매하고 거래처에서 받은 어음: (　　　　　　　) ④ 제조에 투입하기 위해 매입한 원재료: (　　　　　　　)
4	회사가 은행과 약정해서 어음과 수표를 발행할 수 있도록 개설한 예금을 무엇이라고 하는가?
5	다음 중 회사의 재무상태표에 기록해야 하는 삼성전자 주식 1주의 공정가치는 얼마일까? ① 대표이사 친척에게서 사들이면서 건네준 70만 원 ② 증권거래소 시장을 통해 취득하고 결제한 60만 원
6	다음 중 시장성 있는 유가증권이 아닌 것은 무엇인가? ① 거래소에 상장된 네이버 주식 ② 이제 막 설립한 중소기업의 주식

7	매출채권과 기타채권을 구분하는 기준은 무엇인가?
8	매출채권이나 기타채권에 대해 대손충당금을 설정하는 것은 기업회계기준의 어떤 원칙 때문인가?
9	선급금과 선급비용은 어떻게 다른가?
10	미수금과 미수수익의 예를 각각 들어보자. ① 미수금: ② 미수수익:

해설

5. 특수관계자가 아닌 제삼자와 거래할 때 형성되는 합리적인 가격, 시장이 존재할 때는 시장가격이 공정가치가 된다.

6. 이제 막 설립한 중소기업의 주식은 거래되는 시장이 존재하지 않기 때문에 시장성이 없다.

8. '수익-비용 대응의 원칙'은 발생된 원가를 특정 수익 항목을 얻기 위한 활동과 직접적인 관련성을 기준으로 인식한다는 원칙이다. 공정표시는 실제 가치를 표시하는 원칙이다.

정답

1. ① 당좌자산, ② 재고자산
2. 현금및현금성자산, 단기투자자산, 매출채권, 단기금융상품, 단기매매증권, 단기대여금, 선급비용, 선급금, 미수금, 미수수익 등
3. ① 현금및현금성자산, ② 단기매매증권, ③ 매출채권, ④ 재고자산
4. 당좌예금
5. ② 증권거래소 시장을 통해 취득하고 결제한 금액 60만 원
6. ② 이제 막 설립한 중소기업의 주식
7. 상거래(영업활동)에서 발생한 채권은 매출채권, 그밖의 거래에서 발생한 채권은 기타채권이다.
8. 수익-비용 대응의 원칙, 공정표시의 원칙
9. 선급금은 상품 등을 매입하기 위해 미리 지급한 금전이며, 선급비용은 계약에 따른 지급기한 도래 전에 미리 지급한 비용을 말한다.
10. ① 미수금: 유형자산을 처분했지만 아직 받지 못한 금액, ② 미수수익: 기간이 경과해 이자가 발생했지만 이자지급일 전에 계상한 이자수익금

유동자산 완전정복하기
② 재고자산

1. 재고자산의 뜻

다음 표는 '유동자산의 분류' 표다. 이번 장에서는 재고자산에 대해 살펴
보겠다.

| 유동자산의 분류 |

유동자산	계정과목	자산명
당좌자산	현금및현금성자산	통화, 요구불예금, 채권, 수표, 양도성예금증서
	단기투자자산	단기금융상품(정기예금, 적금, 양도성예금증서, 상호부금, 금전신탁, 환매조건부채권, CMA, 단기금융회사의 발행어음, CP 및 기업어음, 외화예금 등) 및 단기매매증권(주식, 국공채, 회사채 등)
	매출채권	외상매출금, 받을어음(진성어음)
	기타 당좌자산	선급비용, 선급금, 미수수익, 미수금 등
재고자산	상품(제품) 재공품 원재료 소모품	상품, 제품, 부산물, 미착상품, 적송품, 시송품, 재공품*, 반제품*, 원재료, 저장품*, 완성주택, 완성공사, 용지, 미완성주택, 미성공사원자재, 가설재, 저장품, 상품유가증권(주식, 국공채, 회사채, 수익증권 등)

용어 해설

재공품(Goods in Process)
제품의 제조를 위해 제조공정 중
에 있는 미완성제품을 말한다.

반제품(Half-finished Goods)
둘 이상의 공정 가운데 하나 이상
의 공정을 마친 미완성품을 말한
다. 중간제품으로 판매하거나 창
고에 따로 저장할 수 있다는 점에
서 재공품과 다르다.

저장품(Stored Goods)
부품이나 소모품, 수선용부분품
등을 말한다.

재고자산(在庫資産, Inventories)의 문자상 의미는 '창고에 보관되어 있는 자
산'이다. 그렇지만 회계상으로 재고자산은 꼭 창고에 보관된 자산만 가
리키는 것은 아니다.
재고자산은 기업이 정상적인 영업과정에서 판매를 위해 보유하거나 생

산과정에 있는 자산, 생산 또는 서비스 제공과정에 투입될 원재료나 소모품의 형태로 존재하는 자산 등을 모두 포함한다.

따라서 똑같은 형태의 자산이라도 보유하는 목적이 다르면 재고자산으로 분류하면 안 된다. 가령 부동산매매회사가 보유하는 토지는 재고자산이지만, 제조회사가 보유하는 토지는 재고자산이 아니라 유형자산 또는 투자자산에 속한다. 또 증권매매회사가 보유하는 주식은 재고자산이지만, 일반제조회사가 보유하는 주식은 당좌자산이나 투자자산으로 분류한다.

2. 재고자산의 종류

회사가 보유하는 재고자산은 크게 다음 3가지로 구분할 수 있다.

> 가. 정상적인 영업과정에서 판매를 위해 보유 중인 자산(제품 또는 상품)
> 나. 정상적인 영업과정에서 판매를 위해 생산 중인 자산(재공품 또는 반제품)
> 다. 생산이나 용역제공에 사용될 원재료나 소모품

재고자산은 업종에 따라 부르는 용어가 다르다. 예를 들어 판매목적 재고자산에 대해 제조업에서는 '제품', 도소매업에서는 '상품', 건설업에서는 '완성주택(공사)', 금융업에서는 '(상품)유가증권' 등의 계정과목을 사용한다. 이를 표로 정리하면 다음과 같다.

| 재고자산의 구분 및 업종별 용어 |

재고자산의 성격	제조업 또는 도소매업	건설업	금융업
정상 영업과정에서 판매목적 보유자산	제품, 상품, 부산물, 미착상품, 적송품, 시송품	완성주택, 완성공사, 용지	(상품)유가증권(주식, 국공채, 회사채, 수익증권 등)
정상 영업과정에서 판매목적 생산 중 자산	재공품, 반제품	미완성주택, 미성공사	─
생산이나 용역제공에 사용될 자산	원재료, 저장품, 소모품	원자재, 가설재, 저장품	─

3. 재고자산에 포함하는 특수한 경우

회사의 창고나 제조공정에 있는 것은 아니지만 재고자산에 포함하는 특수한 경우가 있다. 바로 미착상품, 적송품, 시송품 등인데, 이들에 대해 좀더 자세히 살펴보자.

❶ 미착상품(Goods to Arrive)

운송 중이어서 아직 도착하지 않은 상품이다. 계약에 의해 법적소유권이 결정되는데, '선적지인도조건'인지 '도착지인도조건'*인지에 따라 소유권이 달라진다.

선적지인도조건인 경우 미착상품은 아직 구매자에게 인도되지 않았지만 구매회사의 재고자산에 포함되며, 도착지인도조건인 경우 미착상품은 판매자의 창고에서 출고되었지만 아직 구매자에게

도착하지 않았으므로 판매회사의 재고자산이다.

📢 용어 해설

**선적지인도조건
(FOB, Free on Board) /
도착지인도조건
(Arrival Contracts)**

선적지인도조건은 무역거래 조건의 하나로, 선적항에서 물품이 선박 난간을 통과할 때 권리와 의무가 매수자에게 넘어가는 조건을 말한다. 도착지인도조건은 도착지점까지는 물품에 대한 권리가 의무가 매도자에게 있는 조건이다.

❷ 적송품(Consigned Goods)

위탁판매(대리점판매)를 위해 위탁자(본사)가 수탁자(대리점)에게 보낸 상품을 말한다. 수탁자가 그 상품을 제삼자에게 판매하기 전까지는 비록 수탁자가 보관하고 있지만 위탁자의 재고자산에 포함시켜야 한다.

❸ 시송품(Goods on Approval)

상품을 고객에게 발송해 고객이 시험적으로 사용해본 후 구입 여부를 결정하는 시용판매용 상품이다. 매입자가 매입의사를 표시하지 않으면 판매회사의 재고자산에 포함시킨다. 즉, 매입자가 매입하겠다는 의사표시를 할 때 판매가 이루어진다. '시용판매상품'이라고도 한다.

❹ 저당상품

금융기관 등에서 자금을 차입하고 그 담보로 제공한 저당상품의 경우 저당권이 실행되기 전까지는 담보제공자가 소유권을 가진다. 즉, 저당권이 실행되기 전까지는 담보제공자의 재고자산이다.

❺ 반품률이 높은 상품

반품률이 높은 상품으로 반품률을 합리적으로 추정할 수 없는 경우, 구매자가 상품의 인수를 수락하거나 반품기간이 종료될 때까지는 판매자의 재고자산에 포함된다.

❻ 할부판매상품

재고자산을 할부판매 조건으로 고객에게 인도하고 대금은 할부로 회수하기로 한 경우, 상품의 판매시점에 판매자의 재고자산에서 제외한다.

4. 재고자산의 원가는 어떻게 결정할까?

재고자산의 취득원가는 재고자산을 판매할 수 있는 상태로 만들기 위해 지출된 금액으로, 매입원가 또는 제조원가에 부대비용을 합한 금액이다. 매입원가에 운송비, 보험료, 매입수수료, 하역비 등 부대비용은 전부 포함하되 매입에누리, 매입환출, 매입할인액은 뺀다.

매입에누리가 매입한 상품 또는 제품에 일부 문제가 있어서 판매자가 깎아준 금액이라면, 매입환출은 매입품의 파손 등으로 반품한 금액을 말한다. 그리고 매입할인액은 구매대금을 일찍 결제함에 따라 판매자가 깎아준 금액을 말한다.

(1) 재고자산의 원가배분

재고자산의 취득원가는 판매되기 전에는 재무상태표상에 재고자산으로 표시하지만, 판매되면 해당 금액이 감소한다. 대신 매출을 위한 원가, 즉 매출원가로 손익계산서에 반영된다. 다시 말해 재고자산이 판매되는 순간 재고자산은 회사의 자산에서 사라짐과 동시에 매출이라는 수익을 만들어내며, 다른 한편에서는 매출원가라는 비용으로 변화한다. 이를 간단히 표현하면 다음과 같다.

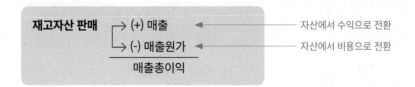

이처럼 재고자산은 기중에 판매된 부분은 매출원가로, 아직 판매되지 않은 부분은 기말재고자산으로 남게 된다.

그런데 회사가 기중 보유 총재고자산을 매출원가와 기말재고자산으로 배분하는 일은 간단하지 않다. 아무리 같은 상품 또는 제품이라도 매입단가와 제조원가는 계속 변동하고, 판매 시에는 이들끼리 서로 뒤섞여 출고되기 때문이다. 그래서 회계에서는 '재고자산의 원가배분'이라는 절차를 통해서 기중 보유 총재고자산을 매출원가와 기말재고자산으로 배분한다.

판매 가능 재고자산의 총액은 기중에 결정되기 때문에 매출원가가 커지면 기말재고자산이 작아지고, 이익은 감소하게 된다. 반대로 매출원가가 작아지면 기말재고자산이 커지고, 따라서 이익이 커지게 된다.

더구나 재고자산은 총자산에서 차지하는 비중이 매우 크기 때문에 재고자산의 원가배분을 어떻게 하는지에 따라 당기손익에 미치는 영향이 크다. 따라서 기말재고자산을 제대로 계산하는 방법을 알아야 한다.

(2) 기말재고자산의 계산방법

재고자산의 원가배분 중 매출원가를 결정하는 것에 대해서는 손익계산서를 설명하는 둘째마당에서 구체적으로 살펴보기로 하고, 여기서는 기말재고자산을 계산하는 방법만 살펴보겠다.

재무상태표에 표시된 재고자산 금액은 기말 현재 회사가 보유하고 있는 재고자산의 종류별 수량에 취득단가를 곱해 계산된 것이다. 따라서 재고자산 금액을 정하려면 첫째, 수량이 확정되어야 하고 둘째, 그 수량에

용어 해설

재고수불부

재고자산의 입고 및 출고를 관리하는 장부다.

재고자산감모손실(Losses on Inventory Obsolescence)

장부상의 재고와 실제 조사에 의한 재고의 차이를 나타내는 용어다.

타계정대체(Transfer to Other Account)

재고자산을 판매하지 않고 종업원상여 또는 접대목적 등으로 거래처에 제공할 때, 그 금액을 매출원가와 구분해서 타계정대체라고 한다.

곱하는 재고자산의 단가를 정해야 한다.

재고자산의 수량은 실지조사에 의하되, 재고수불부*상의 수량과 차이가 나는 것은 재고자산감모손실* 또는 타계정대체*로 처리한다.

재고자산의 단가를 정하기 위해서는 재고자산의 흐름에 대한 가정이 필요하다. 이는 재고자산의 취득시점에 따라 단가가 수시로 바뀌고, 판매할 때도 재고자산을 창고에서 임의로 꺼내 판매하기 때문이다. 그래서 기말에 남은 재고자산이 언제 얼마에 취득한 것인지 파악하기가 매우 어렵다.

더욱이 재고자산의 종류가 많고, 재고자산 출고가 1년에 수만 건에서 수천만 건에 달하는 경우, 판매된 재고자산의 취득원가를 일일이 기록하는 것은 사실상 불가능하고 경제적이지도 않다.

따라서 재고자산의 단가는 1년에 1번 기말에 일정한 가정을 세워서 계산하는 것이 합리적이며, 일반기업회계기준에서도 이를 허용하고 있다. 이러한 가정을 '원가흐름의 가정'이라고 하고, 그 방법으로는 개별법, 선입선출법, 후입선출법, 가중평균법이 있다. 이 방법(가정)에 따라 재고자산의 단가를 계산한다.

이 4가지 방법 중 어떤 방법을 택할지는 기업의 선택에 맡기고 있지만, 한번 채택한 방법은 계속해서 적용해야 한다. 만약 방법을 바꿀 때는 그 사실과 그로 인한 영향을 주석에 공시하도록 하고 있다.

그냥 설명만으로는 이해하기 어려울 테니, 사례를 하나 들어서 각각의 방법이 어떤 것인지 구체적으로 살펴보자. 기중재고자산의 거래내역이 다음 표와 같을 때 4가지 방법으로 재고자산의 단가를 어떻게 계산하는지 알아보자.

구분	거래 날짜	수량(개)	단개(원)	총원가(원)
기초재고	1월 1일	300	100	30,000
당기매입	7월 1일	500	120	60,000
	11월 1일	400	150	60,000
판매가능 재고 합계		1,200		150,000
당기매출	6월 1일	200	—	?* (매출원가)
	8월 1일	400		
	12월 1일	200		
판매수량		800	—	—
기말재고	12월 31일	400	—	?* (기말재고자산)
합계		1,200		150,000

* 물음표(?) 부분은 각 원가흐름에 따라 금액이 바뀜

❶ 개별법(Actual Cost Method)

개별법은 비행기나 주택처럼 통상적으로 상호교환될 수 없는 재고 항목이나, 프로젝트별로 생산되는 제품 또는 서비스의 원가를 결정할 때 적용하는 방법이다. 재고자산의 수량과 단가를 하나하나 개별적으로 기록해서 기말재고자산의 금액을 계산하는 것이다. 따라서 상호교환가능한 대량의 동질적인 제품에 개별법을 적용하는 것은 적절치 않다.

개별법에 따르면, 해당 상품이 판매될 때마다 구입단가 또는 제품의 제조원가 목록에 의해 취득원가가 확인되므로 굳이 기말에 원가배분을 따로 할 필요가 없다.

그럼 앞의 사례를 보고 개별법으로 매출원가와 기말재고자산을 계산해보자. 그러려면 각각의 상품을 얼마에 구입했는지(구입단가)를 알아야 한다. 확인해보니 다음과 같았다.

6월 1일 판매상품: 200개 모두 100원=합 20,000원 / 8월 1일 판매상품: 400개 모두 120원=합 48,000원 / 12월 1일 판매상품: 100개는 100원, 나머지 100개는 150원=합 25,000원. 따라서 매출원가 총액은 구입단

가 목록에서 확인된 원가의 합계인 93,000원이다.

한편, 기말에 재고로 남은 400개의 단가를 하나씩 살펴보니 다음과 같았다. 100개는 120원, 300개는 150원. 그러므로 기말재고액은 100개×120원+300개×150원=57,000원이 된다.

❷ 선입선출법(FIFO: First In First Out method)

선입선출법은 먼저 취득한 재고자산을 먼저 판매한 것으로 가정하는 방법이다. 기말재고는 가장 최근에 구입한 재고로 구성되고, 최근의 구입 단가를 적용해 기말재고 금액을 결정한다.

앞의 사례에 선입선출법을 적용해 기말재고액과 매출원가를 계산해보자.

선입선출법을 적용하면 기말재고 수량 400개는 가장 나중에 구입한 상품으로 구성된다. 따라서 400개 모두 11월 1일 매입한 상품이므로 기말재고 금액은 400개×150원=60,000원이다.

매출원가는 판매가능상품 원가에서 기말재고를 뺀 금액이므로 150,000원-60,000원=90,000원이다.

❸ 후입선출법(LIFO: Last In First Out method)

후입선출법은 선입선출법과는 반대로, 나중에 취득한 재고자산을 먼저 판매한 것으로 가정한다. 결국 기말재고를 구성하는 것은 가장 과거에 취득한 재고가 되며, 과거의 취득원가를 적용해 기말재고 금액을 결정한다. 후입선출법은 재고자산의 실제흐름을 반영하지 못하고, 원가정보를 왜곡할 수도 있어서 한국채택국제회계기준(K-IFRS)에서는 허용하지 않는다. 후입선출법을 적용해 앞의 사례에서 기말재고 금액과 매출원가를 계산해보면 다음과 같다.

후입선출법을 적용하므로 기말재고 수량 400개는 가장 먼저 구입한 상품으로 구성된다. 따라서 400개 중 300개는 기초재고이고 나머지 100개는 7월 1일 구입한 상품이므로, 기말재고 금액은 300개 × 100원 + 100개 × 120원 = 42,000원이다.

매출원가는 판매가능상품 원가에서 기말재고를 뺀 금액이므로 150,000원 - 42,000원 = 108,000원이다.

❹ 가중평균법(Weighted Average Cost Formula)

가중평균법은 기초재고자산과 기중 매입 또는 생산된 재고자산의 원가를 가중평균해 판매가능상품 원가를 매출원가와 기말재고 금액으로 배분하는 방법이다. 이 경우 평균은 기업의 상황에 따라 주기적으로 계산하거나(총평균법), 매입 또는 생산할 때마다(이동평균법) 계산할 수 있다.

총평균법(Gross Average Method)은 일정기간의 판매가능상품 총액을 판매가능상품 수량으로 나눈 단가를 재고자산의 단가로 해서 매출원가와 기말재고 금액에 배분하는 방법이다.

앞의 사례에 총평균법을 적용해 기말재고 금액과 매출원가를 계산해보자. 총평균법을 적용하므로 재고자산의 단가는 판매가능상품 재고액을 총수량으로 나눈 금액, 즉 150,000원 ÷ 1,200개 = 125원이다. 따라서 매출원가는 800개 × 125원 = 100,000원, 기말재고는 400개 × 125원 = 50,000원이다.

이동평균법(Moving Average Method)은 재고자산을 구입하거나 생산할 때마다 가중평균단가를 구하고, 재고자산을 출고할 때마다 출고단가를 계속 상품재고장에 기록하는 방법이다. 앞의 사례를 바탕으로 상품재고장을 작성하면 다음 표와 같다.

| 이동평균법에 의한 상품재고장(사례) | (단위: 개, 원)

날짜	구분	입고			출고			잔액		
		수량	단가	금액	수량	단가	금액	수량	단가	금액
1월 1일	기초재고	300	100	30,000				300	100	30,000
6월 1일	당기매출				200	100*	20,000	100	100	10,000
7월 1일	당기매입	500	120	60,000				600	116.7	70,000
8월 1일	당기매출				400	116.7**	46,680	200	116.7	23,340
11월 1일	당기매입	400	150	60,000				600	138.9	83,340
12월 1일	당기매출				200	138.9***	27,780	400	138.9	55,560
연간 합계		1,200		150,000						
매출 원가					800		94,460			
기말재고 금액								400		55,560

* 30,000(원) ÷ 300(개) = 100(원)
** (10,000 + 60,000)(원) ÷ 600(개) = 116.7(원)
*** (23,340 + 60,000)(원) ÷ 600(개) = 138.9(원)

회계처리 요약: 상품 재고자산

1. 상품을 매입한 때
   차변 상품 xxx
   대변 현금 또는 매입채무 xxx

2. 상품매입에 대해 매입에누리, 매입환출, 매입할인 등이 발생한 때
   차변 현금 또는 매입채무 xxx
   대변 상품 xxx

3. 상품을 판매한 때
   차변 현금 또는 매출채권 xxx
   대변 매출 xxx

4. 기말 결산분개할 때
   차변 매출원가 xxx
   대변 상품 xxx

(3) 표준원가와 소매재고법

표준원가*는 실제 원가가 아니라 정상적인 환경이라는 조건에서 추정한 원가를 말한다. 이 표준원가는 추정결과가 실제 원가와 유사한 경우에 편의상 사용하는 원가다. 표준원가를 사용할 때는 작업조건을 정기적으로 검토하고 실제의 상황에 맞게 조정해야 한다.

소매재고법*은 실제 원가에 의한 원가결정이 곤란한 유통업종에만 허용되는 방법이다. 즉 백화점처럼 많은 종류의 상품을 취급하고 최종소비자를 대상으로 하는 판매회사에만 허용된다.

(4) 저가법 평가

재고자산은 판매를 목적으로 보유하므로 만약 재고자산의 시장가치가 하락한 경우 기말재고자산 평가금액이 문제가 된다. 재고자산의 판매로 유입될 순실현가능가치(예상판매가격 - 판매비용)가 취득원가보다 하락할 경우 그 차액(취득원가 - 순실현가능가치)만큼 평가손실이 발생하며, 이를 장부에 반영해야 신뢰성 있는 재고자산 정보가 될 것이다. 이러한 평가법을 '저가법 평가'(Lower of Cost or Market)라고 한다.

앞에 소개한 기말재고자산 평가방법들이 이미 발생한 취득원가의 배분과 관련된 방법이라면, 저가법은 미래에 예상되는 시장가치를 반영한다는 취지다. 저가법의 회계처리는 직접법과 간접법 방식 중 선택할 수 있다.

회계처리 요약: 저가법 평가

1. 직접법
   | 차변 | 매출원가 xxx | 대변 | 상품 등 재고자산 xxx |

2. 간접법
   | 차변 | 매출원가 xxx | 대변 | 재고자산평가충당금 xxx |

표준원가
정상적인 재료원가, 소모품원가, 노무원가 및 효율성과 생산능력 활용도를 반영해 사전에 책정된 원가로서, 정상적인 작업조건에서 달성을 목표로 하는 원가를 말한다.

소매재고법
판매가격 기준으로 평가한 기말재고 금액에 구입원가, 판매가격 및 판매가격변동율에 근거해 산정한 원가율을 적용해 기말재고자산의 원가를 결정하는 방법이다.

5. 제품의 제조원가 계산

앞에서는 상품판매기업을 대상으로 재고자산의 원가배분을 설명했다. 이제 제조기업을 대상으로 기말제품재고의 제조원가를 계산하는 과정을 살펴보겠다.

상품판매기업의 재고자산 원가가 상품의 매입원가라면, 제조기업의 재고자산 원가는 제품의 제조원가다. 제품의 원가는 상품의 원가와 달리 계산과정이 매우 복잡하다. 원재료부터 제품이 완성될 때까지 복잡한 과정을 거치므로 완성된 제품의 원가를 구하려면 고려해야 하는 요소가 많기 때문이다.

그러면 제조기업 제품의 원가 구성요소를 살펴보고, 제조과정에서 각 요소들이 어떻게 제품의 제조원가로 연결되어 손익계산서와 재무상태표의 기말제품재고자산으로 표시되는지 살펴보겠다. 우선 다음 표를 통해서 재고자산의 흐름을 알아보자.

| 제조기업의 재고자산 흐름 |

제조원가명세서*		손익계산서	재무상태표
당기 투입요소	**제조단계**		
원재료(30)	기초재공품(50)	기초재공품(50)	I. 유동자산
노무비(30)	(+) 당기총제조비용(90)	(+) 당기제품제조원가(100)	1. 당좌자산
	(-) 기말재공품(40)	(-) 기말제품재고(60)	:
			2. 재고자산 100
경비(30)			제품 60
	당기제품제조원가(100)	매출원가(90)	재공품 40

제품을 제조하는 과정에서 투입되는 요소는 원재료, 노무비, 경비(전력비, 수도광열비, 감가상각비 등) 등이 있다. 이 요소들은 제조단계에 투입되면서 재공품(제조과정에 있는 미완성품)으로 전환되고, 이 재공품이 전체 생산공정을 거치고 나면 완성된 제품으로 전환된다.

표를 보면 당기 투입요소(원재료 30, 노무비 30, 경비 30)가 제조단계에 투입되면 이를 당기총제조비용(90)이라고 한다. 여기에 전기에서 넘어온 재공품 금액(50)이 가산되어 제품제조 가능한 원가(140)가 된다.

하지만 기말에도 여전히 완성되지 못하고 재공품 상태에 있는 기말재공품(40)이 있으므로, 제품제조가능원가(140)에서 기말재공품 금액(40)을 빼면 비로소 당기제품으로 전환된 제품제조원가가 계산된다. 표의 당기제품제조원가(100)가 그것이다.

이 금액은 손익계산서의 당기제품제조원가(100)에 해당한다. 이 금액은 전기에 넘어온 기초제품재고(50)와 합쳐져서 판매가능제품(150)을 구성하고, 여기에서 기말제품재고(60)를 빼면 비로소 판매된 제품의 원가에 해당하는 매출원가(90)가 된다.

그리고 재무상태표에는 기말제품재고(60)와 기말재공품(40)이 재고자산(100)으로 표시된다.

재무제표상의 재고자산 금액은 이처럼 복잡한 과정을 거쳐 계산되기 때문에 이것이 합리적인 금액인지 아닌지를 외부의 정보이용자가 판단하기 쉽지 않다. 이 때문에 객관성을 지닌 제삼자인 공인회계사 등의 외부 감사보고서를 통해서 적정성을 간접적으로 확인하는 절차가 필요하다.

회계처리 요약: 제품 재고자산

1. 원재료를 매입한 때

차변 원재료 xxx	대변 현금 또는 매입채무 xxx
선급부가가치세 xxx	

2. 원재료가 투입되거나 가공비*가 발생한 때

차변 재공품 xxx	대변 원재료 xxx
차변 재공품 xxx	대변 현금 또는 미지급급여 등 xxx
차변 재공품 xxx	대변 현금 또는 미지급보험료, 감가상각비 등 xxx

3. 영세율 적용하는 수출업자의 경우

차변 제품 xxx	대변 재공품 xxx

4. 제품을 판매한 때

차변 현금 또는 매출채권 xxx	대변 매출 xxx

5. 기말 결산분개할 때

차변 매출원가 xxx	대변 제품 xxx
	재고자산평가충당금* xxx

🗨 **용어 해설**

가공비
제조과정이 시작되면서 발생하는 것으로, 노무비 및 경비(수도요금, 전기요금, 감가상각비 등)를 말한다. 이들은 발생 시에 재공품으로 대체된다.

재고자산평가충당금
저가법을 적용해 기말재고자산 평가 시 취득원가와 순실현가능가치의 차액을 재고자산평가손실로 회계처리할 때의 상대 계정이다. 매출원가에 가산한다.

계정과목 유의사항 재고자산

① 재고자산과 장부상 수량이 차이가 날 때 그 해당 금액을 재고자산감모손실이라고 한다. 이때 정상적인 손실은 매출발생을 위한 원가로 보아 매출원가에 가산하고, 비정상적인 손실은 매출과 관계없는 것으로 보아 영업외비용으로 처리한다.
② 재고자산의 평가방법에 따라 이익이 변화할 수 있으므로 회사의 재고자산 평가정책이 어떤 것인지, 정책의 변경은 없는지 확인한다.

재고자산	계정과목 종류	유의사항
판매 및 제조목적으로 보유하는 자산	상품, 제품, 반제품, 재공품, 원재료	재고자산 평가방법 및 변경 여부 확인, 기말재고자산 적정성 평가

MEMO

재고자산의 완전이해에 도전해보자!

이번 장에서는 유동자산 중 재고자산에 대해 설명했다. 이제 문제를 풀어보자.

1	재고자산이란 무엇인가?
2	재고자산의 종류를 적어보자.
3	재고자산은 업종에 따라 용어가 조금씩 다르다. 아래 용어를 풀이해보자. ① 도소매업: ② 제조기업: ③ 건설업:
4	도착지인도조건으로 운송 중인 미착상품은 다음 중 어느 회사의 재고자산일까? ① 판매회사　　　　　　　　　② 구매회사
5	대리점을 통한 판매를 위탁판매라고 한다. 위탁판매를 위해 수탁자(대리점)가 기말 현재 보유 중인 재고자산은 위탁자와 수탁자 중 누구의 재고자산인가?

6	시용판매의 경우 판매가 이루어진 시점은 언제인가?
7	다음 중 재고자산의 취득원가에 속하지 않는 것은 무엇인가? ① 재고자산의 매입원가　　　　　　　② 구입회사의 운반비 ③ 판매회사의 판매수수료
8	재고자산의 '원가흐름의 가정'을 적어보자. ①　　　　　　　　　　　　　　　　② ③　　　　　　　　　　　　　　　　④
9	재고자산의 장부수량과 실지조사 수량이 차이가 날 때 그 금액을 무엇이라고 하는가?
10	제조기업에서 제품의 원가내역을 보고하는 명세서를 무엇이라고 하는가?

해설

4. 도착지인도조건이므로 구매회사에 도착할 때까지는 판매회사의 재고자산에 포함되어야 한다.

7. 판매회사의 수수료는 판매회사의 판매비와관리비에 속한다.

8. ④ 가중평균법에는 평균을 구하는 방법에 따라 총평균법과 이동평균법이 있다.

정답

1. 기업이 정상적인 영업과정에서 판매를 위해 보유하거나 생산과정 중인 자산 또는 그 과정에 투입된 원재료나 소모품 등의 자산을 말한다.

2. 상품, 제품, 반제품, 재공품, 원재료, 저장품 등

3. ① 도소매업: 상품, ② 제조기업: 제품, ③ 건설업: 완성주택 또는 완성공사

4. ① 판매회사 / 5. 위탁자

6. 시송품을 인도받은 고객이 상품을 구입하겠다는 의사를 표시한 날

7. ③ 판매회사의 판매수수료

8. ① 개별법, ② 선입선출법, ③ 후입선출법, ④ 가중평균법

9. 재고자산감모손실

10. 제조원가명세서

비유동자산 완전정복하기
① 투자자산

1. 투자자산의 뜻과 종류

앞에서 유동자산을 정복했으니, 이제부터는 결산일로부터 1년 이상 장기적으로 보유하는 비유동자산에 대해 살펴보자. 비유동자산에는 투자자산, 유형자산, 무형자산, 기타 비유동자산이 있다고 했다. 그중에서 먼저 투자자산부터 살펴보겠다.

| 투자자산의 분류 |

계정과목	보유 목적	종류	비고
투자부동산	양도차익	토지, 건물, 분양권 등	투자자산에서 발생하는 수익은 모두 영업외 수익에 속함
장기투자증권	양도차익, 배당수익, 이자수익	매도가능증권(주식 또는 채권), 만기보유증권(국공채, 사채 등)	
지분법적용투자주식	타회사지배	지분율 20% 이상 의결권 주식	
장기금융상품	이자수익	정기적금, 정기예금, 장기대여금 등	
기타	투자차익 등	골프회원권 등	

투자자산은 기업의 주된 영업활동과 관계없이, 기업이 장기적인 여유자금이 있을 때 장기적인 투자수익이나 타회사지배 또는 부수적인 기업활동의 결과로 보유하게 된 자산이다. 투자수익에는 가격상승에 따른 차익과 이자수익 또는 배당수익 등이 포함되며, 타회사를 지배함으로써

회사정책에 영향력을 행사해 투자목적을 관철하는 것도 포함된다. 투자자산은 이러한 투자목적 중 한두 가지가 결합된 자산들인 경우가 많다.

2. 투자자산: 투자부동산

투자부동산(Investment in Real-properties)이란 시세차익을 얻기 위해 보유하는 부동산을 말한다. 부동산 속에는 토지와 토지 위의 정착물(건물, 구축물 등) 등이 포함된다.

같은 부동산이라도 보유 목적에 따라 계정과목이 달라진다. 가령 부동산임대업자가 임대수익을 목적으로 부동산을 보유한다면 이는 유형자산에 속하고, 부동산매매업자가 판매를 목적으로 보유할 때는 재고자산, 일반기업이 가격상승을 기대하거나 영업에 사용하지 않고 보유할 때는 투자자산에 속한다.

투자부동산을 인식한 뒤 감가상각이나 재평가 등 후속측정에 대해서는 유형자산과 동일하게 회계처리를 한다(155쪽 참조).

> **계정과목 유의사항** **투자부동산**
>
> ① 투자부동산의 내용은 주석으로 공시한다.
> ② 투자부동산인 건물에 대해서도 감가상각을 한다. 또 매기말 자산손상 여부를 평가해 영업외비용으로 처리한다.

3. 투자자산: 장기투자증권

장기투자증권(Long-term Securities)은 양도차익 또는 배당수익, 이자수익 등 투자목적으로 보유하는 유가증권을 말한다.

장기투자증권은 성격에 따라 지분증권과 채무증권*으로 분류한다. 하지만 회계적으로는 회사의 보유 목적에 따라 만기보유가 목적이면 만기보유증권, 그렇지 않으면 매도가능증권으로 분류한다.

장기투자증권의 취득원가는 장기투자증권의 매입금액과 그에 따른 취득부대비용(증권거래수수료 및 세금 등)을 합한 금액이다. 장기투자증권을 좀 더 세부적으로 분류하면 다음 표 안의 내용과 같다.

| 유가증권의 분류 |

구분 기준	구분		정의	분류 및 평가
유가증권의 성질	채무증권		국채, 공채, 회사채(전환사채), 자산유동화채권 등	
	지분증권		시장성이 없는 주식 또는 1년 이상 보유 후 처분할 의사가 있는 지분증권	
유가증권의 보유 목적과 능력	장기투자증권	매도가능증권	시장성이 없는 주식 또는 1년 이상 보유 후 처분할 의사가 있는 지분증권	기말평가손익은 매도가능증권평가손익으로 기타포괄손익누계액에 유보했다가, 처분할 때 이를 반영해서 매도가능증권처분손익으로 영업외수익 및 비용으로 처리함. 회수가능 금액이 취득원가 또는 상각후원가보다 적을 것으로 예상되면 손상차손을 인식해야 함
			만기가 1년 이후에 도래하지만 만기까지 보유할 의사가 없는 채무증권	
		만기보유증권	만기가 1년 이후에 도래하고, 만기까지 보유할 의사와 능력이 있는 채무증권	유효이자율법에 의해 현재가치할인차금을 조정하고, 처분할 때 이를 반영해서 만기보유증권처분손익으로 영업외수익 및 비용으로 처리함. 회수가능 금액이 장부금액보다 적을 것으로 예상되면 손상차손을 인식해야 함
	단기매매증권		단기시세차익 목적의 채무증권과 지분증권	유동자산에 속하며, 기말 평가손익은 단기매매증권평가손익으로, 처분손익은 단기매매증권처분손익으로 해서 영업외수익 및 비용으로 처리함
	지분법적용투자주식		투자한 회사를 지배할 목적으로 발행주식 총수의 20% 이상을 취득하거나 회사 경영에 영향력을 행사할 수 있는 주식	지분법에 따라 피투자회사의 순자산변동을 반영해 기말에 지분법손익(영업외수익, 비용) 또는 지분법자본변동(기타포괄손익)을 인식하고, 배당 시에는 지분법적용투자주식을 감소시킴

유가증권을 표처럼 분류하더라도 재무상태표에 표시할 때는 매도가능증권과 만기보유증권을 장기투자증권 등의 과목으로 통합해서 표시할

수 있다. 단, 지분법적용주식은 비유동자산의 장기투자증권 가운데 다른 유가증권과 구분해서 지분법적용투자주식 등으로 재무상태표에 표시하도록 하고 있다.

만기보유증권의 분류 및 평가에서 언급한 '유효이자율법'은 유효이자율을 이용해 금융자산이나 금융부채의 상각후원가[*]를 계산하고, 관련 기간에 걸쳐 이자수익이나 이자비용을 배분하는 방법을 말한다. 유효이자율은 금융상품으로부터 만기일까지 기대되는 현금유입액과 현금유출액의 현재가치를 순장부금액과 일치시키는 이자율로서, 일반적으로 시장이자율과 유사하다.

만기보유증권을 상각후원가로 측정할 때는 취득원가와 만기액면금액의 차이를 상환기간에 걸쳐 유효이자율법에 의해 상각해서 취득원가와 이자수익에 가감한다.

(1) 매도가능증권

매도가능증권은 시장성이 없는 증권과 1년 이상 보유한 후 처분할 의사가 있는 지분증권, 만기가 1년 이후에 도래하는 채무증권 중 만기까지 보유할 의사가 없는 증권을 말한다.

다시 말해 회사가 보유한 유가증권[*] 중 단기매매증권과 만기보유증권으로 분류되지 않는 유가증권은 모두 매도가능증권이라고 보면 된다.

용어 해설

상각후원가(Amortized Cost)
금융자산이나 금융부채의 최초인식시점의 추정금액에서 상환된 원금을 차감하고, 최초인식금액과 만기금액의 차액에 유효이자율법을 적용해 계산된 상각누계액을 가감한 금액으로, 손상차손이나 대손상각을 인식한 경우 그 금액을 차감한 금액을 말한다.

용어 해설

유가증권(Securities)
재산권을 나타내는 증권으로서 실물이 발행되거나 출자자(주주) 명부에 등록만 되기도 한다. 유가증권은 적절한 액면금액 단위로 분할되고 시장에서 거래되거나 투자의 대상이 되기도 하며, 지분증권(주식 또는 출자지분)과 채무증권(회사채 등)을 포함한다.

매도가능증권

① 매도가능증권에 대해서는 기말 현재의 공정가치 또는 회수가능액을 평가하는데, 이때 발생하는 계정이 매도가능증권평가이익 또는 매도가능증권평가손실, 매도가능증권손상차손, 매도가능증권손상차손환입 계정이다. 다음 표와 같은 4가지 경우에 매도가능증권의 재무제표일 현재의 금액이 취득시점 또는 전기 금액과 차이가 난다.

매도가능증권	계정과목 종류	유의사항
시장성이 없는 증권, 1년 이상 보유한 후 처분할 의사가 있는 지분증권, 만기가 1년 이후에 도래하는 채무증권 중 만기까지 보유할 의사가 없는 증권	매도가능증권평가이익(전기 또는 취득원가보다 기말 공정가치가 상승한 경우)	자본의 기타포괄손익누계액에 유보한 후 처분 시 조정
	매도가능증권평가손실(전기 또는 취득원가보다 기말 공정가치가 하락한 경우)	
	매도가능증권손상차손(회수가능 금액이 취득원가보다 하락해서 회복이 곤란한 경우)	영업외비용으로 처리
	매도가능증권손상차손환입(이전에 인식한 손상차손이 회복된 경우)	이전에 인식한 손상차손을 한도로 당기이익으로 처리

② 매도가능증권의 정의에 맞게 분류되었는지, 특히 시장성이 없는 경우에는 회수가능 금액을 적정하게 평가해 반영했는지를 살펴보는 것이 중요하다. 회수가능성을 평가할 때 지분증권은 피투자회사의 계속성과 성장성 여부를 중시해야 하며, 채무증권은 피투자회사의 안정성이 중요하다.

잠깐만요

기업의 부동산투자를 억제하는 이유는 무엇일까?

세법에서는 투자부동산을 '업무무관자산' 또는 '비업무용토지'라고 해서 법인이 이러한 자산을 보유하는 것을 억제하고 있다. 취지는 법인의 부동산투기를 억제하고 자금을 비생산적으로 활용하는 것을 규제하는 데 있다.

법인세법에서는 투자부동산 등 업무무관자산을 취득·보유하고 있는 경우, 이로 인한 재산세 및 유지관리비용은 물론 취득에 따른 금융비용(이자지급)을 세법상 비용으로 인정하지 않음으로써 법인세부담을 증가시킨다.

회계처리 요약: 매도가능증권

1. 매도가능증권을 취득한 때

| 차변 | 매도가능증권 xxx | 대변 | 현금 등 xxx |

2. 매도가능증권을 기말 평가할 때

1) 장부금액보다 상승한 때

| 차변 | 매도가능증권 xxx | 대변 | 매도가능증권평가이익 xxx |

2) 장부금액보다 하락한 때

| 차변 | 매도가능증권평가손실 xxx | 대변 | 매도가능증권 xxx |

3) 손상차손이 발생한 경우

| 차변 | 매도가능증권손상차손 xxx | 대변 | 매도가능증권 xxx |
| | 매도가능증권평가이익 xxx | | 매도가능증권평가손실 xxx |

3. 매도가능증권을 처분할 때

차변	현금 등 xxx	대변	매도가능증권 xxx
	매도가능증권평가이익 xxx		매도가능증권평가손실 xxx
	매도가능증권처분손실 xxx		매도가능증권처분이익 xxx

> 매도가능증권평가손익은 자본의 기타포괄손익누계액으로 유보한다.

> 매도가능증권손상처손처리를 할 때는 기타포괄손익누계액에 유보된 평가손익을 함께 제거한다.

> 매도가능증권처분손익은 기타포괄손익누계액에 유보되어 있던 평가손익을 가감해 조정한 매도가능증권 순액(매도가능증권 + 매도가능증권평가이익 ─ 매도가능증권평가손실)과 처분금액의 차액만큼 처분손익을 계산한다.

(2) 만기보유증권

회사가 보유한 장기투자증권 중에서 만기가 확정된 채무증권으로 상환금액이 확정되었거나, 확정이 가능한 채무증권을 회사가 만기까지 보유할 적극적인 의도와 능력을 갖고 있는 경우 이를 만기보유증권(Held-to-Maturity Securities)으로 분류한다.

만기보유증권으로 분류하려면 보유 회사의 현금유동성에 문제가 없어야 하고, 채무증권의 발행자가 상각후원가보다 현저히 낮은 금액으로 중도상환권을 행사할 수 없어야 한다.

따라서 회사가 만약 당 회계연도와 직전 2개 연도 중에 만기보유증권을 중도에 처분했거나 매도가능증권으로 분류를 변경한 경우, 또는 발행자가 중도상환권을 행사한 사실이 있는 경우에는 보유 또는 신규로 취득하는 모든 채무증권을 만기보유증권으로 분류하지 못하도록 하고 있다. 그래서 만기보유증권을 보유하고 있으면 만기까지는 이를 처분할 수 없기 때문에 회사의 현금흐름이 제약을 받는다.

만기보유증권은 여타 유가증권과 다른 방식으로 회계처리를 한다. 즉, 기말 현재 재무상태표 금액을 평가할 때 취득원가와 만기액면금액(상환받을 금액)의 차이를 상환기간에 걸쳐 유효이자율법에 의해 상각해서 취득원가와 이자수익에 가감하는, 조금은 복잡한 절차를 거친다. 단기매매증권이나 매도가능증권은 공정가치와의 차액을 계산해서 재무상태표나 손익계산서에 반영하는 것과 다르다.

그 과정을 설명하자면, 최초 취득원가에 유효이자율(보통 시장이자율 수준)을 곱한 금액만큼 이자수익을 인식한다. 하지만 실제 지급받는 채권이자

잠깐만요

유가증권의 평가원칙을 알아보자!

유가증권을 최초에 인식할 때는 공정가치로 측정한다. 이때 당기손익인식금융상품에 대해서는 취득 관련 거래수수료 등을 당기비용으로 처리하지만, 그렇지 않은 경우는 취득부대비용으로 해서 공정가치에 가산한다. 공정가치의 최선의 추정치는 거래소시장 같은 활성시장에서 공시되는 가격이지만, 활성시장이 없는 경우는 평가기법을 사용해 측정일 현재 독립된 당사자 사이에 정상적인 거래에서 발생할 수 있는 거래가격으로 결정한다.

최초 측정 이후 단기매매증권과 매도가능증권은 공정가치로 평가해서 당기손익 또는 기타포괄손익으로 인식해 처분하거나, 손상차손을 인식할 때 일괄해서 당기손익에 반영한다. 다만, 매도가능증권 중 시장성이 없는 지분증권의 공정가치를 신뢰성 있게 측정할 수 없는 경우에는 취득원가로 평가한다.

만기보유증권은 유효이자율법을 이용해 상각후원가로 평가하고, 이때 장부금액과 만기액면금액의 차이를 상환기간에 걸쳐 유효이자율법에 따라 상각해 취득원가와 이자수익에 가감한다.

유가증권에 대해서는 매기말 손상차손의 객관적인 증거가 있는지 평가하고, 회수가능액이 상각후원가 또는 취득원가보다 작을 경우 손상차손의 인식을 고려해야 한다.

는 액면이자뿐이다. 따라서 이자수익과 현금유입이 있는 액면이자의 차액이 발생하는데, 이 금액은 누적되어 만기일에 상환된다.

즉, 매 회계연도에 누적되는 이 차액을 취득원가에 가산해가면 만기일의 장부금액은 액면에 표시된 상환금액과 일치하게 되는데, 이것이 '유효이자율법에 의한 상각후원가로 평가'하는 방법이다. 만기보유증권도

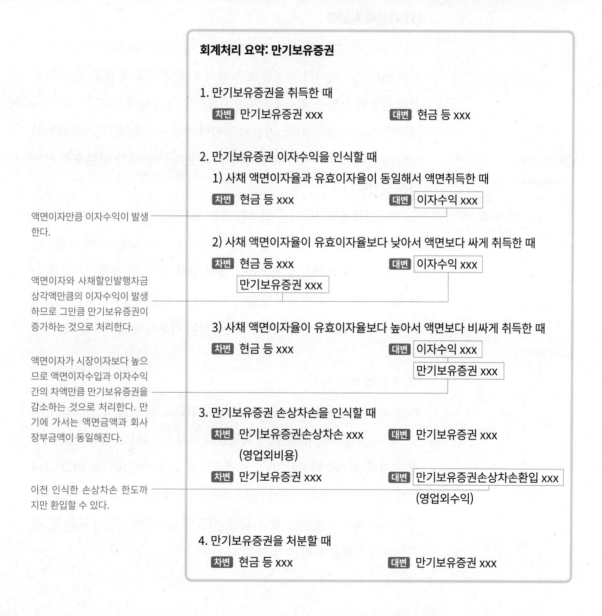

회계처리 요약: 만기보유증권

1. 만기보유증권을 취득한 때
   　차변 만기보유증권 xxx 　　　　　　**대변** 현금 등 xxx

2. 만기보유증권 이자수익을 인식할 때
   1) 사채 액면이자율과 유효이자율이 동일해서 액면취득한 때
   　차변 현금 등 xxx 　　　　　　**대변** 이자수익 xxx

   2) 사채 액면이자율이 유효이자율보다 낮아서 액면보다 싸게 취득한 때
   　차변 현금 등 xxx 　　　　　　**대변** 이자수익 xxx
   　　　 만기보유증권 xxx

   3) 사채 액면이자율이 유효이자율보다 높아서 액면보다 비싸게 취득한 때
   　차변 현금 등 xxx 　　　　　　**대변** 이자수익 xxx
   　　　　　　　　　　　　　　　　　　　 만기보유증권 xxx

3. 만기보유증권 손상차손을 인식할 때
   　차변 만기보유증권손상차손 xxx 　**대변** 만기보유증권 xxx
   　　　 (영업외비용)
   　차변 만기보유증권 xxx 　　　　　**대변** 만기보유증권손상차손환입 xxx
   　　　　　　　　　　　　　　　　　　 (영업외수익)

4. 만기보유증권을 처분할 때
   　차변 현금 등 xxx 　　　　　　**대변** 만기보유증권 xxx

액면이자만큼 이자수익이 발생한다.

액면이자와 사채할인발행차금 상각액만큼의 이자수익이 발생하므로 그만큼 만기보유증권이 증가하는 것으로 처리한다.

액면이자가 시장이자보다 높으므로 액면이자수입과 이자수익 간의 차액만큼 만기보유증권을 감소하는 것으로 처리한다. 만기에 가서는 액면금액과 회사 장부금액이 동일해진다.

이전 인식한 손상차손 한도까지만 환입할 수 있다.

매도가능증권과 같이 손상차손을 인식하거나 환입할 수 있다.

4. 투자자산: 지분법적용투자주식

(1) 지분과 지분법

지분(Equity)은 회사의 순자산(자산-부채)에 대한 소유권 비율이라고 생각하면 된다. "저 회사의 지분을 20% 가지고 있다"라고 하면 그것은 그 회사가 발행한 보통주 20%를 취득해 보유하고 있다는 뜻이다.

지분법(Equity Method)이란, 간단히 말하면 투자주식을 평가할 때 취득원가나 공정가치가 아니라 피투자회사*의 순자산에 대한 지분으로 평가하는 방법이다.

즉, 지분법적용투자주식을 취득할 때는 취득원가로 인식했다가, 취득시점 이후 발생한 지분변동액은 피투자회사(해당 주식 발행회사)의 순자산변동액에 주식 보유회사의 지분율을 곱해 당해 지분법적용투자주식에 가감해서 보고하는 회계처리 방법이다. 이렇게 하면 투자회사의 지분법적용투자주식의 금액이 피투자회사 순자산의 지분액과 일치하게 된다.

(2) 지분법 적용 사례

가령 피투자회사의 자산과 부채가 각각 100억 원과 50억 원이라고 하고, 그 지분 20%를 10억 원에 취득했다고 하자. 그리고 이 회사의 기말결산 결과 당기순이익이 10억 원인데, 5억 원을 배당하기로 하고 그다음해 초에 배당했다고 하자. 이때 취득 당시의 재무상태표와 기말재무상태표를 비교하면 다음 표와 같다. 기말에 당기순이익만큼 순자산, 즉자본이 증가했음을 알 수 있다.

용어 해설

피투자회사(Investee)
지분법을 적용하는 피투자회사 중에는 조인트벤처(Joint Venture)기업도 포함된다. 조인트벤처는 '둘 이상의 당사자가 공동지배의 대상이 되는 경제활동을 수행하기 위해 만든 계약상의 약정'을 말한다. 조인트벤처의 형태는 기업실체를 갖는 '공동지배기업'과 기업실체를 갖지 않는 '공동지배사업 또는 공동지배자산' 등으로 분류한다.

취득 당시 피투자회사 재무상태표			기말 피투자회사 재무상태표	

차변	차변
자산 100억 원	부채 50억 원
	자본 50억 원
합계 100억 원	합계 100억 원

차변	차변
자산 110억 원	부채 50억 원
	자본 60억 원
합계 110억 원	합계 110억 원

보통 피투자회사의 지분 20% 이상을 소유하고 있는 경우 지분법을 적용해서 주식을 평가하도록 하고 있으므로, 기말에 지분법을 적용해 주식을 평가하면 다음과 같이 된다.

취득 당시 회사의 지분법적용투자주식 금액은 10억 원이었다. 그런데 피투자회사의 당기순이익이 10억 원 발생했으므로, 그중 20%에 해당하는 2억 원만큼 지분법적용투자주식 금액이 증가함과 동시에, 이 금액은 지분법손익*이 되어 영업외수익으로 처리된다. 그리고 이로 인해 투자회사의 지분법적용투자주식과 당기순이익은 각각 2억 원씩 증가한다.

하지만 그다음해에 5억 원을 배당하게 되면 5억 원의 20%인 1억 원의 금액만큼 현금이 유입되는 반면, 지분법적용투자주식은 그만큼 가치가 감소한다. 이를 표로 나타내면 다음과 같다.

용어 해설

지분법손익(Gains or Losses Using Equity Method)

피투자회사에서 당기순이익이 발생한 때 피투자회사에 대한 지분율만큼의 이익을 지분법이익이라고 하고, 영업외수익으로 계상한다. 지분법손실은 그 반대의 경우다.

지분법적용투자주식의 평가(당기순이익 발생 및 배당 시)					

구분	취득 시		기말 평가 시		배당금 수취 시	
재무상태표	지분법적용투자주식	10억 원	지분법적용투자주식	12억 원	현금	1억 원
					지분법적용투자주식	-1억 원
손익계산서		—	지분법평가이익	2억 원		—
기타			'당기순이익 × 지분율'만큼 지분법이익으로 계상		배당금수익으로 처리하지 않고, 지분법적용투자주식을 감소시킴	

지분법은 지분율이 20%에 미달하더라도 피투자회사에 중대한 영향력을 행사할 수 있는 주식일 경우, 마찬가지로 적용한다. 중대한 영향력이

란 이사회 등에 참여, 배당정책 결정 및 영업정책 등에 참여, 경영진의 인사교류, 필수적 기술정보 교환 등을 말한다.

만약 지분이 50% 이상이 되면 지배회사는 종속회사와 재무제표를 합산한 '연결재무제표'를 작성해야 하므로 지분법을 적용하지 않는다. 연결재무제표는 지배회사와 종속회사를 하나의 회사로 보고 작성하는 재무제표라고 생각하면 된다.

(3) 투자차액

지분법적용투자주식과 관련된 개념으로 '투자차액'이 있다. 가령 피투자회사 주식의 순자산 공정가치가 10억 원이고 지분율이 20%라면 지분의 가치는 2억 원이다. 그런데 주식 대가로 3억 원을 지급했다면 1억 원을 더 준 셈이다. 그 반대의 경우도 발생할 수 있다.

이때 이 차이금액을 투자차액이라고 하며, 이는 사업결합에서 발생하는 영업권과 같이 회계처리한다(172쪽 참조).

잠깐만요

왜 굳이 복잡한 지분법을 적용할까?

그 이유는 투자회사가 피투자회사를 이용해 이익을 조정하지 못하도록 하는 데 있다. 투자회사는 자신이 지배하는 피투자회사의 배당정책을 강제할 수 있다.

예컨대 투자회사가 경영 실패로 당기에 10억 원의 손실을 보았다. 그런데 피투자회사로 하여금 배당을 많이 하도록 강제해서 20억 원의 배당수익을 영업외수익으로 계상하게 되면, 투자회사는 10억 원의 순손실이 아니라 10억 원의 당기순이익을 보고할 수 있게 된다. 이는 정보이용자들에게 회사의 경영성과에 대한 왜곡된 정보를 제공하는 것이다.

그래서 이를 막기 위해 기업회계기준은 중대한 영향력을 행사하는 주식에 대해 지분법을 적용하는 것이다. 지분법을 적용하면 피투자회사가 배당하는 금액만큼 피투자회사의 순자산이 줄어들고, 따라서 지분법적용투자주식도 줄어들기 때문에 앞서와 같이 배당정책을 통한 눈속임을 할 수 없다.

회계처리 요약: 지분법적용투자주식

1. 지분법적용투자주식을 취득한 때
   차변 지분법적용투자주식 xxx   대변 현금 등 xxx

2. 기말 피투자회사의 순자산 변동을 반영해 결산할 때
   1) 피투자회사가 당기순이익이 발생한 때
   차변 지분법적용투자주식 xxx   대변 지분법이익 xxx

   2) 피투자회사에 당기순손실이 발생한 때
   차변 지분법손실 xxx   대변 지분법적용투자주식 xxx

   3) 피투자회사의 자본 항목이 변동한 때
   차변 지분법적용투자주식 xxx   대변 지분법자본변동 xxx

   4) 피투자회사가 배당을 결의한 때와 배당금을 현금으로 받을 때
   차변 미수배당금 xxx   대변 지분법적용투자주식 xxx
   차변 현금 등 xxx   대변 미수배당금 xxx

3. 피투자회사 결손금 누적으로 지분법적용투자주식의 장부금액이 영(0) 이하일 때, 지분법을 중지한 뒤 피투자회사에서 발생한 이익 또는 자본변동액이 중지기간 중의 손실을 초과하는 시점부터 지분법적용을 재개한다.

4. 지분법적용투자주식을 처분한 때
   차변 현금 등 xxx   대변 지분법적용투자주식 xxx
        처분손실 xxx   처분이익 xxx

지분법자본변동 증가 또는 감소 금액을 기타포괄손익누계액(변동원천에 해당하는 계정)으로 처리한다.

(4) 개별재무제표, 연결재무제표, 별도재무제표

한국채택국제회계기준(K-IFRS) 및 일반기업회계기준의 주된 재무제표는 연결재무제표이고, 별도재무제표는 선택적으로 공시한다.

연결재무제표란 지배기업과 종속기업을 하나의 기업실체로 보고 통합하여 작성하는 재무제표로서, 다음과 같이 작성한다.

❶ 연결재무제표의 범위

지배기업이 직접 또는 종속기업을 통해서 간접적으로 해당 기업의 의결권 과반수를 소유하는 경우나, 과반수가 아니더라도 실질적인 지배력을 행사한다면 해당 종속기업은 연결재무제표의 범위에 포함된다. 연결재무제표는 연결재무상태표, 연결손익계산서, 연결현금흐름표, 연결자본변동표 및 주석으로 이루어진다.

❷ 연결재무제표 작성절차

연결재무제표는 지배기업과 종속기업의 개별재무제표상의 자산과 부채, 자본, 수익, 비용을 같은 항목별로 합산하되 다음과 같은 조정절차를 거쳐 작성된다.

첫째, 종속기업에 대한 지배기업의 투자금액(투자주식 등)과 종속기업의 자본 중 지배기업 지분을 제거한다. 둘째, 지배기업 및 종속기업 간에 발생한 거래 및 그와 관련된 잔액, 수익 및 비용은 모두 제거한다. 셋째, 종속기업의 소수지분(비지배지분)에 대해서는 당기순손익과 순자산에 별도로 표시한다.

이와 같은 연결조정절차는 보통 연결정산표를 통해서 이루어진다.

연결재무상태표 제×2기 20x2년 12월 31일 현재 제×1기 20x1년 12월 31일 현재		
가나다그룹		(단위: 천 원)
	20x2년 12월 31일	20x1년 12월 31일
자산		
비유동자산		
유형자산	350,700	360,020
영업권	80,800	91,200
기타 무형자산	227,470	227,470
관계기업 투자	100,150	110,770
매도가능금융자산	142,500	156,000
소계	900,620	945,460
유동자산		
재고자산	135,230	132,500
매출채권	91,600	110,800
기타 유동자산	25,650	12,540
현금및현금성자산	312,400	322,900
소계	564,880	578,740
자산 총계	1,466,500	1,524,200
자본 및 부채*		
지배기업*의 소유주*에게 귀속되는 자본		
납입자본	650,000	600,000
이익잉여금	243,500	161,700
기타 자본 구성요소	10,200	21,200
소계	903,700	782,900
비지배분*	70,050	48,600
자본 총계	973,750	831,500
비유동부채		
장기차입금	120,000	160,000
이연법인세	28,800	26,040
장기충당부채	28,850	52,240
소계	177,650	238,280
유동부채		
매입채무와 기타 미지급금	115,100	187,620
단기차입금	150,000	200,000
유동성장기차입금	10,000	20,000
당기법인세부채	35,000	42,000
단기충당부채	5,000	4,800
소계	315,100	454,420
부채 총계	492,750	692,700
자본 및 부채 총계	1,466,500	1,524,200

용어 해설

자본 및 부채

한국채택국제회계기준(K-IFRS)에서는 재무상태표에 자산과 부채, 자본을 표시할 때 부채와 자본의 순서에 대해 규정하지 않는다. 그래서 종전 배치와 달리 자본을 상단에, 부채를 하단에 표시할 수도 있다.

지배기업(Parent Entity)

하나 이상의 종속기업을 지배하는 기업을 말한다.

지배기업의 소유주(Owners of Parent)

지배기업의 모든 주주를 말한다.

비지배지분(Non-Controlling Interests)

연결대상종속기업에 대한 지분 중 지배기업에 직접 또는 간접으로 귀속되지 않은 지분을 말한다.

연결포괄손익계산서(기능별)
제×2기 20×2년 1월 1일부터 20×2년 12월 31일까지
제×1기 20×1년 1월 1일부터 20×1년 12월 31일까지

가나다그룹 (단위: 천 원)

	20x2년	20x1년
수익	390,000	355,000
매출원가	(245,000)	(230,000)
매출총이익	145,000	125,000
기타 수익	20,667	11,300
물류원가	(9,000)	(8,700)
관리비	(20,000)	(21,000)
기타 비용	(2,100)	(1,200)
금융원가	(8,000)	(7,500)
관계기업의 이익에 대한 지분	35,100	30,100
법인세비용차감전순이익	161,667	128,000
법인세비용	(40,417)	(32,000)
계속영업이익	121,250	96,000
중단영업손실	—	(30,500)
당기순이익	121,250	65,500
기타포괄손익:		
해외사업장환산외환차익	5,334	10,667
매도가능금융자산	(24,000)	26,667
현금흐름위험회피	667	4,000
자산재평가차익	933	3,367
확정급여제도의 보험수리적손익	(667)	1,333
관계기업의 기타포괄손익에 대한 지분	400	(700)
기타포괄손익의 구성요소와 관련된 법인세	4,667	(9,334)
법인세비용차감후기타포괄손익	(14,000)	28,000
총포괄이익	107,250	93,500
당기순이익의 귀속:		
지배기업의 소유주	97,000	52,400
비지배지분	24,250	13,100
	121,250	65,500
총포괄이익의 귀속:		
지배기업의 소유주	85,800	74,800
비지배지분	21,450	18,700
	107,250	93,500
주당이익(단위: 원):		
기본 및 희석	0.46	0.30

구분	지배기업	종속기업	연결 분개		연결 재무제표
			차변	대변	
포괄손익계산서					
여러 수익	10,000	4,000			14,000
지분법이익	700	—	700		—
여러 비용	(7,000)	(3,000)			(10,000)
총당기순이익	3,700	1,000			4,000
소수지분순이익	—	—	300		(300)
당기순이익	3,700	1,000			3,700
자본변동표					
기초이익잉여금	2,000	1,500	1,500		2,000
당기순이익	3,700	1,000			3,700
배당금	—	—			—
기말이익잉여금	5,700	2,500			5,700
재무상태표					
여러 자산	20,500	8,000			28,500
지분법적용투자주식	2,800	—		2,800	—
여러 부채	14,600	4,000			18,600
자본금	3,000	1,500	1,500		3,000
이익잉여금	5,700	2,500			5,700
소수지분					900

❸ 별도재무제표

별도재무제표는 지배회사, 관계회사의 투자자 등이 투자자산을 피투자자의 보고된 성과와 순자산에 대해 지분법이나 연결정산 절차를 통해 반영하지 않고, 직접적인 지분투자에 근거한 원가법 또는 공정가치법에 따라 작성한 재무제표다. 연결재무제표와 별도재무제표는 재무제표의 대상과 범위가 다르므로, 재무제표 이용자는 자신의 필요에 따라 두 재무제표를 적정하게 활용할 필요가 있다.

5. 투자자산: 장기금융상품 및 장기대여금

(1) 장기금융상품

장기금융상품(Long-term Financial Instruments)은 금융기관이 취급하는 정기예금, 정기적금, 사용이 제한된 예금 및 기타 정형화된 금융상품으로서, 기한이 결산일로부터 1년 이후에 도래하는 자산을 말한다.

회사가 장기금융상품을 많이 보유하고 있으면 현금유동성이 풍부하다는 증거로 볼 수 있다. 따라서 현금 자산을 중시하는 채권자에게는 대출금 회수의 청신호라고 할 수 있다.

하지만 반대로 주주 입장에서는 경영진이 더 나은 투자대상을 찾지 못해 은행 이자수익에 의존하고 있다는 부정적인 증거가 될 수도 있다. 다시 말해 투자여력이 있음에도 불구하고, 주된 영업활동 또는 다른 투자활동에 투자하지 못하고 있다는 증거로 볼 수도 있다.

(2) 장기대여금

장기대여금(Long-term Loans)은 유동자산의 단기대여금과 달리 원금회수일이 결산일로부터 1년 이후인 대여금을 말한다. 자금을 대여하고 받는 융통어음인 장기성어음도 장기대여금에 속한다.

회사가 금전을 대여해줄 때는 '금전대차약정서'를 작성해야 한다. 즉, 대여해준 상대방과 대여금액, 만기일, 이자약정, 약속불이행 시의 문제 등이 담긴 문서를 작성해야 한다. 하지만 약정서가 없더라도 또는 신용대여나 담보대여 형식이라도 모두 실질적으로 장기간 금전을 대여하고 회수하기로 했다면 장기대여금으로 계상한다.

장기대여금을 구분해보면 일반적인 회사에 대한 장기대여금, 주주·임원·종업원에 대한 장기대여금, 특수관계회사에 대한 장기대여금이 있다. 재무상태표에는 모두 합산해서 표시한다.

장기대여금 중 회수기일이 결산일로부터 1년 이내에 도래하는 것은 단기대여금으로 계정을 대체해주어야 한다. 또 장기대여금 중에서 법인세법상 가지급금에 해당하면 그에 따른 인정이자를 계산해주어야 한다.

자산손상과 손상차손의 인식

회사는 자산의 진부화 또는 시장가치의 급격한 하락 등으로 인하여 자산의 회수가능액이 장부금액에 중요하게 미달할 경우 장부금액을 회수가능액으로 조정하여 그 차액을 손상차손으로 처리한다. 유가증권에 대한 손상차손은 회수가능액이 채무증권[사채(社債) 등]의 상각후원가 또는 지분증권(주식 등)의 취득원가보다 작은 경우, 유형자산이나 무형자산은 해당 자산의 사용과 처분으로부터 기대되는 미래현금흐름총액 추정액이 장부금액에 미달할 때 그 차액을 손상차손으로 처리한다.

손상차손은 즉시 당기손익으로 인식하되, 해당자산의 평가손익 등 미실현손익이 있을 경우에는 해당 금액을 제거하는 회계처리를 함께 해주어야 한다.

시가의 회복에 따라 손상차손을 환입할 경우, 손상차손 인식전 장부금액의 감가상각 후 또는 상각후잔액을 한도로 당기이익으로 처리할 수 있다.

투자자산의 완전이해에 도전해보자!

비유동자산 중 첫 번째로 투자자산에 대해서 공부했다. 다음 문제를 풀어보자.

1	투자자산이란 무엇인가?
2	투자자산의 종류를 적어보자.
3	회사가 보유한 다음과 같은 부동산을 계정과목으로 분류하면 어디에 속할까? ① 부동산임대업자가 보유하고 있는 임대용건물: (　　　　　　　　　　　) ② 건설업체가 분양을 목적으로 완성한 아파트: (　　　　　　　　　　　) ③ 제조업체가 지점을 폐쇄하고 처분하기 위해 보유하고 있는 지점 건물: (　　　　　)
4	유형자산인 건물은 감가상각을 한다. 그렇다면 투자부동산인 건물도 감가상각을 해야 할까?
5	장기투자증권을 분류하면 3종류로 나뉜다. 어떻게 분류할까? ①　　　　　　　　　②　　　　　　　　　③
6	장기투자증권을 만기보유증권으로 분류하기 위한 3가지 요건은 무엇인가? ① ② ③

7	매도가능증권을 기말에 평가할 때는 평가손익이 발생한다. 매도가능증권평가손익은 다음 중 어느 계정에 속할까? ① 손익계산서의 영업외수익 또는 영업외비용 ② 재무상태표 자본의 기타포괄손익누계액
8	매도가능증권평가손익이 당기손익으로 대체되는 시점은 언제인가?
9	투자회사에 대한 지분율이 20% 이상인 주식을 보유하고 있을 때, 해당 주식을 평가하는 방법을 무엇이라고 하는가?
10	투자기업이 연결재무제표를 작성해야 하는 경우는 언제인가?

해설

4. 감가상각은 수익에 대한 원가의 배분이다. 유형자산은 영업활동에 이용되어 매출을 발생시키므로 그에 대응하는 비용으로 감가상각비를 계상하는데, 투자부동산도 동일하다.

7. 매도가능증권평가손익은 아직 실현되지 않은 손익이므로, 손익계산서가 아니라 재무상태표 자본의 기타포괄손익누계액에 일시적으로 포함해둔다.

정답

1. 기업이 여유자금으로 장기적인 투자수익 또는 타회사지배 목적으로 보유하는 자산을 투자자산이라고 한다.
2. 투자부동산, 장기투자증권, 지분법적용투자주식, 장기금융상품, 장기대여금 등
3. ① 유형자산, ② 재고자산, ③ 투자자산
4. 예. 투자부동산도 유형자산과 동일하게 감가상각을 한다.
5. ① 매도가능증권, ② 만기보유증권, ③ 지분법적용투자주식
6. ① 회사가 만기까지 보유하려는 의도, ② 회사가 만기까지 보유할 수 있는 경제적 능력, ③ 중도상환권이 행사 불가능할 것
7. ② 재무상태표 자본의 기타포괄손익누계액
8. 매도가능증권을 처분할 때 또는 손상차손을 인식할 때
9. 지분법
10. 투자기업이 직접 또는 종속기업을 통해 간접으로 피투자기업의 의결권 과반수를 소유하거나 실질적인 지배력을 행사할 경우 해당 피투자기업을 포함하여 연결재무제표를 작성해야 한다.

비유동자산 완전정복하기
② 유형자산

1. 유형자산의 뜻과 종류

유형자산(Tangible Asset)이란 물리적 형체를 갖춘 자산으로서, 회사가 정상적인 영업활동에 사용할 목적으로 1년을 초과해 보유하는 자산을 말한다. 물리적 형체가 있다는 점에서 물리적 형체가 없는 무형자산과 구분된다.

영업활동에 사용한다는 것은 재화의 생산이나 용역의 제공, 타인에 대한 임대에 사용하거나 사무실, 창고 등으로 회사 업무에 사용하는 것을 말한다.

유형자산은 성질에 따라 토지와 설비자산(건물, 구축물, 기계장치 등), 건설중인자산, 기타로 구분되고, 감가상각 여부에 따라 감가상각을 하는 유형자산과 감가상각을 하지 않는 유형자산으로 구분된다. 이상을 표로 살펴보면 다음과 같다.

구분			감가상각 여부
토지		대지, 임야, 전답, 건물부속토지, 공장부지, 매장부지 등	×
설비자산	건물	공장건물, 사옥, 업무용건물, 냉난방·기타 건물부속설비 포함	○
	구축물	교량, 궤도, 저수지, 갱도, 정원설비, 토목설비, 기타 공작물	
	기계장치	기계장치와 운송설비(컨베이어, 기중기 등) 및 기타 부속설비	
	기타	선박, 차량운반구, 공구, 기구, 비품	
건설중인 자산			×
기타		위 구분에 속하지 않는 유형자산	

2. 유형자산 검토할 때 유의할 점

재무제표상의 유형자산을 검토할 때는 5가지 사항에 유의해야 한다.

❶ 유형자산 분류의 적정성 여부

앞서 투자자산 중 투자부동산에서 살펴보았듯이, 똑같은 자산이라도 보유 목적에 따라 재고자산, 투자자산, 유형자산 등으로 분류할 수 있다. 어떤 계정으로 분류하는지에 따라 회계처리가 달라지거나, 당기순이익과 세금에 미치는 영향이 달라질 수 있다.

용어 해설

진부화(Obsolescence)

진부화는 '구식이 되어버리는 현상'이다. 새로운 발명이나 기술진보에 따라, 아직 물리적 사용능력이 있는 기존 자산이 기능적·경제적으로 그 가치가 감소하는 것을 말한다.

❷ 감가상각의 적정성 여부

감가상각 대상인 유형자산은 1년 이상의 내용연수에 걸쳐 회사의 수익창출에 사용되면서 물리적 마모와 진부화[*]가 진행된다. 이처럼 유형자산은 내용연수 동안 수익창출 활동에 기여하면서 가치가 소모되므로, 그 기간 동안 유형자산의 취득원가를 비용화해야 한다.

감가상각이란 이러한 유형자산의 가치감소를 장부에 반영하는 절차다. 그런데 감가상각을 어떻게 하는지에 따라 감가상각비의 크기가 달라지고, 동시에 당기순이익도 달라지므로 그 적정성을 반드시 검토해야 한다.

❸ 취득자금 조달원천 파악

일반적으로 유형자산의 취득에는 거액의 자금이 소요된다. 따라서 취득자금이 회사 장부에 적정하게 계상되어 있는지도 함께 검토해야 한다.

❹ 유형자산에 대한 지출구분의 적정성

유형자산은 취득 이후에도 성능의 개선 또는 유지를 위해 지출이 일어나는데, 이 지출의 성격상 자본적지출과 수익적지출*로 구분된다.

자본적지출은 냉난방장치 또는 엘리베이터 설치 등 자산의 생산능력 증대, 내용연수 연장, 상당한 원가절감 또는 품질향상을 위해 지출된 것을 말한다. 수익적지출은 부품교체나 도색같이 자산의 당초 성능을 회복하거나 유지하는 수준의 지출을 말한다.

자본적지출은 유형자산의 취득원가에 가산해 감가상각을 하고, 수익적지출은 전액 당기비용으로 처리한다. 따라서 똑같은 지출이라도 그 성격에 따라 당기순이익에 미치는 영향이 다르니 유의해야 한다.

❺ 유형자산의 재평가 여부

유형자산을 최초로 장부에 인식한 후에는, 기업이 원가모형이나 재평가모형 중 하나를 선택해서 유형자산 분류별로 적용할 수 있도록 하고 있다. 어느 방법을 택하는지에 따라 기업의 재무상태 및 경영성과가 달라질 수 있으므로 주석을 통해 확인해보아야 한다.

용어 해설

자본적지출
(Capital Expenditures) /
수익적지출
(Revenue Expenditures)
자본적지출은 재무상태표상 자산의 취득원가로, 수익적지출은 손익계산서상의 비용으로 처리한다.

3. 유형자산의 취득원가

유형자산을 취득할 때 장부에 얼마로 기록할 것인지 결정하는 것은 단순하지 않다. 예를 들어 자동차를 구입할 때 구입에 들어가는 비용에는 공장 출고 시의 공급가액과 취득세 등 세금, 운반비, 보험료, 기타 수수료 등 여러 가지가 있다. 이 지출 중 어디까지를 취득원가에 포함할 것인지가 문제다.

유형자산의 취득원가는 취득일의 공정가치로 하되, 해당 자산을 영업활동에 사용할 수 있을 때까지 지출된 모든 비용을 포함한다. 즉, 제작원가 또는 매입가액에 모든 취득부대비용을 더한 것이다. 취득부대비용에는 운반비, 수수료, 취득세 등과 같이 유형자산의 취득을 위해 필수적으로 소요되는 비용뿐 아니라 설치비, 시운전비, 자본화 대상인 차입원가 등도 포함된다.

또한 유형자산의 사용이 종료된 후에 원상회복을 위해 그 자산을 제거, 해체하거나 부지를 복원하는 데 소요될 것으로 추정되는 지출(복구원가, Rehabilitation Cost)의 현재가치도 취득원가에 포함된다. 이 또한 유형자산을 본래의 의도대로 사용하기 위해 필요한 지출이기 때문이다.

4. 유형자산의 감가상각

건물과 같은 유형자산은 사용에 따라 가치가 감소한다. 자산의 가치감소를 어떻게 처리할 것인지에 대한 해결책이 감가상각(減價償却, Depreciation) 제도다. 감가상각 제도는 2가지 성격을 지닌다.

하나는 유형자산의 사용에 따른 가치감소를 장부에 반영하는 절차이고, 또 하나는 유형자산의 취득원가를 체계적이고 합리적인 방법으로 그 자산의 추정 내용연수 기간에 걸쳐 비용화하는 절차다. 사실 이 2가지는 동전의 양면과 같다. 전자는 유형자산의 가치감소 측면을, 후자는 유형자산의 취득원가를 수익활동에 대응하여 체계적으로 배분하는 측면을 나타낸다.

유형자산의 가치감소를 인식하는 방법, 즉 감가상각 방법에는 정액법, 정률법, 연수합계법, 생산량비례법이 있다. 회사가 감가상각 방법을 선택한 때는 해당 자산에 내재된 미래경제적효익의 소비형태를 가장 잘 반영하는 방법임을 입증할 수 있어야 한다.

(1) 유형자산의 원가를 어떻게 배분할 것인가

유형자산은 영업활동, 즉 수익창출 활동에 기여할 목적의 자산이므로 유형자산의 취득원가도 수익에 대응시켜 비용화하는 것이 합리적이다. 그것이 이른바 '수익-비용 대응의 원칙'에 맞는 처리방법이다.

유형자산은 취득 이후부터 경제적 내용연수 기간 동안 수익창출에 기여하므로, 비용화하는 것도 내용연수 기간에 걸쳐 이루어져야 한다. 감가상각 과정을 원가배분 과정이라고 부르는 것은 바로 이 때문이다.

만약 유형자산의 취득원가를 구입 초기나 처분 시에 모두 비용화한다면, 수익과 비용이 대응하지 못해 경영성과가 왜곡될 것이다. 더구나 유형자산을 취득할 때 또는 처분할 때 경영을 맡게 된 경영자는 과다한 비용발생으로 자신의 경영성과를 제대로 평가받지 못할 것이다.

한편, 유형자산 중에는 시간의 경과에도 불구하고 가치감소가 없는 경우도 있는데, 바로 토지나 서화 또는 골동품 등이다. 이러한 자산에 대해서는 감가상각이 필요하지 않다.

(2) 감가상각비 계산에 필요한 4가지 요소

감가상각비를 계산하려면 다음 4가지 요소가 필요하다. 그리고 이에 대해 재무제표 주석에 공시해야 한다.

❶ 감가상각 대상 금액(Depreciable Amount)

감가상각 대상 금액은 유형자산의 취득원가에서 잔존가치를 뺀 금액을 말한다. 내용연수 동안 감가상각 대상 금액이 전액 상각되어 최후에는 잔존가치만 남게 된다.

앞서 설명한 것처럼 유형자산의 취득원가는 제작원가 또는 매입가액에 자산을 용도대로 사용하는 데까지 들어간 부대비용을 합한 금액이다.

감가상각 대상 금액 = 유형자산의 취득원가 — 잔존가치

❷ 잔존가치(Residual Value)

잔존가치란 유형자산의 내용연수가 끝난 후 유형자산을 처분한다고 가정했을 때, 추정처분대가에서 처분과 관련된 비용을 뺀 금액을 말한다. 유형자산의 잔존가치는 합리적인 방법으로 추정한다.

❸ 내용연수(Useful Life)

내용연수란 유형자산이 영업활동에 활용되어 경제적효익이 발생하는 총기간을 말한다. 내용연수는 해당 전문가에 의해 합리적으로 추정된다.

❹ 감가상각 방법

감가상각 방법은 앞에서 말한 정액법, 정률법, 연수합계법, 생산량비례법 중에서 합리적인 방법을 선택해 일관되게 적용한다.

(3) 감가상각 방법 4가지

그럼 이제 감가상각 방법 4가지에 대해 하나씩 자세히 알아보자. 유형자

산의 가치감소분 또는 원가배분 금액, 즉 감가상각 금액을 물리적으로 정확하게 측정하는 것은 불가능하다. 그래서 다음과 같은 4가지 인위적인 계산방법에 따라 감가상각을 한다.

❶ 정액법(Straight Line Method)

자산의 내용연수 동안 매기간 동일한 금액의 가치감소가 발생한다고 가정하고 감가상각비를 계상하는 방법이다.

$$\text{정액법에 의한 감가상각비} = \frac{\text{취득원가} - \text{잔존가치}}{\text{내용연수}}$$

용어 해설

정률법
정률법은 실질을 입증하기 곤란하므로 한국채택국제회계기준(K-IFRS)에서는 사실상 채택이 쉽지 않다.

미상각잔액
미상각잔액 = 취득원가 - 감가상각누계액

❷ 정률법*(Fixed Rate Method)

자산의 내용연수 동안 미상각잔액*에 대해 매기간 동일한 비율로 가치감소가 일어난다고 가정하고 감가상각비를 계상하는 방법이다. 따라서 초기에 감가상각을 많이 하게 된다.

정률법에 의한 감가상각비 = 미상각잔액 × 상각률
※ 상각률 = {1 - 내용연수$\sqrt{}$(잔존가치 ÷ 취득원가)}

❸ 연수합계법(Sum-of-the-years-digits Method)

자산의 내용연수 동안 초기에 가치감소가 많이 일어나며, 뒤로 갈수록 작아진다고 가정하고 감가상각비를 계상하는 방법이다.

예를 들어 내용연수가 5년인 유형자산에 대해 최초 1년분 감가상각을 할 때는 감가상각 대상 금액에 5 ÷ (1+2+3+4+5)를 곱하고, 차기에는 취득원가에 4 ÷ (1+2+3+4+5)를, 차차기에는 3 ÷ (1+2+3+4+5)를 곱하는 방법으로 계산한다.

> **연수합계법에 의한 감가상각비**
>
> $$= (취득원가 - 잔존가치) \times \frac{(n + 1 - 경과년수)}{(1 + 2 + \cdots + n)}$$
>
> ※ n = 내용연수

❹ 생산량비례법(Output Method)

자산의 내용연수 동안 가동되는 총예상조업도(가동시간) 또는 총예상생산량을 생산한다고 가정하고, 매기에는 그 기간 동안의 실제조업도 및 생산량만큼 감가상각비를 계상하는 방법이다.

> **생산량비례법에 의한 감가상각비** $= \dfrac{당기생산량(당기 실제조업도)}{총예상생산량(또는 총예상조업도)}$

기업회계기준에서는 감가상각 방법이 합리적이라면 어떠한 방법이든 기업이 선택할 수 있다. 하지만 선택한 방법에 따라 매기 순이익이 달라질 수 있으므로, 매기 같은 감가상각 방법을 적용하는 것이 원칙이다. 만약 불가피하게 감가상각 방법을 변경한다면 그 효과를 재무제표에 반영하고, 정보이용자가 오해하지 않도록 주석에 이를 공시한다.

(4) 사례로 비교해보는 감가상각 방법

이제 사례를 하나 들어서 각각의 감가상각 방법이 어떻게 다른지 비교해보자.

- 유형자산의 종류: 항공기
- 유형자산의 취득원가: 500억 원(잔존가치 25억 원)
- 유형자산의 취득시기: 20×0년 1월 1일
- 유형자산의 내용연수: 5년(총운행예상시간 15,000시간)
- 항공기의 5년간 운행시간: 1년째 4,000시간, 2년째 3,500시간, 3년째 3,500시간, 4년째 2,500시간, 5년째 1,500시간

| 감가상각 방법별 5년간의 감가상각비(사례) |　　　　　　　　　　　　　　　　　　(단위: 억 원)

감가상각 방법	20×0	20×1	20×2	20×3	20×4	총감가상각누계액	계산방법
정액법	95	95	95	95	95	475	(500—25)÷5
정률법*	226	124	66	37	20	475	미상각잔액×상각률
연수합계법**	158	127	95	63	32	475	(500—25)×상각률
생산량비례법***	127	111	111	79	47	475	(500—25)×상각률

* 내용연수 5년, 잔존가치가 취득원가의 5%인 경우 상각률은 1 - $5\sqrt{0.05}$ = 0.451로 가정함
** 1년째 5/15, 2년째 4/15, 3년째 3/15, 4년째 2/15, 5년째 1/15을 적용함
*** 상각률 = 당기조업도 ÷ 총예상조업도(1년째 4,000 ÷ 15,000, 2년째 3,500 ÷ 15,000……)

각 방법을 비교해보면 감가상각비 총액, 즉 감가상각누계액 총액은 475억 원으로 동일하다. 하지만 기간별로 방법에 따라 감가상각비가 다름을 알 수 있다.

첫해와 마지막 해를 비교해보면 첫해에는 정률법이 가장 많은 감가상각비를 계상하고, 정액법이 가장 적게 계상한다. 따라서 정액법을 적용할 때 당기순이익이 많게 나타날 것이다. 마지막 해를 보면 반대로 정액법에 의한 감가상각비가 가장 크고, 정률법이 가장 적다. 따라서 마지막 해에는 정률법을 적용할 때 당기순이익이 가장 많을 것이다.

이처럼 감가상각 방법에 따라 기간별 감가상각비가 다르기 때문에, 한번 채택한 방법은 일관되게 적용해야 당기손익 정보가 왜곡되지 않는다.

이상과 같이 매 회계기간 계산한 감가상각비는 유형자산의 쓰임새에 따라 분류가 달라진다. 가령 사무용건물 또는 업무용차량의 감가상각비는 손익계산서의 판매비와관리비에 포함되어 당기비용으로 처리된다.

하지만 공장용건물 또는 기계장치의 감가상각비는 제조원가명세서의 제조경비로서 재고자산 속에 포함되어 있다가, 제품이 판매될 때 매출원가로서 손익계산서 비용으로 처리된다.

5. 유형자산의 재평가

자산의 가치는 계속 변한다. 특히 토지와 건물, 기계장치 등 유형자산의 가치는 시간의 경과 및 경기변동의 영향으로 가치변동의 폭이 적지 않다. 기업회계기준은 유형자산 취득 후 원가모형과 재평가모형 중 하나를 회계정책으로 선택해 유형자산 분류별로 동일하게 적용하도록 하고 있다.

❶ 원가모형(Cost Model)

유형자산을 최초로 인식한 뒤, 해당 취득원가에서 감가상각누계액과 손상차손누계액을 차감한 금액을 장부금액으로 표시한다.

❷ 재평가모형(Revaluation Model)

유형자산을 최초로 인식한 뒤, 해당 유형자산의 공정가치를 신뢰성 있게 측정할 수 있는 경우 재평가모형을 선택할 수 있다. 이때 유형자산의 장부금액은 재평가일의 공정가치에서 그 이후의 감가상각누계액과 손상차손누계액을 차감한 재평가금액이 된다.

보통 유형자산의 공정가치는 시장에 근거한 증거를 기초로 전문자격이 있는 평가인에 의해 이루어지지만, 개별공시지가 등 정부의 고시금액이나 시장의 객관적인 시세표 등이 공정가치와 대체로 유사하다고 판단되는 경우 이를 재평가금액으로 사용할 수 있다.

재평가모형을 선택하면 보고기간 말에 장부금액이 공정가치와 중요하게 차이가 나지 않도록 주기적으로 재평가를 수행해야 한다. 재평가는 공정가치의 변동에 따라 매년 또는 3~5년 주기로 할 수 있다.

특정 유형자산을 평가할 때는 해당 자산이 속하는 유형자산 분류(토지, 건물, 기계장치 등 분류별로) 전체를 재평가하는 것이 원칙이다. 재평가해서 장부금액이 증가하면 기타포괄손익의 재평가차익으로 인식하되, 그전에 당기손실로 인식한 재평가감소액의 한도 내에서 당기이익으로 인식한다. 반대로 재평가로 장부금액이 감소한 경우에는 당기손실로 인식하되, 기타포괄손익의 잔액이 있을 때는 해당 잔액을 한도로 차감해준다.

❸ 평가모형의 재변경 여부

일반기업회계기준을 최초로 채택하는 기업은 회계기준 전환일에 공정가치를 측정해서 간주원가[*]로 사용하거나, 전환일 또는 그 이전에 행한 재평가금액을 재평가일 시점의 간주원가로 사용할 수 있다. 다시 말해 일반기업회계기준을 최초로 채택할 때에 한해 평가모형을 재변경할 수 있고, 그 시점의 장부금액 또는 공정가치를 간주원가로 본다.

용어 해설

간주원가(Deemed Cost)
재평가 또는 회계정책 변경 등을 행할 때 특정일자의 원가나 상각 후원가에 대한 대용치로 사용되는 금액을 말한다. 간주원가 금액을 대상으로 감가상각을 하거나 손상차손을 인식한다.

6. 유형자산의 표시

유형자산은 유형자산의 취득원가(또는 재평가금액)에서 감가상각누계액과 손상차손누계액을 차감하는 방법으로 재무상태표에 표시한다.

감가상각누계액(Accumulated Depreciation)이란 매년도의 감가상각비를 누계한 금액으로, 개별 자산별로 표시한다. 따라서 이를 통해 그 자산의 감가상각이 그동안 얼마만큼 이루어졌는지 알 수 있으며 유형자산의 장부금액, 즉 감가상각된 후의 가치를 파악할 수 있다.

또한 유형자산의 감가상각과 달리 유형자산의 장부금액을 감액하는 경우가 있다. 유형자산의 손상징후가 있다고 판단되고, 해당 유형자산의 사용 및 처분으로부터 기대되는 미래 현금흐름 총액의 추정액이 장부금액에 미달할 경우가 그때다. 이때는 장부금액을 회수가능액으로 조정하고 그 차액을 손상차손(영업외비용)으로 처리한다.

다만, 차기 이후에 감액된 자산의 회수가능액이 장부금액을 초과하는 경우 그 자산이 감액되기 전 장부금액의 감가상각 후 잔액을 한도로 해서 그 초과액을 손상차손환입으로 처리한 다음 영업외수익으로 계상한다.

손상차손을 인식할 때는 손상차손누계액(Accumulated Impairment Lesses)으로 해서 유형자산의 취득원가를 차감하는 방식으로 표시한다.

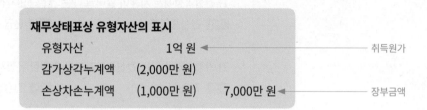

재무상태표상 유형자산의 표시			
유형자산	1억 원		◄─── 취득원가
감가상각누계액	(2,000만 원)		
손상차손누계액	(1,000만 원)	7,000만 원	◄─── 장부금액

❶ 유형자산 처분에 따른 이익과 손실

유형자산은 처분하거나 폐기한 때에 재무상태표 자산에서 제거한다. 이 때 장부금액(취득원가 또는 재평가금액 − 감가상각누계액 − 손상차손누계액)과 처분대가(폐기 또는 처분에 따른 현금유입)의 차액만큼 유형자산처분이익 또는 유형자산처분손실이 발생하는데, 처분 또는 폐기 시 발생한 금액은 손익계산서에서 영업외손익으로 처리한다. 단, 재평가모형의 경우 기타포괄손익누계액에 남아 있는 재평가차익 금액은 이익잉여금으로 대체한다.

❷ 유형자산에 대한 주석

유형자산에 대해서는 과목별로 ㉠ 감가상각 방법, 내용연수, ㉡ 장부금액의 변동 내용, ㉢ 담보로 제공된 자산, ㉣ 복구비용의 내용, 금액 및 회계처리 방법, ㉤ 건설중인자산에 대한 당기 지출액, ㉥ 차입원가의 자본화*에 의해 자본화된 금액 등과 토지에 대한 공시지가, ㉦ 유형자산 취득을 위한 약정액 등을 주석으로 기재하도록 하고 있다.

용어 해설

차입원가의 자본화

유형자산은 취득금액이 거액이므로 일반적으로 외부자금을 차입하는 경우가 많다. 유형자산의 취득과 관련해서 차입한 자금으로부터 발생한 차입원가(이자, 수수료 등)는 당기비용으로 처리하는 것이 원칙이지만, 한국채택국제회계기준(K-IFRS)처럼 취득원가에 가산해야 하는 경우도 있다. 이를 차입원가의 자본화라고 한다.

회계처리 요약: 유형자산

1. 유형자산을 타인에게서 취득할 때

> 건물 등의 금액에는 건물구입액과 취득세, 등록세 등 취득부대비용이 포함된다.

차변	건물 등 xxx	대변	현금 등 xxx

2. 유형자산을 자가건설해서 취득할 때

　1) 건설과정에서 지출이 일어날 때는 건설중인자산으로 처리

차변	건설중인자산 xxx	대변	현금 등 xxx

　2) 완성되었을 때는 건설중인자산을 완성된 유형자산의 계정명으로 대체

차변	건물 등 xxx	대변	건설중인자산 xxx

3. 유형자산을 감가상각 및 감액처리할 때

> 감가상각비는 제품제조원가 또는 판매비와관리비로, 유형자산손상차손은 영업외비용으로 처리한다.

차변	감가상각비 xxx	대변	감가상각누계액 xxx
차변	유형자산손상차손 xxx	대변	손상차손누계액 xxx

4. 유형자산을 재평가한 때

　1) 재평가차익은 기타포괄손익누계액으로

차변	토지·건물 등 xxx	대변	토지·건물 등 xxx
	감가상각누계액 xxx		재평가차익 xxx
	재평가차손 xxx		

> 영업외비용으로 처리한다.
>
> 기타포괄손익누계액으로 처리한다.

　2) 재평가 후 감가상각(재평가 금액에 대해 잔존 내용연수에 걸쳐 감가상각)

5. 유형자산을 처분할 때

> 유형자산처분이익은 처분대가가 건물 등의 장부금액(건물 등의 취득원가 － 감가상각누계액 － 손상차손누계액)보다 클 때 발생하고, 그 반대인 경우에는 유형자산처분손실이 발생한다.

차변	현금 등 xxx	대변	건물 등 xxx
	감가상각누계액 xxx		이익잉여금 xxx
	손상차손누계액 xxx		유형자산처분이익 xxx
	재평가차익 xxx		
	유형자산처분손실 xxx		

7. 유형자산: 토지

회사의 정상적인 영업활동에 사용하고 있는 토지(Land)를 말한다. 대지·임야·전답·잡종지 등이 있는데, 나대지 상태의 토지뿐 아니라 건물의 부속토지도 포함된다.

앞서 말한 것처럼 토지는 시간이 지나도 가치가 감소하지 않기 때문에 유형자산이라도 감가상각을 하지 않는다. 회사의 토지에 대한 권리 여부를 파악하려면 토지등기부등본과 토지대장을 검토해야 한다.

새 건물을 신축하기 위해 건물 있는 토지를 취득한 뒤 구건물을 철거하는 경우 철거관련비용(순액)은 토지의 취득원가에 가산한다. 하지만 건물을 신축하기 위해 사용 중인 기존 건물을 철거하는 경우 기존 건물의 장부금액은 처분손실로 반영하고, 철기비용은 전액 당기비용으로 처리한다.

> **계정과목 유의사항** 토지
>
> ① 토지는 유형자산일 수도 투자자산이나 재고자산일 수도 있으므로, 계정 분류가 적정한지 살펴보아야 한다.
> ② 토지에 대해서 주석에 공시하고 있는 개별공시지가를 이용해 토지의 시가를 추정할 수 있다.

8. 유형자산: 건물 및 구축물

(1) 건물

건물(Buildings)에는 회사의 정상적인 영업활동에 사용하고 있는 건물과 냉난방, 전기, 통신 및 기타의 건물부속설비 등이 포함된다.

건물은 일반적으로 부속토지와 함께 취득하는데, 토지와 건물은 별개의 유형자산이므로 이를 구분해서 기록해야 한다. 즉, 부속토지는 유형자산의 토지 계정에 기록하고 건물은 별도로 금액을 산출해서 건물 계정에 기록한다.

이때 건물의 취득원가는 총매매금액과 취득부대비용을 합리적인 기준에 따라 토지와 건물로 안분해서 건물분 금액만 장부에 기재한다. 취득부대비용에는 취득세와 등록세, 중개수수료, 금융비용 등이 있다.

(2) 구축물

구축물(Structures)은 회사의 정상적인 영업활동에 사용할 목적으로 보유, 사용하고 있는 교량·궤도·갱도·정원설비 및 기타의 토목설비 또는 공작물 등이다.

실무적으로 건물의 부속설비와 구축물을 구분하기는 쉽지 않지만, 흔히 건물과 붙어 있는 것은 건물로, 기타의 것은 구축물로 보면 된다. 그리고 구축물의 회계처리는 건물과 같다.

건물에 대한 권리 유무를 확인하려면 건물등기부등본과 매매계약서 등을 살펴보아야 한다. 다만 구축물은 건물과 달리 등기의 대상이 되지 않으므로, 구축물과 관련된 지출장부 및 증빙을 확인함으로써 권리 여부를 확인한다.

계정과목 유의사항 **건물 및 구축물**

건물은 감가상각 대상 자산 중 금액이 비교적 크기 때문에 감가상각비가 적정하게 계상되었는지 검토할 필요가 있다. 이를 위해 감가상각 방법과 내용연수, 상각률, 담보제공 여부 등을 주석에서 확인한다.

9. 유형자산: 기계장치

기계장치(Machinery and Equipment)는 제조업에서 원재료 또는 중간재를 가공하거나 조립할 때 쓰는 기계와 운송설비(컨베이어, 기중기 등), 기타 부속장치를 함께 이르는 용어다. 하지만 도소매업의 경우 판매목적으로 보유한 기계장치는 유형자산이 아니라 재고자산 계정에 속한다.

그리고 리스회사가 리스목적으로 보유하는 기계장치 등은 리스의 성격에 따라 금융리스채권, 해지금융리스채권, 해지금융리스자산, 운용리스자산 또는 선급운용리스자산 등으로 세분해 유동자산과 비유동자산 사이의 별도항목으로 표시한다.

기계장치와 관련된 회계처리는 건물과 동일하다. 토지나 건물 또는 선박과 달리 기계장치는 따로 등기할 수는 없으나 공장재단[*] 형식으로 공장재단의 목록에 포함해 등기할 수 있다.

용어 해설

공장재단

공장과 그 부속토지, 공장 내에 설치된 기계·공작물 등을 묶어서 하나의 부동산으로 취급하는 개념이다.

10. 유형자산: 선박, 차량운반구, 공구·기구·비품 등

회사의 정상적인 영업활동에 사용할 목적으로 보유, 사용하고 있는 선박과 기타의 수상운반구 등은 선박(Ships and Vessels) 계정으로, 철도차량·자동차 및 기타의 육상운반구 등은 차량운반구(Vehicles) 계정으로, 기타 공구·기구·비품 등은 따로 재무상태표에 표시하거나 기타 유형자산으로 통합해서 표시한다.

공구·기구는 수리 및 측정 등에 사용하는 도구이고, 비품은 책상이나 의자, 가구 등을 뜻한다. 일반적으로 이들 금액 중 100만 원 미만은 소모품비나 사무용품비 등으로 해서 감가상각을 하지 않고 당기비용으로 처리하는 경우가 많은데, 그렇다고 해서 회계기준에 어긋나는 것은 아니다.

선박, 차량운반구, 공구·기구·비품 등에 대한 취득원가, 감가상각, 자산 손상 등을 계상하는 원칙은 기계장치와 동일하다.

또한 특정 유형자산을 구성하는 항목들(가령 항공기 동체와 엔진 같은)을 분리하여 개별유형자산으로 식별할지 구성항목 전체를 단일 유형자산으로 인식할지는 기업의 상황과 업종의 특성을 고려하여 판단한다.

11. 유형자산: 건설중인자산

건설중인자산(Construction in Progress)은 유형자산이기는 하지만 아직 완성된 물리적 형태를 갖고 있지는 않은, 말 그대로 건설하는 도중의 자산이다. 건설중인자산에는 유형자산의 건설을 위한 재료비·노무비 및 경비 그리고 건설을 위해 지출한 도급 금액 등이 포함된다.

이 계정을 '건설 가계정'이라고도 하는데, 그 이유는 유형자산이 완성될 때까지 일시적으로 계상했다가 건설이 완료된 후 정산되어 특정한 유형자산 계정으로 대체되기 때문이다.

그리고 건설중인자산이라 하더라도 완성된 자산이 재고자산에 속하면 건설중인자산으로 분류하지 않고, 미착상품 또는 미완성주택 등의 재고자산으로 분류한다.

용어 해설

자본화(Capitalization)
어떤 자산을 취득하는 과정에서 발생한 비용 성격의 지출을 당기손익계산서에 반영하지 않고, 해당 자산의 원가에 포함시켜 재무상태표에 계상했다가 차기 이후에 비용화하는 것을 말한다.

잠깐만요

건설중인자산 관련 유의사항

① 건설중인자산은 아직 완성된 유형자산으로서 기능하지 못하기 때문에 감가상각을 하지 않는다.
② 1년 이상 장기간 소요되는 유형자산의 건설로 인해 발생한 금융비용에 대해서는 원칙적으로 당기비용으로 처리하지만, 회사의 선택에 따라 건설중인자산에 포함시킬 수도 있다. 이를 자본화*한다고 한다. 이렇게 되면 이 비용은 나중에 유형자산의 원가가 되어 감가상각을 통해서 비용화된다.

12. 유형자산: 리스자산

리스(Lease)는 자산의 이용 계약의 하나로, 쉽게 말하면 자산의 임대차계약이다. 자산을 임대해주는 회사를 리스회사라고 하고, 자산을 임차해 사용하는 회사를 리스이용자라고 한다. 리스란 결국 리스회사가 어떤 자산의 사용권을 일정기간 리스이용자에게 빌려주고, 리스이용자는 그 대가로 사용료를 지불하는 계약을 말한다.

리스는 성격에 따라 다음 표처럼 2가지로 나눌 수 있다. 하나는 금융리스이고 다른 하나는 운용리스다.

| 리스의 종류 |

리스의 구분	자산의 소유에 따른 대부분의 위험과 보상의 주체	리스이용자의 재무제표	리스회사의 재무제표
금융리스	리스이용자	• 재무상태표: 리스자산 및 감가상각누계액, 리스부채 • 손익계산서: 리스자산감가상각비, 이자비용	• 재무상태표: 금융리스채권(또는 선급리스자산) • 손익계산서: 이자수익
운용리스	리스회사	• 재무상태표: 표시 없음* • 손익계산서: 운용리스료비용	• 재무상태표: 선급리스자산, 운용리스자산 • 손익계산서: 운용리스자산 감가상각비, 운용리스료수익

🍳 용어 해설

국제회계기준의 운용리스

국제회계기준에서는 운용리스이용자도 금융리스와 동일하게 사용권자산과 리스부채를 인식한다.

(1) 금융리스

금융리스(Finance Lease)는 자산의 사용권을 임대하는 계약이기는 하지만, 리스자산의 소유에 따른 위험과 보상이 대부분 리스이용자에게 이전되는 리스를 말한다. 일반적으로 다음 중 어느 하나에 해당되면 금융리스로 분류한다.

가. 리스기간 종료 또는 그 이전에 자산의 소유권이 리스이용자에게 이전되는 경우

나. 리스실행일 현재 리스이용자가 싼값으로 취득할 권리가 있고, 이를 행사할 것

이 확실시되는 경우

다. 리스기간이 리스자산 내용연수의 상당 부분을 차지하는 경우

라. 리스실행일 현재 최소리스료*를 내재이자율로 할인한 현재가치가 리스자산 공정가치의 대부분인 경우

마. 특수용도의 자산으로서 리스이용자에게만 중요한 변경 없이 사용될 수 있는 경우

 용어 해설

최소리스료
(Minimum Lease Payments)
리스기간 동안 리스이용자가 리스회사에 지급해야 하는 금액으로 리스료와 소유권이전양도금액, 염가매수약정액, 보증잔존가치 등을 포함한다.

금융리스를 잘 살펴보면 사실 약정의 내용이 금융거래라는 것을 알 수 있다. 리스회사는 리스이용자에게 자산의 취득자금을 빌려주고 이자수익을 얻는 데 목적이 있고, 리스이용자는 해당 자산을 구입하는 데 필요한 자금을 리스회사에서 차입해 자산을 취득한 후 리스회사에 차입금과 이자를 갚는 방식이기 때문이다.

차입금에 해당하는 금액이 리스채무이며 이 채무에 대해 이자가 발생한다. 또한 리스자산에 대해서는 감가상각을 하므로 재무상태표에 리스자산 및 감가상각누계액이 표시된다.

(2) 운용리스

반면 운용리스(Operating Lease)는 리스회사가 자산에 대한 사용권만 리스이용자에게 임대하고, 자산의 소유권은 여전히 리스회사가 가진다. 그러므로 리스회사의 재무상태표에 '운용리스자산'으로 표시되고, 감가상각도 리스회사가 한다. 대신 리스회사는 자산을 빌려준 대가로 운용리스료수익을 얻고, 리스이용자는 손익계산서에 운용리스료비용을 표시된다.

유형자산의 완전이해에 도전해보자!

비유동자산 중 두 번째인 유형자산에 대해 공부했다. 이제 문제를 풀면서 얼마나 잘 이해했는지 점검해보자!

---

1 유형자산의 뜻을 설명해보자.

---

2 유형자산은 크게 2가지로 나눌 수 있다. 구분 기준이 무엇인지 그리고 2가지가 무엇인지 써보자.

구분 기준:

①   ②

---

3 다음 지출을 자본적지출과 수익적지출로 구분해보자.

① 건물에 엘리베이터 설치비용으로 1억 원을 지출하다   : 자본적지출 ☐   수익적지출 ☐

② 건물 외벽이 벗겨져 페인트칠을 하면서 3,000만 원을 지출하다

                                        : 자본적지출 ☐   수익적지출 ☐

③ 유리창을 갈아끼우는 데 3만 원을 지출하다   : 자본적지출 ☐   수익적지출 ☐

---

4 건물 등의 유형자산에 대해 감가상각을 하는 이유는 무엇인가?

---

5 유형자산의 장부상 금액을 결정하는 방법으로 원가모형과 재평가모형을 선택할 수 있다. 차이를 간단히 설명해보자.

① 원가모형:

② 재평가모형:

6	유형자산과 관련된 각 계정과목의 기말 잔액이 다음과 같을 때 유형자산의 장부금액은 얼마인가? • 유형자산의 취득원가: 10억 원 • 감가상각누계액: 2억 원 • 손상차손누계액: 1억 원
7	유형자산의 취득을 위해서는 거액의 자금이 필요하다. 취득 시에 차입금 관련 이자비용을 유형자산의 취득원가에 가산할 수 있는데, 이를 무엇이라고 부르는가?
8	유형자산인 건물이 차기 완공을 목표로 공사 중일 때, 지금까지 지출된 금액을 처리하는 계정은 무엇인가?
9	기계장치를 금융리스로 취득했을 때, 소유권은 리스회사 또는 리스이용자 중 누구에게 있을까?
10	회사 부채비율이 높을 때 경영자는 금융리스와 운용리스 중 어떤 것을 택하려 할까? 그리고 그 이유는 무엇인가?

정답

1. 유형자산은 물리적 형체를 갖춘 자산으로서 회사의 정상적인 영업활동에 사용할 목적으로 1년을 초과해 보유하는 자산을 말한다.
2. 감가상각 여부. ① 감가상각을 하는 유형자산, ② 감가상각을 하지 않는 유형자산
3. ① 자본적지출, ②, ③ 수익적지출
4. 유형자산의 취득원가를 경제적 내용연수 동안에 걸쳐 배분하는 과정으로, 수익-비용 대응의 원칙에 따라 비용화하기 위해서다.
5. ① 원가모형: 유형자산을 취득원가를 기초금액으로 해서 장부에 표시하는 방법, ② 재평가모형: 유형자산을 주기적으로 공정가치로 재평가해서 장부에 표시하는 방법
6. 10억 원 — 2억 원 — 1억 원 = 7억 원 / 7. 차입원가의 자본화 / 8. 건설중인자산
9. 리스이용자. 따라서 리스자산의 감가상각도 리스이용자가 한다.
10. 운용리스. 운용리스를 이용하면 리스채무가 재무상태표에 표시되지 않으므로 부채비율이 낮아질 수 있어서다.

비유동자산 완전정복하기
③ 무형자산·기타 비유동자산

1. 무형자산의 뜻과 종류

이번 장에서는 비유동자산 중에서 무형자산과 기타 비유동자산에 대해 살펴보겠다.

무형자산(Intangible Assets)이란 특허권이나 영업권처럼 무형(無形), 말 그대로 물리적 형체가 없지만 식별가능한 자산을 말한다. 물리적 형체가 없기는 하지만 주된 영업활동, 즉 재화의 생산이나 용역의 제공, 타인에 대한 임대 또는 관리에 사용할 목적으로 기업이 보유하는 자산이라는 점에서는 유형자산과 동일하다. 무형자산에는 다음 표와 같은 것들이 있다.

 용어 해설

순자산 공정가치
(Net Assets Fair Value)
회사의 자산과 부채를 모두 특정 시점의 공정가치로 재평가한 뒤 자산에서 부채를 뺀 금액을 말한다.

저작권(Copyrights)
저자가 학문 또는 예술 저작물을 배타적이고 독립적으로 이용할 수 있는 권리를 말한다.

| 무형자산의 분류 |

구분	의미	종류
영업권	우수한 경영능력, 인적자원, 대외적 명성, 지역적 우위 등 기업의 강점에 의해 회사 순자산 공정가치*를 초과하는 부분	사업결합에서 발생하는 영업권
산업재산권	산업활동과 관련된 창작물 및 제조방법 등에 대한 독점적 권리	특허권, 실용신안권, 의장권, 상표권 등
개발비	개발활동과 관련해 지출한 것으로 자산성이 있는 것	반도체개발비, 자동차개발비 등
기타	영업권, 산업재산권, 개발비에 속하지 않는 무형자산	프랜차이즈, 컴퓨터 소프트웨어, 광업권, 저작권* 등

2. 무형자산의 3가지 요건

무형자산은 물리적 형체가 없기 때문에 자산이 되려면 다음과 같은 3가지 요건을 모두 충족해야 한다.

❶ 식별가능성

무형자산이 식별가능하다는 것은 그 자산을 기업 자신 또는 다른 자산과 분리해서 측정 및 인식할 수 있고, 양도 및 양수가 가능하거나 자산이 계약상 권리 또는 기타 법적 권리로부터 발생하는 경우를 뜻한다. 때문에 M&A* 과정에서 유상으로 취득한 영업권은 무형자산이 되지만, 기업이 내부적으로 창출한 영업권은 기업과 분리시켜 식별할 수 없기 때문에 무형자산으로 인정되지 않는다.

용어 해설

M&A
기업 합병(Merger)과 기업 인수 (Acquisition)의 영어 머리글자로, 사업결합을 말한다.

❷ 자원에 대한 통제

자원에 대한 통제란 기업이 그 자원에 대해 제삼자의 접근을 제한할 수 있는 법적 권리를 보유하고 있음을 말한다. 특허권 같은 권리가 그 예다. 이처럼 법적으로 권리를 보호받는 기간 동안은 무형자산의 자격이 있지만, 권리보호 기간이 끝나 더 이상 통제권을 행사할 수 없는 권리는 무형자산이 될 수 없다.

❸ 미래경제적효익의 존재

미래경제적효익이란 무형자산을 이용해서 수익을 창출하거나 비용을 절감함으로써 얻을 수 있는 미래 현금유입의 증가 또는 미래 현금유출의 감소를 말한다.

3. 무형자산의 취득원가와 상각

(1) 무형자산의 취득원가

무형자산의 취득원가는 무형자산의 구입원가와 그 무형자산이 목적하는 활동에 사용되기까지 직접 관련된 지출(취득 및 등록과 관련된 세금, 수수료 등)을 모두 합한 금액을 말한다. 물론 이 경우 구입원가나 취득부대비용은 공정가치로 평가한다.

(2) 무형자산의 상각

무형자산이 물리적 형체가 없다고 해서 그 가치가 변하지 않는 것은 아니다. 끊임없이 새로운 기술이 나타나기 때문에 자산가치가 점차 감소하고, 급기야는 전혀 없는 상태가 되기도 한다. 또 어떤 무형자산은 법률로 권리행사 기간을 제한하는 경우도 있다. 따라서 무형자산도 유형자산과 같이 가치감소를 염두에 두고 상각(Amortization)을 해야 한다.

무형자산의 상각 기간은 독점적·배타적인 권리를 부여하고 있는 관계법령이나 계약에 정해진 경우를 제외하고 20년을 초과할 수 없다. 무형자산의 상각은 자산이 사용가능한 때부터 시작하도록 하고 있다. 다만 유형자산과 달리 무형자산의 잔존가치는 없는 것을 원칙으로 하고, 취득원가를 직접 상각하므로 감가상각누계액 같은 평가계정은 두지 않는다. 자산의 진부화 및 시장가치의 급격한 하락 등으로 인해 무형자산의 회수가능액이 장부금액에 중요하게 미달하는 경우에는, 장부금액을 회수가능액으로 조정하고 그 차액을 손상차손으로 처리하는 점은 유형자산과 동일하다.

다만, 일반기업회계기준에서는 무형자산에 대해서는 유형자산과 달리 원가모형만 인정하며, 재평가모형*은 허용하지 않는다.

용어 해설

원가모형과 재평가모형
한국채택국제회계기준(K-IFRS)에서는 무형자산에 대해 유형자산과 동일하게 최초로 인식한 후 원가모형과 재평가모형을 선택할 수 있다.

(3) 무형자산의 내용연수

한국채택국제회계기준(K-IFRS)에서는 순현금유입 창출이 기대되는 기간에 대해 예측가능한 제한이 없는 경우 무형자산의 내용연수에 대한 제한을 두지 않는다. 이와 같은 '내용연수가 비한정인 무형자산'에 대해서는 상각하지 않고 정기적으로 자산손상 평가를 하도록 하고 있다.

이외에도 아직 사용할 수 없는 무형자산 또는 사업결합으로 취득한 영업권도 상각 없이 정기적인 자산손상 검사를 해야 한다.

회계처리 요약: 무형자산

1. 무형자산을 취득한 때

  차변 무형자산 xxx   **대변** 현금 등 xxx

2. 무형자산 상각 및 손상차손을 인식할 때

판매비와관리비 또는 제조원가

  차변 무형자산상각비 xxx   **대변** 무형자산 xxx

영업외비용

  차변 무형자산손상차손 xxx   **대변** 무형자산 xxx

3. 무형자산을 처분할 때

  차변 현금 등 xxx   **대변** 무형자산 xxx

영업외비용
영업외수익

  무형자산처분손실 xxx   무형자산처분이익 xxx

4. 무형자산: 영업권

영업권(Goodwill)은 기업이 보유한 우수한 경영진, 뛰어난 영업망, 신용등급, 안정된 노사관계 등 동종산업의 다른 기업에 비해 좋은 평가를 받는 무형의 가치를 말한다.

영업권에는 사업결합* 등에서 발생한 취득영업권과 기업 자신이 계상한 내부창설영업권이 있는데, 앞에서 설명한 것처럼 취득영업권만 무형자산으로 인정한다.

영업권의 가치는 다음 ㉠의 금액이 ㉡의 금액보다 클 경우 그 초과금액을 측정해 인식한다.

㉠ 기업회계기준에 의해 측정된 이전대가(즉, 취득일의 공정가치)와 피취득자에 대한 비지배지분의 금액, 단계적으로 이루어지는 사업결합의 경우 취득자가 이전에 보유하고 있던 피취득자에 대한 지분의 취득일의 공정가치 합계액

㉡ 취득일의 식별가능한 취득자산 및 인수부채의 순액

용어 해설 ─────

사업결합
(Business Combination)
취득자가 법률상, 세무상 기타 목적을 위해 다양한 방법으로 하나 이상의 사업에 대한 지배력을 획득하는 거래나 사건을 말한다.

잠깐만요

사업결합이란 무엇일까?

'사업결합'이란 용어는 국제회계기준 도입과 함께 종전의 '기업인수·합병 등에 관한 회계처리준칙'을 대체하면서 등장한 개념이다(한국채택국제회계기준서 제1103호 및 일반기업회계기준 제12장 참조).

사업이란 '투입물과 그 투입물에 적용되어 산출물을 창출할 수 있는 과정'으로 구성되며, 사업결합이란 '취득자가 하나 이상의 사업에 대한 지배력을 획득하는 거래나 그 밖의 사건'을 말한다. 사업결합은 법률상의 목적, 세무상의 목적 또는 그 밖의 목적으로 다양한 방법에 의해 이루어질 수 있는데, 사업결합에 해당하려면 취득자산과 인수부채가 사업을 구성해야 한다.

사업결합에 해당할 경우 취득법에 따라 회계처리하는데, 그 절차는 다음과 같다.

우선 어느 기업이 실질상 취득자(피취득자에 대한 지배력을 획득하는 기업)인지를 식별해야 하고, 취득일을 결정하고, 식별가능한 취득자산, 인수부채 및 피취득자에 대한 비지배지분을 인식·측정해야 한다. 마지막으로 사업결합에 따른 영업권과 염가매수차익(부의영업권)을 인식·측정한다.

사업결합에서 발생하는 영업권은 '개별적으로 식별해 별도로 인식할 수는 없으나, 사업결합에서 획득한 그밖의 자산에서 발생하는 미래경제적 효익을 나타내는 자산의 공정가치'를 말한다. 이와 같은 영업권은 물리적 형체는 없지만, 취득자의 입장에서 볼 때 해당 회사에 순자산 공정가치보다 더 지불할 용의가 있는 금액에 해당한다.

영업권은 그 내용연수 기간에 정액법으로 상각*하며, 내용연수 기간은 미래에 경제적효익이 유입될 것으로 기대되는 기간으로 하되 20년을 넘을 수 없다.

 용어 해설 ─────

영업권 상각

한국채택국제회계기준(K-IFRS)에서는 사업결합으로 취득한 영업권은 상각하지 않고, 매년 영업권에 대한 손상검사를 하도록 하고 있다.

5. 무형자산: 산업재산권

산업재산권(Industrial Rights)은 기술의 발전을 촉진하고 장려하기 위해, 공업에 관한 기능적 작업이나 방법에 대해 일정기간 독점적·배타적으로 이용할 수 있도록 하는 권리를 말한다.

산업재산권으로는 특허권, 실용신안권, 의장권, 상표권, 상호권 및 상품명 등이 있으며, '공업소유권'이라고도 한다.

이들 산업재산권의 금액은 타인으로부터 매입한 경우에는 취득에 소요된 매입원가와 취득부대비용까지를 지출금액으로 하고, 자체개발한 경우에는 이미 개발비로 계상된 자산이 있으므로 산업재산권의 취득을 위해 직접 사용한 금액에 한한다.

특허권	특정한 발명을 특허법에 의해 등록해 일정기간 독점적·배타적으로 이용할 수 있는 권리
실용신안권	특정한 고안(물품의 모양 또는 구조의 개선)을 실용신안법에 따라 등록해 보호받는 권리
의장권	특정한 의장(물품의 디자인 등)을 의장법에 따라 등록해 보호받는 권리
상표권	특정한 상표를 상표법에 따라 등록해 보호받는 권리
상호권	특정한 상호를 등기함으로써 보호받는 권리

6. 무형자산: 개발비(내부 창출)

개발비(Development Expenses)는 내부적으로 창출한 무형자산으로서 신제품, 신기술 등의 개발과 관련해 발생한 비용이다. 여기에는 소프트웨어 개발과 관련된 비용도 포함한다. 개별적으로 식별가능하고 미래경제적 효익을 확실하게 기대할 수 있는 것에 한해 개발비로 인정한다.

따라서 개발과 관련된 지출에 대해서는 무형자산 요건을 충족하는지 평가해야 하는데, 이를 위해서 자산의 창출과정을 연구단계와 개발단계로 구분해서 단계별로 지출액을 다른 계정으로 처리한다.

우선 연구단계에서 발생한 모든 지출은 발생한 기간의 비용으로 처리한다. 연구단계에서는 앞에서 설명한 무형자산의 3가지 요건을 충족할 수 없기 때문에 모든 지출을 발생한 기간의 비용으로 처리하는 것이다.

개발단계는 연구단계의 결과나 기타 지식을 이용해 새롭거나 질적으로 개량된 제품이나 기술을 고안, 제작, 시험하는 계획적인 활동의 단계다. 개발단계의 지출은 무형자산의 인식기준을 모두 충족하는 시점 이후에 지출된 금액으로서 미래경제적효익이 확실하고, 취득원가를 신뢰성 있게 충족할 수 있는 경우는 개발비로서 무형자산으로 계상하고, 그렇지 않은 경우는 발생한 기간의 제조원가나 판매비와관리비로 처리한다.

7. 무형자산: 온실가스 배출권

온실가스 배출권은 국가온실가스감축목표를 달성하기 위하여 「온실가스 배출권의 할당 및 거래에 관한 법률」에 따라 개별 온실가스 배출업체에 할당되는 온실가스배출 허용량을 말한다.

배출권은 이산화탄소 1톤 배출량 해당 단위로 거래되거나 정부에 제출한다. 정부는 배출권을 5년 단위(2015년부터 2020년까지는 3년 단위)로 무상할당한 뒤 그 이행실적(온실가스 배출을 감축하기 위해 설비 투자를 하거나 생산량을 감소하는 등)을 관리하고, 매년 말 실적을 인증하여 계산한 기업별 배출부채를 이 배출권으로 결제토록 한다.

이행실적이 좋아 배출부채보다 해당연도 배출권 수량이 많을 경우 또는 배출권을 정부에 제출하기 전까지는 시장에서 매각할 수 있고, 남으면 다음 이행연도로 이월할 수 있다. 반대의 경우 시장에서 매입하거나 다음 이행연도 이후 배출권을 차입하여 결제한다. 무상배출권은 장부금액이 "0"이지만, 매입 배출권은 매입금액으로 표시한다. 배출권에 대해서는 상각하지 않고 손상차손만 인식하며, 보유목적(단기매매차익, 배출부채 결제) 및 결제시기에 따라 유동자산 또는 비유동자산으로 분류한다(220쪽 참조).

8. 기타 무형자산

❶ 라이선스(License)

기업의 특정 상표나 특허권, 제조 및 기술 등을 독점적으로 사용할 수 있는 권리를 말한다. 라이선스의 금액은 해당 권리를 취득하기 위해 지출한 공정가치다.

❷ 프랜차이즈(Franchise)

특정한 상표, 상호에 따라 상품이나 용역을 제조·판매할 수 있는 권리를 말한다. 프랜차이즈 본사를 프랜차이저(Franchisor), 프랜차이즈 가맹점을 프랜차이지(Franchisee)라고 한다. 프랜차이즈 권리를 부여하는 본사, 즉 프랜차이저의 재무상태표에는 산업재산권(상표권, 특허권 등) 및 개발비 계정으로 무형자산이 계상되어 있으며 가맹점, 즉 프랜차이지의 재무상태표에는 프랜차이즈 계정이 등장한다.

다시 말해 프랜차이즈는 가맹점의 무형자산 계정으로 나타난다. 프랜차이즈의 대가는 프랜차이저로부터 해당 권리를 취득하고, 이를 자산으로 사용하기 위해 지출한 금액이다.

❸ 컴퓨터 소프트웨어(Computer Software)

소프트웨어 구입을 위해 지출한 금액을 말한다. 단, 소프트웨어개발을 위해 지출한 금액은 개발비와 같은 방식으로 처리한다.

❹ 임차권리금(Leasehold Rights)

토지나 건물 등을 임차할 때 그 이용권을 갖는 대가로 빌려준 사람에게 보증금 이외에 지급하는 금액, 즉 프리미엄을 말한다.

❺ 광업권(Mining Rights)

일정한 광구에서 등록한 광물과 동 광산 중에 부존하는 다른 광물을 채굴해 취득할 수 있는 권리를 말한다. 광업권의 취득원가는 매입한 경우에는 공정가치로, 자체개발한 경우에는 광업권의 취득에 직접 사용한 금액으로 한다.

❻ 어업권(Fishery Rights)

일정한 수면(水面)에서 독점적·배타적으로 어업행위를 할 수 있는 권리를 말한다. 어업권의 취득원가는 어업권을 매입한 때는 공정가치로 하고, 자체개발한 때는 어업권의 취득에 직접 사용한 금액으로 한다.

> **계정과목 유의사항** **무형자산**
>
> ① 무형자산은 물리적 실체가 없는 자산이므로 무형자산의 요건을 충족하는지 엄밀하게 검토하는 것이 중요하다.
> ② 무형자산 중 개발비에 대해서는 엄격한 요건을 정하고 있으므로 개발비가 있는 경우에는 관련된 주석 사항을 잘 살펴보아야 한다.
> ③ 창업비, 즉 회사를 설립할 때 발생하는 발기인의 보수, 인수수수료, 설립등기비, 주식발행비 등의 비용과 개업 준비기간 중에 발생하는 사업 인·허가를 획득하기 위한 지출은 전액 지출한 때의 비용으로 처리하며, 무형자산으로 계상하지 않는다.

9. 기타 비유동자산: 이연법인세자산

비유동자산으로서 투자자산이나 유형자산, 무형자산에 속하지 않으면서 투자수익이 없는 자산들은 '기타 비유동자산'으로 분류한다. 기타 비유동자산에는 이연법인세자산, 보증금, 장기성매출채권, 장기미수금 등이 있다. 하나씩 살펴보자.

이연법인세자산(Deferred Tax Assets)과 이연법인세부채(Deferred Tax Liabilties)*라는 계정과목은 회계 초보자가 이해하기에는 조금 어렵다.

일반적으로 기업회계기준에 의한 법인세비용(Income Tax)과 법인세법 등 법령에 의해 납부해야 하는 당기법인세부담액(Current Income Tax Payable)에는 차이가 있다. 그 이유는 기업회계기준과 법인세법의 목적이 서로 다르기 때문이다.

기업회계기준이 이해관계자의 의사결정에 필요한, 기업경영에 관한 재무정보를 제공하는 것이 목적이라면, 세법은 정책목적에 따른 세금부과의 근거와 세금 계산방법 등을 정하는 데 목적이 있다. 이렇게 두 기준 간의 차이로 인해 법인세비용과 당기법인세부담액에 차이가 생기는데, 이때 이연법인세자산과 이연법인세부채가 발생한다.

이연법인세자산은 다음 항목들로 인해 미래에 경감될 법인세를 말한다.

가. 차감할 일시적 차이(재고자산평가손실, 유가증권평가손익, 감가상각비, 선급비용, 미수수익, 외환환산손익 등)

나. 이월공제가 가능한 세무상 결손금(15년 동안 이월공제 가능)

다. 이월공제가 가능한 세액공제 및 소득공제 등

사례를 통해서 좀더 알아보자.

| 등록임대주택 유형별 신규등록 가능여부 현황 |
(단위: 억 원)

구분		20×0년		20×1년		양년도 합계	
기업회계기준	법인세법						
수익	익금	3,000	4,000	5,000	4,000	8,000	8,000
비용	손금*	1,500	2,000	2,500	2,000	4,000	4,000
세전이익	과세소득	1,500	2,000	2,500	2,000	4,000	4,000
세율 25%							
법인세비용	법인세부담액	375	500	625	500	1,000	1,000

20×0년과 20×1년 2개년도 전체로 보면 세전이익 합계는 4,000억 원, 과세소득 합계 역시 4,000억 원이다. 하지만 일시적 차이로 인해 20×0년에는 법인세를 손익계산서상 법인세비용보다 125억 원 더 많이 내고, 20×1년에는 125억 원 더 적게 부담한다.

즉, 20×0년에는 125억 원을 더 내지만 그 때문에 20×1년에는 그만큼 법인세를 적게 내는 효과가 있다. 이는 미래 현금흐름 유출을 감소시키는 거래로 자산의 정의에 부합하는 거래다. 그래서 이것을 이연법인세'자산'이라고 부른다.

이연법인세자산을 계상하기 위해서는 미래 과세소득의 발생이 거의 확실해야 한다. 만약 향후에 계속해서 결손이 발생한다면 내야 할 세금이 없으므로 절세효과도 기대할 수 없기 때문이다.

회계처리 요약: 이연법인세자산 사례

1. 20×0년말 결산할 때 회사는 다음과 같이 처리한다.
   차변 법인세비용 375억 원 **대변** 당기법인세부채 500억 원
   이연법인세자산 125억 원

2. 당기법인세부채는 법인세 신고납부기한일에 다음과 같이 대체한다.
   차변 당기법인세부채 500억 원 **대변** 현금 등 500억 원

3. 20×1년말 결산할 때는 다음과 같이 처리한다.
   차변 법인세비용 625억 원 **대변** 당기법인세부채 500억 원
   이연법인세자산 125억 원

4. 당기법인세부채는 법인세를 납부할 때 다음과 같이 처리한다.
   차변 당기법인세부채 500억 원 **대변** 현금 등 500억 원

이연법인세자산

① 이연법인세자산을 계상하기 위해서는 회사의 미래 과세소득이 발생할 것이 거의 확실해야 하므로, 회사의 영업흐름이 정상적인지 검토해서 이연법인세자산의 실현가능성을 평가해야 한다.

② 이연법인세자산과 관련해 회계이익과 과세소득 간의 차이금액, 세율, 매년의 변동액 등을 주석에 공시하도록 하고 있으므로 주석을 참고한다.

이연법인세자산	계정과목 종류	유의사항
미래에 절감될 법인세 효과	이연법인세자산	절세효과의 가능성 여부 평가

10. 기타 비유동자산: 보증금

보증금(Guaranty Money) 계정은 전세권·임차보증금·전신전화가입권 및 영업보증금 등을 통합해서 처리하는 계정이다. 이들의 공통점은 계약을 담보하기 위한 예치금이라는 것으로, 계약이 종료되면 돌려받고 그로 인한 수익은 발생하지 않는다는 점이다. 그래서 투자자산으로 분류하지 않고 기타 비유동자산으로 분류한다.

잠깐만요

전세권은 임차권과 달리, 양도하거나 임대할 수 있는 강한 권리

전세권은 전세금을 지급하고 타인의 부동산(동산은 대상이 아니다)을 그 용도에 따라 사용·수익하는 권리로서, 대상 부동산을 직접 지배할 뿐 아니라 제삼자에 대해서도 대항할 수 있는 상당히 강한 권리다. 전세권자는 임대인의 동의 없이도 전세권을 양도하거나 임대 또는 전전세할 수 있다. 따라서 전세권은 물권으로서 반드시 등기가 되어야 한다.

이처럼 전세권은 임차인에게 매우 유리하기 때문에 임대인은 전세권계약보다 임대차계약을 선호한다. 그래서 임차인으로서 회사가 전세권을 가지는 경우는 드물다. 그러므로 등기 없이 이루어지는 전세계약은 법적으로는 전세권이 아니라 임차권이라고 할 수 있다.

임차보증금은 임대차계약에 따라 타인의 부동산 또는 동산을 월세 등의 조건으로 사용하기 위해 지급하는 보증금을 말한다. 임차권은 계약당사자에게만 효력이 있을 뿐 전세권처럼 제삼자에 대한 대항력은 없다. 따라서 임차인은 임대인의 동의 없이 임차권의 양도나 전전세 등을 할 수 없다.

보증금에 속하는 항목 중 전세권은 임대차계약에 의한 임차권과는 구분해야 한다. 민법에 의하면 전세권은 물권이고 임차권은 채권*으로, 그 법적 성질이 전혀 다르기 때문이다.

전신전화가입권은 전화가입 시 내는 보증금으로, 전화가입을 해지할 때 돌려받는다. 영업보증금은 영업목적으로 거래상대방에게 제공한 거래보증금, 입찰보증금, 하자보증금 등을 말한다. 거래보증금은 공급자와 수요자 사이의 지속적인 거래를 보증하기 위한 예치금이다.

참고로, 입찰보증금은 공급자 또는 건설업자가 매입자 또는 시공주에 대해 납품 또는 공사계약을 보증하는 예치금이다. 하자보증금은 상품공급계약 또는 공사도급계약에 의해 납품하거나 시공한 공사 등에 대해 미래에 발생할 결함을 보증하기 위해 예치한 금액이다.

11. 기타 비유동자산: 장기성매출채권

일반적인 상거래에서 발생한 장기적인 외상매출금이나 받을어음을 장기성매출채권(Long-term Trade Receivables)이라고 한다. 매출채권 중에서 회수기한이 재무제표일로부터 1년이 넘는 경우에 해당한다. 장기성매출채권은 주로 재화 또는 용역의 대가가 커서 1년 이상 장기간에 걸쳐 할부금을 받고 거래할 때 발생한다.

장기성매출채권은 채권의 회수기일이 장기이므로 다음 2가지를 검토해서 이를 재무상태표에 반영하도록 하고 있다. 하나는 대손추정에 의한 대손충당금 설정이고, 또 하나는 현재가치평가다.

(1) 대손추정에 의한 대손충당금 설정

대손추정에 대해서는 유동자산인 매출채권 항목에서 설명한 바 있다. 장기성매출채권에 대한 대손충당금을 살펴보면 결산일마다 채권의 회수가능성을 평가하고, 전기에 쌓은 충당금 잔액에 대해 당기의 충당금을 추가해 계상하고, 추가한 금액은 판매비와관리비의 대손상각비로 손익계산서에 반영한다.

(2) 현재가치평가

일반기업회계기준에 따르면, 미래 채권회수가능액과 현재가치의 차이가 중요한 경우에는 현재가치평가를 하고, 차액을 현재가치할인차금으로 해서 매기간 상각한 다음, 해당 금액만큼 이자수익을 계상하도록 하고 있다.

❶ 현재가치평가를 하는 이유

현재가치평가를 하는 이유를 좀더 자세히 알아보자. 현재 1억 원과 1년 뒤 1억 원의 가치는 과연 같을까? 대부분 그렇지 않다는 것을 알기 때문에 현재의 1억 원을 더 선호할 것이다.

동일한 금액이라도 오늘인지 1년 뒤인지에 따라 그 가치가 달라지는 이유는 2가지다. 바로 '기회비용'과 '위험부담' 때문이다.

즉, 지금의 1억 원으로는 예금이나 주식 등 투자를 통해 앞으로의 기간 동안 수익을 낼 수 있지만, 1년 뒤의 1억 원으로는 현재 그런 기회를 가질 수 없다. 이에 대한 최소한의 보상이 바로 이자다. 또 지금의 1억 원은 손안에 들어 있는 확실한 현금이지만, 1년 뒤의 현금은 회수되지 않을 위험이 있는 불확실한 현금이다.

따라서 현재의 1억 원이 1년 뒤의 1억 원보다 더 가치가 크다. 그래서 기업회계기준에서는 결산기로부터 1년 이상 뒤에 회수하기로 한 금액과 현재가치의 차이가 중요한 경우에는 그 금액을 현재가치로 평가하고, 그 차이를 현재가치할인차금이라는 차감계정으로 해서 장기성매출채권 계정 아래 차감하는 형식으로 표시하도록 하고 있다.

 용어 해설

유효이자율
(Effective Interest Rate)
금융상품의 기대존속기간이나 또는 적절한 수준의 더 짧은 기간에 예상되는 미래 현금유출과 유입의 현재가치를 금융자산이나 금융부채의 순장부금액과 정확히 일치시키는 이자율을 말한다.

가중평균차입이자율
(Weighted Average Borrowing Rate of Interest)
회사의 모든 차입금 잔액을 기준으로 차입 당시의 이자율을 가중평균한 이자율을 말한다. 가령 기말 현재 차입금 잔액이 5% 이자인 차입금 1억 원, 10% 이자인 차입금 1억 원이라면 가중평균차입이자율은 (5% × 1억 원 + 10% × 1억 원) ÷ 2억 원 = 7.5%가 된다.

현재가치를 평가할 때는 미래에 회수할 금액을 유효이자율* 또는 가중평균차입이자율*로 할인하는 방식을 사용한다.
현재가치평가의 과정은 이자 계산방식과 반대라고 생각하면 된다. 이자율이 10%라면 현재의 1억 원을 은행에 예치하고 1년 뒤에 찾는 금액은 1억 원 × (1+0.1) = 1.1억 원이다. 그렇다면 반대로 1년 뒤 1.1억 원의 현재가치는 1.1억 원을 (1+이자율)로 나누면 된다. 이자율이 10%라면 그 금액은 1억 원이 된다. 사례를 통해서 살펴보자.

❷ 현재가치평가 사례

한 회사가 20×0년 1월 1일에 제품을 판매하고, 그 대금을 1년 뒤인 20×0년 12월 31일에 1억 원, 2년 뒤인 20×1년 12월 31일에 1억 원씩 받기로 했다. 이때의 유효이자율이 10%라고 할 때 현재가치는 얼마일까? 답은 173,553,718원이다. 계산식은 다음과 같다.

$$
\text{2건의 미래 현금흐름의 현재가치} = \frac{\text{1억 원}}{(1 + 10\%)^{1년}} + \frac{\text{1억 원}}{(1 + 10\%)^{2년}}
$$
$$
= 90{,}909{,}090원 + 82{,}644{,}628원
$$
$$
= 173{,}553{,}718원
$$

구분	20×0년 1월 1일	20×0년 12월 31일	20×1년 12월 31일	합계
매출 및 현금흐름	매출 발생	1억 원	1억 원	2억 원
현재가치 계산		$\dfrac{1억 원}{(1+10\%)^{1년}}$	$\dfrac{1억 원}{(1+10\%)^{2년}}$	173,553,718원

회계처리 요약: 현재가치평가 사례

차변 매출채권 200,000,000원   **대변** 매출 173,553,718원

현재가치할인차금 26,446,282원

재무상태표에 표시할 때는 다음과 같다.

매출채권	200,000,000원	
현재가치할인차금	(26,446,282원)	173,553,718원 ◄——— 장부금액

현재가치할인차금 26,446,282원은 2년간 현금을 운용할 수 없는 데 대한 기회비용의 총액에 해당한다. 2년에 걸쳐 상각하고, 해당 금액을 이자수익으로 처리한다.

12. 기타 비유동자산: 장기미수금 등

그 외 비유동자산에는 장기미수금, 장기선급비용, 장기선급금 등이 있다. 장기미수금은 일반적인 상거래 이외의 채권으로서 회수기일이 만기일로부터 1년 이후인 경우다. 유형자산을 매각하고 그 대금을 3년 만기 어음으로 받았다면, 이 어음채권은 장기대여금 또는 장기성매출채권이 아

니라 장기미수금에 해당한다.

장기선급비용은 임차료 또는 보험료 등을 선급한 것으로서 1년 이후에 비용화되는 것을 말한다. 장기선급금은 일반적인 상거래와 관련해 선급한 것으로서 1년 이후에 자산을 인도받는 경우에 해당한다.

장기미수금에 대해서는 결산일마다 미수금의 회수가능성을 평가해서 회수불능이라고 추정되는 금액만큼 대손충당금을 설정하는데, 이때 추가로 설정하는 대손상각비는 주된 영업활동이 아니므로 영업외비용으로 계상한다.

무형자산과 기타 비유동자산의 완전이해에 도전해보자!

무형자산과 기타 비유동자산을 정리하는 자리다. 얼마나 알고 있는지 점검해보자!

1	무형자산의 뜻을 설명해보자.
2	무형자산의 종류를 써보자.
3	무형자산의 내용연수는 법령에 정해진 경우를 제외하고 몇 년을 넘을 수 없는가?
4	영업권에서는 사업결합의 경우 발생하는 취득영업권만 무형자산으로 인정한다. 이때 영업권은 어떻게 계산하는가?
5	개발과 관련된 다음과 같은 지출 중 무형자산에 해당하는 것은 어느 것인가? ① 연구단계에서 인건비 및 사무실 경비로 5억 원 지출 ② 개발단계에서 개발비의 요건에 해당하는 시점 이후에 20억 원 지출 ③ 개발단계에서 시제품 제작 직전에 시장성이 상실되어 개발 포기, 그때까지 지출 총액 10억 원

6	이연법인세자산이란 무엇인가?
7	이연법인세자산을 인식할 수 있는 경우는 다음 둘 중 어느 때인가? ① 감가상각비를 세법 규정보다 적게 계상했는데, 향후 회사의 과세소득이 발생할지에 대해 불확실한 경우 ② 세법상 공제가능한 이월결손금이 발생했으며, 내년부터는 과세소득이 생길 것이 확실한 경우
8	보증금은 다음 중 어느 계정에 속할까? 그 이유도 써보자. ① 투자자산　　　　　　　　　　② 기타 비유동자산
9	장기성매출채권에 대해서는 채권의 장부금액을 계산할 때 2가지를 설정해야 한다. 무엇인가? ①　　　　　　　　　　②
10	다음 중 대손충당금을 설정하지 않아도 되는 항목은 어느 것인가? ① 장기성매출채권　② 장기미수금　③ 장기선급비용　④ 장기선급금

해설

5. ①의 5억 원은 연구비로 전액 판매비와관리비, ③의 10억 원은 경상개발비로 전액 영업외비용으로 계상한다.

7. ①은 이연법인세자산의 실현가능성이 없으므로 자산 계상이 불가하다.

8. 장기선급비용과 장기선급금은 대손충당금 설정 대상이 아니다.

정답

1. 영업활동에 사용할 목적으로 기업이 보유하는, 물리적 실체가 없지만 식별가능한 자산을 말한다.

2. 영업권, 산업재산권, 개발비 등

3. 20년

4. 영업권 = 이전대가 등 ― 피취득기업의 순자산 공정가치

5. ②의 20억 원

6. 기업회계와 세법 간의 일시적차이 또는 이월결손금 등으로 인해 미래에 차감할 법인세를 말한다.

7. ②

8. ② 기타 비유동자산. 보증금에서는 투자수익이 발생하지 않으므로 투자자산으로 분류할 수 없고 기타 비유동자산으로 분류한다.

9. ① 대손충당금, ② 현재가치할인차금

10. ③ 장기선급비용, ④ 장기선급금

재무상태표
부채 이해하기

1. 부채의 뜻

부채(Liabilities)는 회사가 갚아야 하는 빚을 말한다. 하지만 회계용어로서 부채는 일상생활에서 쓰이는 '빚'이라는 용어보다 좀더 넓은 의미로 사용된다. 일상생활에서 빚은 주로 은행이나 개인에게서 빌린 금전이라는 의미로 쓰이지만, 회계상의 부채는 금전만이 아니라 재화 또는 용역까지 포함한다.

회계에서 부채는 "과거의 사건에 의해 발생했으며 경제적효익이 내재된 자원이 기업으로부터 유출됨으로써 이행될 것으로 기대되는 현재의 의무"로 정의된다.

예를 들어 A전자회사가 컴퓨터를 제조하기 위해 B소프트웨어회사로부터 외상으로 부품을 구입했다고 하자. 그러면 A전자회사는 부품의 외상매입에 대해 약정한 기간 안에 B소프트웨어회사에 대금을 지급해야 하는 의무를 갖게 된다.

여기서 "과거의 사건"은 컴퓨터 제조를 위한 부품구입 행위다. "기업"은 A전자회사이고 "현재의 의무"는 외상매입금이며, "경제적효익이 내재된 자원의 유출"은 미래에 지급해야 하는 대금이다.

기업	과거의 사건	현재의 의무	경제적효익이 내재된 자원의 유출
⇕	⇕	⇕	⇕
A전자회사	부품구입	외상매입금	대금 지급

회계상 부채가 되려면 방금 말한 부채의 정의를 충족해야 한다. 따라서 대표이사가 개인적으로 진 빚을 회사의 부채로 계상해서는 안 된다. 그 이유는 특정 기업의 의무가 아니라 개인의 의무이기 때문이다.

2. 부채의 종류

(1) 유동부채와 비유동부채

❶ 유동부채(Current Liabilities)

　가. 기업의 정상적인 영업주기 내에 상환 등으로 없어지는 부채
　나. 기말 현재 1년 이상 결제를 연기할 수 있는 무조건적 권리가 없는 부채

❷ 비유동부채(Non-current Liabilities): 유동부채가 아닌 모든 부채

재무상태표에 부채 항목을 열거할 때는 자산 부분에서 살펴본 것처럼 유동성배열법에 따라 유동성이 큰 부채부터 먼저 배열한다.[*] 즉 유동부채 다음에 비유동부채를 배열하고, 그 안에서도 유동성이 큰 항목부터 차례로 배열한다.

 용어 해설

부채의 배열방법
한국채택국제회계기준(K-IFRS)에서는 비유동부채와 유동부채의 열거 순서를 특별히 정하고 있지는 않다.

유동부채		비유동부채	
단기차입금	미지급비용	사채	이연법인세부채
외상매입금	반품충당부채	장기차입금	장기제품보증충당부채
지급어음	기타 유동부채	장기성매입채무	기타 비유동부채
당기법인세부채		퇴직급여충당부채	

(2) 확정부채와 추정부채

부채는 측정가능성에 따라 확정부채(Determinable Liabilities)와 추정부채 (Estimated Liabilities)로 분류하기도 한다.

확정부채란 말 그대로 부채가 발생할 당시 부채의 상환일자와 금액, 지급해야 하는 상대방이 확정된 부채를 말한다. 매입채무, 차입금, 미지급금 등 회사의 부채는 대부분 확정부채에 속한다.

반면 추정부채는 확정부채와 달리 지급일자, 지급상대방, 지급금액이 확정되지 않은 부채를 말한다. 즉, 지급일자는 특정일이 아니라 일정한 기간 내의 불특정한 날, 지급대상은 특정 상대방이 아니라 불특정한 상대방, 지급금액은 확정된 것이 아니라 오직 추정에 의해서만 정해진다. 대표적으로 퇴직급여충당부채가 여기에 속한다.

(3) 추정부채: 충당부채와 우발부채

추정부채는 다시 충당부채와 우발부채로 나뉜다. 충당부채(Provisions)는 퇴직급여충당부채, 제품보증충당부채, 하자보수충당부채 등처럼, 과거의 사건이나 거래의 결과에 의한 현재의 의무로서 지급일자와 지급상대방, 지급금액이 불확실하지만 그 의무를 이행하기 위해 자원의 유출가능성이 매우 높고 또한 해당 금액을 신뢰성 있게 추정할 수 있는 의무를 말한다.

이에 반해 우발부채(Contingent Liabilities)는 소송 중인 손해배상채무처럼, 회사의 지급의무 자체가 아직 확정되지 않은 부채를 말한다. 재무상태표에는 표시하지 않고, 주석에만 그 사실을 공시한다.

| 부채의 측정가능성에 따른 분류 |

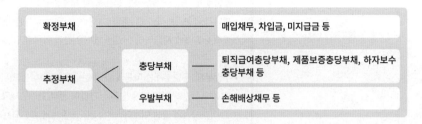

| 추정부채 처리의 의사결정 순서도 및 충당부채와 우발부채의 인식요건 |

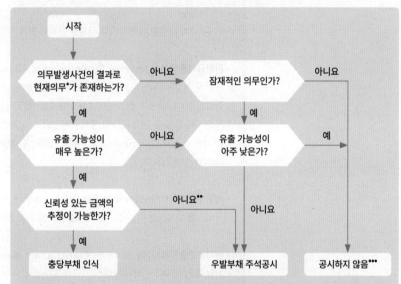

자원유출가능성	금액추정가능성	
	신뢰성 있게 추정가능	추정불가능
가능성이 매우 높음	충당부채로 인식	우발부채로 주석공시
가능성이 어느 정도 있음	우발부채로 주석공시	
가능성이 거의 없음	공시하지 않음***	공시하지 않음***

* 현재의무가 발생하였는지의 여부가 명확하지 않은 경우에도 모든 이용가능한 증거를 통하여 재무상태표일 현재 의무의 발생 가능성이 매우 높다고 판단되면 과거의 사건이나 거래의 결과로 현재의무가 발생한 것으로 봄

** 아주 드물게 발생함

*** 의무를 이행하기 위한 자원의 유출 가능성이 거의 없더라도 타인에게 제공한 지급보증 또는 이와 유사한 보증, 중요한 계류 중인 소송사건은 그 내용을 주석으로 기재함

추정부채에 속하는 부채들

- **충당부채**: 충당(充當)이란 '용돈을 학비에 충당하다'는 말에서 사용되는 것처럼, 알맞게 채워서 메운다는 뜻이다. 충당부채란 예상되는 부채를 채워서 메우는 금액을 말한다. 즉, 회사가 장래에 지급의무가 있는 부채를 갚기 위해 미리 준비한 금액이라고 보면 된다.

- **우발부채**: 우발부채는 다음의 ㉮ 또는 ㉯에 해당하는 의무를 말한다.
  ㉮ 과거사건에 의해 발생했으나, 기업이 전적으로 통제할 수 없는 하나 이상의 불확실한 미래사건의 발생 여부에 의해서만 그 존재가 확인되는 잠재적 의무
  ㉯ 과거사건에 의해 발생했으나 다음 ㉠ 또는 ㉡의 경우에 해당해 인식하지 않는 현재의 의무
    ㉠ 당해 의무를 이행하기 위해 경제적효익을 갖는 자원이 유출될 가능성이 높지 않은 경우
    ㉡ 당해 의무를 이행해야 할 금액을 신뢰성 있게 측정할 수 없는 경우

- **퇴직급여충당부채(Reserve for Retirement Allowances)**: 회사가 미래 퇴직금 지급을 위해 미리 적립하는 충당부채로서 추정부채의 일종이다. 회사는 1년 이상 근무한 종업원들에 대해 퇴직할 시점에 퇴직금을 지급해야 하는 의무가 있다. 어떤 종업원이 언제 퇴직할지 알 수 없고 따라서 금액도 확정할 수 없지만, 1년 이상 근무한 종업원이 존재할 때는 매기말 퇴직금을 추정해서 해당 금액만큼 충당부채로 적립한 다음 실제 퇴직할 때 이와 상계 처리한다.

- **제품보증충당부채(Warranty Reserve)**: 상품이나 제품을 판매한 후 일정기간 애프터서비스를 보증하게 되는데 이때 지출될 금액을 미리 적립하는 충당금을 말한다.

- **하자보수충당부채(Reserve for Construction Warranties)**: 공사를 완성한 후 일정기간 동안 나타나는 하자에 대해 시공사가 무료로 보수해주어야 하는데, 이와 같은 미래의 하자보수비를 추정해 적립하는 충당부채를 말한다.

3. 부채의 장부상 금액은 어떻게 결정할까?

부채의 뜻과 종류를 살펴보았으니, 이제는 부채 금액을 장부에 얼마로 어떻게 기록해야 하는지 알아보자.

가령 기업이 6개월 뒤에 갚기로 하고 1억 원을 빌렸다면 부채는 그대로 1억 원이 된다. 그런데 기업이 미국 은행에서 1억 달러를 차입했고, 차입 당시의 달러당 원화환율이 1,000원, 기말 현재의 환율이 950원이라면 회사의 재무제표상 차입금은 얼마로 기록해야 할까?

부채는 원칙적으로 기업이 부담할 당시의 채무 금액으로 기록한다. 이를 '부채의 평가'라고 한다. 부채의 평가에서 검토해야 하는 문제는 다음 2가지다.

첫째, 외화표시 부채의 평가, 둘째, 장기연불조건 부채의 평가다.

(1) 외화표시 부채의 평가

외화표시 부채란 외화로 갚을 의무가 있는 부채를 말한다. 회사의 재무제표상 수치는 모두 원화로 표시되므로 외화표시 부채는 원화로 환산해야 한다. 하지만 언제 어떤 환율로 환산하는지에 따라 부채 금액이 달라지므로 외화표시 부채를 어떻게 평가하는지가 중요하다.

환율은 끊임없이 변한다. 그에 따라 회사가 지급해야 하는 금액도 달라진다. 회계기준에서는 화폐성 외화부채의 경우는 재무제표일 현재의 적절한 환율로 비화폐성* 외화부채의 경우는 역사적원가로 측정할 때는 거래일의 환율로, 공정가치로 측정하는 항목은 공정가치가 결정된 날의 환율로 환산하도록 하고 있다.

가령 20×1년 1월 1일 10만 달러를 미국 은행에서 차입한 경우, 달러차입금에 대한 원화환산은 매 회계연도 기말 현재의 적절한 환율로 환산

용어 해설

화폐성부채
(Monetary Liabilities) /
비화폐성부채
(Non-monetary Liabilities)

화폐성부채란 화폐금액이 고정되어 있어 지급할 금액의 변동이 없는 부채를 말한다. 매입채무, 사채, 차입금 등 대부분의 부채는 화폐성부채라고 보면 된다. 비화폐성부채는 일정시점에 화폐가 아니라 재화와 용역을 제공하기로 한 부채를 말한다. 제품을 받기로 하고 지급한 선수금 등이 여기에 속한다.

해서 외화환산손익을 인식한다.

하지만 원재료를 수출하기로 하고 20×1년 1월 1일 10만 달러의 선수금을 받은 경우, 이 선수금 10만 달러를 원화로 환산할 때는 20×1년 1월 1일의 적절한 환율을 이용해 재무제표에 표시한 뒤 평가하지 않으므로 환산손익이 발생하지 않는다.

하지만 회사의 기능통화가 재무제표상의 표시통화*와 다른 경우 자산과 부채는 재무제표일의 환율로 환산해서 표시통화로 표시하고, 수익과 비용은 해당 거래일의 환율로 환산한다. 이때 발생한 외화환산손익은 기타포괄손익누계액으로 인식한다.

그러면 여기서 '적절한 환율'이란 무엇일까? 환율에는 대고객외국환매입률(은행이 외국환을 고객에게서 매입할 때의 환율), 대고객외국환매도율(고객에게 외국환을 매도할 때의 환율), 매매기준율* 등이 있다. 이 중에서 거래의 성격에 맞는 환율을 기업이 적절하게 선택하되, 일관되게 적용해야 한다.

(2) 장기연불조건 부채의 평가

그럼 이번에는 장기연불조건*에 의한 부채 금액을 어떻게 기록할 것인지 살펴보자.

예를 들어 기업이 2년 뒤에 1억 원을 지급하기로 하고 원재료를 외상으로 구입했다고 하자. 그러면 기업이 장부에 기록해야 하는 부채, 즉 외상매입금은 얼마일까?

이 질문의 핵심은 결국 최종적으로 상환할 금액으로 기록하는지, 아니면 현재가치로 평가한 금액으로 기록하는지에 있다. 답은 '부채가 발생한 당시의 금액', 즉 현재가치로 기록한다는 것이다. 부채가 발생한 것은 지금 현재이므로 2년 뒤에 지급해야 하는 금액을 현재시점의 가치로 평가해야 한다. 지금의 1억 원과 2년 뒤의 1억 원은 가치가 다르기 때문이다.

용어 해설

기능통화 (Functional Currency) / 표시통화 (Presentation Currency)

기능통화는 영업활동이 이루어지는 주된 경제환경의 통화로서 매입·매출거래가 주로 외화로 결제되는 기업의 해당 외화통화를 말한다. 표시통화는 재무제표에 표시할 때 사용하는 통화로, 한국의 경우 원화를 말한다.

매매기준율

최근거래일의 외국환중개회사를 통해 거래가 이루어진 달러의 현물환매매 중 익영업일 결제거래에 형성되는 환율과 그 거래량을 가중평균해 산출되는 시장평균환율을 말한다.

장기연불조건

물건을 사고팔 때 대금을 2차례 이상으로 나누어 1년 이상 지급하는 방식의 거래조건을 말한다. 장기연불조건의 거래라 하더라도 자산과 부채는 물건을 인도할 때 금액이 확정되므로, 이때 장래에 지급할 금액의 현재가치를 평가한다.

현재가치평가 방법에 대해서는 앞에서 이미 설명한 바 있다. 만약 유효이자율이 5%라면 2년 뒤 1억 원의 현재가치는 1억 원 $\div (1 + 0.05)^2$ =90,702,948원이다.

1억 원과 현재가치의 차액은 현재가치할인차금으로 해서 2년에 걸쳐 상각해야 한다는 것도 이미 설명했다. 따라서 재무상태표상에는 다음과 같이 외상매입금에서 현재가치할인차금을 차감하는 형식으로 표시한다.

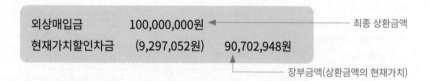

외상매입금	100,000,000원		──── 최종 상환금액
현재가치할인차금	(9,297,052원)	90,702,948원	
			──── 장부금액(상환금액의 현재가치)

하지만 현재가치평가를 항상 해야 하는 것은 아니다. 상환기일이 1년 이상인 장기연불거래이고, 최종 상환금액과 현재가치의 차이가 중요한 때에만 현재가치평가를 하도록 하고 있다.

4. 유동부채 이해하기

유동부채는 회사가 지급할 의무가 있는 부채 중 1년 이내 또는 정상적인 영업주기 내에 소멸할 것이 예상되는 채무를 말한다. 유동부채의 분류는 다음 표와 같다. 유동부채 항목에 대해 하나씩 자세히 살펴보자.

| 유동부채의 분류 |

계정과목		뜻과 종류
단기차입금		타인으로부터 조달한 자금으로 1년 이내에 상환할 채무. 금융기간의 당좌차월* 포함
매입채무	외상매입금	원재료 매입 등 주된 영업활동으로 발생한 채무 중 외상(신용)거래로 인한 것으로서 1년 이내에 상환할 금액
	지급어음	원재료 매입 등 주된 영업활동으로 발생한 채무에 대해 지급한 약속어음*으로 1년 이내에 상환할 금액
미지급비용		기간경과에 따른 당기비용 발생분 중 차기에 지급될 금액. 미지급급여, 미지급임차료 등
당기법인세부채		회사가 납부해야 할 법인세부담액 중 아직 납부하지 않은 금액
반품추정부채		반품조건부판매에 따른 반품 관련 추정부채
기타 유동부채	선수금	공사수주액 및 기타 일반적 상거래에서 발생한 선수금액
	선수수익	당기에 현금수취한 수익 중 차기 수익에 해당하는 금액
기타 유동부채	예수금	일반적 상거래 이외에서 발생한 일시적인 예수금액. 갑근세예수금, 국민연금예수금 등
	예수부가가치세	매출 시 거래상대방에게 징수하는, 매출액의 10%에 해당하는 부가가치세액
	유동성장기부채	비유동성부채로서 1년 이내에 상환할 금액

용어 해설

당좌차월(Bank Overdrafts)
당좌예금 계좌에서 발생하는 (-)잔액을 말한다. 당좌차월이 가능하려면 당좌예금계약에서 은행과 미리 약정을 해야 한다. 차월약정한도 내에서는 예금잔액이 없어도 거래처에 발행한 어음이나 수표의 만기 때 지급을 해준다. 이런 약정이 체결되지 않았는데 어음이나 수표의 만기 때 당좌예금 잔액이 부족하면 부도가 발생한다.

약속어음(Note)
어음을 발행한 자가 어음소지인에게 일정기일에 일정금액을 지급하기로 약속한 유가증권을 말한다. 약속어음은 어음발행인이 어음의 채무자가 되고, 어음소지인이 채권자가 된다.

5. 유동부채: 단기차입금

차입금은 회사가 필요한 자금을 금융기관 등 타인으로부터 조달한 금액이다. 이 중 상환기간이 결산일로부터 1년 이내인 것은 단기차입금(Short-term Borrowings)이라고 하고, 1년을 초과하는 것은 장기차입금(Long-term Borrowings)이라고 한다.

단기차입금 중에는 당좌차월뿐 아니라 관계회사나 주주·임원·종업원으로부터의 일시적인 차입금도 포함된다. 관계회사 등으로부터 일시적으로 빌린 돈은 가수금 계정으로 처리하다가, 결산할 때 잔액을 단기차입금 계정으로 통합해서 표시한다.

6. 유동부채: 매입채무(외상매입금, 지급어음)

매입채무(Trade Payables)는 회사의 주된 영업활동과 관련해 원재료, 상품 또는 용역을 신용거래, 즉 외상으로 구입했을 경우 발생하는 구입대금 미지급액을 말한다. 재화와 용역의 외상구입이 매입채무가 되려면 다음 2가지 요건을 갖추어야 한다.

첫째, 상기업(도소매업)은 상품의 외상구입, 제조업은 제품제조를 위한 원부재료 및 관련 용역의 외상구입에 해당해야 한다. 그 이외의 채무는 미지급금 또는 미지급비용으로 처리한다.

둘째, 경상적으로 발생해야 한다. 원재료 구입은 제품제조를 위해 경상적으로 발생하지만, 기계장치 취득은 제조를 위한 것이기는 해도 경상적으로 발생하는 것은 아니다. 따라서 기계장치 등의 외상취득에 따른 채무는 미지급금으로 처리한다.

잠깐만요

회사의 자금원천은 타인자본과 자기자본

회사의 자금원천은 크게 2가지로 나뉜다. 하나는 타인으로부터 빌려오는 차입금이나 사채 등으로 이를 '타인자본'이라고 한다. 또 하나는 주식발행을 통해서 주주로부터 조달하는 자금으로 이를 '자기자본'이라고 한다.

타인자본은 부채와 같고, 자기자본은 자본과 같다고 생각하면 된다. 타인자본과 자기자본에는 다음과 같은 차이가 있다.

| 타인자본과 자기자본의 차이 |

구분	타인자본	자기자본
종류	차입금, 매입채무, 선수금, 미지급금, 예수금, 회사채 등	자본금, 주식발행초과금, 자본조정, 기타포괄손익누계액, 이익잉여금
조달방법	차입, 사채발행, 외상거래	당기순이익, 주식발행, 유상증자, 무상증자
상환의무	약정일에 원금 상환	상환의무 없고, 회사 청산 시 잔여재산에 대한 권리
이용대가	이자 지급	배당금 지급

환어음(Bill of Exchange)

어음을 발행한 자가 지급인에게 일정기일에 일정금액을 어음수취인에게 지급하도록 위탁한 증권이다. 환어음발행인은 어음수취인과 채권채무 관계가 없고, 지급인으로서 수취인에게 환어음을 인수함으로써 비로소 채무자가 된다.

매입채무 중 외상매입에 따른 대가를 회사발행 어음으로 지급하거나 환어음*을 인수함으로써 발생한 채무는 지급어음(Notes Payable)이라고 한다. 매입채무 중 지급어음 이외의 금액은 외상매입금으로 표시한다.

| 지급어음의 계정분류 |

어음 구분 내용	의미	계정과목
상업어음 (진성어음)	일반적 상거래에서 발생	매입채무(지급어음)
	일반적 상거래 이외에서 발생	미지급금
금융어음 (융통어음)	일반적 상거래와 무관하게 신용을 담보로 자금 조달 목적으로 발행	차입금
보증 또는 담보로 발행한 어음		비망기록한 후 주석에 기재함

> **계정과목 유의사항** **매입채무**
>
> ① 외상매입금과 지급어음을 재무상태표에 표시할 때는 두 금액을 합해서 '매입채무'로 표시한다.
>
> ② 회사 부채에 지급어음이 계상되어 있는 경우에는 특히 유의해야 한다. 어음만기일에 당좌예금 잔액이 부족하면 부도가 날 수 있기 때문이다. 따라서 재무상태표의 계정을 살펴볼 때 지급어음 계정이 있다면, 어음 금액과 현금및현금성자산의 규모를 비교해 지급능력을 검토할 필요가 있다.

7. 유동부채: 미지급비용과 미지급금

(1) 미지급비용

미지급비용(Accrued Expenses)은 보험료 또는 임차료처럼 계약에 따라 일정기간 계속해서 용역을 제공받고 기한이 경과하면 대가 지급의무가 발생하지만, 아직 지급기일이 되지 않은 채무를 말한다.

대표적인 미지급비용으로는 미지급급여, 미지급이자, 미지급보험료, 미지급임차료, 미지급수수료 등이 있다. 하지만 이러한 미지급비용도 지급기일이 경과하는 순간 채무가 확정되어 미지급금이 된다.

(2) 미지급금

미지급금(Amount Payable)은 과거의 계약을 이행한 결과로 발생하는 지급 의무를 말한다. 주된 영업활동 관련 상품·제품·용역 이외에 거래상의 매입, 법인세 등의 미지급액, 광고료·판매수수료 등의 미지급액, 즉 일반적인 상거래 이외의 거래에서 발생한 일시적 채무가 여기에 속한다.

미지급금은 결산일 현재 지급의무가 확정되었으나 지급이 안 된 채무인 데 반해, 미지급비용은 기간경과분에 대해 지급의무가 발생했지만 아직 약정 지급기일이 되지 않아 채무가 확정되지 않은 부채다.

가령 20×0년 12월분 급여 500만 원을 20×1년 1월 10일에 지급하기로 했다고 하자. 이 경우 12월 31일 현재 급여비용은 발생했지만 지급기일이 안 되었으므로 급여채무가 확정된 것이 아니다. 따라서 결산 시 미지급비용으로 계상했다가 1월 10일이 경과하는 순간, 지급기일이 경과되었으므로 12월분 급여는 채무로 확정됨과 동시에 미지급금으로 계상한다.

회계처리 요약: 급여 사례

1. 20×0년 12월 31일 결산할 때
   차변 급여 500만 원　　　　　　**대변** 미지급비용 500만 원

2. 20×1년 1월 10일 급여 지급을 못 했을 때
   차변 미지급비용 500만 원　　　　**대변** 미지급금 500만 원

---

8. 유동부채: 당기법인세부채

법인세는 한 사업연도의 거래를 총결산해 산출한 법인의 세무상 소득에

대해 결산일로부터 3개월이 되는 날까지 신고납부해야 하는 세금이다. 그런데 법인세 중에는 자산 항목에서 살펴보았듯이 회계기간 중에 수시로 발생하는 원천징수법인세(법인의 이자소득이나 배당소득 등에 대해 은행 등에서 원천징수)와 중간예납법인세로 납부하는 선급법인세(Prepaid Income Tax)가 있다.

따라서 법인세 신고납부 시에는 결산 및 세무조정에 의한 법인세부담액에서 선급법인세를 차감한 잔액을 납부하게 된다. 잔액이 양수(+)면 그 금액만큼 당기법인세부채(Current Tax Liability)가 계상되고, 잔액이 음수(-)면 당기법인세자산이 재무상태표에 표시된다.

그러므로 재무상태표에 표시된 당기법인세부채는 회사가 결산시점에 납부할 법인세가 존재한다는 뜻이다. 이를 정리하면 다음과 같다.

선급법인세 > 결산 및 세무조정에 의한 총액법인세
⇒ 재무상태표에 당기법인세자산 표시(→ 당기법인세자산은 환급된다.)

선급법인세 < 결산 및 세무조정에 의한 총액법인세
⇒ 재무상태표에 당기법인세부채 표시(→ 결산일로부터 3개월 이내에 세무서에 납부한다.)

※ 선급법인세 = (원천징수법인세 + 중간예납법인세)

선급법인세가 결산 및 세무조정에 의한 총법인세부담액보다 크면, 내야 할 금액보다 더 많이 법인세를 냈다는 뜻이므로 당기법인세자산 계정으로 올리고 환급을 받는다.

반대로 선급법인세가 결산 및 세무조정에 의한 총법인세부담액보다 작으면, 내야 할 금액이 있다는 뜻이므로 당기법인세부채 계정으로 올리고 결산일로부터 3개월 이내에 세무서에 납부해야 한다.

그리고 당기법인세부채는 재무상태표의 이연법인세자산 및 이연법인세부채, 손익계산서의 법인세비용과 연관되어 있으므로 이를 함께 검토해야 한다는 것에 유의한다.

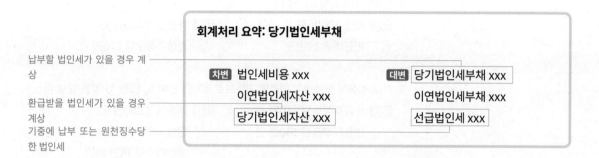

회계처리 요약: 당기법인세부채

납부할 법인세가 있을 경우 계상

환급받을 법인세가 있을 경우 계상
기중에 납부 또는 원천징수당한 법인세

차변	법인세비용 xxx	대변	당기법인세부채 xxx
	이연법인세자산 xxx		이연법인세부채 xxx
	당기법인세자산 xxx		선급법인세 xxx

9. 유동부채: 반품추정부채

반품추정부채는 제품 또는 상품을 판매한 후 이를 구입한 구매자가 마음에 들지 않아 반품기간 내에 반품하는 경우, 기업이 부담해야 하는 의무다. 회사는 반품이 예상되는 제품 또는 상품에 대해 매출 및 매출원가를 차감하고 반품 관련 비용을 추정해서 반품추정부채로 인식한다.

가령 1년 동안 1억 원의 매출에 대해 5%의 반품이 예상되고, 회사의 매출원가율은 60%, 반품 관련 비용은 10만 원인 경우 회계처리는 다음과 같다.

10. 유동부채: 기타 유동부채

(1) 선수금

선수금(Advance Received)은 거래처로부터 상품이나 제품, 수주공사 등에 대한 대가의 전부 또는 일부를 미리 수령했을 때 발생하는 부채다. 선수금은 다른 부채와 달리 현금으로 상환되는 것이 아니라 상품이나 원재료 등의 인도 또는 공사용역의 제공에 의해 그 채무를 이행한다.

선수금은 일반적 상거래에서 발생한 금액뿐 아니라 비유동자산 처분이나, 유가증권 처분과 관련된 선수액도 같은 선수금 계정으로 처리한다. 따라서 선수금 중 일반적 상거래에서 발생한 매출의 선수액은 매출로 대체되거나 외상매출금과 상계되지만, 기타 선수금은 해당 자산의 처분 시에 자산과 대체된다.

(2) 선수수익

선수수익(Unearned Revenues)은 계속적으로 공급되는 용역과 관련된 계약에서, 미리 수령한 용역의 대가 중 해당 연도 말까지 경과되지 않은 기간에 대한 용역의 대가를 말한다. 미경과분에 대한 현금수령액은 일단 선수수익 계정으로 처리한 뒤 기간이 경과한 연도의 수익으로 계상하게 된다.

선수수익 중 1년 이내에 수익으로 대체될 부분은 유동부채에 속하는 선수수익이지만, 1년 이후에 수익이 귀속되는 경우는 장기선수수익으로 처리한다. 그리고 선수수익에는 선수이자, 선수임대료, 선수지급수수료 등이 포함된다.

가령 7월 1일 이자율 10%에 현금 1억 원을 예금하고, 동시에 1년치 이자를 미리 현금으로 수령했을 때 회계처리는 다음과 같다.

회계처리 요약: 선수수익 사례

1. 7월 1일 예금할 때
   - **차변** 예금 1.1억 원
   - **대변** 현금 1억 원
   - 선수수익 0.1억 원

2. 12월 31일 기말결산할 때
   - **차변** 선수수익 500만 원
   - **대변** 이자수익 500만 원

이자 = 1억 원 × 10% × $\frac{6}{12}$(개월) = 500만 원

(3) 예수금

예수금(Withholdings)은 거래처로부터 징수한 부가가치세 또는 종업원 등으로부터 원천징수한 갑근세, 건강보험료, 국민연금 및 기타소득세 등 기업이 해당 금액을 대신 받아 일시보관했다가 세무서나 공단 등에 납부하는 금액을 처리하는 계정이다.

다시 말해 궁극적으로는 제삼자에게 지급해야 하는 금액을 거래처나 종업원으로부터 수령해서 일시적으로 보관하고 있는 것이다. 이렇게 회사

가 일시적으로 보관한 후 제삼자에게 지급해야 하는 의무가 있는 부채를 예수금이라고 한다.

가령 20×0년 12월분 직원 급여 1,000만 원을 20×1년 1월 10일 지급할 때, 근로소득세 10만 원 및 4대보험료 70만 원을 원천징수한 뒤 당일 날 세무서 및 공단에 납부했다면 회계처리는 다음과 같다.

회계처리 요약: 예수금 사례

20×1년 1월 10일
> **차변** 미지급비용 1,000만 원 　　　**대변** 현금 등 920만 원
> 　　　　　　　　　　　　　　　　　　　　예수금 80만 원

> **차변** 예수금 80만 원 　　　　　　**대변** 현금 등 80만 원

---

(4) 예수부가가치세

예수금 중 부가가치세는 예수부가가치세(VAT Withheld) 또는 부가세예수금이라는 독립된 계정으로 따로 처리한다. 예수부가가치세는 자산 항목의 선급부가가치세(또는 부가가치세대급금)와 대응하는 계정이다.

부가가치세를 신고납부할 때는 거래상대방으로부터 징수한 예수부가가치세에서 거래상대방에게 징수당한 선급부가가치세를 차감한 후 차액을 부가가치세 신고 시에 납부 또는 환급받는다. 따라서 일반 예수금과 달리 예수부가가치세는 부가가치세 신고 시 계정대체를 위해 따로 관리한다.

가령 1월 1일부터 3월 31일까지 회사가 상품 10억 원을 매입(1월 1일 매입)하고, 이 상품을 15억 원에 판매(3월 31일 판매)한 뒤 4월 25일 부가가치세 신고할 때까지의 회계처리는 다음과 같다.

회계처리 요약: 예수부가가치세 사례

1. 1월 1일 상품 매입한 때

   [차변] 상품 10억 원   [대변] 현금 등 11억 원

   10억 원 × 10% = 1억 원 ——— 선급부가가치세 1억 원

2. 3월 31일 상품 판매한 때

   [차변] 매출채권 16.5억 원   [대변] 매출 15억 원

   15억 원 × 10% = 1.5억 원 ——— 예수부가가치세 1.5억 원

3. 4월 25일 부가가치세 신고납부할 때

   [차변] 예수부가가치세 1.5억 원   [대변] 선급부가가치세 1억 원

   세무서에 납부할 부가가치세 ——— 현금 0.5억 원

(5) 유동성장기부채

유동성장기부채(Current Portion of Long-term Obligation)는 비유동부채로 분류한 장기부채 중 상환기간이 재무제표일로부터 1년 이내가 된 경우 계정을 재분류한 금액을 말한다. 이러한 절차를 '유동성대체'라고 한다.

유동성대체란 비유동성 자산 또는 부채를 매기말 평가해서 유동성 자산이나 부채로 계정을 재분류하는 절차다. 회사가 매 결산기마다 유동성대체를 하는 이유는 정보이용자에게 제공하는 재무제표 정보의 유용성을 높이기 위함이다.

11. 비유동부채 이해하기

비유동부채는 유동부채에 해당하지 않는 부채로서 재무제표일로부터 1년 이후에 상환할 장기차입부채, 장기충당부채, 기타 비유동부채 등으

로 구분된다. 비유동부채는 다음 표와 같이 분류할 수 있다.

| 비유동부채의 분류 |

계정과목	뜻과 종류
사채	불특정다수에게 회사채를 발행해서 조달한 자금 중 만기가 1년 이후인 금액. 일반사채, 전환사채, 신주인수권부사채 등
장기차입금	타인으로부터 조달한 자금으로서 만기가 재무제표일로부터 1년 이후인 금액
장기성매입채무	상품이나 제품제조를 위한 원부재료 구입을 위해 발생한 신용거래 채무로서, 외상매입금과 지급어음 중 1년 이후에 상환할 금액
퇴직급여충당부채	재무제표일 현재 모든 임직원이 퇴직할 경우 지급해야 하는 퇴직금소요액
이연법인세부채	가산할 일시적 차이로 인해 미래에 부담하게 될 법인세부담액
장기제품보증충당부채	판매된 제품에 대한 보증의무로서 1년 이후에 상환해야 하는 충당부채
기타 비유동부채	별도의 계정과목으로 표시할 만큼 중요하지 않은 비유동부채

12. 비유동부채: 사채

사채(社債)와 사채(私債)는 전혀 다르다. 후자의 사채(私債)는 금융기관이 아니라 개인 또는 사채업자에게서 꾼 돈을 말한다. 반면 여기서 설명하려는 사채(社債, Corporate Bonds)는 주식회사가 발행한 채권으로서, 회사채의 준말이다.

사채는 주식회사가 장기투자에 필요한 거액의 자금을 일반대중으로부터 조달하기 위해 회사의 채무를 표시하는 채무증권을 발행해서 부담하는 채무를 말한다. 우리나라 상법상 사채는 주식회사만 발행할 수 있는데 이사회의 결의로 발행한다. 그런데 이사회는 사채의 금액과 종류를 정하여 1년 이내에 대표이사에게 사채발행을 위임할 수도 있다.

(1) 사채와 주식의 차이

사채는 회사의 자금조달 수단이라는 점에서 주식과 유사하지만, 다음과 같은 차이가 있다.

| 사채와 주식의 차이 |

구분	사채	주식
소유자	채권자	주주
경영참여	경영참여 불가	주주총회 의결권 행사를 통해 경영참여
자금의 대가	이익과 무관하게 이자 수취	이익 있을 때만 배당금 수취 가능
상환의무	만기에 상환의무	상환의무 없고, 감자나 청산시에만 상환 가능
회사자산에 대한 권리 순위	주주보다 우선순위	사채권자 배분 후 잔여재산에 대한 권리

원칙적으로 채권과 주식은 앞의 표와 같이 구분된다. 하지만 소유와 경영의 분리가 일반화되면서 일반주주는 거의 경영에 관심을 두지 않고 주가나 이익배당에만 관심을 갖게 되면서 경영참가 여부를 구별하는 것이 점점 무의미해지고 있다. 또 주식과 채권의 성질을 모두 갖는 전환사채, 신주인수권부사채, 이익참가부사채, 교환사채*, 상환주식, 우선주식* 등의 등장으로 양자가 서로 접근해가는 경향도 생기고 있다.

(2) 사채의 현재가치평가

사채는 장기적인 자금조달 수단이어서 일반적으로 사채의 액면금액(만기일에 채권자에게 상환해야 하는 금액)과 발행금액(사채의 시장가격) 사이에 차이가 발생한다. 따라서 사채를 발행할 때는 사채의 현재가치평가가 뒤따른다.

사채의 발행금액, 즉 사채를 시중에 파는 가격은 사채의 현재가치와 같다고 보면 된다. 사채 발행금액이 사채의 현재가치보다 비싸면 살 사람이 없을 것이고, 싸면 모든 사람이 너도나도 사려고 할 것이므로 수요공

용어 해설

교환사채
채권자가 채권을 발행한 회사가 보유 중인 주식이나 다른 유가증권과 교환을 청구할 수 있는 권리가 부여된 사채를 말한다.

상환주식(Callable Stock) / 우선주식(Preferred Stock)
주식발행 시 일정기간 후의 이익으로 주식을 상환하기로 약정된 주식을 상환주식, 보통주보다 우선적으로 이익배당을 받는 권리를 갖는 주식을 우선주식이라고 한다. 이 주식들은 일반적으로 의결권이 없다.

급의 원칙에 따라 현재가치로 수렴될 것이다.

사채의 발행금액은 일반 시장이자율에 의해 결정된다. 즉, 사채발행에 따른 원금상환액과 이자지급액을 발행 시의 시장이자율로 할인해 발행금액을 결정하는 것이다. 정상적인 거래라면 사채를 통한 수익률과 시장이자율은 일치한다.

간단한 사례를 통해 발행금액을 계산해보자. 20×0년 1월 1일에 회사가 액면금액 1억 원, 만기 2년, 액면이자율 5%로 1년마다 이자를 지급하기로 하고 사채를 발행했다고 하자. 그리고 사채발행 당시 시장이자율은 10%라고 하자.

이 사채발행으로 인해 회사에서 유출되는 현금흐름은 다음과 같다.

| 사채발행 현금흐름(사례) |

구분	20×0년 1월 1일(발행)	20×0년 12월 31일	20×1년 12월 31일
원금상환			1억 원
이자지급		500만 원	500만 원
합계	발행금액은?	500만 원	1억 500만 원

사채발행에 따른 현금흐름 총액을 시장이자율로 할인하면 발행금액이 결정된다.

$$발행금액 = \frac{500만 \ 원}{(1 + 0.1)} + \frac{1억 \ 500만 \ 원}{(1 + 0.1)^2} = 91,322,314원$$

즉, 위와 같은 조건으로 발행되는 액면가 1억 원짜리 사채의 발행금액은 91,322,314원이며, 20×0년 1월 1일 회사에 유입되는 현금은 이와 동일하다.

(3) 사채발행차금

앞의 사례처럼 사채의 액면이자율이 시장이자율보다 낮은 경우를 사채의 할인발행이라고 한다. 그리고 사채 액면금액과 현재가치의 차액, 즉 1억 원 − 91,322,314원＝8,677,686원을 사채할인발행차금(Discounts on Bond)이라고 한다. '사채를 할인발행함으로써 발생하는 차이금액'이라는 뜻이다.

만약 액면이자율이 시장이자율보다 높으면 사채를 할증발행하는 것이 된다. 가령 앞의 사례에서 사채발행 시의 시장이자율이 10%가 아니라 3%라고 해보자. 그러면 사채의 발행금액은 103,826,939원이 되고, 액면금액 1억 원과의 차액 3,826,939원은 사채할증발행차금(Premium on Bond)이 된다.

$$발행금액 = \frac{500만 원}{(1 + 0.03)} + \frac{1억 500만 원}{(1 + 0.03)^2} = 103,826,939원$$

그렇다면 사채의 액면이자율과 시장이자율이 동일하다면 어떻게 될까? 당연히 사채의 액면금액과 발행금액이 동일해진다. 즉, 사채의 발행금액이 액면금액 그대로 1억 원이 된다. 이렇게 되면 물론 사채발행차금은 나타나지 않는다.

결국 사채발행차금은 사채를 할인발행할 때는 사채할인발행차금으로, 할증발행할 때는 사채할증발행차금으로 나타난다는 것을 알 수 있다. 이것을 재무상태표에 표시하는 방법은 다음 표와 같다.

사채 할인발행 시 (시장이자율 = 10% > 액면이자율 = 5%)		사채 액면발행 시 (시장이자율 = 액면이자율)		사채 할증발행 시 (시장이자율 = 3% < 액면이자율 = 5%)	
사채액면	100,000,000원	사채액면	100,000,000원	사채액면	100,000,000원
사채할인발행차금	(-)8,677,686원	사채발행차금	—	사채할증발행차금	3,826,939원
사채의 장부금액	91,322,314원	사채의 장부금액	100,000,000원	사채의 장부금액	103,826,939원

사채의 장부금액은 만기가 되면 액면금액과 같아져야 한다. 액면발행 시에는 다른 절차가 필요 없지만, 할인발행 시에는 할인발행차금을 2년에 걸쳐 상각해 장부금액을 증액해야 하며, 할증발행차금의 경우에는 2년에 걸쳐 상각해 장부금액을 감액해야 한다.

이때 사채발행차금과 사채 장부금액의 변동을 살펴보면 다음 표와 같다.

| 사채발행차금과 사채 장부금액의 변동(사례) |

구분	사채할인발행 차금상각액	사채할인 발행차금	사채 장부금액	사채할증발행 차금상각액	사채할증 발행차금	사채 장부금액
20×0년 1월 1일		8,677,686원	91,322,314원		3,826,939원	103,826,939원
20×0년 12월 31일	4,132,231원	4,545,455원	95,454,545원	1,885,192원	1,941,747원	101,941,747원
20×1년 12월 31일	4,545,455원	—	100,000,000원	1,941,747원		100,000,000원

사채할인(할증)발행차금상각액은 다음 공식을 이용해서 구한다.

> **사채할인(할증)발행차금상각액** = (-){장부금액 × 시장이자율 − 액면이자}

20×0년 12월 31일

사채할인발행차금상각액 $= 91,322,314 \times 0.1 - 5,000,000 = 4,132,231$원

사채할증발행차금상각액 $= (-)\{103,826,939 \times 0.03 - 5,000,000\}$

$= 1,885,192$원

(4) 사채의 종류

❶ 일반사채(Bonds)

일반사채는 가장 보편적인 사채로서, 사채에 다른 권리가 부가되지 않고 순수하게 사채의 성질만 갖는 사채를 말한다.

❷ 전환사채(CB: Convertible Bonds)

전환사채는 사채에 주식전환권을 첨부한 사채다. 즉, 사채에 표시된 전환기간 내에 일정한 조건에 의해 미리 정한 전환가격에 따라 사채를 발행한 회사의 주식으로 전환할 것을 청구할 수 있는 권리가 부착된 사채를 말한다.

전환사채는 사채와 주식의 중간 형태를 지닌 복합적인 채권이다. 일반적으로 같은 조건일 경우 전환사채는 일반사채보다 발행금액이 높다. 일반사채의 가치에 주식으로 전환할 권리만큼의 가치가 더해져 있기 때문이다. 이 차액을 '전환권대가'라고 한다.

가령 앞의 사례에서 액면금액 1억 원, 만기 2년, 액면이자율 5%, 시장이자율 10%의 전환사채를 1억 원에 발행했을 경우, 전환권대가는 전환사채의 발행금액에서 일반사채였을 때의 발행금액을 뺀 금액이다(전환권대가=1억 원-91,322,314원=8,677,686원). 전환사채 발행 및 전환, 상환 시의 회계처리는 다음과 같다.

사채할인발행차금은 전환사채의 액면금액에서 차감하는 형식으로 표시하고, 전환사채 보유기간 동안 이자비용으로 처리한다.

전환권대가는 기타 자본잉여금으로 분류한 뒤 전환권을 행사하는 시점에 주식발행초과금으로 대체한다.

1. 전환사채 발행 시

차변 현금 1억 원	대변 전환사채 1억 원
사채할인발행차금 8,677,686원	전환권대가 8,677,686원
	(기타 자본잉여금)

전환사채의 차감항목

2. 이자지급 시

차변 이자비용 xxx	대변 현금 xxx
	사채할인발행차금 xxx

3. 전환창구로 신주발행 시

차변 전환권대가 xxx	대변 자본금 xxx
전환사채 xxx	주식발행초과금 xxx
	사채할인발행차금 xxx

4. 만기상환 시

차변 전환사채 xxx	대변 현금 xxx

❸ 신주인수권부사채(BW: Bond with Warrants)

신주인수권부사채는 사채에 신주를 배정받을 수 있는 권리가 딸린 사채다. 즉, 사채발행 후 일정한 기간이 경과한 후 사채권자의 선택에 따라 일정한 가격(행사가격)으로 발행회사의 신주를 배정받을 수 있는 권리가 부여된 조건부사채를 말한다.

전환사채와 신주인수권부사채의 차이는 다음과 같다. 전환사채는 주식으로 전환되면 더 이상 원금상환과 이자지급 의무가 사라지는 데 반해, 신주인수권부사채는 사채로서의 성질은 그대로 갖되 다만 신주인수권만을 따로 부여한 것이다.

신주인수권의 가치는 전환권과 같은 방식으로 계산해서 회계처리한다.

13. 비유동부채: 장기차입금

장기차입금(Long-term Borrowings)은 금융기관 등 타인으로부터 조달한 자금으로서, 상환기간이 재무제표일로부터 1년 이후인 금액을 말한다. 돈이 아니라 물건이나 재화를 빌린 경우는 차입금이 아니라 장기매입채무 또는 장기미지급금으로 계상해야 한다. 차입금이라는 계정은 반드시 빌린 돈에 대해서만 쓴다. 또 차입금은 주로 금융기관에서 빌린 돈을 말하지만 외국기관이나 회사, 개인으로부터 빌릴 수도 있다.

계정과목 유의사항 **장기차입금**

① 관계회사나 주주·임원·종업원 등 특수관계자로부터 빌린 장기차입금이나 외화표시 장기차입금의 경우, 금액이 중요하거나 그 금액을 별도로 표시하는 것이 유용하다면 재무상태표에 별도로 계상해야 한다.

② 장기차입금은 차입계약서 작성만으로 차입하기도 하지만, 어음을 발행해주고 차입하기도 한다. 이 어음을 융통어음이라고 하는데, 융통어음은 상거래에서 발행된 진성어음(상업어음)과 다르므로 장기성지급어음에 포함해서는 안 된다.

③ 장기차입금은 단기차입금과 달리 주로 장기적인 투자재원을 마련하기 위한 것으로 금액이 크므로 차입할 때 보통 담보를 요구한다. 담보물로는 회사보유 부동산이 가장 일반적이며, 회사의 금융자산, 대표이사 및 임원의 개인보증, 신용보증서 등을 요구하는 경우도 있다. 차입금과 관련해 담보가 설정된 자산에 대해서는 주석으로 공시해주어야 한다.

④ 장기차입금으로서 상환기간이 재무제표일로부터 1년 이내가 된 경우에는 해당 금액을 유동부채로 대체해주어야 한다.

14. 비유동부채: 장기성매입채무

장기성매입채무(장기성외상매입금, 장기성지급어음)는 회사가 원부재료, 상품 또는 용역을 신용거래, 즉 외상으로 구입했을 경우 발생하는 구입대금 미지급액으로서 1년 이후에 지급하는 채무를 말한다.

15. 비유동부채: 퇴직급여충당부채

 용어 해설

퇴직급여충당부채 표시

한국채택기업회계기준(K-IFRS)에서는 퇴직급여충당부채에 대해 확정급여채무(Defined Benefit Obligation), 즉 종업원이 당기와 과거 기간에 근무용역을 제공해 발생한 채무를 결제하는 데 필요한 예상미래지급액으로 설명하고, 그 현재가치를 표시하도록 하고 있다.

퇴직급여충당부채(Allowance for Employee Retirement Benefits)는 회사가 확정기여형 퇴직급여제도를 채택하지 않은 경우 인식하는 부채로, 결산일 현재 전 종업원이 일시에 퇴직한다고 했을 때 지급해야 하는 퇴직금에 상당하는 금액을 적립해놓은 것을 말한다.[*]

앞에서 부채의 종류를 설명하면서 확정부채와 추정부채로 구분하고, 추정부채는 다시 충당부채와 우발부채로 나누어진다고 말했다. 퇴직급여 충당부채는 충당부채 중 하나다.

퇴직급여충당부채는 당기말 현재 퇴직급여 청구권을 갖는 모든 임직원이 이후 퇴직시점에 회사에 퇴직금 청구권을 갖게 되고, 근속연수에 따라 그 금액을 계산할 수 있으므로 부채의 자격이 있다.

퇴직급여충당부채는 그 액수만큼 현금을 적립하는 것은 아니다. 미래에 일어날 지출금액을 미리 비용화함으로써 당기순이익과 이익잉여금을 줄여 세금이나 배당, 다른 사외유출을 억제하는 역할을 한다. 결과적으로 퇴직금 재원을 유보하는 셈이다.

매년 추가로 설정하는 퇴직급여충당부채는 다음과 같은 방법으로 계산한다. 우선 퇴직금추계액, 즉 결산일 현재 퇴직급여 청구권을 갖는 모든 임직원이 일시에 퇴직한다고 할 때 지급해야 하는 금액을 계산한다. 이 금액이 바로 회사가 적립할 퇴직급여충당부채 총액이다.

당기분 퇴직급여충당부채 계상액

= 당기말 퇴직금추계액 − (전기말 퇴직급여충당부채 − 당기중 퇴직금 지급액)

용어 해설

제조원가명세서
제조업을 영위하는 회사에서 제품제조에 들어간 원가를 계산한 명세서로서 재료비와 노무비, 제조경비(전력비, 통신비, 감가상각비 등) 금액을 표시한 서류를 말한다. 제품의 매출원가를 계산하는 데 필수적인 자료다.

손익계산서와 제조원가명세서*에 나타나는 퇴직급여 항목에는 바로 위에서 계산한 퇴직급여충당부채 당기분이 포함되어 있다.

퇴직급여충당부채와 관련해 국민연금전환금, 퇴직보험예치금, 퇴직연금 등의 계정과목이 있다. 이 계정과목들은 종업원 퇴직과 관련된 제도에 의해 기업이 적립한 금액으로서, 퇴직급여충당부채를 보완하는 성격을 갖는다.

회계처리 요약: 퇴직급여충당부채

1. 결산 시 퇴직급여충당부채를 계상할 때

   `차변` 퇴직급여 xxx   `대변` 퇴직급여충당부채 xxx

퇴직급여는 판매비와관리비 또는 제조원가로 처리한다.

2. 퇴직보험 또는 퇴직연금을 가입해 불입할 때

   `차변` 퇴직보험예치금 xxx   `대변` 현금 등 xxx
   　　(또는 퇴직연금운용자산)

3. 임직원이 퇴직해 퇴직금을 지급할 때

   `차변` 퇴직급여충당부채 xxx   `대변` 퇴직보험예치금 xxx
   　　퇴직급여 xxx　　　　　　　　　　　현금 등 xxx

퇴직금으로 지급할 금액이 퇴직급여충당부채보다 많을 때 그 차액은 퇴직급여로 처리한다.

4. 확정급여형 퇴직연금제도에서 임직원이 퇴직할 때

   `차변` 퇴직급여충당부채 xxx   `대변` 퇴직연금미지급금 xxx
   　　퇴직급여 xxx

퇴직자에 해당하는 퇴직급여충당부채액을 미래지급할 예상 퇴직연금의 현재가치(퇴직연금미지급금)로 대체하고, 차액을 퇴직급여로 처리한다.

국민연금전환금, 퇴직보험예치금, 퇴직연금

- **국민연금전환금**: 1993년 1월 1일부터 1998년 12월 31일까지 시행되었던 국민연금법 상의 제도로, 회사가 퇴직금준비금 중에서 종업원급여의 2~3%에 해당하는 금액을 국민 연금관리공단에 납부하고, 종업원이 퇴직할 때 직접 공단에서 수령해가는 금액을 말한 다. 재무상태표상의 금액은 법 개정 이전에 근무한 종업원분 전환금을 관리하기 위한 것 으로, 그 금액만큼 퇴직급여충당금이 줄어들어 사실상 퇴직급여충당금과 같이 취급된 다. 따라서 퇴직금추계액은 퇴직급여충당금에 국민연금전환금을 가산한 금액으로 보면 된다.

- **퇴직보험예치금**: 퇴직보험제도에 의해 종업원의 퇴직을 보험금지급 사유로 하고, 종업원 을 피보험자와 수익자로 하는 보험에 가입해 예치한 금액을 말한다. 퇴직보험제도는 퇴 직연금제도 도입으로 지금은 폐지되었지만 퇴직급여충당금이 현금적립금이 아니어서 실제 퇴직 시 현금지급을 담보할 수 없다는 점, 세무상 퇴직금추계액의 30% 한도만 비 용처리할 수 있다는 한계를 보완하기 위해 그리고 다른 보험과 달리 종업원 자신이 수급 권을 갖는 이점 때문에 생긴 제도다. 이 보험에 가입해 퇴직금추계액의 70% 이상 금액 을 예치하면 퇴직금추계액의 100%까지 법인세법상 비용처리가 가능했다.

- **퇴직연금**: 「근로자퇴직급여보장법」에 따라 2005년 12월부터 시행된 퇴직연금제에 의 해 기업이 매월 또는 매년 일정금액을 사외의 금융기관에 적립·운용(확정기여형은 근로 자가 운용)하도록 한 후, 근로자가 퇴직한 다음 매월 또는 매년 연금으로 받을 수 있도록 한 것을 말한다. 퇴직연금제도에는 확정급여형과 확정기여형이 있다. 확정급여형은 종전 퇴직보험과 같이 회사가 불입하고 회사가 자산을 운용해 회사가 미래퇴직급여액을 보장 하므로 재무상태표에 각각 자산과 부채를 인식한다. 그러나 확정기여형은 회사가 불입 하면 근로자에게 귀속되어 근로자가 퇴직연금자산을 운용하므로 그에 따라 미래퇴직급 여액이 변동될 수 있으며 재무상태표에는 표시되지 않는다는 점에서 차이가 있다.

16. 비유동부채: 이연법인세부채

이연법인세부채(Deferred Tax Liabilities)는 자산 항목의 이연법인세자산에 서 이미 설명한 바 있다. 기업회계기준과 세법의 차이로 인해 발생하는 세금효과를 회계에 반영한 것이 이연법인세자산과 이연법인세부채다. 이연법인세부채는 기업회계와 세법 간의 일시적차이로 인해 법인세법 등의 법령에 의해 납부해야 할 금액보다 회계상으로 계산한 법인세비용이 많은 경우, 그 금액 차이를 인식하는 것이다.

예컨대 일시적 차이로 인해 세법상 납부해야 하는 법인세가 1억 원인데 기업회계상 계산한 법인세비용이 1억 5,000만 원이라면, 올해 세금을 적게 낸 결과 내년 이후에 납부해야 하는 법인세는 회계상의 법인세보다 5,000만 원 늘게 된다. 이는 결국 과거의 거래로 인해 기업의 미래 순자산의 감소를 가져오는 부채가 발생한 것으로 볼 수 있다.

이연법인세부채는 이자 미수수익을 계상하거나 감가상각비를 세법의 한도보다 적게 계상하는 경우에 발생한다. 세법은 이자수익을 '권리의 무확정주의'에 따라 이자지급일에 인식하는 반면, 기업회계기준은 '발생주의'에 따라 기간이 경과할 때 인식하기 때문에 생기는 차이다.

이에 따라 세법에 의한 과세소득이 회계상 순이익보다 적어져 그만큼 세법상 당기법인세부담액이 줄어들고, 이는 미래에 납부해야 하는 법인세부담액이 늘어나는 효과로 나타난다.

17. 비유동부채: 장기제품보증충당부채

장기제품보증충당부채(Long-term Warranty Provision)는 제품의 판매 또는 서비스를 제공한 뒤에 제품이나 서비스의 품질 또는 수량 등에 결함이 있을 경우, 이를 수선 또는 교환해주겠다는 약정에 따라 기업이 부담해야 하는 의무다. 비용지출 시기를 합리적으로 예측하기 어렵기 때문에 비유동부채로 분류한다.

이와 같은 충당부채를 장부상 계상하려면 다음 3가지 요건을 모두 충족해야 한다.

가. 과거 사건이나 거래의 결과로 현재 의무가 존재할 것

나. 당해 의무를 이행하기 위해 자원이 유출될 가능성이 매우 높을 것

다. 그 의무의 이행에 소요되는 금액을 신뢰성 있게 측정할 수 있을 것

하자보수충당부채(Reserve for Construction Warranty)도 장기제품보증충당
부채의 일종이다.

회계처리 요약: 장기제품보증충당부채

1. 결산 시 충당부채를 계상할 때

   차변 제품보증비 xxx 　　　　　**대변** 장기제품보증충당부채 xxx

2. 보증비용이 발생할 때

   차변 장기제품보증충당부채 xxx 　　**대변** 현금 등 xxx
   　　　　제품보증비 xxx

발생한 보증비용이 장기제품보증충당부채 잔액보다 클 때는 그 차액만큼 제품보증비로 처리한다.

18. 비유동부채: 장기미지급금과 장기미지급비용

(1) 장기미지급금

장기미지급금(Long-term Amount Payable)은 장기매입채무와 달리 주된 영
업활동 이외의 거래에서 발생한 미지급채무로서 재무제표일로부터 1년
이후에 지급해야 하는 금액을 말한다.

장기미지급금은 자산 항목의 장기미수금과 대응하는 과목으로, 주로 거
액의 비유동자산을 연불(치러야 할 대금을 취득한 때부터 일정기간 동안 나누어 결
제하는 것)로 취득할 때 발생한다.

유형자산을 연불취득할 때 장기미지급금을 계상하는 시기는 유형자산
의 취득시점이다. 취득일은 부동산인 경우에는 잔금청산일, 소유권이전

등기일, 실제로 사용할 수 있는 날 중 가장 빠른 날이다. 하지만 동산인 경우에는 인도받은 날이 취득일이 된다.

(2) 장기미지급비용

장기미지급비용(Long-term Accrued Expenses)은 일정한 계약에 따라 지속적으로 용역을 제공받고 기간이 경과하면 대가지급 의무가 발생하지만 아직 지급기일이 되지 않은 채무로서, 지급기일이 재무제표일로부터 1년 이후인 미지급비용을 말한다. 실무에서 장기미지급비용이 나타나는 경우는 매우 드물다.

장기미지급금과 장기미지급비용의 차이에 대해서는 유동부채의 미지급금과 미지급비용 내용을 참고하기 바란다. 기간이 장기라는 것만 다를 뿐 내용은 같다.

장기미지급금에 대해서도 그 금액이 중요하고, 최종결제해야 하는 명목금액과 현재가치의 차이가 중요할 때는 현재가치평가를 한다. 또 장기미지급금 중 지급기일이 재무제표일로부터 1년 이내가 된 금액은 유동부채인 미지급금으로 대체해야 한다.

19. 비유동부채: 배출부채

배출부채란 온실가스를 배출한 결과 발생하는 것으로, 배출권을 정부에 제출함으로써 이행될 것으로 예상되는 현재의무를 말한다. 기업이 온실가스를 배출하면 정부에 배출권을 제출할 의무(배출부채)가 생기는데, 배출량은 정부에서 인증하고 기업은 그에 따라 계산된 배출부채금액을 배출권으로 결제한다. 따라서 정부에서 온실가스 배출량을 인증하기 전까지 배출부채는 충당부채에 해당한다. 또 해당 연도 배출부채가 해당연도 보유 배출권보다 클 경우 다른 연도 이행 배출권을 차입하여 결제하는 것도 가능하다. 1년 이내 결제의무가 있는 배출부채는 유동부채, 그렇지 않으면 비유동부채로 분류한다.

부채의 완전이해에 도전해보자!

부채에 대해 공부한 내용을 바탕으로 자신의 이해 수준이 어느 정도인지 문제를 풀면서 평가해보자.

1 부채 항목을 배열할 때는 유동성배열법을 따른다. 유동성배열법의 뜻은 무엇인가?

2 유동부채와 비유동부채를 구분하는 기준은 무엇인가?

3 부채에는 확정부채와 추정부채가 있다. 제품보증충당부채는 어디에 속하며, 그 이유는 무엇인가?

4 외상매입금과 지급어음을 재무상태표에 표시할 때는 하나의 과목으로 통합해서 표시한다. 통합 계정과목의 이름은 무엇인가?

5 외상매입금과 미지급금은 둘 다 회사가 지급해야 하는 채무다. 둘의 차이는 무엇인가?

6	미지급금과 미지급비용은 서로 다르다. 12월분 임차료를 1월에 지급하기로 했다면 결산 시 임차료미지급액은 어디에 속할까?
7	선수금과 선수수익은 서로 다르다. 제품을 다음해 초에 인도하기로 하고 1억 원을 받았다면 이 금액은 어느 항목에 속할까?
8	장기차입금에는 일반적으로 담보를 요구한다. 차입금에 담보가 설정되어 있는지 알려면 재무제표의 어느 부분을 보아야 할까?
9	종업원이 당기 이전에 근무용역을 제공함에 따라, 퇴직 시 기업이 지급해야 하는 채무는 무엇인가?
10	퇴직금추계액을 세무상 비용으로 100% 인정받기 위해서는 퇴직급여충당부채 적립 외에 금융상품에 가입해야 한다. 이 상품은 무엇인가?

정답

1. 유동성이 큰 부채부터 유동성이 작은 부채 순으로 배열하는 것을 말한다.
2. 부채의 상환기한이 재무제표일로부터 1년 또는 영업주기 이내인지, 그 이후인지
3. 추정부채. 제품이 판매된 후 언제 수선 또는 교환할지 시기와 금액을 확정할 수 없기 때문이다.
4. 매입채무
5. 외상매입금은 주된 영업활동, 즉 상품이나 원부재료, 용역의 신용매입 대가인 데 반해, 미지급금은 주된 영업활동 이외의 재화 또는 용역을 신용구입한 대가다.
6. 미지급비용
7. 선수금. 선수수익은 기간경과에 따라 발생하는 수익에 대해 미리 지급받은 금액을 말한다.
8. 재무제표에 대한 주석 / 9. 퇴직급여충당부채 / 10. 퇴직연금

재무상태표
자본 이해하기

1. 자본의 뜻

자본(Capital, Stockholder's Equity)이란 회사의 주인인 주주로부터 조달한
자금이다. 회계상으로 말하자면 회사의 총자산 중에서 채권자의 몫을
뺀 나머지로서, 주주들의 몫(주주지분)을 말한다.

자본은 "기업의 자산에서 모든 부채를 차감한 후의 잔여지분을 나타내
며, 주주로부터의 납입자본에 기업활동을 통해 획득하고, 기업의 활동
을 위해 유보된 금액을 가산하고, 기업활동으로부터의 손실 및 소유자
에 대한 배당으로 인한 주주지분의 감소액을 차감한 잔액"으로 정의
된다.

자본금은 회사설립 시에는 확정된 금액으로 시작하지만, 영업을 개시한
순간부터 자산과 부채의 변동이 발생하고, 그에 따라 끊임없이 변화하
게 된다. 수학으로 말하자면 자산이나 부채는 독립변수에 해당하지만,
자본은 종속변수에 해당한다. 자산과 부채의 변동에 따라 자본이 변동
하는 것이다.

자산에서 부채를 빼는 자본의 계산방식은 주식회사에서 주주가 회사에
대해 책임지는 방법과 책임의 한도를 나타내기도 한다. 회사가 청산한
다고 생각해보자. 우선 회사는 보유자산을 처분해서 채권자에게 진 빚

을 갖는다. 빚을 갚지 않고 주주가 회사 자산을 처분해서 나눠 갖는 것은 회삿돈을 유용하는 것으로, 범죄행위에 해당한다.

주주는 회사의 채무를 변제하고 남은 잔액(잔여재산)이 있을 때 그 잔액에 대해서만 자기 지분만큼의 권리를 주장할 수 있다. 만약 청산 시 자산의 처분금액이 채무의 변제에도 미치지 못한다면 주주의 몫은 없다. 다시 말해 투자원금을 한푼도 돌려받지 못할 수도 있다.

하지만 회사가 진 빚을 갚지 못한다고 해서 채권자들이 주주한테 가서 빚을 갚으라고 요구할 수는 없다. 주주는 다만 자기가 출자한 금액, 즉 자본의 한도 내에서만 회사에 대해 책임을 질 뿐이다. 이를 '주주 유한책임의 원칙'이라고 한다.

2. 자본의 분류

앞에서 자산과 부채를 분류할 때 영업주기 또는 1년이라는 기간을 기준으로 구분한 바 있다. 자산과 부채는 각각의 계정과목이 독립적인 성격을 갖고 있으며, 장기와 단기의 구별도 비교적 명확하다.

반면, 자본은 독립된 계정과목이 아니라 자산과 부채에 종속된 계정과목이고 만기가 없기 때문에 구분방식이 자산, 부채와는 다르다.

자본의 분류[*] 기준은 크게 발생원천에 따른 분류, 사용제한에 따른 분류의 2가지다. 이를 표로 나타내면 다음과 같다.

용어 해설

자본의 분류
한국채택국제회계기준(K-IFRS)에서는 자본을 납입자본(자본금 + 주식발행초과금 등)과 이익잉여금, 이익잉여금 처분에 의한 적립금, 자본유지조정을 나타내는 적립금 등으로 구분한다고 예시하고 있다.

일반기업회계기준의 분류			발생원천에 따른 분류	사용제한에 따른 분류
자본금	보통주 자본금 우선주 자본금		자본거래에 의한 자본(납입자본 + 수증자본)	—
자본잉여금	주식발행초과금			법정적립금
	기타 자본잉여금	감자차익 자기주식처분이익		
자본조정	자기주식			
	기타 자본조정	주식할인발행차금 출자전환채무 주식매수선택권 감자차손 자기주식처분손실		—
기타포괄손익누계액	매도가능증권평가손익 해외사업환산손익 현금흐름위험회피파생상품평가손익		손익거래에 의한 자본(유보이익)	
이익잉여금	법정적립금	상법상의 이익준비금 상법 이외의 법령에 의한 적립금		법정적립금
	임의적립금	정관 또는 주총결의에 의한 적립금		임의적립금
	미처분이익잉여금			

(1) 발생원천에 따른 분류

자본의 발생원천에 따른 분류는 '자본거래(Capital Transaction)에 의한 자본'과 '손익거래(Profit and Loss Transaction)에 의한 자본'으로 자본의 원천을 나누는 것이다. 자본은 모든 자본거래와 손익거래의 결과로 구성되어 있다고 할 수 있다.

❶ 자본거래

자본거래란 회사와 주주 간의 거래를 말한다. 이는 주주의 투자거래와 주주에 대한 분배거래로 나누어볼 수 있다. 투자거래는 주주가 회사 주식을 취득하는 거래로서 유상증자 또는 무상증자를 말하고, 분배거래는 배당이나 주식의 소각, 주식의 분할합병 등의 거래를 말한다.

자본거래를 하면 자본금 및 자본잉여금, 자본조정 계정의 증가 또는 감소의 변화가 발생한다.

❷ 손익거래

손익거래는 주주와의 거래 이외에 기업의 경영활동 과정에서 자본의 증감이 일어나는 거래를 말한다. 손익거래는 손익계산서에 포함되는 손익과 기타포괄손익누계액*에 포함되는 유보손익으로 구분된다.

(2) 사용제한에 따른 분류

사용제한에 따른 분류는 사용이 제한되어 있는지 아닌지의 여부로 자본을 구분하는 것으로 자본금, 법정적립금, 임의적립금 등으로 나뉜다.

자본금은 발행주식의 액면총액을 말하는 것으로서 감자, 즉 자본금을 감소하고자 할 때는 상법상 엄격한 제한을 받는다.

법정적립금은 상법에서 정하는 법정준비금으로서 주식발행초과금, 기타 자본잉여금 등의 자본잉여금과 이익준비금, 재무구조개선적립금, 기업합리화적립금 등을 말한다. 법정적립금은 자본전입과 결손전보* 이외에는 사용이 금지되어 있다.

임의적립금은 기업이 정관 또는 주주총회의 결의에 따라 임의로 적립한 금액으로서 미처분이익잉여금과 세법상의 각종 준비금 등의 유보이익을 말한다.

(3) 기업회계기준에 의한 분류

위의 두 분류 기준 외에 일반 기업회계기준에서는 자본을 자본금, 자본잉여금, 자본조정, 기타포괄손익누계액, 이익잉여금으로 분류하고 있는데, 이러한 분류는 위에서 언급한 발생원천 및 사용제한에 따른 분류를 절충한 방식이라고 할 수 있다. 한국채택국제회계기(K-IFRS)준에서

용어 해설

기타포괄손익누계액
손익거래로 인해 발생한 순자산의 변동액 중에서 손익계산서에 포함되지 않는 매도가능증권평가손익, 해외사업환산차손익 등의 미실현손익을 말한다. 포괄손익계산서에 그 변동분이 표시된다.

자본전입
(Capital Incorporation) /
결손전보(Deficit Recovery)
자본전입이란 자본잉여금 또는 이익잉여금 등 자본의 다른 항목을 자본금으로 대체하는 것을 말한다. 무상증자 또는 주식배당 등을 통해서 이루어진다. 결손전보란 결손금을 보전하기 위해 이익잉여금 또는 자본잉여금을 없애거나 줄이는 것을 말한다.

는 자본을 납입자본과 이익잉여금, 기타자본 구성요소 등으로 분류하고 있다.

자본을 하나씩 살펴보기 전에 먼저 주식에 대해 알아보자.

3. 주식은 자본의 씨앗!

(1) 주식의 발행

주식회사는 회사의 영업활동에 필요한 자금조달을 위해 설립 시에 주식 (Stock)을 발행하고, 설립 후에도 필요할 때마다 주식을 발행한다.

❶ 액면주식과 무액면주식

회사설립 시 주식의 발행에 대해서는 상법에서 정하고 있다. 즉, 주식의 종류와 수, 액면주식의 경우 액면 이상의 주식을 발행할 때 그 수와 금액, 무액면주식의 경우 발행금액과 그 발행금액 중 자본금으로 계상하는 금액에 대해 정관으로 정하거나 발기인 전원의 동의로 정하도록 하고 있다.

무액면주식의 발행에 따라 주식회사의 최저자본금 제도는 폐지되었으나 무액면주식 발행금액의 1/2 이상이 자본금이 되며, 잔액이 주식발행초과금이 된다. 액면주식을 발행할 경우에는 1주당 액면금액*이 100원 이상으로 균일하게 발행해야 한다.

신문의 주식시세표를 보면 주식의 액면금액은 100원부터 1만 원까지 기호로 구분하여 표시하고 있다. 유가증권시장의 주식은 액면이 5,000원인 주식이 대부분이고, 코스닥시장의 주식은 액면이 500원인 주식이 대부분이다.

용어 해설

액면금액(Par Value)
주식에 표시된 1주의 금액을 말한다. 회사는 정관의 규정에 의해 주식의 전부를 무액면주식(액면금액 표시가 없는 주식) 또는 액면주식 중 하나를 선택해 발행할 수 있는데, 이 양자를 혼합해 발행할 수는 없다. 다만, 액면주식과 무액면주식 전부를 정관의 규정에 의해 상호전환하는 것은 허용된다.

❷ 현물출자(Investment in Kind)

주식발행을 할 때 납입자본금(Paid-in Capital)은 현금인 경우가 대부분이지만, 경우에 따라서는 현물로 납입받는 경우도 있다. 이를 현물출자라고 한다. 가령 시가 1억 원의 토지를 출자받은 대가로 액면금액 5,000원인 주식 2만 주를 발행했다면 자본금은 1억 원이 증가하게 된다.

현물출자를 할 때는 출자받은 자산의 평가가 문제가 되는데, 기업회계기준에서는 출자받은 자산의 공정가치를 취득원가로 삼도록 하고 있다.

❸ 유상발행과 무상발행

회사는 설립 시뿐 아니라 설립 후에도 주식을 발행한다. 설립 후 주식발행 방식에는 크게 유상발행과 무상발행 2종류가 있다.

유상발행이란 현금 등을 납입받고 주식을 발행하는 것으로, 보통 유상증자(Paid-in Capital Increase)라고 한다. 유상증자를 하면 회사에는 주식발행금액에 해당하는 현금 등의 유입이 발생하고, 총액면금액에 해당하는 자본금이 늘어난다.

잠깐만요

주식배당, 무상증자, 주식분할의 차이

이들은 모두 새롭게 주식을 발행하는 것이지만, 주식발행을 통해 회사에 자산이 유입되지 않는다는 점에서 설립자본금 및 유상증자와 다르다.

주식배당은 회사에 이익잉여금이 있을 때 이를 현금으로 배당하지 않고, 주식을 교부해 기존 주주의 주식수를 증가시켜주는 것을 말한다.

무상증자는 이사회나 주주총회의 결의에 의해 이익잉여금이나 자본잉여금을 자본에 전입하고, 기존 주주들에게 신주를 교부하는 것을 말한다. 주식배당과 유사하지만 그 목적이 잉여금의 자본전입에 있다는 점에서 다르다.

주식분할이란 1주의 주식을 수주의 주식으로 분할하는 것으로, 가령 액면 1만 원인 주식 하나를 1,000원인 주식 10주로 분할하는 것이다. 주식분할을 하면 자본금 변동은 없이 주식수만 늘어나는데, 일반적으로 주가가 너무 높아 주식시장에서 유통되기 어려울 때 1주당 금액을 인하해 유통성을 높이기 위해 행하는 경우가 많다.

이러한 유상증자에는 3가지 방식이 있다. 기존 주주에게 신주인수권을 부여해 증자하는 방식, 기업과 관계 있는 특정한 제삼자에게 배정하는 방식, 일반 대중을 상대로 하는 공모방식 등이다.

반면, 무상발행 방식은 새로운 주식이 발행되기는 하지만 현금 등의 유입이 발생하지 않고 주식 수만 늘어나는 것이다. 주식의 무상발행 방식으로는 크게 주식배당(Capital Dividend)과 무상증자(Capital Increase without Consideration), 주식분할(Stock Split)이 있다.

(2) 주식의 종류

회사가 자금조달을 위해 발행하는 주식에는 여러 가지 종류가 있지만, 크게 나누면 보통주와 우선주로 나눌 수 있다.

❶ 보통주(Common Stock)

보통주는 회사가 발행하는 주식 중 가장 일반적인 주식이자 다른 주식에 대해 표준 역할을 하는 주식이다. 보통주에는 주주총회에서의 의결권, 배당을 받을 권리, 신주가 발행될 때 신주를 우선적으로 매입할 수 있는 신주인수권 등이 부여되지만, 이익배당이나 잔여재산 분배에서 제한이 있거나 우선권이 배제된다.

❷ 우선주[Preferred Stock(Share)]

우선주는 배당금을 지급받거나 회사를 청산하는 과정에서 잔여재산을 분배할 때 보통주에 비해 우선적인 지위를 갖는 주식을 말한다. 대신 우선주는 주주총회에서 의결권이 없는 것이 일반적이다.

어떤 점에서 우선적 지위를 갖는지에 따라 우선주는 다시 다음 표와 같이 세분할 수 있다.

이익배당우선주	보통주주가 이익배당을 받기 전에 일정률의 배당을 우선해서 받을 수 있는 권리가 부여된 주식
전환우선주	우선주주의 의사에 따라 보통주로 전환할 수 있는 권리가 부여된 주식
상환우선주*	회사가 일정한 요건을 갖추면 다시 매입해서 소각할 수 있는 주식

 용어 해설

상환우선주 인식

한국채택국제회계기준(K-IFRS)에서는 회사가 상환의무를 지는 상환우선주를 자본이 아니라 금융부채로 인식하며, 이에 따라 상환우선주에 대한 배당금도 금융비용으로 회계처리한다.

주식의 소각
(Writing off Stocks)

발행한 주식을 회사가 취득해서 없애는 것을 말한다. 주식이 소각되면 주식에 붙어 있던 모든 권리는 자연히 상실된다.

(3) 주식의 재취득

회사는 여러 가지 이유로 발행한 주식을 다시 사들이는데(재취득), 크게 2가지 경우가 있다. 첫째는 자본을 감소시키기 위해서, 둘째는 주식을 일시적으로 사두었다가 다시 처분하기 위해서다.

주식 재취득의 목적에 따라 재취득한 주식의 운명도 달라진다. 자본감소를 위해 재취득한 주식은 자본감소의 절차에 따라 소각*된다.

일시적으로 사두었다가 다시 처분하기 위해서 주식을 재취득하는 경우는 회사가 주식시장에 개입해 주가를 관리하거나 스톡옵션을 부여하기 위한 목적을 지닌 경우다. 이렇게 일시적으로 재취득한 주식은 '자기주식'(Treasury Stock)이라고 해서 자본조정 항목으로 분류하고, 자본의 차감 항목으로 표시한다.

(4) 자본감소 방식

자본의 감소(감자)란 자본금 10억 원인 회사가 자본금을 5억 원으로 감소시키는 것처럼, 자본금 자체를 줄이는 것을 말한다. 자본금을 감소시키는 방법으로는 실질적 감자 방식과 형식적 감자 방식 2가지가 있다.

❶ 실질적 감자

실질적 감자란 주식을 보유한 주주에게 보유주식을 소각한 대가로 현금 등을 지급하는 것으로, 회사 자산(현금 등)이 실제로 유출되어 감소하기 때문에 이를 유상감자라고 한다.

유상감자를 할 때 소각주식의 액면금액보다 지급금액이 적을 때는 그 차액만큼 감자차익이 발생하고, 반대의 경우에는 감자차손이 발생한다.

❷ 형식적 감자

형식적 감자란 유상감자와 달리 회사 자산은 변동 없이 자본금만 감소하는 방식이다. 주식병합, 액면감액, 주식병합과 액면감액을 병행하는 방법 등이 있다.

주식병합은 액면 5,000원인 주식 2주를 1주로 병합하는 것으로, 이렇게 되면 자본금이 절반으로 줄어든다. 액면감액은 액면 1만 원 주식을 5,000원으로 감소시키는 것으로, 마찬가지로 자본금이 절반으로 줄어든다. 주식병합과 액면감액을 병행하는 방법은 액면 1만 원인 주식 2주를 액면 5,000원인 주식 1주로 변경하는 경우다. 이렇게 되면 자본금은 1/4로 줄어든다.

어떤 경우든 형식적 감자에서는 현금 등 유출이 발생하지 않고 자본금만 감소하며, 감소한 금액만큼 결손금을 보전하거나 감자차익이 발생하게 된다.

(5) 자본을 감소시키는 이유

회사가 자본을 감소시키는 이유는 여러 가지다. 결손금을 보전하려는 목적도 있고, 주주가 투자금액을 회수하기 위한 이유도 있다. 일반적으로는 결손금을 보전하기 위해 감자하는 경우가 많은데, 회사에 결손이 누적되면 배당재원이 없어서 투자자들로부터 자금을 유치하기가 어렵고 회사의 모든 활동에 악영향을 끼치게 되기 때문이다.

자본이 감소하면 주주와 채권자의 이해관계에 중대한 영향을 미치기 때문에 상법에서는 자본감소의 절차와 방법을 엄격하게 제한하고 있다.

감자를 하려면 우선 적법한 절차에 따라 주주총회를 소집해야 하고, 주주총회에서 특별결의, 즉 출석주주 의결권의 2/3 이상 다수와 발행주식 총수의 1/3 이상 다수의 동의를 얻어야 한다.

또한 채권자 보호를 위해 자본감소 결의일로부터 2주 이내에 1개월 이상 이의기간을 설정해서 공고하고, 개별통지를 하도록 하고 있다.

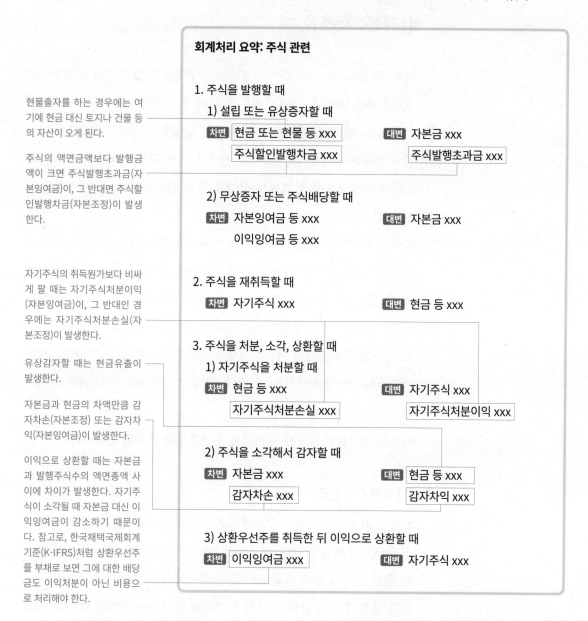

현물출자를 하는 경우에는 여기에 현금 대신 토지나 건물 등의 자산이 오게 된다.

주식의 액면금액보다 발행금액이 크면 주식발행초과금(자본잉여금)이, 그 반대면 주식할인발행차금(자본조정)이 발생한다.

자기주식의 취득원가보다 비싸게 팔 때는 자기주식처분이익(자본잉여금)이, 그 반대인 경우에는 자기주식처분손실(자본조정)이 발생한다.

유상감자할 때는 현금유출이 발생한다.

자본금과 현금의 차액만큼 감자차손(자본조정) 또는 감자차익(자본잉여금)이 발생한다.

이익으로 상환할 때는 자본금과 발행주식수의 액면총액 사이에 차이가 발생한다. 자기주식이 소각될 때 자본금 대신 이익잉여금이 감소하기 때문이다. 참고로, 한국채택국제회계기준(K-IFRS)처럼 상환우선주를 부채로 보면 그에 대한 배당금도 이익처분이 아닌 비용으로 처리해야 한다.

회계처리 요약: 주식 관련

1. 주식을 발행할 때
　1) 설립 또는 유상증자할 때
　　[차변] 현금 또는 현물 등 xxx　　　[대변] 자본금 xxx
　　　　　주식할인발행차금 xxx　　　　　　　주식발행초과금 xxx

　2) 무상증자 또는 주식배당할 때
　　[차변] 자본잉여금 등 xxx　　　[대변] 자본금 xxx
　　　　　이익잉여금 등 xxx

2. 주식을 재취득할 때
　　[차변] 자기주식 xxx　　　[대변] 현금 등 xxx

3. 주식을 처분, 소각, 상환할 때
　1) 자기주식을 처분할 때
　　[차변] 현금 등 xxx　　　[대변] 자기주식 xxx
　　　　　자기주식처분손실 xxx　　　　자기주식처분이익 xxx

　2) 주식을 소각해서 감자할 때
　　[차변] 자본금 xxx　　　[대변] 현금 등 xxx
　　　　　감자차손 xxx　　　　감자차익 xxx

　3) 상환우선주를 취득한 뒤 이익으로 상환할 때
　　[차변] 이익잉여금 xxx　　　[대변] 자기주식 xxx

자, 이로써 주식에 대한 것을 모두 알아보았으니 이제 자본에 대해 하나
씩 자세히 설명하겠다.

4. 자본: 자본금

자본금(Capital Stock)은 주주가 불입한 납입자본의 일부로서 발행주식의
액면총액을 말한다. 가령 A라는 회사가 액면금액 5,000원인 주식 1만
주를 7,000만 원에 발행했다면, 주주가 납입한 자금은 7,000만 원이지
만 자본금은 액면총액인 5,000만 원이다. 이는 회사의 채권자에 대한 최
소한의 담보액으로 상법에서 정하고 있기 때문인데, 이를 '법정자본금'
이라고도 한다.

회사가 무액면주식을 발행하는 경우 회사의 자본금은 주식발행금액의
1/2 이상 금액으로서 이사회(주주총회에서 발행 결정한 주식일 때는 주주총회)에
서 자본금으로 계상하기로 한 금액의 총액이다. 이 경우 주식의 발행금
액 중 자본금으로 계상하지 않는 금액은 자본준비금으로 계상한다.

또 회사의 자본금에서 액면주식을 무액면주식으로, 또는 무액면주식을
액면주식으로 변경해서는 안 된다. 다만, 액면주식과 무액면주식 전부
를 상호전환하는 것은 허용된다.

이러한 자본금은 보통주 자본금과 우선주 자본금으로 분류된다.

(1) 보통주 자본금

보통주 자본금은 보통주를 발행하고 주주에게 납입받은 자금 중 발행주
식의 액면총액을 말한다. 보통주란, 이익의 배당 또는 잔여재산의 분배
에 관한 권리의 순위 또는 의결권의 유무에서 우선권이나 제한이 붙어
있지 않은 주식을 말한다. 그런 의미에서 보통주는 우선권 여부를 가리

는 표준이 되는 주식이라고 할 수 있다. 회사가 발행한 주식은 대부분 보통주라고 보면 된다.

(2) 우선주 자본금

우선주 자본금은 우선주를 발행하고 주주에게 납입받은 자금 중 발행주식의 액면총액에 해당하는 금액을 말한다. 우선주 자본금에는 앞에서 설명한 다양한 종류의 우선주를 발행하고 납입받은 액면총액이 포함된다.

> **계정과목 유의사항** **자본금**
>
> ① 자본금 계정을 살필 때는 주식발행 시 자본금이 회사에 실제 납입되었는지를 확인해야 한다. 자본금 납입시점과 그 이후 통장의 거래내역, 이사회 회의록 등을 주의 깊게 살펴보자. 가장납입*같이 장부상에는 자본금이 있지만 실제 자금유입 없이 가지급금으로 처리한 경우, 채권자는 물론 주주에게도 피해가 갈 수 있다.
> ② 자본금의 구성을 살펴 우선주 자본금이 존재한다면 우선주에 부여된 우선권의 내용이 무엇인지 파악해둔다. 이는 보통주 주주의 배당 등에 영향을 미치므로 주석을 통해서 그 내용을 살펴본다.
> ③ 재무제표의 주석에는 회사가 발행할 주식 총수(수권주식수), 1주 금액, 발행한 주식수, 당해연도 증자와 감자, 주식배당 또는 기타 사유로 자본금이 변동한 사유를 공시하도록 하고 있다.
> ④ 전환사채나 신주인수권부사채 등도 향후 주식으로 전환되거나 주식을 인수할 수 있는 권리가 있어서 기존 주주의 권리에 영향을 미칠 수 있으므로 유의한다.

용어 해설

가장납입
사채업자 등한테서 납입자본금을 일시적으로 차입해서 통장에 표시한 뒤 곧바로 상환하는 방식으로, 실제 자본금 납입 없이 장부상으로만 납입된 것처럼 위장하는 행위를 말한다.

5. 자본: 자본잉여금

자본잉여금(Additional Paid in Capital, 상법에서는 '자본준비금'이라고도 한다)은 주식발행에 의한 자본금의 납입거래 또는 회사와 주주 간의 주식 매매거래 등 자본거래에서 발생한 잉여금을 말한다.

자본잉여금은 크게 주식발행초과금, 기타 자본잉여금 등 2가지로 분류한다. 기타 자본잉여금에는 감자차익과 자기주식처분이익이 포함된다.

자본잉여금의 처분에 대해 상법에서는 이사회(또는 주주총회)의 결의로 자본전입 및 결손보전에만 사용하도록 제한하고 있으나, 자본잉여금과 이익준비금을 합한 금액이 자본금의 150%를 초과할 경우에는 초과한 금액을 주주총회 결의에 따라 배당하거나 처분할 수 있다.

자본금으로 전입한다는 것은 자본잉여금을 재원으로 무상주를 발행해 자본금으로 대체하는 것을 말한다. 이렇게 되면 주주는 보유주식수가 늘어나고, 자본금도 그만큼 증가한다.

결손금을 보전한다는 것은 재무상태표상의 미처리결손금을 없애기 위해 결손금을 자본잉여금 등과 상계하는 것을 말한다.

그럼 이제 자본잉여금 각 항목을 하나씩 살펴보자.

(1) 주식발행초과금

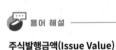

주식발행금액(Issue Value)
신주를 발행할 때 신주발행수수료 등 신주발행을 위해 직접 발생한 기타 비용을 제외한 현금유입액을 말한다.

주식발행초과금(Premium on Stock)이란 주식발행금액*이 액면금액을 초과하는 경우 그 초과하는 금액을 말한다. 주식을 발행할 때는 액면금액으로 발행하기도 하지만, 회사의 실적과 전망에 따라 액면초과발행이나 액면미달발행, 액면금액 없이 무액면발행을 할 수도 있다.

가령 액면가 5,000원인 주식 1만 주를 액면을 초과해 주당 6,000원에 발행하고, 신주발행과 관련된 비용으로 500만 원을 지출했다면 회사에 유입되는 현금은 5,500만 원이 된다. 이 경우 자본금은 5,000만 원으로 표시하고, 나머지 500만 원은 주식발행초과금으로 기록한다.

무액면주식을 발행하는 경우에는 발행금액의 1/2 이상으로서 이사회(또는 주주총회)에서 자본금으로 계상하기로 한 금액의 총액을 자본금으로 해야 하므로, 발행금액에서 이 자본금 등을 차감하고 납입된 금액이 주식발행초과금이 된다. 상법에서는 액면주식과 무액면주식의 상호전환 시에도 자본금 금액은 변동되어서는 안 된다고 정하고 있다.

주식발행초과금이 발생하는 경우는 회사의 영업실적 또는 미래전망이 좋아 주식을 액면을 초과해 발행해도 괜찮은 경우다.

한편, 주식을 발행할 때 발행금액이 액면금액보다 미달하거나 액면발행 시 신주발행수수료가 발생하면 현금유입액과 액면총액의 차액만큼 주식할인발행차금이 발생한다. 단, 무액면주식의 경우는 발생하지 않는다.

(2) 감자차익

감자차익(Gains from Capital Reduction)이란 기타 자본잉여금의 하나로, 자본금을 감소시키는 과정에서 자본금의 감소액이 주식의 소각 또는 주금*의 반환에 소요되는 금액과 결손보전에 충당한 금액을 초과할 때 그 초과금액을 말한다. 만약 이에 미달하는 금액(감자차손)이 장부상 존재하면 이를 차감한 후의 금액을 말한다.

가령 액면금액 5,000원인 주식 1만 주를 소각하면서 주주에게 주당 4,000원을 지급한다면, 자본금은 5,000만 원 감소하고 현금은 4,000만 원 유출된다. 여기서 차액 1,000만 원이 바로 감자차익에 해당한다.

만약 반대로 그 이전에 1만 주를 소각하면서 주당 5,400원을 주주에게 지급했다면 감자차손이 400만 원 발생했을 터인데, 그후로 감자차익이 발생한다면 이미 발생한 감자차손 400만 원을 차감한 잔액, 즉 600만 원만이 감자차익으로 계상된다.

(3) 자기주식처분이익

자기주식처분이익(Gains on Sale of Treasury Stock)은 기타 자본잉여금의 하나로, 회사가 발행한 주식을 재취득해 보유하던 자기주식을 처분할 때 당초의 취득원가를 초과해 처분하는 경우 취득원가와 처분금액의 차액을 말한다.

만약 취득원가보다 처분금액이 적을 때는 그 차액만큼 자기주식처분손

용어 해설

주금(株金, Share Capital)의 반환

감자의 대가로 주주에게 지급하는 금전으로서 이는 일종의 주금, 즉 주주납입자본금의 반환과 같다.

실이 발생하는데, 이때 자기주식처분이익이 있다면 먼저 상계하고 잔액만을 자기주식처분손실(자본조정 계정)로 계상하게 된다. 즉, 자기주식처분이익이 발생하면 우선은 자본잉여금으로 분류해두었다가 자기주식처분손실이 발생할 때 서로 상계하는 것이다.

이외에도 기타 자본잉여금에는 재평가적립금이 나타날 수 있는데, 이는 지금은 폐지된 자산재평가법에 의해 토지, 건물, 투자주식 등에 대해 재평가해 발생한 재평가금액과 장부금액의 차액을 말한다.
참고로 회계기준에 의한 유형자산 재평가에 따라 발생한 재평가차익(재평가잉여금)은 이와 별개로 기타포괄손익누계액에 표시한다는 점에 유의하자.

> **계정과목 유의사항** **자본잉여금**
>
> ① 자본잉여금 계정을 살필 때는 잉여금 각각의 증감내역을 살펴보아야 한다. 특히 결손을 보전하거나 자본에 전입한 내역에 대해서 살펴볼 필요가 있다. 자본잉여금에 의해 회사의 결손이 보전된 경우는 영업실적에 의한 것이 아니므로 다른 지표를 유의해서 살펴보아야 한다.
> ② 당 회계연도 개시일로부터 2년 이내에 결손보전을 한 경우에는 결손보전에 충당된 자본잉여금이나 이익잉여금의 명칭과 금액 및 결손보전을 승인한 연월 등을 공시하도록 하고 있으므로, 이와 관련된 주석의 내용을 살펴보아야 한다.
> ③ 자본금의 변동이 발생한 경우 유상증자인지 무상증자인지 여부, 유상증자라면 할인발행인지 할증발행인지, 무상증자라면 자본잉여금의 변동 및 이익잉여금의 변동을 파악해 그 재원이 무엇인지 등을 알아야 한다.

6. 자본: 자본조정

자본조정(Capital Adjustment)은 자본거래에 해당하지만 최종 납입자본으로 볼 수 없거나, 자본의 가감 성격을 지녀 자본금이나 자본잉여금이 아닌 항목을 말한다. 자기주식, 주식할인발행차금, 출자전환채무, 주식매수선택권(스톡옵션), 자기주식처분손실, 감자차손 등이 있다.

(1) 자기주식

자기주식(Treasury Stock)이란, 회사가 발행한 주식을 회사 자신이 주주로부터 매입하거나 증여받아 보유하고 있는 주식 중 소각하지 않은 것을 말한다. 회사가 금고 속에 보관하는 주식이라고 해서 '금고주'라고도 한다.

우리나라 상법에서는 현금 등의 유출로 인해 영업위험 또는 재무위험을 증대시키고 회사 임원이 투기수단으로 악용할 수도 있어서, 자기주식의 취득을 다음과 같은 몇 가지 경우에 한해서만 예외적으로 허용하고 있다.

주식을 소각하기 위한 때, 합병 또는 다른 회사의 영업 전부의 양수로 인한 때, 회사의 권리를 실행하는 목적을 달성하기 위해 필요한 때, 단주* 처리를 위해 필요한 때, 주주가 주식매수청구권을 행사한 때다.

또 「자본시장과금융투자업에관한법률」에서는 상장법인의 경우 주식시장의 안정, 다시 말해 회사의 주가안정을 위해 법령이 정한 한도 내에서 자기주식을 취득하는 것을 허용하고 있으며, 금융감독위원회 등 관련기관에 신고하도록 하고 있다.

자기주식은 일반적인 보통주와 달리 의결권뿐 아니라 이익배당(주식배당 포함) 청구권이 없고, 유상증자 또는 무상증자 시에도 신주를 인수할 권리가 없다.

자기주식을 재무상태표에 표시할 때는 자본을 환급한 것과 같은 효과가 있으므로 자본의 차감항목으로 표시하되, 소각 또는 재발행될 때까지 임시계정인 자본조정에 포함한다.

용어 해설

단주(Fractional Share)
주식병합 등 처리를 하기에 부적합한 수의 주식을 말한다.

(2) 주식할인발행차금

주식할인발행차금(Stock Discount)이란, 주식을 액면금액에 미달되게 발행하는 경우, 발행금액과 액면금액의 차액을 말한다.

가령 액면 5,000원인 주식 1만 주를 4,000원에 발행하는 경우, 회사는 주주로부터 4,000만 원을 수령하지만, 자본금으로 표시하는 금액은 액면총액인 5,000만 원이고, 나머지 차액 1,000만 원은 주식할인발행차금이 된다. 만약 주식발행과 관련해 직접경비가 500만 원 들었다면 그 금액을 포함한 1,500만 원이 주식할인발행차금이다.

이 계정은 자본에서 차감하는 형식으로 기록한다. 이처럼 주식을 할인발행하면 회사 자본이 부실해지므로 상법에서는 회사설립 시 할인발행을 금지하고, 설립 후에도 주식의 할인발행을 엄격하게 제한하고 있다. 그리고 주식할인발행차금은 우선 주식발행초과금의 범위 내에서 상계처리하고, 잔액은 이익잉여금(결손금)처분(처리)으로 상각하고, 미상각금액은 향후 발생할 주식발행초과금과 우선적으로 상계한다.

(3) 출자전환채무

출자전환채무(Debt to be Swapped for Equity)란 채권·채무조정을 통해서 회사 채무의 출자전환을 합의했으나 출자전환이 즉시 이행되지 않은 경우, 그 조정대상 채무를 말한다. 이름은 채무지만 실질은 자본에 해당하므로 자본조정에 포함시킨다. 출자전환채무의 장부금액은 해당 채무를 출자전환할 때 발행될 주식의 공정가치로 표시하고, 출자전환하면 자본금과 주식발행초과금으로 대체한다.

(4) 주식매수선택권

주식매수선택권(스톡옵션, Stock Option)이란, 회사의 임직원 또는 기타 외부인이 미래의 일정시점에 사전에 정해진 행사가격으로 주식을 매입하

거나 보상기준가격과 행사가격의 차액을 주식 또는 현금으로 받을 수
있는 권리를 말한다. 주식매수선택권은 주식기준보상거래*에 따라 발
생하는 지분상품 계정이다.

주식매수선택권은 임직원 등으로 하여금 회사에 공헌하도록 하는 자극
제 역할을 하는데, 그 이유는 미래에 주식가격이 오르면 오를수록 주식
매수선택권의 가치가 커지기 때문이다. 하지만 주식매수선택권을 행사
하기 위해서는 사전에 약정된 기간 동안 회사에서 근무해야 한다.

주식매수선택권의 회계처리는 주식결제형인지 현금결제형인지에 따라
달라진다. 주식결제형이란 주식매수선택권 행사 시 해당 임직원에게 주
식으로 결제하는 것이고, 현금결제형이란 지분상품의 가치, 즉 보상기
준가격과 행사가격의 차액을 현금으로 지급하는 것이다.

주식으로 결제할 때는 결국 자본의 증가로 나타나므로 자본조정에 포함
시키고, 현금으로 지급할 때는 말 그대로 미래 금전채무가 발생하므로
장기미지급비용으로 계상한다.

잠깐만요

주식매수선택권의 행사가격과 보상기준가격

- **행사가격(Option Price)**: 주식매수선택권을 행사할 때 적용하는, 사전에 약정된 주식
  매입가격을 말한다. 행사가격이 5,000원으로 정해졌는데, 몇 년 뒤 행사시점에 주식의
  시장가격이 7,000원인 경우 주식매입권 행사로 인해 얻는 차익은 2,000원이다. 주식을
  5,000원에 매입해서 7,000원에 시장에서 처분할 수 있기 때문이다.

- **보상기준가격**: 주식매수선택권을 행사할 때 임직원이 일정기간 제공한 용역에 대한 추
  가적인 대가를 계산하는 기준가격을 말한다. 가령 임직원의 용역에 대한 대가 계산을 할
  때 기준가격을 주식의 공정가치로 하기로 했다면, 보상기준가격은 부여받은 주식수에
  특정일의 공정가치를 곱해서 계산한다. 이 보상기준가격과 행사가격의 차액이 임직원이
  실제 받는 보상이 된다. 가령 1만 주를 받았는데 행사시점에 공정가치가 주당 7,000원이
  고 행사가격이 6,000원이라면 임직원은 1,000만 원의 대가를 지급받게 된다.

(5) 자기주식처분손실

자기주식처분손실(Losses on Sale of Treasury Stock)은 회사가 보유 중인 자기주식을 처분할 때 당초의 취득원가보다 저렴하게 처분하는 경우, 취득원가와 처분금액의 차액을 말한다.

가령 회사가 발행주식 1,000주를 주당 7,000원에 샀는데 처분할 때는 주당 5,000원에 팔았다면, 200만 원의 손실이 발생한다.

이렇게 자기주식처분손실이 발생하면 우선 자기주식처분이익(기타 자본잉여금)과 상계처리하고, 남은 잔액은 자본조정으로 계상한 뒤 결손금 처리순서에 준해서 처리한다.

(6) 감자차손

감자차손(Losses on Capital Reduction)이란 감자과정, 즉 자본금을 감소시키는 과정에서 자본금의 감소액이 주식의 소각 또는 주금의 반환에 소요되는 금액 및 결손의 보전에 충당한 금액에 미달할 때, 그 미달금액을 말한다.

가령 액면금액 5,000원인 주식 1만 주를 소각하면서 주주에게 주당 6,000원을 지급한다면 자본금은 5,000만 원이 감소하고 현금은 6,000만 원이 유출된다. 여기서 차액 1,000만 원이 바로 감자차손에 해당한다.

감자차손이 발생하면 우선 감자차익과 상계하고, 그래도 남으면 자본조정에 계상한 후 결손금 처리순서에 준해서 처리한다.

7. 자본: 기타포괄손익누계액

기타포괄손익누계액(Accumulated Other Comprehensive Income)이란, 손익거래에서 발생했지만 손익계산서에 포함시키지 않는 손익의 누적액이다.

당기순손익에 기타포괄손익을 가감해서 산출한 포괄손익의 내용을 주석으로 기재한다. 관련 자산 또는 지점이 매각되거나 관련 손익을 인식하는 시점에 소멸되는 항목으로서 매도가능증권평가손익, 파생상품평가손익, 해외사업환산손익, 재평가잉여금 등이 있다.

(1) 매도가능증권평가손익

매도가능증권평가손익은 유가증권 중 매도가능증권(Available for Sale Securities)으로 분류된 주식 또는 채권을 공정가치로 평가함에 따라 발생한다. 또 지분법적용투자주식을 지분법을 적용해 평가하는 경우에도 발생한다.

매도가능증권은 매 결산일에 공정가치로 평가해 보유손익을 재무제표에 반영하도록 하고 있다. 이때 매도가능증권의 장부금액과 결산일 현재의 공정가치 간에 차이가 발생하는데, 이 차액이 바로 매도가능증권평가손익이다. 공정가치가 장부금액보다 크면 매도가능증권평가이익이, 반대의 경우에는 매도가능증권평가손실이 발생한다.

매도가능증권평가손익의 일부인 지분법적용투자주식의 평가손익은 피투자회사에 대해 중대한 영향력을 행사하는 주식에 대해 지분법을 적용해 평가할 때 발생하는 손익 중 일부다. 지분법적용투자주식에 대해서는 비유동자산 계정에서 설명한 바 있다.

지분법적용투자주식을 결산일에 평가할 때 발생하는 평가손익은 그 원천에 따라 각각 다른 계정으로 처리한다. 즉, 장부금액과 평가금액의 차이가 피투자회사의 당기순이익 또는 당기순손실로 인해 발생한 경우에는 지분법이익 또는 지분법손실 과목으로 해서 영업외수익 또는 영업외비용으로 표시한다.

하지만 이익잉여금의 증가 또는 감소로 인한 경우에는 이익잉여금의 증가 또는 감소로, 자본잉여금 및 자본조정의 증가 또는 감소로 인한 경우에는 지분법자본변동의 과목으로 해서 기타포괄손익누계액의 증가 또는 감소로 처리한다.

이렇게 발생한 지분법자본변동은 일단 기타포괄손익누계액에 계상해두었다가, 해당 매도가능증권이나 지분법적용투자주식을 처분할 때 매도가능증권처분손익 또는 지분법적용주식처분손익에 가감한다.

가령 A회사 주식 1만 주의 장부금액이 1억 원이고, 관련된 매도가능증권평가손실이 1,000만 원인데 이 주식을 모두 1만 5,000원에 처분했다고 하면, 회사에는 총 1억 5,000만 원의 현금유입이 발생한다. 이미 평가손실을 인식해서 자본조정에 계상한 매도가능증권평가손실 1,000만 원을 가산하면 A주식 처분으로 인해 발생한 매도가능증권처분이익은 총 4,000만 원이 된다(1억 5,000만 원 – 1,000만 원 – 1억 원=4,000만 원). 이 사례를 회계처리하면 다음과 같다.

회계처리 요약: 매도가능증권평가손익 사례

1. 처분하기 전 재무상태표의 매도가능증권 관련 계정 잔액

비유동자산 　매도가능증권　　　1억 원	기타포괄손익누계액 　매도가능증권평가손실　　(-)1,000만 원

2. 매도가능증권을 처분할 때

　차변 현금 등 1억 5,000만 원　　　**대변** 매도가능증권 1억 원
　　　　　　　　　　　　　　　　　　　　　매도가능증권평가손실
　　　　　　　　　　　　　　　　　　　　　　　1,000만 원
　　　　　　　　　　　　　　　　　　　　　매도가능증권처분이익
　　　　　　　　　　　　　　　　　　　　　　　4,000만 원

---

(2) 파생상품평가손익

파생상품(Financial Derivatives)은 주식과 채권, 예금 등과 같은 전통적인 금융상품을 근간으로 해서 파생된 금융상품이다. 회사의 자산 또는 부

채가 갖는 위험을 회피하거나 또는 반대로 위험을 감수하면서 투자이익을 극대화하기 위한 목적으로 이용한다. 대표적인 파생상품으로는 옵션(Option)과 선물(Futures)이 있다.

파생상품은 당해 계약에 따라 발생한 권리와 의무를 자산·부채로 계상해야 하며, 공정가치로 평가한 금액을 재무상태표 금액으로 한다. 일반적으로 파생상품거래에서 발생한 손익은 발생한 시점에 당기손익으로 인식하지만, 현금흐름위험회피*를 목적으로 투자한 경우에는 파생상품을 처분하는 시점까지 손익을 유보한다.

현금흐름위험회피를 목적으로 투자한 파생상품에서 발생하는 평가손익, 즉 파생상품평가손익에 대해서는 발생 시에 기타포괄손익누계액에 계상해두었다가 특정 자산 또는 부채의 관련 손익을 인식하는 시점에 당기손익으로 대체한다.

잠깐만요

파생상품 중 옵션과 선물의 차이는 무엇일까?

옵션이란 말 그대로 선택권을 말하는데, 금융상품으로서의 옵션은 특정한 금융상품을 일정한 기간 동안 미리 약정된 가격으로 사거나 팔 수 있는 권리가 부여된 계약을 말한다.

특정한 금융상품을 살 수 있는 권리를 콜옵션(Call Option), 특정한 금융상품을 팔 수 있는 권리를 풋옵션(Put Option)이라고 한다. 주식매수선택권은 바로 콜옵션의 일종이다. 이는 선택권이기 때문에 권리의 행사 여부는 순전히 본인의 의사에 달려 있다.

선물이란 품질, 수량, 규격 등이 표준화된 상품 또는 금융자산을 미리 결정된 가격으로 미래 일정시점에 인도 또는 인수할 것을 약정한 계약을 말한다.

선물거래는 바로 이러한 계약을 현재시점에 사고파는 행위이다. 선물거래 대상이 되는 상품은 농산물부터 통화, 금리, 주가지수까지 수없이 많다. 우리 주식시장에는 주가지수 선물이 거래되고 있다.

옵션과 선물은 위험관리를 위한 파생상품이라는 점에서 동일하지만, 옵션은 선택권인 반면 선물은 반드시 응해야 하는 계약이라는 점에 근본적인 차이가 있다.

(3) 해외사업환산손익

기업의 해외지점, 해외사업소는 영업활동과 재무활동이 본점과 독립적으로 이루어진다. 따라서 평상시에는 해당 지점 등의 주된 거래화폐(기능화폐)인 외화로 회계처리를 하다가, 기말에 이를 원화로 환산해 국내본점 재무제표에 통합해서 반영하는 절차를 밟는다.

해외사업환산손익이란 이러한 해외지점, 해외사업소의 외화표시 자산·부채를 결산일 현재의 환율을 적용해 원화로 환산하는 경우에 발생하는 환산손익을 말한다.

해외사업환산손익은 차기 이후에 발생한 환산손익과 상계해 그 잔액만을 기타포괄손익누계액으로 계상했다가 관련 해외지점·사업소가 청산, 폐쇄되는 회계연도의 영업외수익 또는 영업외비용으로 처리한다.

(4) 재평가잉여금

유형자산을 재평가모형으로 평가함에 따라 발생한 재평가차익으로, 이후 발생하는 재평가손실 또는 손상차손과 상계하거나 해당 자산의 처분 시 이익잉여금으로 대체한다.

계정과목 유의사항 기타포괄손익누계액

① 자기주식의 취득 경위와 향후 처리계획을 주석에서 살펴보고, 취득 및 처리가 상법 또는 증권거래법에 위반되지 않았는지 살펴본다.
② 감자차손이 발생했다면 감자 절차가 적정했는지 따져본다.
③ 주식매수선택권 계정에 대해서는 주식매수선택권의 행사로 인해 발행할 주식의 총수와 부여방법, 행사가격, 행사기간 등을 살펴본다.
④ 파생상품은 위험을 회피하기 위한 거래인지 매매거래인지 검토하고, 매매거래이면 위험이 높을 수 있으므로 이에 대해 평가한다.

8. 자본: 이익잉여금(또는 결손금)

이익잉여금(Retained Earnings) 또는 결손금(Deficit)은 회사가 설립된 이후 재무제표일까지 벌여온 경영활동으로 벌어들인 이익(또는 결손)으로서 배당 등에 의해 사외로 유출되거나, 결손보전 또는 자본전입에 의해 대체되지 않고 적립되어 있는 부분을 말한다.

이익잉여금(또는 결손금)은 크게 법정적립금, 임의적립금, 미처분이익잉여금(또는 미처리결손금)으로 구분된다. 이익잉여금을 이처럼 구분하는 것은 이익잉여금 처분에 따른 제약이 다르기 때문이다.

예컨대 이익잉여금 가운데 법정적립금은 자본잉여금과 합해 자본금의 150% 한도까지는 배당하거나 임의로 처분할 수 없고, 한도를 초과한 금액에 대해서만 주주총회의 결의에 의해 배당 또는 임의처분을 할 수 있다.

그리고 임의적립금은 법적 의무는 아니지만 회사가 정관이나 주주총회의 결의에 따라 특정 목적을 위해 사용하기로 하고 적립한 것이다.

| 이익잉여금(또는 결손금) 구분 |

구분	항목	비고
법정적립금	상법에 의한 이익준비금 상법 이외의 법령에 의한 적립금	일정한 한도까지는 결손보전 및 자본전입에만 사용
임의적립금	사업확장적립금, 감채기금적립금	배당 등 임의처분이 가능함
미처분이익잉여금(미처리결손금)		

(1) 법정적립금

법정적립금(Legal Reserve)은 상법에서 적립을 강제하는 적립금과 기타 법률에서 정하는 기타 법정적립금으로 나눌 수 있다. 상법에서 정한 법정적립금에는 자본잉여금과 이익준비금이 있다. 여기서는 이익준비금에 대해 살펴보자.

이익준비금은 상법의 규정에 따라 적립해야 하는 법정적립금이다. 상법에서는 "회사는 자본금의 1/2에 달할 때까지 매기 결산 시의 금전에 의한 이익배당액의 1/10 이상의 금액을 이익준비금으로 적립해야 한다"라고 정하고 있다. 즉, 현금배당을 할 때 그 배당액의 10% 이상을 이익준비금으로 자본금의 1/2에 달할 때까지 적립하라는 말이다. 이렇게 적립한 이익준비금은 결손금 보전과 자본전입을 위해서만 사용할 수 있다.

현금배당이 아닌 주식배당의 경우에는 이익준비금을 따로 적립할 필요가 없다. 또한 자본금의 1/2 이상이 넘는 이익준비금 또는 자본잉여금과 합한 금액이 자본금의 150%를 초과하면, 그 금액은 임의적립금처럼 주주총회의 결의에 의해 임의로 처분할 수 있다. 이때 초과금액 중 자본잉여금(자본준비금)에 해당하는 금액을 배당할 때는 배당소득세를 과세하지 않는다.

(2) 임의적립금

임의적립금(Voluntary Reserve)은 법률에 의해 강제된 것이 아니라, 회사가 임의로 설정한 목적에 사용하기 위해 정관의 규정 또는 주주총회의 결의에 따라 적립하는 이익잉여금을 말한다. 임의적립금은 법정적립금과 달리 적립 이후 주주총회의 결의에 의해 임의로 처분할 수 있다.

임의적립금은 조세특례제한법에 따라 세제혜택이 주어지는 각종 준비금과 회사가 일정한 목적에 사용하기 위해 임의로 적립한 적립금으로 나눌 수 있다.

「조세특례제한법」상의 준비금으로는 연구및인력개발준비금, 자사주처분손실준비금 등이 있다.

이러한 준비금에는 세제혜택이 주어지기 때문에, 기업이 준비금을 설정하면 그것을 특정한 목적에만 사용하도록 제한이 생긴다. 다시 말해 이익잉여금으로 준비금을 적립하는 것은 기업의 자유지만, 준비금을 사용하는 것에는 「조세특례제한법」상의 제약이 있다는 말이다.

임의적립금으로는 사업확장을 위한 사업확장적립금, 사채를 상환하기 위해 적립하는 감채적립금 등이 있다. 이러한 적립금은 적립 목적이 충족되면 사라지고, 잔액을 별도의 적립금으로 대체하기도 한다.

(3) 미처분이익잉여금(또는 미처리결손금)

미처분이익잉여금(Retained Earning before Appropriation)은 기업이 설립된 이후 재무제표일까지 영업활동 등을 통해서 벌어들인 이익으로서, 배당이나 다른 적립금으로 처분하지 않고 사내에 유보한 이익잉여금을 말한다.

미처분이익잉여금은 미래의 투자를 위한 여력을 보여줄 뿐 아니라 배당가능액의 크기도 보여주는 지표이므로 투자자에게 매우 중요한 정보다.

미처분이익잉여금[또는 미처리결손금(Undisposed)]은 13장 이익잉여금처분계산서(결손금처리계산서)에서 자세히 살펴본다.

잠깐만요

재무상태표상의 이익잉여금은 주주총회에서 처분하기 전 금액이다

2002년 12월 31일 이전 기업회계기준에 따르면 재무상태표의 이익잉여금 계정에 미처분이익잉여금(또는 미처리결손금) 대신 차기이월이익잉여금(또는 차기이월결손금) 항목을 표시했다. 이는 이사회에서 결정된 이익잉여금 처분사항을 재무제표에 반영한 것으로, 이익잉여금의 처분권한이 주주총회에 있는 것과 배치되는 처리였다.

물론 우리나라에서는 대부분의 주식회사가 이사회의 처분안을 주주총회에서 그대로 승인하는 경우가 많기 때문에 큰 문제가 되지는 않았지만, 이사회가 승인한 재무제표는 정기주주총회(보통 결산일로부터 3월 이내에 열린다)에서 최종승인이 이루어져야 법적으로 유효한 재무제표가 된다는 점에서 보면 정보로서 신뢰성에 문제가 있는 것이다.

이에 따라 2003년 1월 1일부터는 재무상태표 이익잉여금 계정에 이익잉여금처분 전의 재무상태, 즉 차기이월이익잉여금(또는 차기이월결손금) 대신 미처분이익잉여금(또는 미처리결손금)을 표시하게 되었다.

미처분이익잉여금은 이사회의 결의에 따라 다양한 방식으로 처분이 예정되고 주주총회에서 승인을 받음으로써 재무상태표에 반영된다.

계정과목 유의사항 **이익잉여금(또는 결손금)**

① 이익잉여금 계정을 살필 때는 이익준비금 등 법정적립금 변동내역을 살펴보아야 한다. 현금배당을 할 때 그 10%를 이익준비금으로 잘 적립하고 있는지, 법정적립금이 감소했다면 사용목적이 적정한지 등을 살피는 것이다.

② 당 회계연도 개시일로부터 2년 이내에 결손보전을 한 경우에는 결손보전에 충당된 자본잉여금이나 이익잉여금의 명칭과 금액 및 결손보전을 승인한 연월 등을 공시하도록 하고 있으므로, 이와 관련된 주석의 내용을 살펴보아야 한다.

③ 배당가능이익 계산내역을 살펴본다.

MEMO

주식과 자본의 완전이해에 도전해보자!

자본과 함께 주식에 대해 알아보았다. 다음 질문에 답하면서 어느 정도 이해했는지 평가해보자.

1 재무상태표에서 자본을 계산하는 공식은 어떻게 되는가?

2 일반기업회계기준에 따라 자본을 5가지 항목으로 분류해보자.

①   ②

③   ④

⑤

3 자본금을 알려면 발행주식에 무엇을 곱하면 되는가?

4 주식의 액면금액을 초과해 발행할 때 발행금액과 액면금액의 차액을 무엇이라고 하는가?

5 유상증자와 무상증자의 차이는 무엇인가?

| 6 | 자본금을 감소시킬 때 차익이 발생하기도 하고 차손이 발생하기도 한다. 감자차손은 어떻게 보전하는가? |

| 7 | 주식할인발행차금이나 감자차손, 자기주식 등 자본거래에서 발행하는 일부 항목을 임시로 나타내주는 자본 항목을 무엇이라고 하는가? |

8 다음 거래가 자본거래인지 손익거래인지 구분해보자.
① 주주로부터 자본금으로 100만 원을 출자받다. : 자본거래 ☐ 손익거래 ☐
② 주주에게 상품을 100만 원어치 판매하다. : 자본거래 ☐ 손익거래 ☐
③ 회사가 보유하던 자기주식을 증권시장에서 처분하다. : 자본거래 ☐ 손익거래 ☐
④ 거래처에서 원재료를 구입하다. : 자본거래 ☐ 손익거래 ☐

9 자기주식을 취득하면 자본은 증가할까, 감소할까?

10 무액면 주식을 발행할 경우 자본금은 얼마가 되어야 할까?

해설

8. ①과 ③은 회사와 주주와의 거래이므로 자본거래다. 이 거래는 손익계산서에 영향을 미치지 않는다. 반면 ②와 ④는 손익거래로서 손익계산서에 영향을 미칠 수 있다.

정답

1. 자산 — 부채 = 자본 / 2. ① 자본금, ② 자본잉여금, ③ 자본조정, ④ 기타포괄손익누계액, ⑤ 이익잉여금 / 3. 액면금액 / 4. 주식발행초과금

5. 유상증자는 증자할 때 현금 또는 현물의 유입이 있고, 무상증자는 없다.

6. 먼저 감자차익으로 보전하고, 잔액은 이익잉여금으로 보전한다.

7. 자본조정 / 8. ①과 ③은 자본거래, ②와 ④는 손익거래 / 9. 감소한다.

10. 무액면주식 발행금액의 1/2 이상으로서 이사회에서 자본금으로 계상하기로 한 금액이 된다.

이익잉여금처분계산서
이해하기

1. 이익잉여금처분계산서의 뜻과 유용성

이익잉여금처분계산서(R/E: Statement of Appropriation of Retained Earnings) 또는 결손금처리계산서(Statement of Disposition of Deficit)는 이익잉여금 또는 결손금의 처분사항을 보여주는 보고서로, 재무제표의 주석에 공시해야 한다.

이익잉여금(Retained Earnings)은 회사가 벌어들인 이익으로 회사에 유보된 금액을 말한다. 회사가 당기에 처분할 수 있는 이익잉여금은 전기에서 넘어온 이월이익잉여금에 당기순손익 등을 가감한 금액이다. 회사는 이익잉여금에 대해 주주총회의 결의에 따라 유보(또는 적립)할 수도 있고, 배당 등으로 처분할 수도 있다.

회사가 설립된 후 일정기간의 영업활동을 통해 순이익이 발생하면 회사는 자산이 증가하고 그에 따라 자본도 증가하게 되는데, 이는 순이익이 이익잉여금으로 누적되어 자본에 반영되기 때문이다. 물론 손실이 발생하면 결손금이 생기거나 이익잉여금이 줄어들어 자본과 자산이 감소한다.

이익잉여금은 주주에 대한 배당이나 재투자를 위해 회사 내에 유보된다. 이와 같이 이익잉여금에 대한 증감 및 처분에 대한 정보를 제공하는 것이 바로 이익잉여금처분계산서다.

이익잉여금이 없고 결손이 누적되어 있을 때는 이 결손금(Deficit)을 자본잉여금 등으로 보전하는 등의 정보를 담는 양식을 결손금처리계산서라고 한다(266쪽 표 참조).

이익잉여금처분계산서는 이렇게 재무상태표에 표시된 이익잉여금의 크기와 변동내역을 보여줌으로써 당기 경영성과에 대한 주주총회의 처분결과, 기업의 배당성향, 각종 적립금 정보를 통해 이해관계자들의 경제적 의사결정에 도움을 주는 재무보고서다.

2. 이익잉여금처분계산서 읽는 요령

(1) 이익잉여금처분계산서의 기본구조를 이해하자

이익잉여금처분계산서는 크게 4부분으로 나뉜다. 미처분이익잉여금, 임의적립금 등의 이입액, 이익잉여금처분액, 차기이월미처분이익잉여금이 그것이다.

이익잉여금처분계산서는 미처분이익잉여금에서 출발해 처분된 결과 남은 이익잉여금, 즉 차기이월미처분이익잉여금을 계산하는 구조로 되어 있다.

(2) 이익잉여금의 변동내역을 살펴보자

전기이월미처분이익잉여금과 당기순이익 이외에 이익잉여금에 가감된 요소가 무엇인지를 파악한다. 여기에는 곧 설명하게 될 회계정책변경누적효과, 중대한 전기오류수정, 배당 등이 있다.

이익잉여금 처분내역도 중요하다. 적립금으로 이익잉여금을 유보하는지, 아니면 주주에 대한 현금배당 등으로 회사 밖으로 유출되는지, 아니면 결손의 보전에 사용되는지 살펴보아야 한다.

(3) 다른 재무제표와 함께 읽자

전기미처분이익잉여금은 전기 재무상태표상의 이익잉여금 잔액과 일
치하고, 당기미처분이익잉여금은 당기 재무상태표상의 이익잉여금 잔
액과 일치한다. 물론 당기순이익은 손익계산서상의 당기순이익과도 일
치해야 한다. 이익잉여금의 증감사항과 자본변동표상 이익잉여금 항목
의 증감사항도 서로 같아야 함은 물론이다.

3. 미처분이익잉여금이란?

미처분이익잉여금은 이익잉여금을 처분하기 전 금액으로서, 당기에 처
분가능한 이익잉여금의 크기를 나타낸다. 미처분이익잉여금은 전기이
월미처분이익잉여금에 회계정책변경누적효과를 반영하고, 중간배당을
차감하며, 당기순손익을 가감한 금액이다.
자, 이제 미처분이익잉여금의 내용을 살펴보자.

(1) 전기이월미처분이익잉여금

전기 이익잉여금처분계산서상 처분되지 않고 당기로 넘어온 기초 금액
으로서, 회사설립부터 전기말까지 발생한 순이익잉여금 중 처분하지 않
고 회사에 유보된 금액을 말한다.

(2) 회계정책변경누적효과

기업은 경제환경의 변화에 따라 정보이용자들의 의사결정에 보다 유용
한 정보를 제공하기 위해 회계정책을 변경하기도 한다. 회계정책이란

감가상각 방법이나 재고자산 평가방법 등과 같이 재무제표를 작성하고 보고할 때 적용하는 회계기준과 그 적용방법을 말한다.

회계정책 변경*은 기업회계기준의 개정 또는 제정에 따라 변경해야 하거나, 회계정책을 변경하는 것이 더 신뢰성 있고 목적적합한 정보를 제공하는 경우에 가능하다.

회계정책이 변경되면 그에 따른 누적효과를 공시하는 재무제표에 소급해서 반영해야 한다. 다시 말해 회계정책 변경연도 기초시점에 자산과 부채에 미친 누적효과를 계산해서 기초이익잉여금을 수정하고, 관련 자산과 부채 장부금액을 소급해 수정·공시하는 것이다.

특히 비교재무제표를 작성할 경우 회계정책 변경이 비교대상이 되는 과거 재무제표에도 영향을 미쳤다고 가정하고, 재작성해 비교가능성을 확보해야 한다.

물론 변경연도만 공시할 때는 전기까지의 누적효과를 미처분이익잉여금에 전액 반영하면 된다. 단, 그 누적효과를 합리적으로 결정하기 어려운 경우 그 효과를 당기 및 당기 이후에 반영할 수 있다.

예를 들어 회계정책의 변경에 따라 기계장치에 대한 감가상각 방법을 바꾼 경우 재무제표에 어떻게 반영되는지 살펴보자.

기계장치의 취득시점은 20×0년 1월 1일이고, 취득원가는 6억 원, 잔존가치는 1억 원, 내용연수는 5년이고, 감가상각 방법으로 정액법을 적용하다가 20×2년에 정률법으로 변경한 경우를 상정한다(변경 전 이익잉여금은 20×1년 2억 원, 20×2년 3억 원으로 가정). 다음 표는 정액법과 정률법을 각각 적용했을 때 발생한 내역을 정리한 것이다.

용어 해설

회계의 변경
회계변경은 회계정보의 비교 가능성을 훼손할 수 있으므로, 회계변경을 하는 기업은 반드시 그 정당성을 입증하여야 한다.

구분		20×0년말	20×1년말	20×2년말
정액법 (변경 전)	감가상각비	1억 원	1억 원	1억 원
	감가상각누계액	1억 원	2억 원	3억 원
	기계장치 장부금액	5억 원	4억 원	3억 원
정률법* (변경 후)	감가상각비	2.4억 원	1.44억 원	0.86억 원
	감가상각누계액	2.4억 원	3.84억 원	4.7억 원
	기계장치 장부금액	3.6억 원	2.16억 원	1.3억 원

* 정률법의 경우 상각률을 40%로 가정함

정액법을 적용했을 때 20×2년말 현재 재무상태표상 기계장치의 장부금액(= 취득원가 − 감가상각누계액)은 3억 원이지만, 정률법을 적용했다고 가정할 때의 장부금액은 1.3억 원으로 그 차액은 1.7억 원이다. 이 차액이 바로 회계정책 변경에 의한 20×2년말까지의 누적효과라고 보면 된다. 이 경우 정액법에서 정률법으로 회계정책을 변경함으로써 발생한 누적효과를 재무제표에 공시하는 방법은 다음과 같다.

회계정책 변경은 20×2년에 이루어졌지만, 비교재무제표를 공시할 때는 20×0년초부터 정률법을 적용했다고 가정하고 재무제표를 재작성해야 한다.

가령 20×1년과 20×2년 재무제표를 비교공시할 경우에는 회계정책 변경이 20×2년이 아니라 20×1년초에 있었다고 가정하고, 소급적용한 누적효과, 즉 20×0년 1년간의 누적효과(5억 원 − 3.6억 원=1.4억 원, 감가상각누계액 증가 및 이익잉여금 감소)를 20×1년의 기초재무제표에 반영하고, 20×1년 및 20×2년분 재무제표에는 정률법에 의한 효과만을 나타내면 된다.

비유동자산	20×1년	20×2년		자본	20×1년	20×2년
유형자산	6억 원	6억 원		이익잉여금	0.16억 원	0.13억원
감가상각누계액	3.84억 원	4.7억 원				

하지만 20×2년도 재무제표만 작성할 경우에는 20×2년초에 회계정책 변경이 일어난 것으로 가정해서 과거 2년간 소급적용한 누적효과(4억 원−2.16억 원=1.84억 원, 감가상각누계액 증가 및 이익잉여금 감소)를 반영해 재무제표를 작성한다.

결국 회계정책변경누적효과는 재무상태표상의 감가상각누계액 및 이익잉여금 항목에 영향을 미치고, 이는 다시 이익잉여금처분계산서와 자본변동표에 영향을 미친다. 손익계산서에는 영향을 미치지 않는다.

회계처리 요약: 회계정책변경누적효과

1. 누적효과에 의해 이익잉여금이 감소할 경우
   차변 이익잉여금 xxx   **대변** 감가상각누계액 등 xxx

2. 누적효과에 의해 이익잉여금이 증가할 경우
   차변 감가상각누계액 등 xxx   **대변** 이익잉여금 xxx

---

(3) 중대한 전기오류수정손익

'오류수정'은 전기 또는 그 이전의 재무제표에 포함된 회계상의 오류를 당기에 발견해 수정하는 것을 말한다. 그런데 당기에 발견한 전기 또는 그 이전 기간의 오류에 대해서는 원칙적으로 당기 손익계산서의 영업외수익 및 비용 항목에 전기오류수정손익(Gain or Loss on Perior Period Adjustment)으로 보고하지만, 수정할 오류가 중대한 오류에 해당될 경우에는 전기이월이익잉여금을 수정한다.

다시 말해 당기 손익계산서가 아니라 이익잉여금처분계산서상의 전기오류수정손익 항목으로 처리한다. 이렇게 되면 그 금액만큼 차기이월이익잉여금에 변동이 발생하며 이는 재무상태표에도 변동을 가져온다.

그러면 과연 어떤 것이 '중대한 오류'인지가 문제가 된다. 중대한 오류는 재무제표의 신뢰성을 심각하게 손상할 수 있는 정도의 오류로서, 금액적인 중요성과 질적인 중요성을 모두 고려해서 판단한다.

이렇게 해서 비교재무제표를 작성하는 경우, 중대한 오류의 영향을 받는 회계기간의 재무제표 항목은 수정해서 재작성해야 한다.

회계처리 요약: 전기오류수정손익

1. 중대하지 않은 경우

차변 전기오류수정손실 xxx   **대변** 전기오류수정이익 xxx

(영업외비용)   (영업외수익)

감가상각누계액 등 xxx   감가상각누계액 등 xxx

2. 중대한 경우

차변 전기오류수정손실 xxx   **대변** 전기오류수정이익 xxx

(이익잉여금)   (이익잉여금)

감가상각누계액 등 xxx   감가상각누계액 등 xxx

---

(4) 중간배당의 차감

중간배당(Interim Dividend)이란 회계기간 중간에 실시하는 배당이다. 중간배당을 하기 위해서는 상법에 정해진 요건을 갖추어야 한다. 즉, 직전 결산기의 재무상태표상 이익잉여금이 있어야 하고, 당해 결산기에도 이익의 발생이 예상되어야 한다. 또한 중간배당은 회사의 정관규정에 따라 이사회 결의로 연 1회에 한해 인정되며, 현금배당 또는 주식배당 모두 가능하다.[*]

회계기간 중간에 배당을 실시하기 때문에 배당가능액에 제한이 있다. 즉, 중간배당의 한도는 직전 결산연도의 재무상태표 순자산액에서 직전 결산기의 자본금, 직전 결산기까지 적립된 법정준비금, 직전 결산기의 정기총회에서 이익으로 배당하거나 또는 지급하기로 정한 금액, 중간배

용어 해설

중간배당 절차

기업은 중간배당 기준일 2주 전에 배당기준일을 공고한다. 기준일로부터 45일 이내에 중간배당에 대한 이사회 결의를 한 뒤, 주주들에게 중간배당통지서를 발송한다. 이사회 결의일로부터 1개월 이내에 배당금을 지급하고, 그로부터 10일 이내에 배당세액을 납부한다.

당에 따라 당해 결산기에 적립해야 하는 이익준비금 등을 뺀 금액이다. 그러나 이와 같은 요건을 갖추었어도 당해 결산기에 이익배당을 하지 못할 우려가 있을 때는 중간배당을 할 수 없도록 하고 있다.

중간배당을 하게 되면 중간배당액만큼 기초 이익잉여금에서 차감하기 때문에 미처분이익잉여금이 감소한다.

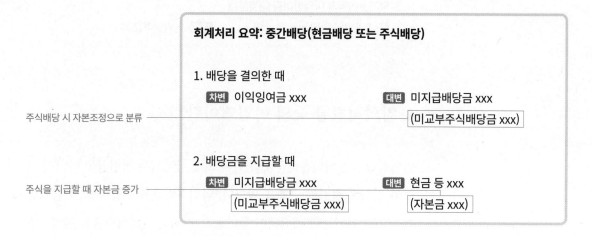

회계처리 요약: 중간배당(현금배당 또는 주식배당)

1. 배당을 결의한 때

　　차변 이익잉여금 xxx　　　　　　**대변** 미지급배당금 xxx

주식배당 시 자본조정으로 분류 ──　　　　　　　　　　　　　　(미교부주식배당금 xxx)

2. 배당금을 지급할 때

　　차변 미지급배당금 xxx　　　　　　**대변** 현금 등 xxx

주식을 지급할 때 자본금 증가 ──　(미교부주식배당금 xxx)　　　　(자본금 xxx)

(5) 당기순손익 가감

당기순이익 또는 당기순손실은 결산을 통해서 손익계산서에 표시된 최종적인 손익의 결과로서, 결산을 통해 손익계산서상의 해당 금액만큼 재무상태표의 이익잉여금 계정으로 대체된다. 당기순이익은 미처분이익잉여금을 증가시키며, 당기순손실은 미처분이익잉여금을 감소시킨다.

4. 임의적립금 등의 이입액이란?

임의적립금은 이익준비금처럼 법에 의해 강제되는 적립금이 아니라 기업이 임의로 적립한 금액을 말한다. 임의적립금을 적립하면 그 금액만큼 당기 처분가능한 배당액이 줄어들고, 적립한 임의적립금을 이입하면 그 금액만큼 처분가능한 배당액이 증가한다.

임의적립금은 이익을 곧바로 배당처분하지 않고 기업 내부에 유보함으로써, 장차 재투자의 재원으로 활용하거나 뜻밖의 손실에 대한 대비 또는 재무구조 개선을 위한 목적으로 활용된다.

임의적립금은 회사가 자유로이 적립하는 것인 만큼 필요할 때는 언제든 주주총회결의로 이입해 처분할 수 있다. 가령 사업확장 목적으로 적립한 임의적립금을 결손보전 목적이나 배당 목적으로 이입할 수 있다. 임의적립금을 이입하면 처분가능 이익잉여금은 증가한다.

5. 이익잉여금처분액이란?

이익잉여금처분액(Appropriation of Retained Earnings)은 미처분이익잉여금과 임의적립금이입액의 범위 내에서 여러 가지 명목으로 처분한 이익잉여금 명세를 보여주는 항목이다.

기업회계기준은 이익잉여금의 처분을 주주총회에서 확정하도록 하고 있으므로, 이익잉여금처분계산서상의 처분내역은 이사회에서 결의해 주주총회에 상정하려는 내용을 표시하고 있다. 따라서 이익잉여금처분계산서상의 처분내역은 주주총회에서 변경될 수도 있음을 고려해야 한다.

다만, 회사는 다음 요건을 모두 갖출 경우 정관에 따라 재무제표의 승인과 이익배당을 이사회의 결의로 정할 수 있다. 이렇게 이사회가 승인한 경우 이를 주주총회에 보고해야 한다.

> 가. 재무제표 등 각 서류가 법령 및 정관에 따라 회사의 재무상태 및 경영성과를 적정하게 표시하고 있다는 외부감사인의 의견이 있을 것
> 나. 감사(감사위원회 설치 회사의 경우에는 감사위원) 전원의 동의가 있을 것

❶ 이익준비금(Legal Reserve)

이익준비금은 상법에 정한 대로, 당기에 처분한 배당금의 1/10 이상 금액을 자본금의 1/2에 달할 때까지 적립해야 하는 금액을 말한다. 따라서 이익준비금 중 자본금의 1/2을 초과하는 금액 또는 자본잉여금과 합계가 자본금의 1.5배를 초과하는 금액은 법정적립금이 아닌 임의적립금으로 볼 수 있다.

❷ 기타 법정적립금

상법상의 적립금인 이익준비금 이외에 법령에 의해 의무적으로 적립해야 하는 금액이다.

❸ 이익잉여금 처분에 의한 상각 등

이익준비금이나 법정적립금, 배당금, 임의적립금 이외의 이익 처분사항으로 주식할인발행차금상각, 자기주식처분손실잔액상각, 상환주식의 상환 등과 같은 항목들이 있다.

❹ 배당금(현금배당, 주식배당)

배당금(Dividend)은 당기에 이익으로 처분할 배당액으로서, 금전에 의한 배당과 주식에 의한 배당 및 현물배당으로 구분한다.

중간배당은 미처분이익잉여금에서 차감하는 방식으로 표시하지만, 기말 배당금은 미처분이익잉여금의 처분항목으로 표시한다. 금전배당에 대해 적립해야 하는 이익준비금은 중간배당액과 배당금을 합한 금액의 1/10 이상이라는 점에 유의하자.

주식배당은 상장된 기업이 아닌 경우 이익배당 총액의 1/2을 초과할 수 없다. 주식배당을 할 경우 주식의 종류별 주당 배당금액과 액면배당율을 당기와 전기로 구분해서 표시하며 배당수익률, 배당성향, 배당액 산정내역 또한 주석에 기재한다.

금전배당금은 지급해야 하는 현금액과 동일하고, 주식배당액은 발행할 주식의 액면총액과 같다. 배당금처분안은 재무상태표상의 부채가 아니므로 결산에 반영하지 않고, 배당결의가 이뤄질 때 반영한다.

❺ 임의적립금

임의적립금은 기업이 정관 또는 주주총회의 결의에 따라 임의로 적립한 금액으로서, 미처분이익잉여금과 세법상의 각종 준비금 등의 유보이익을 말한다.

6. 차기이월미처분이익잉여금이란?

이익잉여금처분계산서의 최하단에 등장하는 차기이월미처분이익잉여금(Earnings Carried Forward)은 결국 미처분이익잉여금에 임의적립금이입액을 가산하고, 이익잉여금처분액을 차감한 금액이다. 다른 말로 표현하면 주주총회에서 미처분상태로 차기로 이월되는 이익잉여금이다.

차기이월미처분이익잉여금은 다음 회계기간의 전기이월이익잉여금에 해당하며, 전기미처분이익잉여금의 첫 번째 항목이 된다.

7. 결손금처리계산서

결손금처리계산서(Statement of Loss Disposition)는 이익잉여금처분계산서와 달리, 미처리결손금과 임의적립금이입액을 합한 금액이 음수(-)일 때 작성하는 재무제표다. 처분할 수 있는 이익잉여금 대신 처리해야 할 결손금이 존재한다는 점에서 이익잉여금과 정반대의 성격을 갖는 재무보고서다.

이익잉여금 처분 대신 결손금 처리사항을 나타내므로 이익잉여금처분계산서와 반대방향의 회계처리가 이루어진다고 보면 된다.

결손금처리계산서는 미처리결손금, 임의적립금이입액, 결손금처리액, 차기이월미처리결손금으로 구분해서 표시한다. 미처리결손금은 미처분이익잉여금의 항목과 동일한 항목들로 구분표시되지만, 최종금액과 임의적립금이입액의 합계액이 결손금이라는 점만 다르다.

미처리결손금이 산정되면 당기에 이 결손금을 어떻게 보전해 처리할 것인지를 결정해 이를 결손금처리액으로 표시한다. 결손금 처리를 위해서 임의적립금이나 법정적립금, 자본잉여금을 이입하게 된다.

이익잉여금 및 자본잉여금으로도 처리되지 않는 결손금은 차기이월미처리결손금으로 남아 다음 회계기간으로 넘어간다.

| 이익잉여금처분계산서와 결손금처리계산서의 양식 비교 |

이익잉여금처분계산서		결손금처리계산서	
미처분이익잉여금	xxx원	**미처리결손금**	xxx원
1. 전기이월미처분이익잉여금(또는 미처리결손금)	xxx원	1. 전기이월미처리결손금	xxx원
⋮		⋮	
임의적립금 등의 이입액	xxx원	**임의적립금이입액**	xxx원
이익잉여금처분액	xxx원	**결손금처리액**	xxx원
1. 이익준비금	xxx원	1. 임의적립금이입액	xxx원
2. 기타 법정적립금	xxx원	2. 법정적립금이입액	xxx원
3. 주식할인발행차금상각액	xxx원	3. 자본잉여금이입액	xxx원
4. 배당금	xxx원		
5. 사업확장적립금	xxx원		
6. 감채적립금	xxx원		
차기이월미처분이익잉여금	xxx원	**차기이월미처리결손금**	xxx원

이익잉여금처분계산서와 결손금처리계산서의 완전이해에 도전해보자!

다음 질문에 답하면서 이익잉여금처분계산서와 결손금처리계산서에 대한 이해 수준을 평가해보자.

1	이익잉여금과 당기순이익은 어떻게 다른가?
2	손익계산서와 이익잉여금처분계산서를 연결하는 항목은 무엇인가?
3	재무상태표와 이익잉여금처분계산서를 연결하는 항목은 무엇인가?
4	회사가 중간배당을 하려면 어떤 절차가 필요한가?
5	이익준비금을 쌓아야 하는 경우는 언제인가?
6	이익잉여금처분계산서와 결손금처리계산서는 어떻게 다른가?

7	자본잉여금과 이익준비금은 법정적립금이며, 자본금의 결손보전 목적 외에는 처분하지 못한다. 다만, 일정요건을 갖출 경우 임의로 처분할 수 있는데, 그 요건은 무엇인가?
8	법정적립금과 임의적립금은 어떻게 다른가?
9	자본잉여금과 이익잉여금은 어떤 차이가 있는가?
10	현금배당과 주식배당은 어떻게 다른가?

해설

2. 손익계산서의 당기순이익은 이익잉여금처분계산서의 미처분이익잉여금에 가산된다.

3. 재무상태표의 이익잉여금 항목은 이익잉여금처분계산서의 미처분이익잉여금에 해당한다.

정답

1. 이익잉여금은 당기순이익의 누적액 중 배당 등으로 사외유출되지 않고 적립금 등으로 사내에 유보된 금액을 말한다.

2. 당기순이익 / 3. 미처분이익잉여금

4. 회사의 정관규정에 따라 연 1회에 한해 이사회 결의로 행하며 현금배당이나 주식배당 모두 가능하다. 중간배당을 하려면 배당가능이익이 있어야 한다.

5. 현금배당을 할 때 자본금의 1/2에 달할 때까지 현금배당액의 1/10 이상을 적립해야 한다.

6. 미처분이익잉여금(미처리결손금)과 임의적립금이입액의 합계가 양수(+)면 이익잉여금처분계산서, 음수(-)면 결손금처리계산서가 된다.

7. 자본잉여금 및 이익준비금의 총액이 자본금의 1.5배를 초과할 경우 주주총회의 결의에 따라 그 초과한 금액 범위 내에서 처분할 수 있다.

8. 법정적립금은 상법 등 법에서 적립을 강제하는 적립금인 반면, 임의적립금은 회사의 필요에 따라 임의로 적립하는 잉여금이다.

9. 자본잉여금은 회사와 주주 간의 거래(증자, 자기주식처분 등)에서 발생한 잉여금을 말하고, 이익잉여금은 회사의 영업활동, 즉 손익거래를 통해서 발생한 잉여금으로서 사내에 유보된 금액을 말한다.

10. 배당 가능한 이익잉여금이 존재할 때 배당을 할 수 있는데, 현금으로 지급할 경우는 현금배당, 주식으로 지급할 때는 주식배당, 금전 외의 재산(타법인주식 등)으로 배당할 때는 현물배당이라고 한다.

둘째
마당

재무제표 2요소
손익계산서

재무상태표를 어느 정도 이해하게 된 김초보 씨, 이제 재무제표의 두 번째 요소인 손익계산서에 도전해보기로 했다. 재무상태표를 공부하면서 이익잉여금이나 결손금은 손익계산서를 통해서 넘어온 것임을 알았으니, 그에 대한 호기심이 발동한 것도 사실이다. 게다가 슬쩍 살펴본 손익계산서는 재무상태표에 비해 조금은 쉬운 것 같았다.

금융감독원 전자공시시스템 사이트에서 내려받은 삼성전자와 네이버의 손익계산서를 살펴보면서 김초보 씨에게는 한 가지 의문이 생겼다.
'손익계산서는 기업의 경영성과를 보여주는 명세서라는데, 그렇다면 매출과 당기순이익만 간단히 보여주면 될 터인데, 매출총이익이니 영업이익이니 당기순이익이니 등으로 세세하게 나눌 필요가 있을까? 어차피 손익계산서를 통해서 해당 기업이 경영에서 이익을 남겼는지 손해를 보았는지만 알면 되는 것 아닌가?'

그런데 회계사 친구의 말은 그게 아니었다.
"순이익이 났는지 결손이 났는지도 중요하지만 순이익이나 순손실의 질 (Quality), 다시 말해 순이익이나 순손실의 내용과 성격이 더 중요하다고 할 수 있어. 심지어 투자자 중에는 당기순이익이 났어도 그 회사에 매력을 못 느끼는 사람도 있고, 당기순손실이 났어도 그 회사를 좋게 평가하는 사람도 있거든."
"순이익이나 순손실의 질이라고? 순이익이나 순손실에도 품질이 있다는 뜻이야?"

"그렇지. 순이익의 질이 좋다는 것은 회사의 영업상태와 순이익이 같은 방향으로 움직인다는 뜻이야. 다시 말해서 회사의 영업상태와 당기순이익이 좋게 나타나면 그 회사 순이익의 질이 좋다고 할 수 있지. 그런데 만약 자동차제조판매회사가 당기순이익이 크게 개선되었는데, 그 내용을 뜯어보니 자동차판매로 인한 영업이익은 마이너스인데 보유 중인 유가증권 처분에 따른 이익(영업외수익)이 컸기 때문이라면 그 회사의 이익의 질은 나쁘다고 할 수 있지."

"그러니까 당기순이익이 영업이익에서 나온 것이라야 이익의 질이 좋은 것이고, 영업외수익으로 인한 것이라면 문제가 있다는 말이군."

"바로 그거야. 또 손익계산서에서는 순이익의 질을 따져보는 것뿐 아니라 매출과 매출총이익, 매출과 영업이익 등을 동종업계와 비교하는 것도 굉장히 중요해. 왜냐하면 그게 그 회사의 경쟁력을 나타내주기 때문이지. 게다가 판매비와관리비 내역을 연도별로 비교해보면 인력에 대한 지출이나 연구개발비 지출, 기타 지출을 통해서 그 회사의 상태변화를 추정할 수도 있어."

친구의 설명을 들으면서 김초보 씨는 손익계산서가 단지 그 회사가 순이익이 났는지 여부만 보여주는 단순한 자료가 아니라, 회사의 상태를 여러 가지 측면에서 살펴볼 수 있는 중요한 자료라는 사실을 알 수 있었다.

그러고 나니까 복잡한 듯 보이던 손익계산서가 좀더 명료해 보이고 그 속에 담긴 비밀을 풀어보고 싶다는 의욕이 생겨났다.

손익계산서 작성원칙과 읽는 방법

1. 손익계산서는 회사의 경영성적표

손익계산서(I/S: In-come Statement 또는 P/L: Statement of Profit & Loss)는 일정 기간 동안 회사의 경영성과, 즉 회사가 그 기간 동안 벌어들인 이익 또는 손실을 나타내는 회사의 성적표라고 할 수 있다. 한국채택국제회계기준 (K-IFRS)에서는 포괄손익계산서*를 기본 재무제표 구성요소로 보고한다. 주식시장에 상장 또는 등록되어 있는 회사들은 매분기마다 실적을 발표 하는데, 이것이 바로 회사의 성적표인 분기별 손익계산서 정보다. 투자 자나 채권자는 손익계산서에 표시된 여러 가지 이익 정보를 바탕으로 투자 의사결정을 하게 된다.

손익계산서는 당해 회계기간의 경영성과는 물론, 과거 수년간의 손익계 산서를 통해서 기업의 미래 현금흐름과 수익창출 능력 등을 예측하는 데 유용한 정보를 제공한다.

재무상태표가 어느 시점의 회사 재무상태를 보여주는 정보(스톡)라면, 손 익계산서는 일정기간 동안의 경영성과(플로*)를 보여준다는 점에서 차이 가 있다.

용어 해설

스톡(Stock) / 플로(Flow)
경제용어로서 스톡은 특정시점 재화의 양을, 플로는 일정기간 동 안 계산한 수량을 뜻한다.

포괄손익계산서(Statement of Comprehensive Income)
한국채택국제회계기준(K-IFRS) 에서는 손익계산서 대신 포괄손 익계산서를 주된 재무제표로 삼 고 있다. 일정기간 동안 발생한, 소유주와의 자본거래를 제외한 모든 순자산의 증감에 대한 정보 를 제공하며, 주요 항목은 다음과 같다. ① 수익(매출), ② 금융원가 (이자비용), ③ 법인세비용, ④ 세 후중단영업손익, ⑤ 당기순손익, ⑥ 기타포괄손익의 각 구성요소, ⑦ 총포괄손익. 이때 비용 항목에 대해서는 성격별 또는 기능별 구 분표시를 선택할 수 있다.

포괄손익계산서 양식은 일반기업 회계기준의 손익계산서 양식에 기타포괄손익 항목을 덧붙여 표시한 것으로 당기순손익과 총포괄순손익이 함께 표시된다.

포괄손익계산서

수익	xxx
매출원가	(xxx)
매출총이익	xxx
기타수익	xxx
물류원가	(xxx)
관리비	(xxx)
기타비용	(xxx)
금융원가	(xxx)
관계기업의 이익에 대한 지분	xxx
법인세비용차감전순손익	xxx
법인세비용	(xxx)
계속영업손익	xxx
중단영업손실	(xxx)
당기순이익	xxx
기타포괄손익:	
당기손익으로 재분류되지 않는 항목:	
자산재평가차손익	xxx
확정급여제도의 재측정요소	(xxx)
관계기업의 자산재평가차손익에 대한 지분	xxx
당기손익으로 재분류되지 않는 항목과 관련된 법인세	(xxx)
	xxx
후속적으로 당기손익으로 재분류되는 항목:	
해외사업장환산외환차이	xxx
매도가능금융자산	xxx
현금흐름위험회피	xxx
당기손익으로 재분류되는 항목과 관련된 법인세	(xxx)
	xxx
법인세비용차감후기타포괄손익	xxx
총포괄이익	xxx

2. 손익계산서의 구조

먼저 손익계산서의 구조를 살펴보자.

| 손익계산서 구조 |

중단사업손익 없을 때	중단사업손익 있을 때
매출액 1) 제품매출 2) 상품매출 3) 용역매출	**매출액** 1) 제품매출 2) 상품매출 3) 용역매출
매출원가 1) 기초재고금액 2) 당기제품제조금액 또는 당기상품매입액 3) 기말재고금액	**매출원가** 1) 기초재고금액 2) 당기제품제조금액 또는 당기상품매입액 3) 기말재고금액
매출총손익	**매출총손익**
판매비와관리비 1) 급여 2) 접대비 3) 감가상각비 등	**판매비와관리비** 1) 급여 2) 접대비 3) 감가상각비 등
영업손익	**영업손익**
영업외수익 1) 이자수익 2) 배당금수익 등	영업외수익 1) 이자수익 2) 배당금수익 등
영업외비용 1) 이자비용 2) 유형자산처분손실 등	영업외비용 1) 이자비용 2) 유형자산처분손실 등
법인세비용차감전손익	**법인세비용차감전계속사업손익**
법인세비용	계속사업손익법인세비용
	계속사업손익
	중단사업손익 (중단사업손익의 법인세효과: xxx원)
당기순손익	**당기순손익**

손익계산서는 매출총손익, 영업손익, 법인세비용차감전손익, 당기순손익(중단사업이 있을 때는 계속사업손익, 중단사업손익 추가)으로 구분해서 보고하는 것을 원칙으로 한다. 다만 제조업, 판매업 및 건설업 외의 업종에 속하는 기업은 매출총손익의 구분표시를 생략할 수 있다.

손익계산서를 살펴보면, 출발점이 되는 매출액에서 손익계산서의 최종

결과에 해당하는 당기순손익에 이르기까지, 많은 항목이 포함되어 있다. 기업회계기준에서는 누구나 손쉽게 손익계산서 정보를 이해할 수 있도록 일정한 원칙과 표준화된 양식에 따라 항목들을 배열하도록 하고 있다.

손익계산서의 항목은 회사마다 조금씩 다르다. 특히 제조·판매업과 서비스업(금융업, 건설업 등)은 주요 계정명이 상당히 많이 다르다. 하지만 손익계산서의 내용에는 큰 차이가 없으므로, 이 책에서는 제조·판매업의 손익계산서를 기본으로 설명하겠다.

3. 손익계산서를 작성하는 원칙

손익계산서의 금액과 표시방식은 누가 작성하든 공통의 원칙에 따라 작성된 것이다. 손익계산서를 올바로 이해하려면 다음과 같은 4가지 작성 원칙을 알아두어야 한다.

(1) 수익인식 – 실현주의 원칙

손익계산서의 출발점은 매출액이다. 매출은 기업의 주된 영업활동에서 발생한 수익으로서, 손익계산서상 이익의 원천이라고 할 수 있다. 따라서 수익을 어떻게 인식할 것인지는 회사의 손익에 매우 중요한 영향을 미치는 문제다.

손익계산서에 표시하는 수익(매출)을 인식할 때는 '실현주의 원칙'(Realization Principle)을 따른다. 수익은 해당 수익이 실현된 시기, 즉 자산의 증가나 부채의 감소와 관련해 미래경제적효익이 증가하고 이를 신뢰성 있게 측정할 수 있을 때 인식하고, 아직 실현되지 않은 수익은 당기의 손익계산서에 포함시키지 않는다.

가령 휴대전화제조판매회사가 50만 원짜리 휴대전화 1대를 팔았다. 이를 장부에 매출로 기록하는 시점은 다음 중 언제일까?

ⓐ 주문 및 계약금을 받은 시점(20×0년 12월 29일)
ⓑ 휴대전화를 거래처에 인도한 시점(20×1년 1월 5일)
ⓒ 휴대전화 대금을 받은 시점(20×1년 1월 10일)

정답은 ⓑ이다. 즉, 당기 손익계산서에 매출로 기록하는 시점은 제품에 대한 주문을 접수한 때나 매출대금을 수령한 때가 아니라 제품판매에 대한 청구권이 발생한 때, 즉 제품이 판매(인도)된 때다.

'발생주의 원칙'(Accrual Principle)에 따르면 제품이 인도되기 전에 판매대금을 받았다고 해도 그것은 당기 매출이 아니며, 판매대금을 아직 수금하지 않았다고 해도 판매시점에 매출로 기록한다.

하지만 재무상태표에서 살펴보았듯이 매도가능증권평가손익처럼 아직 실현되지 않은 손익은 당기 손익계산서에 포함되지 않으며, 포괄손익계산서에 표시했다가 해당 증권을 처분해 실현될 때 비로소 당기손익으로 인식된다.

이를 정리하면 재화가 인도되고, 그 대가를 신뢰성 있게 측정할 수 있고, 그에 따른 청구권이 발생하는 시기에 수익을 인식하는 것을 실현주의 원칙이라고 한다.

(2) 수익과 비용의 발생원천별 분류 및 대응표시 원칙

손익계산서상의 이익(Profit, Income)은 수익(Revenue)에서 비용(Expense)을 뺀 순액을 말한다. 손익계산서에는 여러 가지 이익이 표시되므로 각각의 이익을 계산하려면 수익과 비용이 적절히 배분되어야 한다. 이에 대해 기업회계기준은 수익과 비용을 그 발생원천에 따라 분류하도록 하고 있다.

수익의 발생원천은 크게 주된 영업활동(제품판매 등)에서 발생한 수익(매출), 주된 영업 이외의 활동에서 발생한 수익(이자 또는 배당금수익 등의 '영업외수익')의 2가지로 구분한다.

앞에서 수익은 실현주의에 따라 인식한다고 했다. 그렇다면 비용을 어떻게 인식할 것인지가 문제다. 기업회계기준에서는 비용을 그와 관련된 수익에 대응시켜서 표시하도록 하고 있다. 즉, 비용은 발생된 원가와 특정 수익 항목의 가득(실현) 간에 존재하는 직접적인 관련성을 기준으로 손익계산서에 인식한다.

이처럼 수익에 원가를 대응시키는 과정에는 동일한 거래나 그밖의 사건에 따라 직접 또는 공통으로 발생하는 수익과 비용을 동시에 또는 통합해 인식하는 것도 포함된다. 이것이 '수익-비용 대응의 원칙'이다.

위에서 수익의 원천을 2가지로 나누었으므로 비용은 원천별 수익에 대응시켜 표시하면 된다. 가령 주된 영업활동 수익인 매출과 관련된 비용은 판매한 제품 또는 상품의 원가(매출원가)와 이를 판매하기 위한 지출(판매비와관리비)로 해 매출액에서 빼는 방식으로 표시한다. 그리고 매출과 직접 관련되지 않은 비용, 즉 주된 영업 이외에서 발생한 비용은 영업외비용으로 따로 표시한다.

여기서 주의할 점은 영업외수익과 영업외비용이 직접 대응하지 않는다는 것이다. 가령 이자수익과 이자비용을 살펴보면, 이자수익은 투자자산에서 발생하고 이자비용은 차입금에서 발생해 그 원천 자체가 다르다. 다시 말해 이자수익을 발생시키기 위해 이자비용이 지출된 것이 아니라는 말이다. 따라서 영업외수익과 영업외비용은 각각 독립된 항목으로 표시해야 한다.

| 수익·비용 대응의 원칙 표 |

수익	비용	비고
매출	매출원가	매출에 대응하는 비용은 매출원가와 판매비와관리비
	판매비와관리비	
영업외수익	—	영업외수익과 영업외비용은 서로 대응하지 않음
—	영업외비용	

(3) 수익과 비용의 총액표시 원칙

'수익과 비용의 총액표시 원칙'은 수익과 비용은 기업회계기준에서 따로 정한 예외적 경우가 아닌 경우 총액으로 기재하고, 수익 항목과 비용 항목을 직접 상계함으로써 그 전부 또는 일부를 손익계산서에서 제외해서는 안 된다는 원칙이다.

가령 당기에 이자수익 100만 원, 이자비용 70만 원이 발생했다고 하자. 손익계산서에는 이를 총액인 이자수익 100만 원, 이자비용 70만 원으로 표시해야 하며, 수익(100만 원)에서 비용(70만 원)을 차감한 순액, 즉 이자수익 30만 원으로 표시해서는 안 된다.

총액으로 표시하는 이유는 정보이용자에게 더 구체적인 정보를 제공함으로써 의사결정을 돕기 위함이다.

(4) 이익 또는 손실의 구분표시 원칙

'이익 또는 손실의 구분표시 원칙'은 수익과 비용의 발생원천별 분류와 관련되는 것으로, 손익계산서는 손익에 대한 정보를 매출총손익, 영업손익, 법인세비용차감전순손익, 당기순손익, 주당순손익으로 구분표시해야 한다. 다만, 제조업·판매업 및 건설업 이외의 기업에서는 매출총손익의 구분표시를 생략할 수 있다.

이익 또는 손실의 구분표시를 함으로써 정보이용자는 손익별로 분석해 회사의 원가 관련 정보 및 계속기업의 가능성 또는 투자수익 여부 등을 구체적으로 파악할 수 있으며, 경제적 의사결정을 하는 데 필요한 정보를 얻을 수 있다.

| 손익의 구분표시 |

구분	손익 항목	계산방법
매출 관련 손익	매출총손익	매출 — 매출원가
영업 관련 손익	영업손익	매출총손익 — 판매비와관리비
세전손익	법인세차감전순손익	영업손익 + 영업외수익 — 영업외비용
세후순손익	당기순손익	법인세차감전순손익 — 법인세비용
중단사업 관련 손익*	중단사업손익	중단사업수익 — 중단사업비용 — 중단사업 관련 법인세비용

* 중단사업 관련 손익은 중단사업이 있을 때만 나타남

4. 손익계산서 읽는 요령

(1) 손익계산서의 기본구조부터 이해하자

손익계산서는 손익을 매출총손익, 영업손익, 법인세비용차감전손익, 계속사업손익, 중단사업손익, 당기순손익으로 나누어서 표시한다. 손익계산서에서 이 손익들은 매출에서 시작해, 위에서 아래로 순차적으로 수익에서 비용을 차감해 표시함으로써 누가 보더라도 쉽게 이해할 수 있도록 하고 있다.

정보이용자는 자신의 이해관계에 따라 중요시하는 이익 항목이 다를 수 있다. 자신이 중시하는 이익을 정확히 파악하려면 구조를 이해하는 것이 우선이다. 가령 기업의 존속 및 발전가능성을 평가하려면 영업이익을 중시할 것이고, 동종업계에서의 경쟁력을 평가하려면 매출총이익을 중요하게 분석할 것이다.

(2) 손익계산서의 용어를 구분하자

손익계산서에서 쓰이는 용어들은 유사한 듯하지만 조금씩 뜻이 다르다. 이러한 용어들은 모든 회계처리에서 공통된 약속이므로 손익계산서의 수치를 분명하게 이해하려면 용어를 구분해서 알아둘 필요가 있다.

대표적으로 이익과 수익, 차익 그리고 원가와 비용, 차손 등이다. 이익, 수익, 차익은 언뜻 보면 유사한 용어 같지만 손익계산서에서는 의미가 다르므로 유의해야 한다.

❶ 이익 = 수익 — 비용

먼저 이익은 수익에서 비용을 뺀 금액을 말한다. 가령 매출총이익은 매출이라는 수익에서 매출원가라는 비용을 뺀 금액이라는 뜻이다.

❷ 수익과 차익(또는 이익), 비용과 차손

수익이 주요한 영업활동(제조 또는 판매 등)에서 발생한 수입 총액을 말한다면, 차익은 임시적이고 우연적인 활동에서 나타난 순수입액을 말한다. 비용이 수익과 대응되는 지출이라면, 차손*은 임시적이고 우연적인 활동에서 나타난 순지출액을 말한다.

따라서 매출은 수익에 해당하고, 매출원가와 판매비와관리비는 비용에 해당한다. 유형자산 처분과 관련된 이익 또는 손실은 차익 또는 차손이라고 한다.

하지만 이익과 차익, 차손과 손실을 함께 사용해도 무방하다. 가령 유형자산처분차익을 유형자산처분이익이라고 해도 크게 무리가 없다.

용어 해설

차익(Gains) / 차손(Losses)

차익은 과거에 사용하던 '이득'이라는 용어를 대체하는 용어로, 차손은 '손실'이라는 용어를 대체하는 용어이다.

| 수익과 차익, 비용과 차손 구분 |

구분	정의	사례
수익	주된 영업활동에서 발생한 총수입액	매출
차익	임시적, 우연적 활동에서 발생한 순수입	이자수익, 유형자산처분차익(이익) 등
비용	수익에 대응되는 총지출액	매출원가, 판매비와관리비
차손	임시적, 우연적 활동에서 발생한 순지출액	이자비용, 유형자산처분차손(손실) 등

❸ 원가와 비용

원가(Costs)와 비용(Expense)은 지출(자산의 유출)이라는 점에서는 동일하지만, 원가가 자산을 획득하기 위한 지출이라면 비용은 수익(또는 이익)을 얻기 위한 지출이라는 점에서 성격이 다르다. 그런데 미래의 이익을 창출하는 것이 자산이므로, 결국 원가는 자산이라는 형태를 거쳐서 비용으로 바뀌게 된다.

대표적인 원가는 제조원가다. 매출원가는 원가라는 이름이 붙어 있기는 하지만 비용이다. 즉, 제품 또는 상품의 획득에 들어간 원가(제조원가 또는 매입원가)는 제품 등이 판매될 때 비로소 매출원가로서 비용화된다.

| 원가 변환의 흐름 |

원가의 발생	판매 또는 감가상각을 통해 비용화
상품매입, 제품제조, 유형자산의 취득 등	매출원가, 감가상각비
재무상태표상의 자산 증가	재무상태표상의 자산 감소 및 손익계산서상의 비용 증가

(3) 전년도 수치, 동종업계 수치와 비교하자

일반적으로 공시되는 손익계산서는 2개년도 것이 비교표시된다. 따라서 손익계산서를 읽을 때는 전년도 수치와 비교하며 올해의 경영성과를 평가해보는 것이 매우 중요하다.

이와 동시에 동종업계의 손익계산서와 비교하면서 매출총이익률, 영업이익률, 당기순이익률[*] 등을 평가해보면 더욱 의미 있는 정보를 얻을 수 있다.

또 회사가 매년초 또는 매분기초에 제시한 사업보고서상의 경영목표치와 비교해봄으로써 목표와 실현된 성과 사이에 차이가 나는 원인을 추정하고, 이후 의사결정하는 자료로 삼아야 한다.

다음 표를 보면 삼성전자는 직전년도 대비 영업이익률이 증가했지만, 네이버는 감소했다. 하지만 두 회사 모두 동종업계 평균보다 영업이익률이 높음을 알 수 있다.

용어 해설

매출총이익률, 영업이익률, 당기순이익률

- 매출총이익률 = 매출총이익 ÷ 매출액
- 영업이익률 = 영업이익 ÷ 매출액
- 당기순이익률 = 당기순이익 ÷ 매출액

이에 대해서는 20장에서 좀더 자세히 살펴본다.

| 영업이익률 비교 사례 |

구분	20×1년	20×0년	동종업계[*]
삼성전자	15.99%	12.34%	13.94%
네이버	31.06%	34.92%	11.16%

[*] 동종업계 지표의 경우 삼성전자는 〈전자부품, 영상, 음향 및 통신장비업〉, 네이버는 〈정보통신〉《기업경영분석》(한국은행, 2021)을 이용한 수치임

(4) 다른 재무제표와 비교해 살펴보자

손익계산서의 수치와 다른 재무제표의 수치를 함께 이용하면 더 유용한 정보를 얻을 수 있다.

가령 손익계산서상의 당기순이익을 재무상태표상의 자기자본으로 나누면 자기자본순이익률, 즉 투자자의 투자에 대한 평균이익률을 계산할 수 있다. 또한 손익계산서상의 이자비용을 재무상태표상의 차입금으로 나누면 총차입금평균이자율을 알 수 있다.

이러한 과정은 재무제표의 정보를 연관시켜 가공함으로써 새로운 정보를 얻어내는 것으로, 정보이용자의 노력에 따라 손익계산서의 유용성은 크게 달라질 수 있다.

| 자기자본순이익률 비교 사례 |

구분	재무상태표의 자본*	손익계산서의 당기순이익	자기자본순이익률
삼성전자	188조 2,552억 원	30조 9,710억 원	16.43%
네이버	8조 2,973억 원	5,248억 원	18.38%

* 자본은 기초자본과 기말자본의 평균치임

MEMO

손익계산서 작성원칙과 읽는 요령의 완전이해에 도전해보자!

손익계산서를 작성하는 원칙과 읽는 요령에 대해 배웠다. 문제를 풀면서 정리해보자.

1	손익계산서에 표시되는 이익에는 어떤 것들이 있는가?
2	손익계산서상의 순이익을 계산하는 방식은 무엇인가? 다음 괄호 안에 적당한 용어를 쓰보자. 순이익 = ( ) − ( )
3	판매회사에서 매출을 인식하는 시기는 상품을 인도한 때다. 이러한 원칙을 무엇이라고 하는가?
4	손익계산서에서 매출원가와 판매비와관리비는 매출액에 대응시켜 표시하도록 하고 있다. 이러한 원칙을 무엇이라고 하는가?
5	다음 수익-비용 대응관계 중 맞지 않는 것은 어느 것인가? ① 매출 ⇔ 매출원가 ② 매출 ⇔ 판매비와관리비 ③ 이자수익 ⇔ 이자비용

6	경제학에서 스톡(Stock)은 특정시점에서 재화의 양, 플로(Flow)는 일정기간 동안 발생한 양을 뜻하는 개념이다. 다음 항목을 스톡과 플로로 분류해보자. ① 재무상태표의 자산: ( ) ② 재무상태표의 부채: ( ) ③ 손익계산서의 매출액: ( )
7	수익과 차익은 어떻게 다른가?
8	원가와 비용은 어떻게 다른가?
9	다음을 수익과 차익, 원가와 비용, 차손으로 구분해보자. ① 매출: ( ) ② 광고선전비: ( ) ③ 원재료 구입비: ( ) ④ 기계장치 처분시 발생한 손실: ( ) ⑤ 자기주식 처분 시 발생한 이득: ( )
10	손익계산서상의 여러 가지 이익 가운데 회사의 존속 및 발전가능성을 평가할 때 중시하는 이익은 어떤 것인가?

해설

5. 이자수익은 투자자산에서 발생하고 이자비용은 차입금에서 발생하므로 그 원천 자체가 다르다. 다시 말해 이자수익을 발생시키기 위해 이자비용이 지출된 것이 아니다.

정답

1. 매출총이익, 영업이익, 법인세차감전순이익, 당기순이익 / 2. 순이익 = (수익) − (비용)

3. 실현주의 원칙 / 4. 수익-비용 대응표시 원칙 / 5. ③ 이자수익 ⇔ 이자비용

6. ① 스톡, ② 스톡, ③ 플로

7. 수익은 주된 영업활동에서 발생한 수입이고, 차익은 그 이외의 활동에서 발생한 임시적이고 우연적인 수입이다.

8. 원가는 자산의 취득을 위한 지출이고, 비용은 수익을 발생시키기 위한 지출이다.

9. ① 수익, ② 비용, ③ 원가, ④ 차손, ⑤ 차익 / 10. 영업이익

매출총이익, 영업이익

1. 매출총이익이란?

매출총이익(Gross Profit)은 매출액(Sales)이라는 수익(Revenue)에서 매출원가(Sales Cost)라는 비용(Expense)을 뺀 이익(Profit)을 말한다.

> **매출총이익** = 매출액 ─ 매출원가

매출총이익은 생산된 제품이나 매입한 상품의 판매액에서 판매된 제품, 상품의 원가총액을 뺀 것으로 일종의 판매마진이라고 할 수 있다.

일반적으로 경쟁자가 많은 기존시장이 아니라 새롭게 창출된 시장, 즉 블루오션을 개척한 기업의 경우 매출총이익이 높게 나타날 수 있다. 블루오션은 '차별화와 저비용'이 특징으로, 이 시장에는 경쟁자가 없기 때문에 가격경쟁이 치열하지 않고 초과이윤의 확보가 가능하다.

어떤 기업은 매출액보다 매출원가가 커서 매출총손실이 발생하는 경우도 있다. 이런 경우는 소위 '밑지고 파는 장사'이므로 정상적으로 기업을 유지할 수가 없다. 따라서 매출총손실이 지속적으로 발생한다면 그 기업의 재무제표는 '계속기업의 가정'이라는 기업회계기준에 어긋나는 것으로 평가할 수 있다.

2. 매출액

매출액(Sales)은 손익계산서의 맨 위쪽에 있는 계정으로, 손익계산의 출발이 되는 항목이다. 기업의 주된 영업활동을 통해서 발생한 수익, 즉 상품이나 제품, 서비스 등의 재화나 용역을 공급하는 상거래활동에서 발생하는 판매금액이 매출액이다.

손익계산서에 표시되는 매출액은 총매출액에서 매출에누리, 매출환입, 매출할인*을 뺀 순매출액(Net Sales)을 말한다. 손익계산서에 표시할 때는 순매출액만을 1줄로 표시하는 방법, 총매출액에서 매출에누리, 매출환입, 매출할인을 차감하는 방식으로 표시하는 방법, 둘 다 가능하다.

매출액은 업종이나 부문별로 구분하거나, 반제품이나 부산물매출액, 작업폐물, 수출액, 장기할부매출액 등이 중요한 경우 이를 구분해 표시하거나 주석으로 기재한다.

매출액의 크기는 회사의 규모를 파악하는 핵심적인 지표일 뿐 아니라 회사의 영업력과 생존가능성을 나타내는 중요한 수치다. 더 나아가 매출액은 회사의 지출가능한 비용과 이익을 좌우한다.

비슷한 성격의 수익이라도 회사의 주된 영업활동이 무엇인지에 따라 매출액이 될 수도 있고, 영업외수익으로 분류될 수도 있다. 가령 제조회사의 은행예금에서 발생하는 이자수익은 주된 영업활동 이외에서 발생하므로 매출액이 아니라 영업외수익이지만, 금융기관이 받는 수입이자는 금융기관의 주된 영업활동인 여신활동에서 발생하는 수익이므로 매출액(영업수익)에 속한다.

수익의 성격에 따라 매출액과 영업외수익으로 구분하는 이유는 기업의 주된 영업활동이 아닌 활동에서 발생한 수익이 기업의 매출액에 포함되는 경우, 기업의 주된 영업활동에 의한 경영성과가 적절하게 표시되지

용어 해설

매출에누리(Sales Allowance) / 매출환입(Returned Sales) / 매출할인(Sales Discount)

매출에누리는 상품, 제품의 수량 또는 품질의 부분적 결함으로 깎아준 금액을 말한다. 매출환입은 상품이나 제품의 파손 또는 결함으로 반품된 금액을 말한다. 그리고 매출할인은 외상매출금을 지불기일보다 일찍 결제함에 따라 깎아준 금액을 말한다.

않기 때문이다.

(1) 수익(매출)을 인식하는 시기

매출은 영업활동의 전과정을 통해 발생하기 때문에 일정기간의 경영성과를 평가하기 위해서는 합리적인 기준에 의해 기간별로 매출액의 귀속시기를 정해주어야 한다.

14장에서 수익은 실현주의에 따라 인식한다고 했다. 이를 좀더 자세히 살펴보자. 기업회계기준에서는 거래형태별로 수익인식기준을 다음과 같이 설명한다.

❶ 재화판매에 따른 수익은 다음 요건을 모두 갖출 때 인식

　가. 재화의 소유에 따른 유의적인 위험과 보상이 구매자에게 이전된다.

　나. 판매자는 판매한 재화에 대해 통상적인 관리나 효과적인 통제를 할 수 없다.

　다. 수입금액을 신뢰성 있게 측정할 수 있다.

　라. 경제적효익의 유입가능성이 매우 높다.

　마. 거래와 관련해 발생했거나 발생할 원가를 신뢰성 있게 측정할 수 있다.

이를 간단히 정리하면 상품이나 제품의 인도와 대금청구권이 확정되는 시점이 바로 수익인식 시점이라고 보면 된다. 하지만 시용판매, 위탁판매, 할부판매 같은 특수한 거래에서는 수익인식 시기를 달리 정하고 있으므로 유의해야 한다.

❷ 용역제공에 따른 수익은 다음 요건을 모두 갖출 때 진행기준에 따라 인식

　가. 거래 전체의 수입금액을 신뢰성 있게 측정할 수 있다.

　나. 경제적효익의 유입가능성이 매우 높다.

　다. 진행률을 신뢰성 있게 측정할 수 있다.

　라. 이미 발생한 원가 및 거래완료를 위해 투입해야 할 원가를 신뢰성 있게 측정할 수 있다.

진행기준*이란 일정기간 동안 건물이나 자산이 완성된 정도 또는 총예정원가에서 실제 투입한 원가비율만큼 수익을 인식하는 방법을 말한다. 용역의 제공은 제품 등의 판매와 달리 연속적인 흐름이므로 기간별로 수익을 구분하기 위해서는 합리적인 기준이 필요하다. 이 때문에 용역제공에 따른 매출을 인식할 때 위 기준을 하나라도 충족하지 못하면 진행기준을 적용하지 않고, 인식된 비용의 범위 내에서 회수가능한 금액을 수익으로 인식하도록 하고 있다.

❸ **이자·배당금·로열티수익*은 다음 요건을 모두 갖출 때 인식**

　가. 수입금액을 신뢰성 있게 측정할 수 있다.

　나. 경제적효익의 유입가능성이 매우 높다.

이 요건이 충족되면 이자수익은 유효이자율을 적용해 발생기준에 따라 인식하고, 배당금수익은 배당금을 받을 권리와 금액이 확정되는 시점에, 로열티수익은 관련된 계약의 실질을 반영해 발생기준에 따라 인식한다.

잠깐만요 ┃ **시용판매, 위탁판매, 할부판매, 반품조건부판매의 수익인식**

시용판매는 주문 없이 상품 등을 고객에게 인도해 그 상품을 사용해보도록 한 뒤 고객의 매입의사에 따라 판매가 성립하는 거래형태다. 이때는 고객이 매입의사를 표시한 날에 수익을 인식한다.

위탁판매는 위탁자가 자신의 상품 등을 타인(수탁자)에게 위탁해 판매하는 거래형태다. 이때는 수탁자가 제삼자에게 해당 상품을 판매한 날 수익을 인식한다.

할부판매는 상품 등을 인도한 뒤에 판매대금을 2회 이상 분할해 1년 이상의 기간에 회수하는 거래형태다. 이 경우 수익은 일반적인 경우와 마찬가지로 인도 시점에 인식하지만, 대금회수가 불확실한 경우에는 현금회수 시점에 수익을 인식한다.

반품조건부판매는 구매자가 구입한 재화를 반품할 수 있는 조건으로 판매하는 거래형태다. 반품률을 합리적으로 추정해서 기말에 반품추정부채를 설정한 뒤 해당 금액만큼 매출 및 매출원가에서 차감해야 한다.

❹ 기타 수익은 다음 요건을 모두 갖출 때 인식

　가. 판매행위처럼 수익을 얻는 과정이 사실상 완료되었다.
　나. 수입금액(대가)을 신뢰성 있게 측정할 수 있다.
　다. 경제적효익의 유입가능성이 매우 높다.

(2) 매출액규모는 어느 정도나 되어야 할까?

매출액은 회사의 영업력과 생존가능성을 나타낸다. 그렇다면 매출액규모가 어느 정도나 되어야 정상적일까? 일반적으로 회사가 정상적인 영업활동을 하기 위해 필요한 최소한의 매출액규모는 부채 총액보다 커야 한다. 그 이유는 다음과 같은 추정 때문이다.

　가. 경쟁적인 기업환경하에서 매출액순이익률이 10%를 넘기기 어려우므로 10%로 가정한다.
　나. 대출이자율은 10%로 가정한다.
　다. 만약 매출액과 부채규모가 같다면 매출액의 10%인 순이익과 부채의 10%인 이자비용이 같게 되어 이익을 모두 이자 갚는 데 써야 한다.

결국 부채규모가 매출액보다 크면 이자비용을 감당하기 어려워 순손실이 발생한다.

3. 매출원가

14장에서 손익계산서 작성원칙 중 하나로 '수익-비용 대응의 원칙'을 이야기했다. 매출원가는 매출이라는 영업수익에 대응하는 원가로서 판매된 상품 또는 제품에 대한 매입원가 또는 제조원가다.

손익계산서상의 매출액이 매출에누리, 매출환입, 매출할인을 뺀 순매출

용어 해설

**매입에누리
(Discounts on Purchase) /
매입환출
(Returned Purchases) /
매입할인(Purchase Discount)**

매입에누리는 매입한 상품, 제품의 거래수량이나 품질에 문제가 있어서 거래상대방이 깎아준 금액을 말한다. 매입환출은 매입한 상품이나 제품의 파손 또는 결함으로 반품한 금액을 말한다. 매입할인은 외상매입금을 지불기일보다 일찍 결제해줌에 따라 거래상대방이 깎아준 금액을 말한다.

액이듯이, 매출원가도 총매입액에서 매입에누리, 매입환출, 매입할인* 금액을 뺀 순매입액 기준으로 표시한다. 손익계산서의 매출원가는 한 회계기간 동안 판매된 무수히 많은 상품이나 제품의 매출원가이므로, 이를 계산하기 위해서 업종별로 다음과 같은 방식을 사용한다.

(1) 도소매업의 매출원가 계산방식

도소매업이란 백화점이나 동네 가게처럼 여러 거래처로부터 상품을 매입해 이를 소비자에게 판매하는 업종을 말한다. 상품의 종류도 많고 판매되는 수량도 많기 때문에 상품을 판매할 때마다 매출원가를 계산하는 것은 전혀 효율적이지 못한다.

따라서 회계연도 기초의 상품재고액에 회계연도 중에 매입한 상품의 매입금액을 더한 다음 최종적으로 기말에 남아 있는 상품재고를 빼는 방식으로 매출원가를 계산한다.

기초상품재고와 당기매입상품금액을 더한 것을 '판매가능상품'이라고 한다. 이 판매가능상품 중에 기말재고로 남은 것을 제외하고는 모두 팔린 것으로 가정해 판매가능상품에서 기말재고를 빼면 판매된 재고의 원가, 즉 매출원가를 계산할 수 있다. 이를 식으로 나타내면 다음과 같다.

	기초상품재고액
(+)	당기매입액
(=)	판매가능상품액
(-)	기말상품재고액
(=)	상품매출원가

재고금액을 정하기 위해서는 재고자산의 원가흐름을 가정해야 하는데, 그 방법으로는 개별법, 선입선출법, 후입선출법, 가중평균법이 있다.

구분		가정	기말재고의 구성
개별법		판매상품의 원가를 개별적으로 인식	미판매상품
선입선출법		먼저 매입한 상품을 먼저 판매	나중에 구입한 상품
후입선출법		나중에 매입한 상품을 먼저 판매	먼저 구입한 상품
가중평균법	총평균법	시기구분 없이 상품을 골고루 판매	연간 총구입상품의 평균
	이동평균법	판매할 때마다 그때까지 매입한 상품을 골고루 판매	미판매상품과 새로 구입한 상품의 평균

(2) 제조업의 매출원가 계산방식

제조업은 원재료 등을 노동력과 기계 등을 이용해 가공해서 제품을 만든 뒤 이를 판매하는 업종이다. 제조업의 매출원가는 판매된 제품의 제조원가인데, 제조과정에 여러 가지 요소가 투입될 뿐 아니라 원재료투입 단계부터 제품완성 단계까지 일정한 제조과정을 거치기 때문에 여러 가지 가정을 해야만 비로소 제품의 제조원가를 계산해낼 수 있다.

이를 위해 우선 제조과정에 있는 재공품과 제품을 구분한다. 제조공정 중에 투입된 원가는 재공품으로 잡았다가, 완성공정을 거치면 제품제조원가로 대체한다.

제조원가 속에는 크게 재료비와 인건비, 제조경비가 있는데, 모두 성격이 다르므로 구분해야 한다.

> **제조원가의 흐름**
> 원재료, 인건비, 경비 → 재공품 → 제품 → 매출원가

제조원가는 원가 관련성에 따라 직접원가와 간접원가로 구분된다. 원재료 등 특정 제품제조와 직접 관계된 원가는 직접원가라고 하며, 이는 해당 제품에 직접 배부한다. 하지만 공장장의 인건비나 공장건물의 감가상각비처럼 여러 제품 제조와 관련해 발생하는 공통원가는 일종의 간접원가로서, 일정한 배부기준에 따라 각 제품에 배부한다.

구분	뜻	원가 배부방식
직접원가	특정 제품제조와 직접 관계된 원가	해당 제품에 직접 배부
간접원가	여러 제품에 공통적으로 관계된 원가	일정한 기준에 따라 여러 제품에 배부

회계기간 동안 제품별로 발생한 제조원가를 집계해 이를 완제품 수량으로 나누면 제품단위당 제조원가가 나온다. 이러한 방법에 따라 원가를 계산해 회계기간 동안 발생한 총제품제조원가의 명세를 나타낸 것이 '제조원가명세서'다.

손익계산서상의 당기제품제조원가는 제조원가명세서에 표시된 제품제조원가를 말한다. 따라서 제조업의 매출원가를 계산하려면 우선 제조원가명세서를 작성하고, 당기제품제조원가를 파악해야 한다. 그리고 기초제품재고액에 당기제품제조원가를 더한 다음 기말제품재고액을 빼면 제품의 매출원가가 계산된다. 이를 식으로 나타내면 다음과 같다.

제조원가명세서
	재료비
(+)	인건비
(+)	제조경비
(=)	총제조비용
(+)	기초재공품
(-)	기말재공품

당기제품제조원가

손익계산서
	기초제품재고액
(+)	당기제품제조원가
(=)	판매가능제품
(-)	기말제품재고액
(=)	제품매출원가

(3) 재고자산과 매출원가의 관계, 분식회계의 유혹

매출원가 계산구조를 보면 매출원가와 기말재고액이 서로 제로섬(Zero-sum) 관계임을 알 수 있다. 다시 말해 기말재고자산이 커지면 매출원가가 줄어들고, 반대로 매출원가가 커지면 기말재고자산이 줄어든다.

결국 기말재고자산을 늘리면 매출원가가 줄어들고 매출원가가 줄어들면 당기순이익이 늘어난다는 점을 이용해, 일부 경영자는 기말재고자산을 실제보다 과대하게 부풀리는 방식으로 분식회계를 하기도 한다.

이러한 분식회계는 투자자를 비롯한 이해관계자들에게 잘못된 정보를 제공함으로써 크나큰 피해를 입힐 수 있기 때문에 금융감독 당국은 분식회계에 대한 제재를 강화하고 있다.

또한 매출원가와 재고자산의 관계를 보면, 재고자산은 판매되지 않은 자산이기도 하지만 미래 판매를 위해 보유하는 자산이기도 하다. 너무 많은 재고는 재고관리비용을 증가시키고, 너무 적은 재고는 판매기회의 상실을 초래한다. 따라서 적정수준의 재고자산을 유지관리하는 것이 회사의 중요한 경영목표 중 하나다.

잠깐만요

부가가치세와 세금계산서

부가가치세는 재화 또는 용역의 공급이 일어날 때(매출이 발생할 때) 매출액의 10%에 해당하는 세금을 거래상대방(구매자 또는 소비자)에게 징수해 신고납부하는 세금이다. 판매자가 재화 또는 용역을 공급할 때 거래상대방에게 공급금액(매출액)과 부가가치세액을 따로 표시한 법정증빙을 발급하는데 이를 '세금계산서'라고 한다.

그리고 매출이 취소되거나 제품 등의 결함으로 일부 금액을 깎아줄 때 매출감소 금액만큼 (-) 표시 세금계산서를 발행하는데 이를 '수정세금계산서'라고 한다.

판매장려금 등은 제품 등의 결함 때문이 아니라 판매실적에 따른 보상으로 일종의 금융거래에 해당해 부가가치세 대상으로 보지 않기 때문에 이때는 수정세금계산서를 발행하지 않는다. 차입이나 대여 등과 관련된 금융거래에는 부가가치세가 과세되지 않는다.

회계처리 요약: 매출총이익

1. 매출 및 매입이 발생할 때
   > **차변** 현금 등 xxx   **대변** 매출 xxx
   >   매출채권 xxx   예수부가가치세 xxx
   > **차변** 상품 xxx   **대변** 현금 등 xxx
   >   선급부가가치세 xxx   매입채무 xxx

2. 매출 및 매입이 변동할 때
   1) 매출에누리, 매출환입, 매출할인 및 판매장려금이 발생할 때
   > **차변** 매출 xxx   **대변** 매출채권 등 xxx
   >   (예수부가가치세 xxx)

   판매장려금 발생 시에는 수정 세금계산서를 끊지 않으므로 부가가치세의 변동은 없다.

   2) 매입에누리, 매입환출, 매입할인 및 판매장려금이 발생할 때
   > **차변** 매입채무 등 xxx   **대변** 상품 xxx
   >   (선급부가가치세 xxx)

3. 매출채권을 현금회수할 때
   > **차변** 현금 등 xxx   **대변** 매출채권 xxx

4. 기말채권 평가 및 매출채권을 대손처리할 때
   > **차변** 대손상각비 xxx   **대변** 대손충당금 xxx
   > **차변** 대손충당금 xxx   **대변** 매출채권 xxx
   >   대손상각비 xxx

5. 기말 결산분개할 때 *← 매출원가 계상*
   > **차변** 매출원가 xxx   **대변** 상품 등 xxx

4. 영업이익이란?

기업이 아무리 좋은 제품을 값싸게 만들어도 이를 판매하기 위한 노력이 뒷받침되지 않으면 수익, 즉 매출을 창출하거나 증대할 수 없다. 재화나 용역 등의 판매활동과 기업의 관리활동에서 발생하는 비용으로서 매출원가에 속하지 않는 모든 영업비용을 '판매비와관리비'라고 한다.

매출총이익이 판매마진이라면 영업이익(Profit from Operation)은 매출총이익에서 판매비와관리비를 뺀 나머지 이익을 말한다. 다시 말해 정상적인 수익활동, 즉 주된 영업활동을 통해서 기업이 벌어들인 이익이 바로 영업이익이다. 이를 계산식으로 나타내면 다음과 같다.

> **영업이익** = 매출총이익 − 판매비와관리비

매출총이익보다 판매비와관리비가 커지면 영업손실이 나타난다. 기업을 설립한 초기 또는 영업환경의 악화로 인해 일시적으로 영업손실이 나타날 수 있다. 하지만 영업손실이 반복되면 그 기업은 계속기업으로서 존립의미를 잃게 된다.

따라서 손익계산서에서 영업손실이 발생했다면 그 이유를 꼼꼼히 따져보아야 한다. 영업손실이 지속적인 것인지, 손실의 규모가 어느 정도인지, 손실의 주된 원인이 무엇인지를 과거 몇 년간의 손익계산서 또는 동종업종과 비교함으로써 기업의 경영상태를 평가해보아야 한다.

5. 판매비와관리비

손익계산서상의 '판매비와관리비'는 판매비와 관리비의 합성어다. 판매비는 상품이나 제품을 판매하기 위해 지출한 비용으로, 주로 마케팅부서 등의 인건비, 출장비, 접대비, 광고선전비, 운반비 등을 말한다.

관리비는 회사의 주된 영업활동과 관련해 필수적인 회사 관리부서, 즉 기획부, 경리부, 총무부 등의 인건비, 전기료, 세금과공과 등의 기타 관리비용, 감가상각비 등을 말한다.

다시 말해 판매비와관리비는 상품이나 용역의 판매활동 또는 기업의 관리와 유지에서 발생하는 비용으로서 매출원가에 속하지 않는 모든 영업비용(Operating Expenses)이다.

판매비와관리비는 기업마다 다를 수 있으므로 기업의 종류와 규모에 따라 관련 비용을 표시하는 적절한 과목으로 구분해서 기재하면 된다. 부록에 실린 삼성전자와 네이버의 손익계산서를 비교하면 판매비와관리비 표시방식이 다름을 알 수 있다. 또 손익계산서에 표시할 때 판매비와관리비 총액을 1줄로 표시하고, 세부내역을 주석에 공시하는 방법으로 표시할 수도 있다.

그런데 여기서 한 가지 부연설명이 필요하다. 공장 근로자의 인건비, 수도광열비, 세금과공과, 감가상각비 등은 어디에 속할까? 판매비와관리비에 들어갈까, 아니면 다른 항목일까?

매출과 관련해서 발생한 비용이 판매비와관리비라면 공장 등에서 제조와 관련해 발생한 비용은 제조원가다. 즉, 자산을 구성하는 것이다. 따라서 제조 관련 원가는 제품제조원가 속에 포함되어 있다가 제품이 판매될 때 매출원가로서 비용화된다.

다시 말해 제조과정에 지출되는 비용 또한 손익계산서에 담겨 있다. 단지 판매비와관리비가 아니라 매출원가 속에 있을 뿐이다. 제조와 관련된 비용은 재고자산으로 집계된 다음 판매된 제품의 양만큼 매년 손익계산서의 매출원가로 비용처리된다.

그럼 이제 판매비와관리비에 속하는 주요 항목을 크게 인건비 관련 비용, 영업 관련 비용, 기타 부대설비 관련 비용 등 3가지로 분류해서 세부 항목을 살펴보자.

(1) 인건비와 관련된 비용

판매비와관리비에 나타나는 인건비는 종업원급여와 종업원급여 외의 퇴직급여로 구분한다. 종업원급여에는 임금, 사회보장분담금, 이익분배금, 상여금, 복리후생비, 해고급여 등이 포함된다. 물론 제조와 관련된 인건비는 여기에 표시되지 않고 매출원가 속에 숨어 있다.
인건비의 세부내역을 하나씩 살펴보자.

❶ 종업원급여(Payroll)

종업원급여는 정기적으로 지급되는 임금, 국민연금과 같은 사회보장분담금, 이익분배금, 상여금, 현직종업원을 위한 비화폐성급여(의료, 주택, 자

잠깐만요

매출원가와 판매비와관리비를 구분하는 이유

매출원가와 판매비와관리비는 매출, 즉 수익을 발생시키기 위해 필요한 비용이라는 점에서는 성격이 동일하다. 하지만 매출원가는 판매한 상품이나 제품의 매입원가 또는 제조원가 정보를 담고 있는 데 반해, 판매비와관리비는 제품 또는 상품을 판매하고 관리하는 활동과 관련이 있으므로 그 성격이 판이하게 다르다.
이와 같이 성격이 다른 비용을 구분해 표시함으로써 정보이용자들은 회사의 상태에 대해 더 유익한 의사결정을 할 수 있다.

동차, 무상 또는 일부 보조로 제공되는 재화나 용역 등), 해고급여 등을 포함하며, 임원과 종업원, 일용직 등으로 분류하거나 임금과 기타 급여를 구분하여 표시할 수도 있다. 종업원급여는 재고자산 등 자산의 원가에 포함되는 경우를 제외하고는 비용으로 처리한다. 또 미래 연차유급휴가에 대한 권리를 발생시키는 근무용역을 제공한 회계기간에는 연차유급휴가와 관련된 비용과 부채로 처리한다.

❷ 퇴직급여(Retirement Benefit)

손익계산서상의 퇴직급여에는 3가지 종류의 금액이 합산되어 있다. 하나는 퇴직급여충당부채 당기설정액으로서, 회사의 임원 및 종업원이 일시에 퇴직했을 때 지급해야 하는 퇴직금추계액 중에서 기말 현재의 퇴직급여충당부채 잔액을 제외한 금액을 말한다.

또 하나는 그동안 적립한 퇴직급여충당부채로 모자란 금액을 추가로 지급한 퇴직금을 말한다. 여기에는 명예퇴직에 따라 지급되는 퇴직급여에 속하는 각종 퇴직위로금도 포함된다.

또 확정기여형 퇴직연금제도(D.C)를 실시하는 기업이 매년 발생한 퇴직금 상당액을 퇴직연금상품에 불입하는 경우에도 퇴직급여에 포함된다.

❸ 복리후생비(Employee Benefits)

임직원들의 복지와 후생을 위해 지출하는 모든 비용을 포함한다. 복리후생비에는 보통 3가지 성격의 비용이 있다.

건강보험료, 고용보험료, 산재보험료 등의 법정복리비, 임직원을 위해 운영하는 병원, 학교, 식당, 사택, 기숙사 등 시설의 운영비로서 회사가 부담하는 복리시설비, 친목도모나 경조사비, 식사대 등 기타 후생비가 그것이다.

4대보험 중 하나로 회사에서 납부하는 국민연금은 보통 세금과공과 계정으로 처리한다. 복리후생비로 지급하는 금액은 일반적으로 근로소득세 원천징수의 대상이 아니다.

(2) 영업업무와 관련된 비용

❶ 여비교통비(Travel Expenses)

회사의 업무수행을 위해 임원이나 직원이 국내 및 해외에 출장 등을 갈 때 지출하는 숙박비나 교통비 등을 말한다.

❷ 접대비(Reception Expenses)

회사의 영업활동 가운데 거래관계의 원활한 진행을 도모하기 위해 거래처에 제공하는 선물, 식대, 향응, 금품 등을 말한다. 세법에서는 접대비의 과도한 지출을 억제하기 위해 일정한 한도를 정해 이 한도 내에서만 세법상의 비용(손금)으로 인정하고 있다.

❸ 운반비(Freight Expenses)

원재료나 제품, 상품 등의 운반을 위해 운수업자나 운수 관련 종사자에게 지출한 비용을 말한다.

❹ 광고선전비(Advertising Expenses)

상품이나 제품의 판매촉진을 위해 신문, TV, 라디오, 인터넷매체, 게시판 등에 게재하는 광고선전물의 제작 및 진행 등과 관련된 비용을 말한다.

❺ 연구비(R&D Expenses) 및 경상개발비

신제품이나 신기술개발을 위해 연구단계에서 지출하는 모든 비용은 연구비로, 개발단계의 지출 중 무형자산의 3가지 요건을 충족하지 못하는

용어 해설 ────

경상연구개발비

연구비와 경상개발비를 통합해
경상연구개발비 또는 연구개발비
로 표시할 수도 있다.

모든 비용은 경상개발비로 처리한다.[*]

❻ 판매수수료

상품이나 제품 등을 대리점을 통해 위탁판매할 때 판매를 알선하는 중
개인에게 지급하는 판매대행비를 말한다. 일반적으로 대리점 등의 판매
실적에 따라 지급하는 판매장려금은 매출에누리나 할인처럼 매출에서
차감하므로 판매비와관리비에 따로 표시되지 않는다.

❼ 대손상각비(Bad Debt Expenses)

매출채권, 미수금 등 영업활동과 관련된 채권으로서 회수가 불확실한
채권을 비용처리하는 계정이다.

(3) 기타 부대설비 관련 비용

❶ 통신비(Communication Expenses)

회사의 업무수행을 위해 사용하는 유무선전화사용료, 인터넷이용료, 우
편요금 등을 말한다.

❷ 수도광열비(Utilities Expenses)

회사의 업무를 위해 사용하는 수도, 전기, 가스, 석유 등의 요금을 말한다.

❸ 세금과공과(Taxes and Public Imposition)

세금은 회사가 영업활동을 하기 위해 납부해야 하는 세금 중 자동차세,
인지세, 면허세, 재산세 등 국가 또는 지방자치단체에 납부하는 세금을
말한다. 공과금은 상공회의소회비 또는 사용자단체회비 등으로 법에 정
해진 것을 말한다. 보통 국민연금도 세금과공과 항목에 포함시킨다.

❹ 소모품비(Consumables)

사무용지, 문방구, 소모공구, 기구, 비품 등으로서 소모적인 성격이 큰 물품의 구입에 소요된 비용을 말한다. 내구성이 있는 비품은 유형자산 계정에 포함시켜 감가상각을 통해서 비용화한다.

❺ 임차료(Rent)

타인 소유의 동산 또는 부동산 등의 자산을 사용하면서 지급하는 사용료를 말한다. 만약 회사 소유의 부동산을 임대해주는 경우에는 임차료가 아니라 수익 항목의 임대료수익 계정으로 분류한다. 용어 사용에 유의하자.

❻ 감가상각비(Depreciation Expenses)

건물이나 비품 등 내구연한이 있는 유형자산에 대해 취득원가를 내용연수에 걸쳐 일정한 감가상각 방법에 의해 비용으로 처리하는 계정이다(유형자산 참조).

❼ 수선비(Repair Expenses)

건물이나 비품 등의 수선 또는 유지를 위해 지출하는 비용을 말한다.

잠깐만요

세금과공과에 포함되지 않는 세금들

법인세, 부가가치세, 취득세, 등록세는 법인이 부담하는 세금임에 틀림없으나 세금과공과 항목에 포함시키지 않는다. 그 이유는 조금씩 다르다. 법인세는 법인의 소득을 계산한 연후에 산출되는 것인데, 소득을 계산하기 위해 미리 비용으로 처리하면 계산이 매우 복잡해지기 때문에 따로 계산해서 최후의 비용으로 빼준다.

부가가치세는 간접세로서 형식상 법인이 부담할 뿐 실제로는 최종소비자가 부담하는 것이므로 법인의 비용이 아니다. 그리고 취득세와 등록세는 관련 자산의 취득부대비용에 포함시켜 감가상각을 통해 비용화하도록 하고 있기 때문에 손익계산서상의 비용 항목에서 제외한다.

❽ 보험료(Insurance Expenses)

회사의 건물이나 재고자산 또는 인적자산에 대해, 미래 예측불가의 사고로 인해 발생할 손해에 대비하기 위해 보험회사에 가입하고 지출한 화재보험이나 손해보험, 자동차보험 등을 말한다.[*]

❾ 잡비 또는 잡손실(Miscellaneous Expenses)

회사의 영업활동과 관련해 지출했으나 이상의 계정으로 분류하기 곤란하고 금액이 크지 않은 경우 일괄처리하는 계정이다.

용어 해설

건강보험료 등

회사가 종업원을 위해 법적으로 지불해야 하는 건강보험료, 고용보험료, 산재보험료는 복리후생비 계정에 포함된다.

회계처리 요약: 영업이익

1. 판매비와관리비가 발생했을 때

차변	판매비와관리비 계정 xxx	대변	현금 등 xxx
			미지급비용 또는 미지급금 xxx

2. 미지급비용 및 미지급금을 지급할 때

차변	미지급비용 또는 미지급금 xxx	대변	현금 등 xxx

3. 기말 결산분개할 때

차변	선급비용 xxx	대변	보험료 등 xxx
	감가상각비 xxx		감가상각누계액 xxx
	대손상각비 xxx		대손충당금 xxx
	기타 계정 xxx		미지급비용 xxx

매출총이익과 영업이익의
완전이해에 도전해보자!

손익계산서 항목 중 매출총이익과 영업이익에 대해 알아보았다. 문제를 풀면서 점검해보자.

1	매출총이익이란 무엇을 말하는가?
2	매출총이익은 다음과 같이 계산된다. 괄호 안에 들어갈 말은 무엇인가? 매출총이익 = ( ) — ( )
3	다음은 상품판매회사의 매출원가 계산식이다. 괄호 안에 들어갈 말은 무엇인가? 매출원가 = 기초상품재고액 + ( ) — 기말상품재고액
4	판매가능상품이란 무엇을 말하는가?
5	다음은 제조회사의 매출원가 계산식이다. 괄호 안에 들어갈 말은 무엇인가? 매출원가 = 기초제품재고액 + ( ) — 기말제품재고액
6	제품제조원가에 대한 보고서를 무엇이라고 하는가?

7	영업이익이란 무엇인가?
8	영업이익을 계산하는 식은 무엇인가?
9	판매비와관리비란 무엇을 말하는가?
10	매출원가와 판매비와관리비를 구분하는 이유는 무엇인가?

정답

1. 매출로 인한 판매마진을 말한다.

2. 매출총이익 = (매출액) — (매출원가)

3. 매출원가 = 기초상품재고액 + (당기상품매입액) — 기말상품재고액

4. 기초상품에 당기매입상품을 더한 것으로, 기업이 회계기간 동안 판매할 수 있는 상품 총액을 말한다.

5. 매출원가 = 기초제품재고액 + (당기제품제조원가) — 기말제품재고액

6. 제조원가명세서

7. 주된 영업활동, 즉 판매활동을 통해 벌어들인 이익으로서, 기업의 존재의의를 보여주는 이익이라고 할 수 있다.

8. 영업이익 = 매출총이익 — 판매비와관리비

9. 판매활동을 위해 지출한 것 중 매출원가를 제외한 모든 영업비용을 말한다.

10. 정보이용자들에게 원가 정보와 비원가 영업활동비 정보를 구분해서 제공하는 것이 정보의 유용성이 높기 때문이다.

계속사업이익,
중단사업이익, 당기순이익

1. 계속사업이익

계속사업이익(Profit of Continued Operations)은 법인세차감전계속사업이익
과 계속사업법인세비용을 뺀 계속사업이익으로 구분된다. 여기서는 편
의상 법인세차감전계속사업이익을 전제로 설명하겠다.

계속사업이익은 기업의 주된 영업활동과 그와 관련된 부수적인 활동 또
는 주된 영업 이외의 활동에서 발생하는 이익으로서 중단사업손익에 해
당하지 않는 모든 손익을 말한다.

> **법인세차감전계속사업이익** = 영업이익 + 영업외수익 ― 영업외비용

법인세차감전순이익에서는 중단사업손익이 있을 때와 없을 때를 구분
해서 손익계산서의 표시방법을 나누고 있다. 이를 표로 비교해보면 다
음과 같다.

| 계속사업손익의 표시 |

중단사업손익이 없을 때	중단사업손익이 있을 때
영업이익	영업이익
영업외수익	영업외수익
영업외비용	영업외비용
법인세차감전순이익	법인세차감전계속사업이익
법인세비용	계속사업손익법인세비용*
	계속사업이익
	중단사업손익(법인세효과: xxx원)
당기순손익	당기순손익

용어 해설

계속사업손익법인세비용
계속사업손익에 대응해 발생한 법인세비용을 말한다.

법인세차감전계속사업이익은 영업이익에 영업외수익을 더하고, 영업외비용을 뺀 금액을 말한다. 계속사업이익은 다시 여기에서 계속사업법인세비용을 뺀 금액이다.

계속사업이익은 영업이익에서 영업외수익 및 비용을 뺀 것인 만큼 영업외수익 및 비용에 대해서 이해할 필요가 있다.

용어 해설

영업활동, 투자활동, 재무활동
각 활동에 대한 자세한 내용은 셋째마당 〈재무제표 3요소 ― 현금흐름표〉에서 살펴본다.

회사의 경영활동은 크게 영업활동, 투자활동, 재무활동* 3가지로 구분된다. 영업활동에서 발생한 이익을 영업이익이라고 하면 투자활동과 재무활동에서 발생한 수익 및 비용이 바로 영업외수익 및 영업외비용에 해당한다.

따라서 계속사업이익은 영업이익에 투자활동 및 재무활동에서 발생한 수익 및 비용을 가감해 산출한 이익이므로, 사실상 회사의 경상적인 활동에서 발생한 모든 손익의 결과를 보여주는 이익이라고 할 수 있다.

2. 중단사업이익

중단사업이익(Profit of Discontinued Operations)이 다음 요건을 모두 충족하는 경우에 손익계산서에 반영한다.

> 가. 사업의 중단을 목표로 수립된 단일계획에 따라 기업의 일부를 일괄적으로 매각 또는 기업분할 방식으로 처분하거나 해당 사업에 속하는 자산과 부채를 분할해 처분 또는 상환하거나 사업 자체를 포기할 것
> 나. 주요 사업별 또는 지역별 단위로 구분이 가능할 것
> 다. 경영관리와 재무보고 목적상 별도로 식별할 수 있을 것

회사가 사업의 중단 계획에 따라 이를 공시한 뒤에는 중단사업과 관련해 2종류의 비용이 발생한다. 사업중단직접비용과 중단사업자산손상차손이다.

사업중단직접비용이란, 추가적인 퇴직급여 등 사업중단으로 인해 다른 사업과 관계없이 불가피하게 발생하는 비용을 말한다. 중단사업자산손상차손이란, 중단사업에 속하는 자산의 회수가능액을 추정해 장부에 반영하는 손실이다.

중단사업에서 발생하는 손익은 영업손익과 영업외손익에 해당하므로 계속사업손익에 포함되지만, 중단사업 관련 재무정보 자체가 이해관계자에게 중요하기 때문에 이를 따로 표시하는 것이다.

그리고 손익계산서에 중단사업손익을 표시할 때는 중단사업으로 인한 법인세효과를 차감한 후의 순액으로 나타낸다.

그러면 이제 계속사업손익을 구성하는 영업외수익과 영업외비용에 대해 알아보자.

3. 영업외수익

영업외수익(Non-operating Revenue)은 기업의 주된 영업활동이 아닌 활동 (투자활동 또는 재무활동)으로부터 발생한 수익으로서 중단사업손익에 해당 하지 않는 것을 말한다. 영업외수익에 속하는 항목들은 다음과 같다.

❶ 이자수익(Interest Revenue)

이자수익은 기업이 금융기관에 예치한 각종 은행예금이나 보유 중인 채 권 또는 대여금 등 금전의 대여에서 발생하는 모든 이자수입액을 말한 다. 은행에서 이자가 입금될 때는 이자소득에 대한 법인세를 원천징수 하므로 회계처리는 다음과 같다.

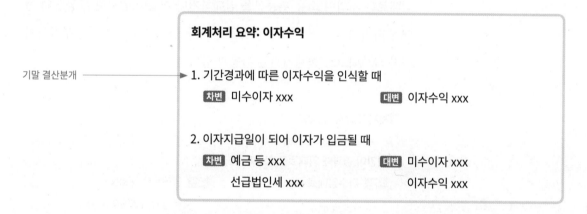

회계처리 요약: 이자수익

기말 결산분개 ──────→ 1. 기간경과에 따른 이자수익을 인식할 때

  차변 미수이자 xxx   **대변** 이자수익 xxx

2. 이자지급일이 되어 이자가 입금될 때

  차변 예금 등 xxx   **대변** 미수이자 xxx

     선급법인세 xxx   이자수익 xxx

❷ 배당금수익(Dividend Revenue)

배당금수익은 기업이 보유한 단기매매증권이나 매도가능증권 등으로 분류된 유가증권의 배당금을 말한다. 하지만 주식배당금은 배당금수익 에 포함시키지 않고 주식수의 증가로만 기록한다.

회사의 배당금수익에 대해서는 이자수익과 마찬가지로 배당금이 입금 될 때 원천징수를 하므로 회계처리는 다음과 같다.

회계처리 요약: 배당금수익

1. 피투자회사에서 주식배당을 결의한 때
   (회계처리 없이 장부상의 주식수만 증가하는 것으로 처리)

2. 피투자회사에서 현금배당을 결의한 때

차변 미수배당금 xxx	대변 배당금수익 xxx

3. 배당금지급일이 되어 배당금이 입금될 때

차변 예금 등 xxx	대변 미수배당금 xxx
선급법인세 xxx	

❸ 임대료(Rent Revenue)

임대료는 기업이 소유 부동산을 임대하거나 기업이 임차한 부동산의 전대에 따라 발생한 임대료수입액을 말한다. 임대료에 대해서는 부가가치세가 과세되므로 회계처리는 다음과 같다.

회계처리 요약: 임대료

1. 기간이 경과해 임대료를 청구할 때

차변 미수임대료 xxx	대변 임대료수익 xxx
	부가가치세예수금 xxx

2. 임대료를 지급받을 때

차변 현금 등 xxx	대변 미수임대료 xxx

3. 부가가치세 신고납부할 때

차변 부가가치세예수금 xxx	대변 현금 등 xxx

❹ 단기투자자산처분이익

기업이 보유하던 국공채, 회사채 등 단기매매증권을 취득원가보다 높은 금액으로 처분하는 경우에 발생하는 처분이익을 말한다.

❺ 단기투자자산평가이익

기업이 보유하고 있는 국공채, 회사채 등 단기매매증권을 결산일에 공정가치로 평가하는 경우, 장부금액보다 공정가치가 클 때 그 차액을 평가이익으로 처리한다.

❻ 외환차익(Foreign Exchange Gains)

외환차익은 외화자산의 회수 또는 외화부채를 상환할 때 환율의 변동으로 인해 장부상의 금액과 회수, 상환할 금액이 변동함으로써 발생하는 차익을 말한다.

회계처리 요약: 외환차익

1. 외화자산을 회수한 때

차변	현금 등 xxx	대변	외화자산 xxx
			외환차익 xxx

2. 외화부채를 상환한 때

차변	외화부채 xxx	대변	현금 등 xxx
			외환차익 xxx

---

❼ 외화환산이익(gains on foreign exchange translation)

외화환산이익은 결산일에 환율의 변동에 따라 화폐성[*] 외화자산이나 화폐성 외화부채를 기말기준환율 또는 재정환율로 환산할 때 발생하는 이익을 말한다.

용어 해설

화폐성(Monetary)

화폐성이란, 기업의 외화표시 채권 또는 채무 중 외화금액이 고정적이고 확정적인 것을 말한다. 현금, 예금, 매출채권, 대여금, 매입채무, 차입금, 사채 등이 화폐성인데, 이와 같은 화폐성 자산·부채는 환율변동에 따라 원화금액이 변동되므로 매기말 환산을 해야 한다. 반면 재고자산, 비유동자산, 선수금 등은 금액이 고정되거나 확정적인 것이 아니므로 비화폐성이라고 하며 환산 대상이 아니다.

❽ 지분법이익(Gains Using Equity Method)

피투자회사에 중대한 영향력을 행사할 수 있는 정도(20% 이상 의결주식 보유 시)의 주식을 소유하고 있는 경우 지분법에 따라 평가하도록 하고 있는데, 지분법이익은 이때 발생하는 이익으로서 피투자회사의 당기순이익 발생에 따른 지분증가분을 말한다.

❾ 장기투자증권손상차손환입

시장성이 없는 매도가능증권 또는 만기보유증권, 지분법적용투자주식으로서 회수가능액(피투자회사의 순자산공정가치지분율*)이 장부금액보다 하락해서 회복할 가능성이 없는 경우에는 장부금액과 회수가능액의 차액을 장기투자증권손상차손으로 계상한다.

용어 해설

순자산공정가치지분율
피투자회사의 자산과 부채를 결산일의 공정가치로 평가해 계산한 순자산공정가치에 대한 투자지분 비율을 말한다.

잠깐만요 **외화자산과 부채를 환산하는 방법**

외화자산과 부채를 환산하는 방법에는 화폐성·비화폐성법과 현행환율법 등이 있다.
전자는 해외거래의 주체를 해외소재 지점으로 보지 않고, 국내 실체가 직접 거래한 것처럼 가정해 환산하는 방법이고, 후자는 해외거래의 주체인 해외소재 지점이 거래한 결과인 외화표시 재무제표를 기말에 특정 환율로 일률적으로 환산하는 방법이다.
화폐성·비화폐성법은 화폐나 매출채권 등 화폐성 항목에 대해서는 기말의 환율로 환산하되, 재고자산이나 선급금 등 비화폐성 항목은 취득 당시의 환율을 적용해 환산해서 그에 따른 환산손익을 인식한다.
이에 반해 현행환율법은 모든 외화자산과 부채를 기말 현재의 환율로 평가해 환산손익을 인식한다. 현행환율법은 새로 도입된 기능통화 제도와 유사한 환산방법이다.

장기투자증권손상차손환입은 이후 해당 증권의 회수가능액이 회복된 경우 장기투자증권손상차손을 인식하기 전 장부금액을 한도로 회복한 금액을 말한다.

회계처리 요약: 장기투자증권손상차손환입

1. 회수가능액이 장부금액보다 하락해서 회복할 가능성이 없을 때

    차변 장기투자증권손상차손 xxx　　　　**대변** 장기투자증권 xxx

2. 회수가능액이 회복된 경우

    차변 장기투자증권 xxx　　　　　　　**대변** 장기투자증권손상차손환입 xxx

환입액은 손상차손을 계상하기 전 금액을 한도로 한다.

---

❿ 투자자산처분이익

기업이 보유하고 있는 투자자산을 처분하는 경우, 처분금액이 장부금액보다 클 때 그 차액을 말한다.

⓫ 유형자산처분이익

기업이 보유하고 있는 토지, 건물, 기계장치, 비품 등의 유형자산을 처분하는 경우 처분금액이 장부금액보다 클 때 발생하는 이익을 말한다. 이익은 처분금액에서 장부금액을 뺀 차액으로 나타난다.

⓬ 사채상환이익

기업이 발행한 회사채를 상환하는 경우에 발생하는 이익으로서, 사채의 장부금액보다 상환에 따른 현금유출이 적을 때 그 차액만큼의 사채상환이익이 발생한다.

⓫ 전기오류수정이익(Gain on Prior Period Adjustment)

전기 이전의 오류를 수정함에 따라 발생하는 이익으로서, 중요하지 않은 경우에는 영업외수익으로 처리한다. 만약 전기오류수정이익의 질이나 양이 중요한 경우에는 이익잉여금처분계산서상의 가산 금액으로 표시한다. 이에 대한 회계처리는 다음과 같다.

회계처리 요약: 전기오류수정이익

1. 전기에 귀속하는 이자수익을 인식하지 않았을 때(중요하지 않은 경우)
   - 차변 현금 또는 미수수익 xxx　　　　대변 전기오류수정이익 xxx
   　　　　　　　　　　　　　　　　　　　　　(영업외수익)

2. 전기분 감가상각비를 과대계상한 경우(중요한 경우)
   - 차변 감가상각누계액 xxx　　　　　대변 전기오류수정이익 xxx
   　　　　　　　　　　　　　　　　　　　　　(이익잉여금 가산)

감가상각누계액을 차감하므로, 장부상 유형자산 금액은 증가한다.

---

4. 영업외비용

영업외비용(Non-operating Expense)은 기업의 주된 영업활동이 아닌 활동으로부터 발생한 비용과 차손으로서 중단사업손익에 해당하지 않는 것을 말한다. 영업외비용에 속하는 항목들은 다음과 같다.

❶ 이자비용(Interest Expense)

기업이 금융기관 등으로부터 대출을 받거나 사채발행 등을 통해 자금을 조달함으로써 발생하는 이자를 말한다.

❷ 기타 대손상각비(Bad Debt Expenses)

기업의 주된 영업활동 과정에서 발생한 채권 중 회수불능채권에 대해서는 판매비와관리비의 대손상각비로 처리하지만, 주된 영업활동 이외에서 발생한 채권 중 회수불가능한 경우에는 기타 대손상각비로 처리한다.

❸ 단기투자자산처분손실

회사가 보유 중인 국공채나 회사채 등 단기매매증권의 처분 시 처분금액이 장부금액보다 작을 때 그 차액을 말한다.

❹ 단기투자자산평가손실

회사가 보유 중인 국공채 등의 단기투자자산을 기말결산 시에 평가할 때 장부금액보다 공정가치가 작을 경우, 그 차액을 말한다.

❺ 재고자산감모손실(비정상적으로 발생한 경우)

천재지변, 도난, 진부화 등의 비정상적인 사유로 인해 재고자산의 장부금액보다 실제 재고자산이 적을 때 그 차액을 말한다. 제조 또는 유통과정에서 정상적으로 발생하는 감모의 경우에는 매출원가에 포함시켜 계산한다. 이에 대한 회계처리를 구분하면 다음과 같다.

회계처리 요약: 재고자산감모손실

1. 비정상적인 경우
   - **차변** 재고자산감모손실 xxx　　　　**대변** 상품 등 xxx
   - (영업외비용)

2. 정상적인 경우
   - **차변** 매출원가 xxx　　　　**대변** 상품 등 xxx

---

❻ 외환차손(Foreign Exchange Losses)

외환차손은 외화자산을 회수하거나 외화부채를 상환할 때 환율의 변동으로 인해 발생하는 손실(차손)을 말한다.

❼ 외화환산손실

결산일에 환율의 변동에 따라 화폐성 외화자산 또는 화폐성 외화부채를 기말 기준환율 또는 재정환율*로 환산할 때 발생하는 이익을 말한다.

❽ 기부금(Donations)

기부금은 기업이 업무와 무관하게 비영리단체 등에 기부하는 금액을 말한다. 기부금에 대해서는 세법에서 한도를 정하고 있으므로 회계상으로는 비용이지만 세법상으로는 손금(세무상 비용)으로 인정되지 않는 경우가 있다.

❾ 지분법손실(Losses Using Equity Method)

피투자회사에 중대한 영향력을 행사할 수 있는 정도(20% 이상 의결주식 보유 시)의 주식을 소유하고 있는 경우 지분법에 따라 평가하도록 하고 있는데, 지분법손실은 이때 발생하는 손실로서 피투자회사의 당기순손실 발생에 따른 지분감소분을 말한다.

❿ 장기투자증권손상차손

시장성이 없는 매도가능증권 또는 만기보유증권, 지분법적용투자주식으로서, 회수가능액*이 장부금액보다 하락해서 회복할 가능성이 없어 장부금액과 회수가능액의 차액이 발생할 때 그 차액을 말한다.

⓫ 투자자산처분손실

기업이 보유하고 있는 투자자산을 처분할 경우, 처분대가가 장부금액보다 작을 때 그 차액을 말한다.

⓬ 유형자산처분손실

기업이 보유하고 있는 토지, 건물, 기계장치, 비품 등의 유형자산을 처분하는 경우, 처분대가가 장부금액보다 작을 때 발생하는 손실을 말한다. 손실액은 처분액에서 장부금액을 뺀 차액으로 나타낸다.

⓭ 사채상환손실

기업이 발행한 회사채를 상환하는 경우에 발생하는 손실로서, 사채의 장부금액보다 상환에 따른 현금유출이 많을 때 그 차액만큼의 사채상환손실이 발생한다.

⓮ 전기오류수정손실

전기 이전의 오류를 수정함에 따라 발생하는 손실로서, 중요하지 않은 경우에는 영업외비용으로 처리한다. 만약 전기오류수정손실의 질이나 양이 중요한 경우에는 이익잉여금처분계산서상의 차감금액으로 표시한다.

5. 법인세비용은 법인의 소득세와 관련된 비용

법인세비용(Tax Expense)은 법인의 소득에 대해 부담할 세금과 관련해 인식해야 할 비용으로, 법인세부담액에 이연법인세변동액을 가감한 금액을 말한다.

> **법인세비용** = 법인세부담액 ± 이연법인세변동액

법인세부담액(Tax Payable)은 법인세법 등의 법령에 의해 각 회계연도에 부담할 당기법인세 및 당기법인세에 부가되는 세액(지방소득세 등)의 합계액을 말한다.

이연법인세변동액은 기업회계기준과 세법 간의 일시적 차이에 의해 발생하는 이연법인세자산 및 부채의 변동액을 말한다. 법인세비용과 법인세부담액의 차이는 회계기준과 세법의 과세기준이 다음 표와 같이 서로 다르기 때문에 생긴다.

| 기업회계기준과 세법의 주요한 차이 비교 |

구분	기업회계기준	법인세법	세무조정
목적	경영성과 보고	조세정책 목표의 달성	두 기준의 차이 조정
계산구조	수익 — 비용 = 당기순이익	익금 — 손금 = 사업연도 소득	당기순이익 + (익금산입, 손금불산입) — (손금산입, 익금불산입) = 사업연도 소득
용어 비교	회계연도	사업연도	사업연도
	수익(매출) 및 차익	익금	당기순이익 + 익금산입 + 손금불산입
	비용(매출원가, 판매비와관리비) 및 차손	손금	손금산입 + 익금불산입
	당기순이익	각 사업연도 소득	각 사업연도 소득
주요 차이	접대비와 기부금 한도 없음	접대비와 기부금 한도 있음	한도 넘는 접대비와 기부금 손금불산입
	감가상각비 합리적 상각	감가상각비 한도 있음	한도초과는 부인, 한도미달액은 조건부추인
	퇴직급여충당금은 추계액의 100%까지 적립 의무	퇴직급여충당금 한도 있음	한도초과분은 손금불산입
	대손충당금 및 손상차손은 합리적 추정에 의해 설정	대손실적률과 대상 채권의 1% 중 큰 금액이 한도	한도초과분은 손금불산입
	기부금은 전액 비용처리	기부금을 3종류로 구분해 각각 한도 있음	한도초과분은 손금불산입
	법인세비용을 수익에서 차감	법인세비용을 손금으로 보지 않음	법인세비용 손금불산입

❶ 법인세부담액 계산

따라서 손익계산서상의 법인세비용을 계산하려면 먼저 법인세부담액을 계산하고, 그다음에 이연법인세변동액을 계산해야 한다. 법인세부담액의 계산구조는 다음과 같다.

| 법인세부담액 계산구조 |

실무적 계산과정	이론적 계산과정	구분
당기순이익	법인세차감전순이익	
(+) 익금산입, 손금불산입	(+) 가산할 영구적 차이	
(-) 손금산입, 익금불산입	(+) 가산할 일시적 차이*	세무조정 과정
(=) 각 사업연도 소득 금액	(-) 차감할 영구적 차이	
(-) 이월결손금, 비과세소득, 소득공제	(-) 차감할 일시적 차이	
(=) 과세표준	(=) 과세소득	
(×) 세율*	(×) 세율*	
(=) 산출세액		
(-) 세액공제 및 감면	법인세부담액	
(=) 법인세부담액		

* 현재 과세표준 2억 원까지는 10%, 2억 원 초과 200억 원 이하에는 20%, 200억 원 초과 3,000억 원 미만분에 는 22%, 3,000억 원 초과분에는 25%의 세율을 적용함

용어 해설

영구적 차이 / 일시적 차이

영구적 차이는 기업이익과 과세소득의 차이가 발생한 연도에 영향을 미치는 것으로, 접대비 및 한도초과액 등이 있다. 일시적 차이는 기업이익과 과세소득의 귀속시기의 차이에 의해 미래에 영향을 미치지만 그 차이가 소멸되는 것으로, 미수수익 등이 있다.

앞의 표에서 당기순이익에 가산조정 및 차감조정하는 과정, 즉 기업회계기준과 세법의 차이를 조정하는 절차를 '세무조정'(Tax Reconcilation)이라고 한다. 세무조정은 회계장부와 별도로 세금계산만을 위해 세무장부를 별도로 작성하지 않도록 해서 국가경제의 낭비를 막고, 납세자의 편의를 위한 절차라고 보면 된다.

❷ 이연법인세변동액 계산

그다음으로 이연법인세변동액은 다음과 같이 계산한다.

> **이연법인세변동액** = 당기말 현재 이연법인세 — 전기말 현재 이연법인세

이연법인세는 미래에 가산 및 차감될 일시적 차이에 미래의 예정세율을 곱해 계산한 금액의 합계를 말한다. 이렇게 해서 법인세비용을 계산한 뒤 회계처리는 다음과 같다.

회계처리 요약: 법인세비용

차변	법인세비용 xxx	대변	미지급법인세 xxx
	이연법인세자산 xxx		이연법인세부채 xxx
			선급법인세 xxx

법인세부담액 = 미지급법인세(당기 결산일로부터 3개월 이내 납부) + 선급법인세(기중에 원천징수되었거나 중간예납한 법인세)

손익계산서상의 법인세비용은 중단사업이 있을 때와 중단사업이 없을 때 표기방식이 조금 다르다.

중단사업이 있을 경우에는 계속사업손익법인세비용과 중단사업손익을 표시하고, 중단사업손익은 중단사업손익에 대한 법인세효과를 차감한 순액으로 나타낸 다음 법인세효과를 중단사업손익 하단에 괄호로 기재한다.

중단사업이 없을 경우에는 법인세비용차감전순손익 하단에 법인세비용을 표시한다.

6. 당기순이익이란?

당기순이익(Profit for The Period)은 손익계산서의 궁극적인 결과로서 한 회계기간의 최종적인 경영성과, 즉 기업의 총수익에서 총비용을 차감한 이익을 말한다. 당기순이익은 계속사업손익에 중단사업손익을 가감해서 산출한다.

이를 손익계산서에서 계산할 때는 다음과 같이 한다. 중단사업이 있을 때는 계속사업손익에서 중단사업손익을 가감해 계산하고, 중단사업이 없을 때는 법인세비용차감전순손익에서 법인세비용을 차감해 계산한다. 이 때문에 당기순이익을 '세후이익'(Profit after Taxation)이라고도 한다.

> **당기순이익** = 계속사업손익 ± 중단사업손익 ◀────── 중단사업손익 있을 때
>
> = 법인세차감전순이익 − 법인세비용 ◀────── 중단사업손익 없을 때

(1) 포괄손익의 내용을 주석으로 기재

포괄손익(Comprehensive Profit or Loss)이란, 한 회계기간 동안 손익거래로 인해 기업에 발생한 모든 손익을 말한다. 포괄손익은 재무제표상 손익계산서에 포함되는 손익과 재무상태표 자본 항목의 기타포괄손익누계액에 포함되는 손익으로 구성된다.

기업회계기준은 당기순손익에 기타포괄손익을 가감해 산출한 포괄손익의 내용을 주석으로 기재하도록 하고 있다. 이 경우 기타포괄손익의 각 항목은 관련된 법인세효과가 있다면 그 금액을 차감한 후의 금액으로 표시하고, 법인세효과에 대한 내용은 별도로 기재한다.

포괄손익계산서

제x2기 20x1년 1월 1일부터 20x1년 12월 31일까지
제x1기 20x0년 1월 1일부터 20x0년 12월 31일까지

○○주식회사   (단위: 원)

구분	당기	전기
• 당기순이익	xxx	xxx
• 회계정책변경누적효과	xxx	xxx
• 기타포괄손익	xxx	xxx
매도가능증권평가손익(법인세효과: xxx원)		
해외사업환산손익(법인세효과: xxx원)		
현금흐름위험회피파생상품평가손익(법인세효과: xxx원)		
……		
• 포괄손익	xxx	xxx

회계정책의 변경에 대해 소급 적용하지 않고 회계정책변경 누적효과를 기초 이익잉여금에 일시에 반영할 경우에 나타난다.

(2) 주당순손익 이해하기

주당순손익(EPS: Earnings Per Share)은 당기순손익을 평균발행주식수로 나눈 값을 말한다. 주당순손익의 의미는 주식 1주가 1년 동안 벌어들인 순손익으로서, 주식투자의 중심지표로 쓰인다.

당기순이익 규모가 늘면 주당순이익이 커지고, 전환사채의 주식전환이나 유무상증자에 의해 주식수가 많아지면 주당순이익이 낮아진다. 주당순이익이 높을수록 경영실적이 양호하고 기업가치도 높아지는 것이다.

또한 주당순손익은 기업의 수익성을 분석하는 중요한 수치인 주가수익률(PER: Price Earning Ratio) 계산의 기초가 된다. PER는 주가가 1주당 순이익의 몇 배인지를 나타내는 지표로, 주당순이익에 대한 주가의 상대적 수준을 나타낸다. 즉, PER는 주가 대비 주당순이익이 높을수록 낮아진다. 따라서 PER를 이용할 때는 경쟁업체의 PER와 비교해 낮을수록 투자매력이 높다고 할 수 있다.

(3) 기본주당순손익과 희석주당순손익

주당순손익은 기본주당순손익과 희석주당순손익으로 구분한다. 기본
주당순손익이 보통주와 우선주에 대한 주당순손익이라면 희석주당순
손익은 보통주로 청구할 수 있는 증권, 즉 전환증권(전환사채, 전환우선주 등)
과 신주인수권(신주인수권부사채, 주식매입선택권 등)이 모두 전환되었다고 가
정할 경우의 총주식수로 계산한 주당순이익을 말한다.

희석주당순손익에 대한 정보는 투자자들에게 발생 가능한 가장 보수적
인 주당순손익 정보를 제공하는 데 목적이 있다고 할 수 있다.

계속사업이익, 중단사업이익, 당기순이익의 완전이해에 도전해보자!

T
E
S
T

손익계산서 항목 중 계속사업이익, 중단사업이익, 당기순이익에 대해 살펴보았다. 문제를 풀며 정리해보자.

1	다음은 법인세차감전계속사업이익을 구하는 식이다. 괄호 안에 들어갈 말은 무엇인가? 법인세차감전계속사업이익 = ( ) + 영업외수익 — 영업외비용
2	손익계산서에 표시되는 손익이 아닌 것은 어떤 것일까? ① 매출총손익 ② 영업손익 ③ 계속사업손익 ④ 경상손익 ⑤ 특별손익
3	중단사업손익이란 무엇인가?
4	영업외수익이란 무엇인가?
5	다음 중 영업외비용에 해당하는 것을 골라보자. ① 급여 ② 접대비 ③ 감가상각비 ④ 이자비용 ⑤ 외화환산손실
6	손익계산서상의 법인세비용은 세법에 의해 납부해야 하는 법인세와 다른데, 그 이유는 무엇인가?

7	손익계산서상의 법인세비용은 다음과 같이 계산된다. 괄호 안에 들어갈 말은 무엇인가?
	법인세비용 = 법인세부담액 ± ( )

8	포괄손익은 주석으로 공시하도록 하고 있다. 다음 중 포괄손익에 포함되지 않는 것은 어느 것인가?
	① 당기순이익 ② 회계정책변경누적효과
	③ 매도가능증권평가손익 ④ 해외사업환산손익
	⑤ 자기주식처분손익

9	주당순손익이란 무엇인가?
	....
	....

10	다음 자료로 A기업의 주가수익비율(PER)을 계산해보자.
	A기업의 기말 현재 종가: 55,000원 / 주당순이익: 5,000원
	A기업의 PER = ( )

1. 법인세차감전계속사업이익 = (영업이익) + 영업외수익 − 영업외비용
2. ④ 경상손익, ⑤ 특별손익
3. 일정한 계획에 따라 사업을 중단하고, 구분경리가 가능한 경우 중단사업부문의 손익으로 중단사업 관련 법인세효과를 뺀 나머지를 말한다.
4. 매출과 같은 주된 영업활동 이외의 활동(재무활동, 투자활동)에서 발생한 수익을 말한다.
5. ④ 이자비용, ⑤ 외화환산손실
6. 기업회계기준과 세법의 기준이 달라서 일시적 차이가 생기기 때문이다.
7. 법인세비용 = 법인세부담액 ± (당기이연법인세변동액)
8. ⑤ 자기주식처분손익
9. 당기순손익을 평균발행주식수로 나눈 값이다.
10. PER = 55,000원 ÷ 5,000원 = 11

재무제표 3요소
현금흐름표

재무상태표와 손익계산서까지, 굵직굵직한 주제를 잘 마친 김초보 씨는 이제 재무제표에 대해서 나름의 감을 잡았다는 생각이 들었다. 혼자서 재무제표를 읽으며 이런저런 정보들을 해석할 수도 있게 되었다.

이제 현금흐름표에 도전할 차례다. 김초보 씨는 늘 하던 대로 현금흐름표가 무슨 뜻인지 회계사 친구에게 물어보았다.

"현금흐름표는 한마디로 기업의 현금흐름이 기초에서 기말까지 어디서 어떻게 변했는지를 보여주는 명세서라고 할 수 있어."

"현금흐름에서 현금은 재무상태표상의 현금을 말하는 거지?"

"정확히는 재무상태표상의 현금및현금성자산이 변동한 내역이라고 할 수 있지. 여기에는 현금뿐 아니라 보통예금 또는 취득 시 만기가 3개월 미만인 금융상품도 포함된다고 보면 돼."

"현금흐름표가 필요하다는 말은 바꿔 말하면, 재무상태표나 손익계산서만으로는 현금흐름에 관한 정보를 알 수 없다는 얘기네?"

"그래, 맞아. 재무상태표나 손익계산서는 현금유출입에 따른 기록이 아니라 현금유출입과 상관없이 소위 발생주의에 따라 작성된 것이거든. 경영성과를 평가할 때는 발생주의 기준의 이익이 합리적인 기준이 될 수 있지만, '흑자도산'이라는 말처럼 이익이 현금으로 뒷받침되지 않으면 회사운영에 문제가 생기기 때문에, 현금에 관해서는 현금주의 정보가 꼭 필요하다고 할 수 있어."

"현금흐름 정보가 그렇게 중요한 건가?"

"그럼! 기업의 현금흐름에 대한 정보는 이해관계자들에게 아주 중요해. 가령 주주들은 기업이 배당금을 지급할 현금을 보유하고 있는지 알고 싶을 거고, 채권자는 이자나 원금을 상환할 현금흐름 창출능력이 있는지에 관심이 많지. 특히 손익계산서상의 이익이 현금이익으로 나타나고 있는지가 중요한데, 이건 결국 당기순이익의 질을 평가하는 또 다른 기준이라고 할 수 있어."

"그렇다면 현금흐름표를 볼 때는 기말현금이 기초현금보다 많으면 좋은 거겠군."

"꼭 그렇다고는 할 수 없어. 오히려 현금흐름표에서는 영업활동 현금흐름과 투자활동 현금흐름, 재무활동 현금흐름을 비교해서 평가하는 게 중요해. 가령 영업활동 현금유입이 증가했는데 투자활동 현금유출도 동시에 증가해서 현금의 증감변동이 별로 없다면, 이건 영업활동을 유지·확대하려는 회사의 의도를 보여주는 수치라고 할 수 있으니까 이해관계자들에게 좋은 신호로 해석될 수 있는 거지."

친구의 말을 들으면서 김초보 씨는 현금흐름표에서 기초와 기말현금의 차이 자체가 중요한 것이 아니라 영업활동, 투자활동, 재무활동에 의한 현금흐름을 구체적으로 살펴보아야 한다는 점을 깨닫게 되었다.

현금흐름표
이해하기

1. 현금흐름표와 유용성

현금흐름표(C/F: Statement of Cash Flows)는 기업의 현금유출 및 현금유입의 내역에 대한 정보를 제공하는 재무제표다.

재무상태표, 손익계산서, 자본변동표 등의 재무제표가 발생주의에 따라 작성된 기업의 재무보고서라면, 현금흐름표는 현금흐름의 변동을 현금주의에 따라 보고하는 명세서라고 할 수 있다.

즉, 일정한 회계기간 동안 발생한 현금의 유입과 유출을 영업활동, 투자활동, 재무활동으로 구분해서 표시한 명세서다.

현금흐름표는 이해관계자의 경제적 의사결정에 유용한 다음과 같은 정보를 제공하기 때문에 중요한 재무보고서 중 하나다.

첫째, 손익계산서상의 이익과 현금흐름표상의 현금흐름 정보를 동시에 이용하면 기업의 미래 현금흐름 창출능력을 예측하고 평가하는 데 유용하다.

둘째, 기업이 일상적인 영업활동과 관련해 현금지출을 하고도 채무를 변제할 수 있는 능력이 있는지, 주주에게 적정한 배당을 할 수 있는 배당지급능력이 있는지, 외부자금의 조달 필요성을 평가하는 데 필요한 정보 등을 제공한다.

셋째, 당기순이익과 현금유입 및 유출 간에 차이가 나는 원인에 대한 정보를 제공해주므로 순이익의 질을 평가하는 데 유용하다.

넷째, 특정 기간 자산과 부채의 변동상황을 보다 구체적으로 파악할 수 있다. 유형자산의 취득자금 또는 부채의 상환자금을 어떻게 조달했는지에 대한 정보를 파악할 수 있다.

2. 현금흐름표 작성원칙

현금흐름표는 한 회계기간의 현금유출입 내역에 관한 정보를 제공하는 것으로서, 정보이용자들에게 유용하도록 다음과 같은 원칙에 따라 작성된다.

❶ 현금흐름표상 현금의 범위

현금흐름표상의 현금은 재무상태표상의 현금및현금성자산을 말한다. 다시 말해 현금흐름표의 현금은 통화, 타인발행수표 등 통화대용증권만이 아니라 당좌예금, 보통예금 그리고 현금성자산을 포함한 것이다.

현금및현금성자산은 취득일로부터 3개월 이내에 언제든지 현금화할 수 있는 자산으로 사실상 현금처럼 취급할 수 있는 자산이다.

❷ 현금흐름을 3가지 활동으로 구분

현금흐름표는 현금의 유입과 유출 내역을 기업의 3가지 주요활동, 즉 영업활동(Operating Activities), 투자활동(Investing Activities), 재무활동(Financing Activities)으로 구분해서 표시한다.

이렇게 활동별로 현금흐름을 구분하는 것은 활동에 따른 현금흐름 변동

정보가 이해관계자의 경제적 의사결정에 유용하기 때문이다. 특히 영업활동에 의한 현금흐름은 영업활동에 의한 이익의 질을 평가하는 데 매우 유용한 정보를 제공한다.

❸ 현금흐름의 변동내역 총액표시

현금흐름표의 현금흐름 변동은 총액으로 표시하는 것을 원칙으로 하며, 기초의 현금에 3가지 활동별 순현금흐름을 가산해서 기말의 현금을 산출하는 형식으로 나타낸다.

3. 현금흐름표 읽는 요령

현금흐름표를 읽기 위해 주안점을 둘 부분들을 먼저 알아보자.

(1) 현금흐름표의 기본구조를 이해하자

현금흐름표는 기업의 현금흐름을 영업활동 현금흐름, 투자활동 현금흐름, 재무활동 현금흐름 등 3가지 활동별로 현금의 유입과 유출로 구분해서 표시하고, 당기 현금흐름의 변동을 기초 현금흐름에 반영해 기말 현금흐름을 나타내는 구조로 되어 있다.

(2) 활동별 현금흐름의 내용을 살펴보자

우선 영업활동, 투자활동, 재무활동 현금흐름의 크기를 비교해 현금의 주요한 유출입이 어느 활동에서 발생하고 있는지를 살펴보아야 한다. 그리고 활동별로 현금의 유출과 유입 내역을 살펴본다. 기업 가치평가에서 중요한 현금흐름은 영업활동 현금흐름에서 투자활동 현금흐름을 차감한 잉여현금흐름이다.

현금조달의 원천이 어디인지, 즉 영업활동을 통한 것인지 아니면 주주 또는 채권자로부터 조달한 것인지를 평가한다. 현금 사용처는 어디인 지, 영업활동이나 투자활동인지 아니면 재무적 부채를 상환하는 데 쓰 였는지를 평가한다.

손익계산서상의 이익과 현금흐름 이익을 비교함으로써 이익의 질을 평 가한다. 손익계산서의 이익과 영업활동 현금흐름 이익이 유사하다면 이 익의 질이 좋다고 볼 수 있다.

(3) 전기, 동종업계의 현금흐름과 비교평가하자

일반적으로 공시되는 현금흐름표는 전기와 당기 양년도 수치가 비교표 시되므로, 양년도의 현금흐름을 비교평가해 추세를 분석하고, 또 동종 업계의 현금흐름과도 비교해 기업의 현금흐름 상태를 평가한다.

4. 영업활동 현금흐름 이해하기

영업활동 현금흐름은 기업의 경영에 필요한 현금을 외부로부터 조달하 지 않고 매출 등 기업의 자체적인 영업활동으로부터 얼마나 창출했는지 에 대한 정보를 제공한다. 이때 영업활동 현금흐름은 크게 현금유입과 현금유출로 구분된다.

우선 영업활동으로 인한 현금유입에는 제품 등의 판매에 따른 현금유입 (매출채권의 회수 포함), 이자수익과 배당금수익*, 기타 투자활동과 재무활 동에 속하지 않는 거래에서 발생한 현금유입이 포함된다.

영업활동으로 인한 현금유출에는 원재료, 상품 등의 구입에 따른 현금 유출(매입채무의 결제 포함), 기타 상품과 용역의 공급자와 종업원에 대한 현 금지출, 법인세(토지 등 양도소득에 대한 법인세 제외) 지급, 이자비용, 기타 투

용어 해설

이자수익 / 배당금수익
일반적으로 이자수익이나 배당금 수익에 대해서는 영업활동 현금 흐름으로 분류하지만, 한국채택 국제회계기준(K-IFRS)에 따르면 투자활동, 재무활동으로 분류할 수도 있다.

자활동과 재무활동에 속하지 않는 거래에서 발생한 현금유출이 포함된다.

영업활동 현금흐름은 직접법과 간접법 등 2가지 방법으로 보고할 수 있는데, 현행 기업회계기준에서는 직접법으로 보고하는 경우 간접법을 주석에 공시하도록 하고 있어서 대부분의 회사가 간접법으로만 보고하고 있는 실정이다.

직접법에 의한 현금흐름표와 간접법에 의한 현금흐름표가 어떻게 다른지 살펴보자.

(1) 직접법에 의한 현금흐름 표시

직접법이라 함은 현금을 수반해 발생한 수익 또는 비용 항목을 총액으로 표시하되 현금유입액은 원천별(매출처 또는 기타 영업활동 등)로, 현금유출액은 용도별(종업원, 매입처, 법인세 등)로 분류해 표시하는 방법을 말한다.

이 경우 현금을 수반해 발생하는 수익·비용 항목을 원천별로 구분해 직접 계산하거나 매출과 매출원가에 현금의 유출·유입이 없는 항목과 재고자산·매출채권·매입채무의 증감을 가감해 계산한다.

직접법에 의한 현금흐름표는 미래 현금흐름을 추정하는 데 간접법에 비해 더 유용한 자료를 제공하는 장점이 있는 반면, 현금흐름 추정이 복잡하다는 단점이 있다.

현금흐름표

제×기 20××년 ×월 ×일부터 20××년 ×월 ×일까지
제×기 20××년 ×월 ×일부터 20××년 ×월 ×일까지

○○주식회사 (단위: 원)

구분	당기	전기
영업활동으로 인한 현금흐름	×××	×××
• 매출 등 수익활동으로부터의 유입액	×××	×××
• 매입 및 종업원에 대한 유출액	×××	×××
• 이자수익 유입액	×××	×××
• 배당금수익 유입액	×××	×××
• 이자비용 유출액	×××	×××
• 법인세의 지급	×××	×××
투자활동으로 인한 현금흐름	×××	×××
• 투자활동으로 인한 현금유입액		
단기투자자산의 처분	×××	×××
유가증권의 처분	×××	×××
토지의 처분	×××	×××
• 투자활동으로 인한 현금유출액		
현금의 단기대여	×××	×××
단기투자자산의 취득	×××	×××
유가증권의 취득	×××	×××
토지의 취득	×××	×××
개발비의 지급	×××	×××
재무활동으로 인한 현금흐름	×××	×××
• 재무활동으로 인한 현금유입액		
단기차입금의 차입	×××	×××
사채의 발행	×××	×××
보통주 발행	×××	×××
• 재무활동으로 인한 현금유출액		
단기차입금의 상환	×××	×××
사채의 상환	×××	×××
유상감자	×××	×××
배당금의 지급	×××	×××
현금의 증가(감소)	×××	×××
기초의 현금	×××	×××
기말의 현금	×××	×××

(2) 간접법에 의한 현금흐름 표시

간접법은 당기순이익(또는 당기순손실)에 현금유출이 없는 비용 등을 가산하고 현금유입이 없는 수익 등을 차감하며, 영업활동으로 인한 자산·부채의 변동을 가감해 표시하는 방법을 말한다.

이때 현금유출이 없는 비용 등은 현금유출이 없는 비용, 투자활동과 재무활동으로 인한 비용(감가상각비 등)을 말하며, 현금유입이 없는 수익 등은 현금유입이 없는 수익, 투자활동과 재무활동으로 인한 수익(유형자산처분이익 등)을 말한다.

그리고 영업활동으로 인한 자산·부채의 변동은 영업활동과 관련해 발생한 유동자산(매출채권 또는 재고자산 등) 및 유동부채(매입채무 또는 미지급비용 등)의 증가 또는 감소를 말한다.

앞의 직접법, 간접법 예시를 보면 2가지 사실을 알 수 있다.

첫째, 3가지 활동 중 영업활동 현금흐름에서만 직접법과 간접법의 차이가 있다는 점이다. 투자활동과 재무활동 현금흐름에서는 직접법과 간접법에 차이가 없다.

둘째, 영업활동 현금흐름 변동내역에 대해서 간접법은 당기순이익 정보에서 조정만 할 뿐 그 원천을 알 수 없는 반면, 직접법에서는 그것이 매출과 관련된 것인지 매입과 관련된 것인지 등 현금유출입의 원천을 알 수 있다.

따라서 영업활동 현금흐름 정보에 대해 직접법이 간접법보다 더욱 유용한 정보를 제공한다고 할 수 있다.

현금흐름표

제×기 20××년 ×월 ×일부터 20××년 ×월 ×일까지
제×기 20××년 ×월 ×일부터 20××년 ×월 ×일까지

○○주식회사 (단위: 원)

구분	당기	전기
영업활동으로 인한 현금흐름	×××	×××
• 당기순이익(손실)	×××	×××
• 현금의 유출이 없는 비용 등의 가산		
감가상각비	×××	×××
퇴직급여	×××	×××
• 현금의 유입이 없는 수익 등의 차감		
사채상환이익	×××	×××
• 영업활동으로 인한 자산·부채의 변동		
재고자산의 감소(증가)	×××	×××
매출채권의 감소(증가)	×××	×××
이연법인세자산의 감소(증가)	×××	×××
매입채무의 증가(감소)	×××	×××
당기법인세부채의 증가(감소)	×××	×××
이연법인세부채의 증가(감소)	×××	×××
투자활동으로 인한 현금흐름	×××	×××
• 투자활동으로 인한 현금유입액		
단기투자자산의 처분	×××	×××
유가증권의 처분	×××	×××
토지의 처분	×××	×××
• 투자활동으로 인한 현금유출액		
현금의 단기대여	×××	×××
단기투자자산의 취득	×××	×××
유가증권의 취득	×××	×××
토지의 취득	×××	×××
개발비의 지급	×××	×××
재무활동으로 인한 현금흐름	×××	×××
• 재무활동으로 인한 현금유입액		
단기차입금의 차입	×××	×××
사채의 발행	×××	×××
보통주의 발행	×××	×××
• 재무활동으로 인한 현금유출액		
단기차입금의 상환	×××	×××
사채의 상환	×××	×××
유상감자	×××	×××
배당금의 지급	×××	×××
현금의 증가(감소)	×××	×××
기초의 현금	×××	×××
기말의 현금	×××	×××

5. 투자활동 현금흐름 이해하기

투자활동 현금흐름은 미래 영업활동 현금흐름을 창출할 자원(유무형자산)의 확보와 처분에 관련된 현금흐름에 대한 정보를 제공한다.

투자활동은 현금의 대여와 회수활동, 유가증권 및 투자자산, 유형자산 및 무형자산의 취득과 처분활동 등을 말한다. 이러한 투자활동으로 인한 현금 유출입을 구분해서 살펴보자.

우선 투자활동으로 인한 현금유입에는 대여금 회수, 단기투자자산·유가증권·투자자산·유형자산·무형자산의 처분에 따른 현금유입이 포함된다.

투자활동으로 인한 현금유출에는 현금 대여, 단기투자자산·유가증권·투자자산·유형자산·무형자산의 취득에 따른 현금유출로서 취득 직전 또는 직후의 지급액 등이 포함된다.

투자활동과 관련된 법인세 등 세금과 공과금의 납부 및 환급은 각각 투자활동 현금유출 및 유입으로 보고한다.

6. 재무활동 현금흐름 이해하기

재무활동 현금흐름은 회사의 주주, 채권자 등이 회사의 미래 현금흐름을 예측하는 데 유용한 정보로서, 영업활동 및 투자활동의 결과 창출된 잉여현금흐름이 재무활동에 어떻게 배분되었는지를 나타내준다.

재무활동은 자기자본과 관련된 현금유출입(유무상증자 및 감자, 배당금지급 등)과 타인자본과 관련된 현금유출입(차입 및 상환)을 포함한다.

이와 같은 재무활동 현금유입 및 현금유출의 예를 표로 살펴보면 다음과 같다.

| 재무활동 현금유입 및 현금유출 |

재무활동 현금유입	재무활동 현금유출
㉠ 주식발행에 따른 현금유입 ㉡ 사채발행에 따른 현금유입 ㉢ 장·단기 차입에 따른 현금유입 ㉣ 재무자산의 처분에 따른 현금유입	㉠ 유상감자 또는 자기주식의 취득에 따른 현금유출 ㉡ 사채와 차입금의 상환(자기사채의 취득 포함)에 따른 현금유출 ㉢ 유형자산과 무형자산의 취득과 관련된 채무의 상환에 따른 현금유출 ㉣ 금융리스부채의 상환에 따른 현금유출 ㉤ 배당금의 지급에 따른 현금유출 ㉥ 재무자산의 취득에 따른 현금유출 ㉦ 재무활동과 명백히 관련된 법인세, 기타의 세금 및 공과금의 납부

7. 현금흐름표에 대한 주석 공시

현금흐름표에 대해서는 다음과 같은 2가지 사항을 주석으로 기재해야한다.

첫째, 현금유입 또는 현금유출이 없는 투자활동과 재무활동에 속하는 다음과 같은 거래는 현금흐름표에 표시하지 않지만 중요한 경우에는 그 내용을 주석으로 기재한다.

　　가. 현물출자로 인한 유형자산의 취득
　　나. 유형자산의 연불구입
　　다. 무상증자 또는 무상감자, 주식배당
　　라. 전환사채의 전환 등

이렇게 하는 이유는 이와 같은 거래 시 당기에 현금유출입이 발생하지는 않았지만 차기 이후의 현금흐름에 영향을 미치므로, 미래 현금흐름 예측에 필요한 정보이기 때문이다.

둘째, 영업활동 현금흐름을 직접법에 의해 표시하는 경우에는 영업활동 현금흐름을 당기순손익에 가감 조정하는 형식, 즉 간접법에 의한 표시를 주석으로 공시한다.

이러한 회계기준으로 인해 우리나라 기업의 대부분이 직접법에 의한 현금흐름표를 공시할 경우, 간접법까지도 공시해야 하는 부담 때문에 간접법으로만 공시한다.

한국채택국제회계기준(K-IFRS)은 영업활동 현금흐름을 보고하는 경우 직접법 사용을 권장하고 있다. 직접법이 간접법에 비해 미래 현금흐름의 추정에 더 유용한 정보를 제공하기 때문이다.

8. 현금흐름이 좋은 회사와 그렇지 못한 회사

현금흐름표를 비교해보면 정상적인 회사와 그렇지 못한 회사의 유형을 파악할 수 있다. 다음 표는 삼성전자, 네이버, 대우의 활동별 현금흐름 총액을 비교한 것이다.

| 삼성전자, 네이버, 대우의 활동별 현금흐름 비교 |

구분	삼성전자(20××년)	네이버(20××년)	대우(2000년)
당기순이익	30조 9,701억 원	5,248억 원	3조 8,050억 원
영업활동 현금흐름	51조 2,501억 원	1조 3,660억 원	(-)2조 2,619억 원
투자활동 현금흐름	(-)24조 4,352억 원	(-)2조 8,255억 원	4,579억 원
재무활동 현금흐름	(-)23조 8,851억 원	2조 518억 원	1조 7,365억 원
현금흐름의 변동	2조 9,298억 원	5,951억 원	(-)675억 원

표에서 대우의 수치는 부도가 났던 2000년의 자료다. 삼성전자, 네이버와 달리 대우의 현금흐름을 보면 당기순이익이 3조 8,050억 원임에도 영업활동 현금흐름에서 무려 2조 2,619억 원에 달하는 순현금유출이 발생했음을 알 수 있다. 투자활동과 재무활동에서 양의 현금흐름(4,579억

원)이어서 부족한 자금을 재무활동 등의 현금흐름으로 충당하는 양상을 보이고 있다.

현금흐름이 좋은 회사는 당기순이익과 영업활동 현금흐름이 유사하게 양수(+)로 나타나야 한다. 그 현금흐름으로 투자활동을 함으로써 정상적인 영업활동을 해나갈 수 있는 것이다.

9. 현금흐름표의 한계

현금흐름표는 다른 재무제표와 달리 발생주의 정보가 아닌 현금주의 정보를 담고 있기 때문에 앞에서 설명한 대로 여러 가지 유용한 정보를 제공한다. 하지만 그와 동시에 다음과 같은 한계도 지니고 있으므로 이용자들은 이를 고려해야 한다.

❶ 주요정보 노출 위험

현금흐름표에는 현금의 유입과 유출에 대한 상세한 정보가 공시되어 있기 때문에 기업의 주요정보가 경쟁자에게 노출되는 위험이 있다.

기업의 현금흐름은 기업의 실질가치 및 이익의 질을 보여주며, 특히 현금자산의 흐름은 기업사냥꾼에게 M&A의 좋은 표적이 될 수 있다. 이렇듯 현금흐름 정보가 노출되는 것은 견실한 중소기업이나 우호지분이 약한 기업의 경우 적대적 M&A의 표적이 된다는 점에서 위험한 일이다.

❷ 미래 현금흐름 예측에 한계

현금흐름표는 기업의 단기적인 현금흐름 또는 과거의 현금흐름에만 근거한 자료이므로 장기적인 현금흐름 및 수익성, 미래 현금흐름을 예측하는 데는 한계가 있다. 현금흐름표 자체가 이미 종료된 과거 2개년간의 정보만을 보여주므로, 장기적인 미래 현금흐름에 대한 정보로서는 한계를 갖고 있다.

❸ 단독으로 검토하지 말아야

현금흐름표를 단독으로 검토해서는 안 되며, 다른 재무제표와 비교해서 평가해야 한다. 특히 손익계산서와 현금흐름표를 동시에 분석해야 현금흐름표 정보의 중요성을 적정하게 평가할 수 있다.

MEMO

현금흐름표의 완전이해에 도전해보자!

다음 질문에 답하면서 현금흐름에 대한 이해 수준이 어느 정도인지 평가해보자.

1	현금흐름표는 현금흐름을 크게 3가지 활동으로 구분한다. 각각 무엇인가? ① ② ③
2	다음 중 현금흐름표상 현금에 속하지 않는 것은 무엇인가? ① 통화　　　　　　② 당좌예금　　　　　③ 보유주식 ④ 당좌수표　　　　⑤ 취득시 만기 3개월 이내의 금융상품
3	다음 재무제표 중 현금주의 원칙에 따라 작성하는 재무제표는 어느 것인가? ① 재무상태표　　② 손익계산서　　③ 자본변동표　　④ 현금흐름표
4	현금흐름표를 작성하는 방법은 2가지다. 어떤 것인가? ①　　　　　　　　　　　②
5	간접법에 의한 현금흐름표는 손익계산서의 어떤 항목에서 시작하는가?
6	다음 중 간접법 현금흐름표에서 당기순이익의 조정 항목이 아닌 것은 어느 것인가? ① 감가상각비　　　　　　② 배당금지급액 ③ 유형자산처분손실　　　④ 사채상환이익

7	직접법과 간접법에 의한 현금흐름 표시에서 차이가 나는 것은 현금흐름의 3가지 활동 중 어떤 활동과 관련이 있는가?
8	다음을 정상적인 회사와 비정상적인 회사의 현금흐름으로 구분해보자. ① 영업활동 현금흐름 (+) 투자활동 현금흐름 (-): (　　　　　　　　) ② 영업활동 현금흐름 (-) 투자활동 현금흐름 (+): (　　　　　　　　)
9	다음 현금흐름을 활동별로 구분해보자. ① 은행차입　　　② 이자비용　　　③ 배당금지급 ④ 배당금수익　　　⑤ 유형자산 취득시 현금유출　　　⑥ 유상증자 영업활동 현금흐름: (　　　　　　　　) 투자활동 현금흐름: (　　　　　　　　) 재무활동 현금흐름: (　　　　　　　　)
10	당기의 현금흐름은 아니지만 차기 이후 현금흐름에 영향을 미치는 거래에 대해서는 어떻게 해야 하는가?

해설

2. 보유주식은 유가증권으로 분류한다.

6. 배당금지급액은 당기순이익에 영향을 미치지 않는 재무활동 현금흐름이다.

8. ①은 영업활동에서 벌어들인 현금(+)으로 투자활동에 지출하는(-) 정상적인 회사의 경우이고, ②는 영업활동이 중지되어 인건비 등만 지출되고(-), 투자활동 자산을 처분해 현금유입이 발생하는(+) 경우다. 즉, 청산 중인 회사의 현금흐름이다.

정답

1. ① 영업활동 현금흐름, ② 투자활동 현금흐름, ③ 재무활동 현금흐름 / 2. ③ 보유주식
3. ④ 현금흐름표 / 4. ① 직접법, ② 간접법
5. 손익계산서상의 당기순이익에서 시작한다.
6. ② 배당금지급액 / 7. 영업활동 현금흐름
8. ① 정상적인 회사의 현금흐름, ② 청산 중인 회사의 현금흐름
9. 영업활동 현금흐름: ②, ④. 투자활동 현금흐름: ⑤. 재무활동 현금흐름: ①, ③, ⑥
10. 현금흐름표 관련 주석에 그 내용을 공시해야 한다.

재무제표 4요소
자본변동표

재무상태표에 손익계산서, 현금흐름표까지 이해하게 된 김초보 씨, 이제 재무제표의 네 번째 요소인 자본변동표에 도전해보기로 했다.

자본변동표에 대해서는 들어본 적이 없는 김초보 씨가 회계사 친구에게 물어보니, 몇 년 전부터 새로이 재무제표의 구성요소가 되었다고 한다. 어차피 재무제표를 잘 모르는 상태에서 하나하나 공부해오던 김초보 씨로서는 자본변동표라고 해서 새삼스럽게 두려울 것은 없었다.

우선 '자본변동표'란 이름 그대로 자본의 변동상황을 보여주는 표라는 것쯤은 쉽게 눈치챌 수 있었다. 이미 재무상태표를 익히면서 자본은 크게 5가지 요소, 즉 자본금, 자본잉여금, 자본조정, 기타포괄손익누계액, 이익잉여금으로 이루어져 있다는 것을 알았다. 그러니 자본변동표는 바로 이 같은 자본의 5가지 요소가 한 회계기간 동안 어떻게 변동했는지를 보여주는 표일 것이다.

하지만 자본변동표를 직접 살펴보던 김초보 씨는 다른 재무제표보다 좀 복잡해 보이는 탓에 약간의 현기증을 느꼈다. 이럴 때는 전문가에게 묻는 것이 상책이다.

"자본변동표를 이해하려면 우선 자본변동의 원천을 구별해야 해. 회사 자본변동의 원천은 주주와의 거래(자본금 납입, 유무상증자 및 감자, 배당 등)와 손익거래(미실현손익 및 이익잉여금)에 의한 자본의 증감이라고 할 수 있어."

"자본변동은 결국 2가지 성격으로 나뉘는 거고, 각각의 내역이 담겨 있다는 얘기군.”

“바로 그거야. 2가지 성격의 자본변동은 다양한 사건에 의해 발생하는데, 자본변동표는 변동원천이 되는 사건 및 변동의 내역을 보여주지. 이와 같은 정보는 회사 가치의 변동을 의미하기 때문에 투자자에게는 물론 채권자에게도 아주 중요한 정보라고 할 수 있어.”

자본변동표가 뭔지 감을 잡은 김초보 씨, 그런데 한 가지 의문이 들었다. 그렇다면 왜 그전까지는 자본변동에 관한 정보가 제공되지 않다가 새롭게 재무제표에 포함되었는가 하는 의문이었다.

“그전까지는 자본의 변동에 대해서 재무제표의 주석에 공시하도록 했어. 그러다 보니 주석을 살펴보지 않고는 파악하기 힘들었지. 국제회계기준에서는 이미 자본변동표를 기본 재무제표로 작성하도록 하고 있었다는 것을 고려하면 당연한 일이라 할 수 있어.”

자본변동표가 외부이해관계자들에게 회사의 재무정보를 보다 충실하게 보여주는 표라는 것을 알게 된 김초보 씨, 꽤 복잡해 보이던 자본변동표의 비밀이 조금씩 풀리는 듯했다.

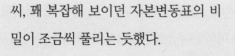

자본변동표 이해하기

1. 자본변동표와 유용성

자본변동표(Statement of Changes in Equity)는 자본, 즉 자본금, 자본잉여금, 자본조정, 기타포괄손익누계액, 이익잉여금(또는 결손금)*의 크기와 그 변동에 관한 정보를 제공하는 재무보고서다.

❶ 자본에 대한 포괄적인 정보

자본변동표는 자본의 변동내용에 대한 포괄적인 정보를 일목요연하게 파악할 수 있게 해준다. 자본 항목 중 이익잉여금의 변동상황에 대해서는 이익잉여금처분계산서의 형태로 주석에 공시되지만, 그외 모든 자본 항목의 변동상황에 대해서는 자본변동표를 통해서 파악할 수 있다.

❷ 재무제표 간 연계성 강화

재무제표 간의 연계성이 강화되고, 이에 따라 재무제표의 이해가능성이 높아진다. 즉, 재무상태표상 자본의 기초잔액과 기말잔액이 자본변동표의 기초 및 기말잔액과 연결되고, 자본의 변동내용은 손익계산서, 현금흐름표와도 연결되므로 정보이용자들이 더욱 명확하게 재무제표 간의 관계를 파악할 수 있게 된다.

용어 해설

이익잉여금의 변동

이익잉여금(또는 결손금)의 변동에 대해서는 첫째마당 13장에서 자세히 설명했으므로, 이번 장에서는 생략한다.

---

❸ 미실현손익 변동내용까지 파악 가능

매도가능증권평가손익이나 해외사업환산손익 등과 같은 미실현손익은 포괄손익계산서에도 표시되는데, 자본변동표는 이러한 미실현손익의 변동내용을 다른 자본 항목과 함께 나타냄으로써 손익계산서보다 더 포괄적으로 순자산변동의 원천에 대한 정보를 제공한다.

2. 자본변동표 작성원칙

자본변동표는 재무상태표상의 자본 항목에 대해 그 크기와 변동에 관한 정보를 제공하는 재무보고서로서 다음과 같은 원칙대로 작성한다.

❶ 자본의 구분표시

자본은 자본금, 자본잉여금, 자본조정, 기타포괄손익누계액, 이익잉여금 (또는 결손금)으로 구분해서 표시한다.

❷ 자본변동 사유의 구분표시

자본변동을 표시할 때는 자본 항목별로, 변동의 사유별로 구분해서 표시한다. 자본금의 변동은 유무상증자 및 감자, 주식배당 등으로 발생하는데, 이를 보통주 자본금과 우선주 자본금으로 구분한다.

자본잉여금은 유무상증자 및 감자, 결손금처리 등에 의해 변동하는데, 이를 주식발행초과금과 기타 자본잉여금으로 구분한다. 자본조정은 자기주식의 취득 및 처분 등에 의해 변동하는데, 이를 자기주식과 기타 자본조정으로 구분한다.

기타포괄손익누계액은 미실현손익거래로 발생하는데, 이를 매도가능증권평가손익, 해외사업환산손익, 현금흐름위험회피파생상품평가손익 등으로 구분한다.

이익잉여금은 당기순손익 및 전기오류수정손익 등에 의해 변동하는데, 이를 법정적립금, 임의적립금 및 미처분이익잉여금(또는 미처리결손금) 등 으로 구분한다.

❸ 자본변동 원인의 표시 순서

자본변동의 원인을 표시할 때는 이해하기 쉽도록 이익잉여금 변동사건을 맨 앞에 표시하고, 그 뒤를 이어 자본금 및 자본잉여금 변동사건, 자본조정 항목의 변동사건, 기타포괄이익누계액 변동사건 순으로 표시한다. 물론 자본 항목의 배열순서대로 표시해도 무방하다.

3. 자본변동표 읽는 요령

(1) 자본변동표의 기본구조를 이해하자

자본변동표는 다른 재무제표와 달리, 전기부터 당기까지 두 회계기간의 자본변동 사항을 위에서 아래로 표시한다. 표의 상단은 전기분의 변동 내역을, 표의 하단은 당기분의 변동내역을 연결해 표시한다.

자본변동표의 행은 자본의 구성요소, 즉 자본금, 자본잉여금, 자본조정, 기타포괄손익누계액, 이익잉여금을 나타내고 맨 마지막 행에는 자본 합계를 표시한다. 자본변동표의 열은 맨 위에 기초잔액을 표시하고, 그 아래로 변동내역을, 맨 마지막 열에는 기말잔액을 나타낸다.

(2) 다른 재무제표와 대조하자

자본변동표는 재무상태표 자본 항목의 변동명세서이면서, 이익잉여금처분계산서의 내용을 포함하고 있으므로 두 재무제표와 대조해서 본다.

(3) 자본 항목의 크기와 변동내역을 파악하자

자본변동표의 핵심은 자본의 크기와 변동내역이므로, 항목별로 구체적인 크기와 변동내역을 파악한다. 우선은 기초잔액과 기말잔액을 비교하고 그 차이가 어디서 비롯되었는지, 가령 자본금의 증가가 유상증자 때문인지, 아니면 주식매수선택권이나 전환권행사, 주식배당에서 비롯된 것인지를 살펴서 그 의미를 헤아리는 것이 중요하다.

여기서 만약 배당을 중시하는 주주라면 연차배당과 중간배당의 연도별 수치를 비교해 추세를 파악할 것이고, 채권자라면 자본금의 증가 및 감소와 그 내역을 중시할 것이다.

4. 자본금의 변동

이제 자본변동표의 세부항목들이 어떻게 변동하는지 하나씩 살펴보자. 먼저 자본금의 변동이다.

(1) 자본금의 증가

자본금은 회사가 최초 설립될 때의 납입자본금에서 시작해 현금납입에 의한 유상증자나 무상증자, 주식배당, 현물출자 등 여러 방식을 통해서 증가한다.

❶ 유상증자 및 현물출자

유상증자(Paid-in Capital Increase)는 회사경영에 필요한 자금을 주식발행을 통해 조달하는 방법이다. 유상증자 방법은 크게 주식대금의 현금납입에 의한 증자와 현물출자에 의한 증자로 나뉜다. 하지만 일반적으로 유상증자라고 하면 전자를 말하고, 후자는 '현물출자'라고 부른다.

유상증자는 주식을 발행하고, 주식을 인수한 자가 주금을 납입함으로써 효력이 발생한다. 유상증자로 증가하는 자본금은 유상증자 시 인수된 주식수에 액면금액을 곱해 계산한다. 가령 액면 5,000원인 주식 100만 주를 액면발행하기로 했는데, 실제 인수된 주식은 80만 주라면 이때 증가하는 자본금은 80만 주에 5,000원을 곱한 금액인 40억 원이다.

회계처리 요약: 유상증자 사례

차변	현금 40억 원	대변	자본금 40억 원

현물출자(Investment in Kind)는 주식대금을 현금 대신 현물로 제공하는 경우를 말한다. 가령 유상증자 시에 시가 10억 원 토지를 제공받고 그에 대한 대가로 주식 10만 주(액면가 5,000원)를 부여했다. 이때 증가하는 자본금은 10만 주에 5,000원을 곱한 5억 원이고, 나머지 차액 5억 원은 주식발행초과금으로서 자본잉여금의 증가로 표시된다.

회계처리 요약: 현물출자 사례

차변	토지 10억 원	대변	자본금 5억 원
			주식발행초과금 5억 원

---

❷ 무상증자 및 주식배당

무상증자(Capital Increase without Consideration)는 자본잉여금 등을 자본금으로 대체하는 방법의 증자를 말한다. 무상증자는 현금 등 자산의 유입이 없으므로 자본 전체의 크기에는 변동이 없는 반면, 증자하는 만큼 발행 주식수가 늘어난다. 따라서 주가(시가총액 ÷ 발행주식수)는 하락하게 된다. 이는 마치 주식을 분할하는 것과 같은 효과가 있어 보통 주식의 시장가격이 지나치게 높아 거래가 원활하지 못한 경우에 실시하거나, 잉여금을 사외로 유출되지 못하게 하고자 무상증자를 하는 경우가 많다.

주식배당(Stock Dividend)은 배당가능이익을 현금이 아닌 주식으로 배당하는 것으로, 사실상 이익잉여금을 자본금으로 대체하는 것이다. 이 역시 무상증자처럼 발행주식수가 늘어나지만 자본의 변동이 없으므로 1주당 주가만 감액된다.

주식배당은 배당가능이익을 자본금화함으로써 현금배당을 제약하게 되어 회사의 재무구조를 좋게 하는 효과가 있다.

회계처리 요약: 무상증자 및 주식배당

1. 무상증자할 때
   <kbd>차변</kbd> 자본잉여금 xxx   <kbd>대변</kbd> 자본금 xxx

2. 주식배당할 때
   <kbd>차변</kbd> 이익잉여금 xxx   <kbd>대변</kbd> 자본금 xxx

---

❸ 전환권의 행사

전환사채나 신주인수권 또는 주식매수선택권을 행사하는 경우에도 자본금이 증가한다. 전환사채를 주식으로 전환하는 경우 전환사채에 해당하는 부채가 자본금 등으로 대체된다.

전환사채의 장부금액이 1억 원인데 전환권이 행사되어 액면가 5,000원(시가 1만 원 주식 1만 주)으로 전환되었을 때, 자본금은 액면가에 1만 주를 곱한 금액인 5,000만 원, 나머지 5,000만 원은 주식발행초과금의 증가로 표시된다.

신주인수권이나 주식매수선택권이 행사된 경우에도 이와 유사하게 자본금이 증가한다.

회계처리 요약: 전환사채 사례

<table>
<tr><td>차변</td><td>전환사채 1억 원</td><td>대변</td><td>자본금 5,000만 원</td></tr>
<tr><td></td><td></td><td></td><td>주식발행초과금 5,000만 원</td></tr>
</table>

---

(2) 자본금의 감소

자본금은 회사설립 이후에 여러 이유로 증가하기도 하고 감소하기도 한다. 자본금이 감소하는 것을 감자라고 하는데, 이는 결국 발행된 주식을 없애는 것(주식의 소각)이다.

자본금의 감소는 감소 시에 현금유출이 발생하는 유상감자와 그렇지 않은 무상감자로 나뉜다.

❶ 유상감자(Stock Redemption)

주주에게 대가를 지급하고 주식을 취득해 소각하면 자본금이 감소하는데, 이를 유상감자라고 한다.

하지만 자본금은 회사의 채권자에게 일종의 담보 역할을 하므로, 상법에서는 채권자보호를 위해 자본감소에 대해 엄격한 방법과 절차를 정해두고 있다. 즉, 결손보존 목적 이외의 자본감소를 위해서는 주주총회의 특별결의(출석주주의 2/3 및 발행주식 총수의 1/3 이상의 결의)를 얻어야 하고, 채권자에 대한 공고 및 개별통지 등 채권자보호 절차를 거쳐야 한다.

회계처리 요약: 유상감자

차변 자본금 xxx		**대변** 현금 등 xxx	
감자차손 xxx		감자차익 xxx	

감소하는 자본금에 비해 감자 대가(현금)가 크면 감자차손이 발생하고, 그 반대면 감자차익이 발생한다.

❷ 무상감자(No Paid Capital Reduction)

주주에게 대가를 지급하지 않고 주식을 소각해 자본금을 감소시키는 경우를 무상감자라고 한다. 이렇게 되면 회사의 순자산에는 변함이 없고 명목상의 자본금만 감소하기 때문에 '형식적 감자'라고도 한다.

이월결손금이 누적된 회사가 이를 보전하기 위해서 무상감자를 택하기도 한다. 무상감자를 할 때 발생한 감자차익으로 이월결손금을 상계하는 것이다. 이렇게 되면 회사는 누적된 결손금을 털어냄으로써 재무제표가 좋아져 투자유치 등이 가능해진다.

회계처리 요약: 무상감자

차변 자본금 xxx	**대변** 감자차익 xxx

무상감자 시에는 감소하는 자본금만큼 감자차익이 발생한다.

❸ 자기주식의 취득

자기주식은 회사가 발행한 주식을 회사 자신이 재취득해 보관하는 것으로서, 이 때문에 '금고주'(Treasury Stock)라고도 한다. 자기주식의 취득은 이사회 또는 주주총회의 결의로 유통하던 주식을 배당가능이익의 범위 내에서 시장에서 사들이는 것이라서, 주주가 출자한 자본을 주주에게 환급하는 것과 동일한 효과가 있다. 따라서 자기주식을 취득하면 자본의 차감항목으로서 자본조정에 계상하게 된다.

자기주식의 취득원가가 액면금액보다 크면 감자차손이 발생하고, 그 반대면 감자차익이 발생한다.

5. 자본잉여금의 변동

자본잉여금의 증가 또는 감소는 주식을 발행하거나 감자할 때, 자기주식을 처분할 때 발생할 수 있다.

(1) 자본잉여금의 증가

자본잉여금이 증가하는 경우는 주식발행초과금이나 감자차익 또는 자기주식처분이익이 발생하는 경우다.

주식발행초과금은 주식발행을 할 때 주식의 액면금액보다 발행금액이 큰 경우 그 차액을 말한다. 가령 액면금액 5,000원 주식 1만 주를 8,000원에 발행했다면 3,000만 원의 주식발행초과금이 발생한다.

또 감자차익은 유상감자 또는 무상감자 시 주식 액면금액보다 주주에게 지급한 금액이 적을 때 발생한다. 가령 액면금액 5,000원인 주식 1만 주를 주당 3,000원씩 현금을 지급해 소각하고, 남은 주식 10만 주에 대해 2:1의 비율로 감소시키기로 했다면, 유상감자 시 감자차익 2,000만 원, 무상감자 시 감자차익 2억 5,000만 원(5만 주 × 5,000원)이 발생한다.

자기주식처분이익은 취득한 자기주식을 처분할 때 취득원가보다 처분금액이 큰 경우에 발생한다.

(2) 자본잉여금의 감소

자본잉여금의 증가에는 특별한 제약이 없으나 자본잉여금을 감소시키는 것, 즉 자본잉여금을 사용하거나 처분하는 데는 제약이 있다. 자본잉여금은 자본금에 대한 범퍼 역할을 하므로 감소에 제약을 두는 것이다. 자본잉여금의 감소는 이익준비금과 합한 금액이 자본금의 1.5배를 초과하지 않는 한, 다음과 같이 자본전입이나 결손보전에 충당하는 경우로 국한된다.

첫째, 자본전입을 위해 자본잉여금을 재원으로 무상증자하는 경우다.

둘째, 결손금을 보전하기 위해 임의적립금, 기타 법정적립금, 이익준비금과 함께 결손금 처리에 사용되는 경우다.

셋째, 감자차손이나 자기주식처분손실을 상각하는 경우다. 감자차손이나 자기주식처분손실은 자본조정 항목에 속한다. 이 두 항목에 대해서는 상각방법을 정해두고 있는데, 감자차손은 자본잉여금의 감자차익과 먼저 상계하고, 자기주식처분손실도 자본잉여금의 자기주식처분이익과 먼저 상계한 뒤, 남은 잔액은 결손금 처리방식에 따라 상각한다.

6. 자본조정의 변동

자본조정을 구성하는 항목은 회사와 주주와의 거래, 즉 자본거래 항목으로서, 최종불입된 자본으로 볼 수 없거나 자본의 차감항목 성격을 갖는 것을 말한다.

앞에서 설명한 자기주식, 주식할인발행차금, 주식매수선택권, 출자전환채무, 감자차손, 청약기일이 경과한 신주청약증거금 중 신주납입금으로 충당될 금액, 자기주식처분손실이 여기에 해당된다.

자본조정 변동의 발생원천은 다음과 같다.

(1) 자기주식의 취득이나 처분

자기주식을 취득하는 것은 자본의 환급에 해당되어 자본이 감소하고, 자기주식을 처분하면 주식을 재발행하는 것과 같아 자본은 그만큼 증가한다. 하지만 법정 감자 또는 증자가 아닌 일시적인 목적에 의한 자본의 변동이므로 자본조정에서 임시적으로 처리한다.

(2) 주식할인발행차금의 발생 및 상각

주식을 액면금액보다 적은 금액으로 발행할 경우 액면금액과 발행금액의 차액만큼 주식할인발행차금이 발생한다. 가령 액면가 5,000원인 주식 1만 주를 4,000원에 발행했다면 그 회계처리는 다음과 같다.

회계처리 요약: 주식할인발행차금 사례

차변	현금 등 4,000만 원	대변	자본금 5,000만 원
	주식할인발행차금 1,000만 원		

결국 자본금만큼 현금 등이 유입되지 않으므로 주식할인발행차금은 자본의 감소항목이 된다.

주식할인발행차금이 발생하면 우선 자본잉여금에 있는 주식발행초과금과 상계한 뒤, 남은 금액은 결손금 처리방식에 따라 상각하면 된다.

상법에서는 주식의 할인발행에 대해서 회사가 성립한 날로부터 2년이 경과한 후에 주주총회 결의와 법원의 인가를 얻어서 하도록 제한하고 있다.

회계처리 요약: 주식할인발행차금

1. 주식발행초과금과 상계할 때

차변	주식발행초과금 xxx	대변	주식할인발행차금 xxx

2. 결손금 처리방식에 따라 상각할 때

차변	이익잉여금 xxx	대변	주식할인발행차금 xxx

---

(3) 주식매수선택권

주식매수선택권이란, 회사 임직원 또는 기타 외부인에게 사전에 정한 가격으로 주식을 매입할 수 있도록 부여한 권리를 말한다. 회사가 주식매수선택권을 부여하면 미래 행사하는 시점에 권리자에게 제공할 주식을 신규로 발행하거나 자기주식을 취득해야 한다.

만약 주식이 아니라 현금 등으로 보상해야 한다면 부채로 계상하겠지만, 주식으로 지급하므로 그 금액만큼 회사는 비용으로 계상하고 자본조정의 증가로 표시한다.

회계처리 요약: 주식매수선택권

1. 주식매수선택권을 부여할 때
   - **차변** 주식보상비용 xxx 　　　　**대변** 주식매수선택권 xxx

2. 권리행사 시 자기주식을 부여할 때
   - **차변** 자기주식 xxx 　　　　**대변** 현금 등 xxx
   - **차변** 주식매수선택권 xxx 　　　　**대변** 자기주식 xxx
   - 　　　자기주식처분손실 xxx 　　　　　　자기주식처분이익 xxx

---

(4) 출자전환채무

채권자가 자신의 채권을 출자로 전환하기로 합의한 경우, 채무자는 출자전환이 이행될 때까지 채무를 부채 항목에서 자본조정 항목인 출자전환채무로 분류한다. 미래에 자본으로 전환될 항목이므로 자본의 가산항목인 자본조정에 두는 것이다. 출자전환채무는 출자전환이 이행되면 자본으로 대체되어 소멸한다.

가령 회사의 채무가 20억 원인데 이를 주식 20만 주(액면금액 5,000원)로 전환하기로 했고, 전환일의 주식 시가가 7,000원일 때 회계처리는 다음과 같다.

> **회계처리 요약: 출자전환채무 사례**
>
> 1. 채무를 출자로 전환하기로 합의한 때
>
>   **차변** 사채 20억 원   **대변** 출자전환채무 14억 원
>
>   채무조정이익 6억 원
>
>
> 2. 출자전환으로 주식을 발행한 때
>
>   **차변** 출자전환채무 14억 원   **대변** 자본금 10억 원
>
>   주식발행초과금 4억 원

(5) 신주청약증거금

청약기일이 지난 신주청약증거금 중 신주납입에 충당될 금액을 말한다. 신주대금으로 납입에 충당될 신주청약증거금은 신주가 발행되기까지는 아직 최종불입된 자본으로 볼 수 없기 때문에, 자본조정에 자본의 가산항목으로 임시로 표시한다. 나중에 신주가 발행되어 청약자에게 교부되면 자본으로 대체되어 소멸한다.

> **회계처리 요약: 신주청약증거금**
>
>   **차변** 현금 등 xxx   **대변** 신주청약증거금(자본조정) xxx
>   **차변** 신주청약증거금 xxx   **대변** 자본금 xxx
>
>   주식발행초과금 xxx

(6) 감자차손

감자차익과 반대로 유상감자 시에 감자 대가가 액면금액보다 클 경우 발생한다. 감자차손은 우선 자본잉여금에 있는 감자차익과 상계하고, 남은 잔액은 결손금 처리방식에 따라 상각한다.

7. 기타포괄손익누계액의 변동

기타포괄손익누계액은 기중에 발생한 손익거래이기는 하지만 개별손익계산서에 포함하지 않는 미실현손익의 잔액으로서, 자산 또는 지점이 매각되거나 관련 손익을 인식할 때 소멸되는 항목이다.

기타포괄손익누계액에 속하는 항목은 매도가능증권평가손익, 해외사업환산손익, 현금흐름위험회피파생상품평가손익 등이다.

(1) 매도가능증권평가손익

매도가능증권평가손익은 매도가능증권으로 분류된 주식이나 채권을 공정가치로 평가할 때 발생하는 손익으로서, 매도가능증권을 처분할 때 처분차손익에 반영한다.

매도가능증권평가손익을 자본 항목으로 분류하는 이유는 이 손익이 주요한 영업활동에서 발생한 것이 아니고, 아직 실현되지 않은 손익이며 손익을 실현하기까지 장기간이 소요되어 손익계산서 항목으로 분류하는 것이 적절하지 않기 때문이다. 따라서 매도가능증권평가손익은 포괄손익계산서에 나타난다.

(2) 해외사업환산손익

해외사업환산손익은 해외지점 또는 해외소재 자회사의 외화표시 자산·부채를 현행환율법에 의해 원화로 환산할 때 발생하는 환산손익을 말한다. 해외사업환산손익은 해외지점 등이 폐쇄될 때 손익계산서의 외화환산차손익으로 처리된다.

(3) 현금흐름위험회피파생상품평가손익

현금흐름위험회피파생상품평가손익이란 현금흐름위험회피를 목적으로 투자한 파생상품에서 발생하는 평가손익을 말한다. 위험회피에 효과적이지 못한 부분은 당기손익으로 처리하지만, 위험회피에 효과적인 부분은 기타포괄손익누계액으로 계상했다가 관련 손익을 인식할 때 손익으로 대체한다.

잠깐만요 파생상품과 회계처리

파생상품이란 상품 가격, 이자율, 주가 등 기초변수에 근거해서 성립된 선도(Forward), 선물(Futures), 스와프(Swap), 옵션(Option) 등의 계약에 의해 파생된 금융상품이나 계약으로, 다음 3가지 요건을 모두 충족해야 한다.

가. 기초변수의 변동에 따라 그 가치가 변동한다.
나. 최초계약 시 순투자금액이 필요하지 않거나 유사한 다른 유형의 계약보다 적은 순투자
    금액만을 필요로 한다.
다. 미래에 결제된다.

일반적으로 파생상품의 거래목적은 위험회피(Hedging), 매매(Trading, 투기목적)로 구분되며, 목적에 따라 회계처리가 달라진다. 파생상품에 대해서는 계약에 따른 권리와 의무를 공정가치로 평가해서 자산과 부채로 계상하되, 평가손익은 거래목적에 따라 다음과 같이 처리한다.
공정가치위험회피가 목적인 경우에는 자산·부채의 평가손익과 파생상품의 평가손익을 동일한 회계기간에 대칭적으로 인식해서 가격변동과 상계되도록 한다. 현금흐름위험회피 및 해외사업장순투자의 위험회피인 경우에는 위험회피에 효과적인 부분은 기타포괄손익누계액으로, 그렇지 않은 부분은 당기손익으로 인식한다. 매매가 목적인 경우에는 평가손익을 당기손익으로 인식한다.

자본변동표의
완전이해에 도전해보자!

다음 질문에 답하면서 자본변동에 대한 이해 수준이 어느 정도인지 평가해보자.

1	**자본변동표란 무엇을 말하는가?**
2	**자본변동표에 표시되는 자본 항목에는 5가지가 있다. 어떤 것들인가?** ① ② ③ ④ ⑤
3	**자본금이 증가 또는 감소하는 경우는 각각 언제인가?** ① 자본금이 증가하는 경우: ( ) ② 자본금이 감소하는 경우: ( )
4	**다음 중 자본잉여금에 영향을 미칠 수 있는 거래가 아닌 것은 어느 것인가?** ① 유상증자 ② 무상증자 ③ 감자 ④ 주식배당 ⑤ 전환사채의 전환
5	**다음 중 자본조정에 포함되지 않는 항목은 어느 것인가?** ① 자기주식처분손실 ② 감자차손 ③ 주식매수선택권 ④ 자기주식 ⑤ 매도가능증권평가손실
6	**다음 중 기타포괄손익누계액에 포함되지 않는 항목은 어느 것인가?** ① 매도가능증권평가이익 ② 매도가능증권평가손실 ③ 해외사업환산손익 ④ 현금흐름위험회피파생상품평가손익 ⑤ 배당건설이자

7	해외사업환산손익이 소멸되는 시점은 언제인가?
8	자본조정과 기타포괄손익누계액의 차이는 무엇인가?
9	다음 중 이익잉여금의 변동과 관계없는 거래는 무엇인가? ① 회계정책의 변경 　　　　　　　　② 중대한 전기오류수정손실 ③ 중간배당 　　　　　　　　　　　④ 임의적립금의 이입
10	다음은 자본변동의 원인을 배열하는 순서다. 괄호 안에 들어갈 말은 무엇인가? ① (　　　　　　　　　　)의 변동 → ② 자본금의 변동 → ③ 자본잉여금의 변동 → ④ 자본조정의 변동 → ⑤ (　　　　　　　　　　)의 변동

해설

5. 매도가능증권평가손실은 기타포괄손익누계액에 속한다.

6. 배당건설이자는 자본조정에 속한다.

9. 임의적립금의 이입은 이익잉여금 내의 변동이므로 영향이 없다.

정답

1. 자본변동표는 재무상태표상 자본 항목의 크기와 변동내역을 표시하는 재무보고서다.

2. ① 자본금, ② 자본잉여금, ③ 자본조정, ④ 기타포괄손익누계액, ⑤ 이익잉여금(또는 결손금)

3. ① 자본금이 증가하는 경우: 유상증자 또는 무상증자, 주식배당을 할 때, ② 자본금이 감소하는 경우: 유상감자 또는 무상감자할 때

4. ④ 주식배당

5. ⑤ 매도가능증권평가손실

6. ⑤ 배당건설이자

7. 해외지사 또는 지점이 폐쇄되거나 청산되는 때다.

8. 자본조정은 자본거래 중 출자와 관련되지 않은 임시적인 거래항목들인 데 반해, 기타포괄손익누계액은 손익거래로서 당기손익으로 인식하지 않는 손익을 처리하는 계정이다.

9. ④ 임의적립금의 이입

10. ① (이익잉여금)의 변동 → ② 자본금의 변동 → ③ 자본잉여금의 변동 → ④ 자본조정의 변동 → ⑤ (기타포괄손익누계액)의 변동

재무제표 5요소
재무제표의 주석

어느덧 김초보 씨가 재무제표를 공부한 지도 꽤 긴 시간이 흘렀다. 처음에 김초보 씨는 재무제표에 등장하는 낯설고 새로운 용어 때문에 애를 먹었고, 재무제표 수치가 무엇을 뜻하는지 이해하는 데 어려움을 겪기도 했다.

하지만 이제 재무제표 전체의 윤곽을 보는 능력이 생기면서 스스로 회계전문가가 되는 것 같아 신이 났다. 그리고 마침내 '재무제표의 주석'이라는 마지막 관문에 이르렀다.

재무제표에 대한 주석을 살펴보니, 재무상태표나 손익계산서와 달리 수치가 아니라 우리가 흔히 접하는 글로 정리되어 있어서 조금은 마음이 놓였다. 하지만 아는 길도 물어서 가야 하는 법이라 회계사 친구에게 물었다.

"재무제표의 주석이라는 게 결국 다른 재무제표를 보완해주는 내용이라고 보면 되는 건가?"

"그래. 주석은 재무제표 수치만으로 알기 어려운, 회사에 대한 정보나 수치 자체의 보충적 정보를 나타내는 보고서라고 할 수 있어. 그래서 주석이 없는 재무제표는 불완전한 재무제표인 거지."

"그럼 그 정도로 중요하기도 하다는 얘기야?"

"가령 손익계산서에 계상된 감가상각비가 어떤 방법으로 계상되었는지를 알려주지 않는다면 회사가 자기 임의대로 감가상각비를 계상할 수도 있잖아. 그리고 그렇게 되면 재무제표 자체에 대해 신뢰하기가 힘들어지지. 그래서 주석에는 반드시 회사가 재무제표 작성 시 채택한 회계정책 등을 공시하도록 하고 있어."

"아, 그렇구나."

"또 회사의 주된 영업활동이나 주요한 주주, 부채내역 등과 관련하여 재무제표 본문에 표시할 수 없지만 정보이용자들에게 꼭 알려야 하는 정보도 주석으로 공시하니까, 이용자들은 주석을 통해서 의사결정에 필요한 정보를 충분히 얻을 수 있는 거지."

친구의 말을 듣고 재무제표 주석을 살펴보니 정말로 회사를 이해하는 폭이 넓어지는 것 같았다. 동시에 주석을 함께 살펴보아야 재무제표 수치의 뜻을 더 분명히 알 수 있겠다는 생각이 들었다.

재무제표의 주석
이해하기

1. 재무제표 주석의 유용성

재무제표의 주석(Notes to Financial Statements)은 재무상태표, 손익계산서, 현금흐름표, 자본변동표와 함께 재무제표의 일부를 구성한다. 재무제표를 작성하는 데 이용한 정보는 주석에 공시해야 한다.

왜냐하면 회사의 재무에 관한 정보를 재무상태표 등의 명세만으로는 다 나타낼 수 없기 때문이다. 회사의 연혁이나 대주주 현황, 회계정책 등은 회사 재무제표의 전반적인 이해를 위해 필요한 정보이지만 재무제표 본문에 표시할 수 없다.

주석으로 공시되는 정보는 기업의 재무상태, 경영성과, 이익잉여금처분(또는 결손금처리) 내용, 현금흐름 및 자본변동에 관한 필수 정보들이다. 그러므로 주석이 제외된 재무제표는 완전한 재무제표라고 할 수 없다.

2. 주석에 포함해야 하는 사항

일반기업회계기준에 따르면 다음과 같은 사항을 주석에 포함해야 한다.

(1) 재무제표 작성기준

국내 기업은 「상법」 및 「주식회사외부감사에관한법률」(외감법)에 따라 제정된 기업회계기준에 의거해 재무제표를 작성해야 한다. 주권이 상장된 모든 회사 및 법에서 정한 회사는 한국채택국제회계기준(K-IFRS), 기타 외감법상 외부감사 대상 회사는 일반기업회계기준, 비(非)외감대상 중소기업은 중소기업회계기준, 기업구조조정회사 같은 특수회사는 특수분야회계기준이 재무제표 작성기준이 된다.

물론 해외투자 유치 등 기업의 필요에 따라서 위 기업회계기준이 아닌 다른 회계기준에 따라 재무제표를 작성하는 경우도 있다. 그러므로 주석에서는 재무제표가 어떤 회계기준에 따라 작성되었는지 밝혀야 한다.

(2) 회계정책 공시

주석에는 중요한 거래 및 회계적 사건을 회계처리할 때 적용한 회계정책을 반드시 공시해야 한다. 회계정책의 요약에는 재무제표 작성에 사용한 측정속성 및 재무제표 이해에 필요한 기타의 회계정책이 포함되어야 하는데, 그 예로 다음과 같은 항목들이 있다.

가. 수익인식 기준: 실현주의 또는 진행기준 등

나. 대손충당금 설정원칙: 연령분석법 또는 매출액비례법 등

다. 재고자산의 평가방법: 계속기록법 및 실제 재고조사 여부, 개별법, 총평균법, 이동평균법, 선입선출법, 후입선출법 등

라. 유가증권의 분류 및 평가방법: 단기매매증권, 매도가능증권, 만기보유증권 등, 개별법, 총평균법, 이동평균법, 선입선출법, 후입선출법 등

마. 지분법적용투자주식의 평가방법

바. 유형자산의 평가 및 감가상각 방법: 취득원가의 산정, 원가모형 또는 재평가모형, 자본적지출, 손상차손 처리 등, 정액법, 정률법, 생산량비례법 등

사. 무형자산의 평가 및 감가상각 방법: 취득원가의 산정, 손상차손 처리 및 정액법 등

아. 리스의 분류 및 회계처리 원칙: 운용리스 또는 금융리스 구분 및 회계처리 원
　　칙 등

자. 신주발행비 및 사채발행비

차. 채권 및 채무의 현재가치평가 여부

카. 이연법인세자산, 이연법인세부채 회계적용 여부

타. 외화 자산·부채의 환산방법

파. 충당부채 회계처리 원칙 등

또한 재무제표에 영향을 미치는 회계정책을 적용할 때 경영진이 내린
판단의 근거도 주석에 기재한다.

(3) 추가 재무정보

주석에는 기업회계기준에서 요구하는 사항 및 기타 재무제표를 이해하
는 데 필요한 정보를 실어야 한다. 기업회계기준에서는 재무제표와 관
련해 주석 공시를 하도록 요구하는 사항들이 있다. 당기순손익에 대한
주석에 포괄손익계산서를 공시하도록 한 것이 그 예다.

그밖에도 경영자가 판단하기에 재무상태표 등 주요 재무제표의 본문에
표시되지 않은 사항으로서, 재무제표를 이해하는 데 필요한 추가 정보
역시 주석에 공시해야 한다. 추가적인 재무정보로는 다음과 같은 것들
이 있다.

가. 기업의 개황, 주요 영업내용 및 최근의 경영환경 변화

나. 사용이 제한된 예금

다. 발행주식 중 상호주식 등 법령에 의해 의결권이 제한되어 있는 경우에는 그
　　내용

라. 차입약정의 중요한 위반사항

마. 천재지변, 파업, 화재, 중요한 사고 등에 관해 그 내용과 결과

바. 기업이 가입한 보험의 종류, 보험금액 및 보험에 가입된 자산의 내용

사. 물가 및 환율변동같이 기업에 중요한 영향을 미치는 불확실성 및 위험요소

아. 당해 회계연도 개시일 전 2년 내에 결손보전을 한 경우에는 결손보전에 충당된
자본잉여금이나 이익잉여금의 명칭과 금액 및 결손보전을 승인한 주주총회일

자. 제조원가 또는 판매비와관리비에 포함된 급여, 퇴직급여, 복리후생비, 임차료,
감가상각비, 세금과공과 등 부가가치 계산에 필요한 계정과목과 그 금액

차. 포괄손익계산서의 공시

(4) 측정상의 유의적인 가정

주석에는 미래의 유의적인 가정과 측정상의 불확실성에 대한 기타 정보
를 기재해야 하는데, 이러한 사항은 차기의 자산과 부채의 장부금액에
영향을 미칠 수 있으므로 해당 자산과 부채의 성격, 당기말 현재의 장부
금액, 이 금액이 차기에 조정될 수 있다는 사실을 함께 표시해야 한다.

(5) 이익잉여금처분계산서

상법 등 관련 법규에서 이익잉여금처분계산서(또는 결손금처리계산서) 작성
을 요구하는 경우, 재무상태표의 이익잉여금(또는 결손금)에 대한 보충적
정보*로서 이들 계산서를 주석에 공시한다.

(6) 배당 정보의 공시

이익잉여금처분예정액으로서 주식의 종류별 주당 배당금액, 액면배당
률, 배당성향, 배당액의 산정내역을 주석으로 기재해야 한다.

3. 주석 기술의 순서

재무제표의 주석을 작성할 때는 재무제표와의 연관성을 파악할 수 있
도록 체계적인 방법으로 한다. 즉, 재무상태표, 손익계산서, 현금흐름표,

용어 해설

보충적 정보
재무제표 본문의 수치자료를 보
완하는 정보로서, 각 재무제표 본
문에 표시된 순서에 따라 공시
한다.

자본변동표의 본문에 표시된 개별항목에 숫자 등의 기호를 표시하고, 그 기호를 사용하여 재무제표 본문과 관련된 주석 내용을 상호연결해서 이해할 수 있도록 작성해야 한다.

재무제표의 주석은 정보이용자가 재무제표를 이해하고, 다른 기업의 재무제표와 비교하는 데 도움이 될 수 있도록 다음과 같이 체계적인 순서로 작성한다.

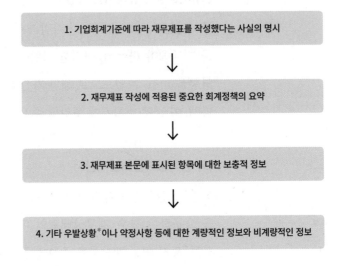

1. 기업회계기준에 따라 재무제표를 작성했다는 사실의 명시

↓

2. 재무제표 작성에 적용된 중요한 회계정책의 요약

↓

3. 재무제표 본문에 표시된 항목에 대한 보충적 정보

↓

4. 기타 우발상황*이나 약정사항 등에 대한 계량적인 정보와 비계량적인 정보

 용어 해설

우발상황

미래에 어떤 사건이 발생하거나 발생하지 않음으로써 궁극적으로 확정될 손실 또는 이익을 말한다. 손해배상소송 등이 이에 해당한다.

4. 주석의 일반적인 구조

주석은 크게 일반사항과 재무상태표 관련 항목, 손익계산서 관련 항목, 현금흐름표 관련 항목, 개별사항 등으로 구분할 수 있다. 이를 표로 정리하면 다음과 같다.

구분	포함 항목	세부내용
일반사항	1. 회사의 개요	회사 개황, 주요 영업내용, 사업장 위치, 주요 주주내역, 최근 경영환경 변화 및 주요 정책변경 내용
	2. 중요한 회계처리 방침(회계정책)	수익인식 등 회사의 주요 회계정책, 자산·부채의 평가방법, 주요 평가손익 내용 등
	3. 회계변경 및 오류수정	회계정책 변경의 내용과 정당성, 오류수정의 내용과 근거
	4. 전기 재무제표의 계정과목 재분류	재무제표 이해에 필요한 사항
재무상태표 항목	1. 현금및현금성자산, 단기 및 장기 금융상품	계정과목별 총액 및 사용이 제한된 경우 그 내역, 이자율
	2. 매출채권	매출채권의 양도 또는 할인에 관한 내용 및 일괄표시한 대손충당금의 내용
	3. 재고자산	원가결정 방법, 담보제공 내용, 후입선출법 적용 시 차액 및 내역
	4. 유가증권	유가증권의 분류, 변경 시 그 내용, 담보제공 내역, 만기보유증권 관련 사항, 감액처리 관련 사항
	5. 지분법적용투자주식	지분법적용 대상 투자주식 선정기준, 지분법평가손익에 중요한 회계처리 방침, 주요 처리내역
	6. 유형자산 및 무형자산	토지의 개별공시지가, 유형자산의 감가상각 방법, 내용연수, 상각률, 담보제공 내역, 무형자산의 상각방법, 내용연수, 상각률 등
	7. 리스거래	운용리스는 기본리스료 및 조정리스료, 금융리스는 자산총액, 리스부채, 리스자산 감가상각비 등
	8. 장기차입금	차입별 차입액, 차입용도, 이자율, 상환방법 등
	9. 사채	사채의 종류별 구분 및 내역
	10. 전환증권	발행금액, 권리행사 조건, 특약사항, 보증내용, 전환 시 발행주식수 등
	11. 퇴직급여충당금	기말 현재 퇴직금추계액, 퇴직급여충당금설정잔액, 퇴직보험 등 계약 내용, 기중 지급액 등
	12. 우발상황 및 약정사항	우발손익, 소송사건, 담보 및 지급보증, 주요 약정사항, 차입약정 위반사항, 파생상품 관련 내용
	13. 자본	회사 발행주식 총수, 1주 금액, 발행주식수, 증자·감자·주식배당 및 자본금 변동사항 등
	14. 이익잉여금 및 이익잉여금처분계산서	이익잉여금처분계산서, 배당수익률, 배당성향, 배당액 산정내역, 배당 제한내역, 결손보전 내역 등
	15. 자기주식	취득경위 및 향후 처리계획, 무상수증 시 그 내역
	16. 주식매수선택권	발행할 주식 총수, 부여방법, 행사가격 등 약정사항 등
	17. 보고기간 후 사건	장기채무로의 차환(또는 만기연장), 차입약정 위반의 해소 또는 해소를 위한 유예기간 획득

구분	포함 항목	세부내용
손익계산서 항목	1. 매출액	매출할인 등 매출의 차감항목 내역, 반제품 매출 등의 내역
	2. 매출원가	매출원가의 산출과정
	3. 판매비와관리비	판매비와관리비를 1줄로 표시한 경우 그 세부내역
	4. 법인세비용	이연법인세의 산출근거 및 관련 내용
	5. 주당순손익	주당순손익의 산출근거, 포괄손익계산서
	6. 중단사업손익	중단사업손익의 산출내역
	7. 포괄손익계산서	당기순손익에 기타포괄손익을 가감해 산출한 포괄손익의 내역 및 법인세효과
현금흐름표 항목	1. 현금유출입 없는 거래	현물출자, 자산의 연불구입, 무상증자, 무상감자 등
	2. 직접법으로 작성 시	당기순이익 및 당기순이익에 가감할 항목에 관한 사항
개별사항	1. 특수관계자 거래	특수관계자 명칭, 매출·매입거래, 장단기 채권·채무 등 주요 거래내역
	2. 외화환산	외화 자산·부채의 내역, 환산기준, 환산손익 내역 등
	3. 사업부문별 정보(중단된 사업부문 포함)	사업부문별 및 중단된 사업부문의 재무현황 등
	4. 기업결합 및 기업분할	회계처리 방법, 결합 또는 분할일 등 관련 사항
	5. 재무제표일 이후 발생사건	사건의 성격 및 사건의 재무적 영향에 대한 설명
	6. 기타 공시사항	부가가치 관련 사항, 비현금 거래내역, 계속기업가정에 대한 불확실성 등

MEMO

재무제표 주석의
완전이해에 도전해보자!

이제 재무제표의 마지막 요소인 주석까지 모두 공부했다. 질문에 답하면서 재무제표 주석과 재무제표 전반에 대해 정리해보자.

---

1 복습을 겸해 총정리하는 문제다. 재무제표의 5가지 요소는 무엇인가?

① _____ ② _____

③ _____ ④ _____

⑤ _____

---

2 다음 중 재무제표의 구성요소가 아닌 것은 어느 것인가?

① 재무상태표   ② 손익계산서   ③ 현금흐름표

④ 주석   ⑤ 제조원가명세서

---

3 재무제표 가운데 재무상태표 등의 본문에 포함되지 않지만, 이해관계자가 알아야 할 사항을 글과 수치로 나타내는 재무제표를 무엇이라고 하는가?

_____

_____

_____

---

4 재무제표의 주석은 정보이용자에게 어떤 유용함이 있는가?

_____

_____

_____

---

5 재무제표의 주석에 반드시 포함되어야 하는 사항이 아닌 것은 어느 것인가?

① 회사의 개요   ② 중요한 회계처리 방침

③ 회계정책의 변경   ④ 당기순이익

6	다음 괄호에 들어갈 말은 무엇인가?
	"국내기업은 ( ) 및 ( )에 따라 제정된 ( )에 따라 재무제표를 작성해야 한다."

7	포괄손익계산서를 구성하는 손익은 크게 2가지다. 무엇인가?
	① ②

8	재무제표의 주석에서 말하는 '보충적 정보'란 무엇인가?

9	재무제표의 주석에서 '우발상황'이란 무엇인가?

10	외감법에 따라 회계감사를 받는 회사의 재무제표를 볼 수 있는 사이트는 어디인가?

해설

2. 제조원가명세서는 재무제표의 부속명세서일 뿐 재무제표는 아니다.

3. 당기순이익은 손익계산서 본문 하단에 표시된다.

정답

1. ① 재무상태표, ② 손익계산서, ③ 현금흐름표, ④ 자본변동표, ⑤ 재무제표의 주석
2. ⑤ 제조원가명세서
3. 재무제표의 주석
4. 재무상태표 등 재무제표의 명세만으로는 충분하지 못한 기업의 재무정보를 보다 구체적으로 알 수 있다.
5. ④ 당기순이익
6. "국내기업은 (상법) 및 (외감법)에 따라 제정된 (기업회계기준)에 따라 재무제표를 작성해야 한다."
7. ① 당기순손익, ② 기타포괄손익
8. 재무제표 본문의 수치자료를 보완하는 정보다.
9. 미래에 어떤 사건이 발생하거나 발생하지 않음으로써 궁극적으로 확정될 이익 또는 손실을 말한다.
10. 금융감독원에서 운영하는 전자공시시스템(dart.fss.or.kr)이다.

PART 2

재 무 제 표 무 작 정 따 라 하 기

재무제표
분석하기

일러두기
〈여섯째마당〉에 실린 삼성전자와 네이버의 사례에서는 각각 삼성전자 감사보고서(2022.03.08.)와 네이버 감사
보고서(2022.03.04.)를 참고하여 재무제표를 분석하였다.

여섯째 마당

실제 사례로 보는
재무제표

재무제표가 쉬워지는 토막소설

지금까지 한 공부로 재무제표에 자신감이 붙은 김초보 씨는 드디어 공인회계사 친구에게 이렇게 선언했다.

"재무제표 공부도 다 끝났고, 이제는 하산할 때가 된 것 같아!"

"아니, 아직은 아니야. 마지막 단계가 남아 있거든. 어쩌면 지금까지 한 공부는 모두 이 작업을 위해 필요한 것이었는지도 몰라."

"그게 뭔데?"

"여태까지 재무제표의 각 요소를 따로따로 살펴봤잖아? 이제는 이것들을 서로 연관시켜볼 차례야."

"그렇다면 재무상태표와 손익계산서를 서로 연관시킨다는 뜻인가? 상당히 재미있는 작업이 될 것 같은데."

"물론 재무제표끼리 연관시켜보기도 할 거고, 재무상태표 또는 손익계산서 자체의 수치들끼리 그리고 동종업종의 수치와 서로 비교해보기도 할 거야. 이렇게 해서 비율을 계산하면 아주 의미 있는 결과를 얻어낼 수 있어. 이런 작업을 '재무제표 분석'이라고 하는데, 말하자면 재무제표를 통해서 그 회사의 재무상태와 경영상태가 어떤지 본격적으로 파악하는 일이라고 할 수 있지."

"아, 재무제표를 통해서 회사의 상태를 파악한다? 그렇지, 재무제표를 공부하는 목적이 바로 그거지! 그러니까 재무제표를 분석하면 그 회사가 부도날 회사인지 계속 성장할 회사인지도 알 수 있다는 뜻이지?"

"맞아, 어느 정도는 파악할 수 있어. 회사의 미래 운명이 꼭 과거의 수치만으로 결정되는 것은 아니니까 완전하다고는 할 수 없지만, 재무제표를 분석하면 그 회사의 재무적 안정성이나 영업활동의 능력, 수익성 정도 따위를 파악할 수 있어."

"이제 감이 잡히는군. 그럼 재무제표를 분석하는 법을 익히면 주식투자를 할 때 재무제표를 어떻게 이용해야 하는지도 알 수 있겠네?"

"물론이지."

이 사실을 알게 되자 김초보 씨는 약간 흥분이 되었다. 재무제표를 알고, 그것을 분석하는 방법까지 알면 이제 어떤 회사의 재무상태든 혼자서 거뜬히 파악할 수 있을 테니 말이다.

뭔가 살아가는 데 아주 중요한 무기를 얻게 될 것 같은 기대감과 함께, 김초보 씨는 마지막 여정을 향해 힘찬 발걸음을 떼었다.

재무제표 분석하기

1. 재무제표 분석과 목적

재무제표 분석(Financial Statements Analysis)이란, 말 그대로 재무제표의 수치를 가공해서 회사 상태를 파악할 수 있는 의미 있는 정보를 산출해내는 과정이다. 재무제표상의 수치는 그 자체만으로는 단순한 숫자에 불과하며, 2가지 이상의 수치를 비교해야 비로소 의미 있는 정보가 된다.

가령 '매출액 73조 원'이라는 숫자만으로는 별 의미가 없다. 하지만 매출액 73조 원에 당기순이익이 6조 원이라면 이야기가 달라진다. 매출액 대비 당기순이익률, 즉 6조 원÷73조 원=8.2%라는 비율은 회사의 수익성을 보여주는 지표로서 의사결정에 유용한 정보이기 때문이다.

주주나 채권자 등 회사의 이해관계자들은 주식투자 또는 금전대여에 따른 위험을 최소화하고, 수익을 극대화하려는 경제적 동기를 갖고 있다. 하지만 위험과 수익은 모두 투자한 이후 미래의 특정시점에 발생하는 것인 데 반해, 기업의 정보는 과거 경영성과와 현재 재무상태, 즉 재무제표 정보뿐이다.

결국 이해관계자들은 이러한 제한된 정보로 기업의 현재 및 미래의 잠재적 위험 또는 수익성을 판단해 의사결정을 할 수밖에 없다. 이때 필요한 작업 중 하나가 바로 재무제표 분석이다.

이처럼 재무제표 분석은 기업의 재무제표를 기초로 기업의 과거 성과 및 현재 재무상태를 평가하고, 기업의 미래 수익성 등을 예측해 이해관계자의 의사결정에 유용한 정보를 제공하는 데 그 목적이 있다.

2. 재무제표 분석방법

재무제표에는 수많은 항목과 수치가 나타나 있다. 앞서 살펴보았듯이 각각의 수치는 그 자체로는 아무런 의미도 없기 때문에 다른 수치들과 비교해야 비로소 의미 있는 정보가 된다.

서로 다른 재무제표상의 수치들을 어떻게 비교하는지에 따라 재무제표 분석방법을 크게 다음 3가지로 나눌 수 있다.

(1) 추세분석

추세분석(Trend Analysis)은 수평적 분석이라고도 하는데, 2개 이상의 연속된 회계기간에 일어난 재무제표 항목의 수치변동을 비교함으로써 의미 있는 정보를 산출해내는 분석방법이다.

가령 올해 매출액과 작년 매출액을 비교해 올해의 성장 여부를 평가하거나, 과거 수년간의 수치를 비교해 회사가 현재 어떤 추세에 놓여 있는지를 평가한다.

추세분석은 기업의 상태가 좋아지고 있는지 그렇지 않은지를 간단히 파악할 수 있는 장점이 있으나, 동종기업 또는 외부환경 변화의 영향을 함께 고려하지 않으면 자칫 잘못된 판단을 할 수도 있는 한계가 있다.

(2) 백분율분석

백분율분석(percentage analysis)은 각 재무제표를 구성하는 항목 간의 상대적 크기를 백분율로 표시해 그 의미를 평가하는 방법으로, 수직적 분석이라고도 한다.

가령 매출액을 100으로 보았을 때 매출원가, 영업이익, 당기순이익이 차지하는 비율이 어느 정도인지, 또는 자산 총계나 부채 총계 등을 100으로 보았을 때 유동자산이나 투자자산, 유형자산 등의 비율이 얼마인지를 백분율로 표시하는 방법이다.

이렇게 하면 해당 회사의 자산, 부채, 자본 항목 중 중요한 비중을 차지하는 항목이 어떤 것인지 파악할 수 있고, 동시에 매출액 대비 손익계산서 항목의 비율을 파악해 기업의 수익성을 평가할 수 있는 장점이 있다. 특히 두 회계기간의 백분율분석을 비교하거나 동종산업 경쟁기업의 백분율분석 수치를 비교하면 기업의 추세분석도 겸할 수 있고, 해당 기업의 영업상 특징이나 재무적 문제점도 파악할 수 있는 유용한 분석방법이라고 할 수 있다.

(3) 재무비율분석

재무비율분석(Financial Ratio Analysis)은 재무제표상 개별항목 간의 비율을 분석함으로써 기업의 경영성과 또는 재무상태를 평가하는 방법이다. 주로 이용되는 재무제표는 재무상태표, 손익계산서, 현금흐름표다.

재무상태표 등 개별 재무제표 항목 간의 비율을 분석하거나, 재무상태표와 손익계산서, 현금흐름표 항목을 서로 연관지어 비율을 분석하는 방법을 취한다.

재무비율분석은 기업경영의 안정성과 활동성, 수익성, 성장성을 평가하는 데 유용한 정보를 제공하므로 재무제표 분석방법 중에서 가장 널리

쓰인다. 따라서 이 책에서는 재무비율분석을 중심으로 재무제표 분석을 살펴본다.

재무비율분석에서 중시하는 지표는 크게 안정성비율, 수익성비율, 활동성비율, 성장성비율의 4가지다. 하나씩 구체적으로 살펴보자.

3. 재무비율분석의 지표: 안정성비율

안정성비율(Stability Ratio)이란 회사의 재무상태가 안정적인지 아닌지를 측정하는 비율로, 극단적으로 말하면 회사의 부도위험을 측정하는 지표라고 할 수 있다. 안정성비율에는 회사의 단기 지급능력을 나타내는 유동성비율, 타인자본 의존도 등을 측정하는 비율 등이 있다.

(1) 유동성비율

회사의 단기 지급능력을 나타내는 비율이다.

❶ 유동비율(Current Ratio)

유동비율은 유동자산을 유동부채로 나눈 비율이다. 1년 이내에 상환할 유동부채를 유동자산으로 어느 정도 충당할 수 있는지를 나타낸다.

유동비율은 은행에서 대출할 때 차입자의 단기 지급능력을 판단하는 대표적인 지표로 이용되기 때문에 '은행가 비율'(Banker's Ratio)이라고도 한다. 이 비율이 150%를 넘으면 기업의 단기 지급능력이 양호하다고 할 수 있다.

❷ 당좌비율(quick ratio)

당좌비율은 당좌자산을 유동부채로 나눈 비율이다. 유동자산 중에서 현금화가 늦고 불확실성이 높은 재고자산을 제외한 당좌자산으로 유동부채를 어느 정도 충당할 수 있는지를 평가하는 지표다.

당좌비율은 유동비율보다 더 엄격하게 단기채무에 대한 지급능력을 평가하기 때문에 이를 '산성시험비율'(Acid Test Ratio) 또는 '신속비율'이라고 한다. 이 비율이 100%를 넘어야 안전하다고 평가한다.

(2) 타인자본 의존도 평가

회사가 영업활동을 위한 자금을 타인자본에 어느 정도 의존하는지를 평가하는 비율에는 부채비율, 차입금의존도, 영업이익 대비 이자보상비율, 고정장기적합률 등이 있다. 이는 장기적 측면에서 회사의 재무적 위험을 평가하는 지표라고 할 수 있다.

❶ 부채비율(Debt Ratio)

부채비율은 타인자본(부채 총계)을 자기자본(자본 총계)으로 나눈 비율이다. 부채비율이 높으면 기업의 지급능력이 악화되어 재무적 위험이 높아진다. 하지만 투자수익률이 이자율보다 높다면 단기적 채무변제의 압박을 받지 않는 한 부채비율이 높더라도 그리 큰 문제는 되지 않는다고 할 수 있다.

❷ 차입금의존도(Dependence on Debt)

차입금의존도는 총자산 중 외부에서 조달한 차입금의 비중을 나타내는 지표다. 이 비율이 높을수록 금융비용 부담이 가중되어 수익성과 안정성이 모두 떨어진다. 차입금의존도 계산식은 다음과 같다.

$$\text{차입금의존도} = \frac{(\text{장·단기차입금} + \text{회사채})}{\text{총자산}}$$

❸ 영업이익 대비 이자보상비율(Interest Coverage Ratio)

영업이익 대비 이자보상비율은 영업이익을 이자비용으로 나눈 비율이다. 타인자본에 대한 대가인 이자지급에 필요한 수익을 회사가 창출할 수 있는지를 평가하는 지표로서, 이자부담 능력을 판단하는 데 유용하다.

❹ 고정장기적합률(Ratio of Fixed Assets to Long-term Capital)

고정장기적합률은 자기자본과 비유동부채를 유형자산에 어느 정도 투입해 운용하는지를 나타내는 지표다. 운용자금 조달의 적절성 여부, 투하자본의 고정화 정도를 측정하는 데 사용된다.

유형자산은 장기에 걸쳐 사용하는 자산이므로 가능하면 자기자본의 범위 내에 있는 것이 바람직하며, 부족한 경우에는 장기차입금 형태로 조달하는 것이 기업의 안정성에 유리하다고 본다.

$$\text{고정장기적합률} = \frac{\text{유형자산}}{(\text{자기자본} + \text{비유동부채})}$$

4. 재무비율분석의 지표: 수익성비율

수익성비율(Profitability Ratio)은 일정기간 동안 기업의 경영성과를 평가하는 지표다. 매출액이익률, 자본이익률, 주가 관련 수익성 지수 등이 있다.

(1) 매출액이익률

매출액이익률(Profit Rate to Sales)은 손익계산서상의 주요한 이익을 매출액으로 나눈 비율이다. 매출총이익률, 매출액영업이익률, 매출액순이익률로 구분한다.

❶ 매출총이익률

매출총이익률은 매출총이익을 매출액으로 나눈 비율이다. 기업 판매활동의 수익성 또는 생산의 효율성을 측정하는 지표다.

❷ 매출액영업이익률

매출액영업이익률은 영업이익을 매출액으로 나눈 비율이다. 제조 및 판매활동과 직접 관계없는 영업외손익을 제외한 순수한 영업이익을 매출액과 대비한 것으로, 영업활동의 수익성을 측정하는 지표다.

❸ 매출액순이익률

매출액순이익률은 당기순이익을 매출액으로 나눈 비율이다. 기업의 전체적인 수익성을 나타내는 지표다.

(2) 자본이익률

자본이익률(Profit Rate to Equity)은 자본투자에 대한 수익률을 평가하는 지표로서 총자산이익률, 자기자본이익률, 총자산 대비 영업현금흐름비율 등이 있다. 자본이익률을 계산할 때는 기초자본과 기말자본의 평균액을 사용한다.

❶ 총자산이익률

총자산이익률은 당기순이익을 총자산(= 총자본)으로 나눈 비율이다. 기업에 투자한 총자산(타인자본과 자기자본)이 얼마나 효율적으로 운용되고 있는지를 보여주는 지표다. 기업이 세운 계획과 실적 간 차이 분석 또는 경영전략 수립 등에 많이 이용된다.

❷ 자기자본이익률

자기자본이익률은 흔히 ROE(Return On Equity)로 부르는데, 당기순이익을 평균자기자본으로 나눈 비율이다. 이는 기업에 투자한 주주들의 자금이 얼마나 수익을 내는지를 보여주는 지표다.

❸ 총자산 대비 영업현금흐름비율

총자산 대비 영업현금흐름비율은 현금흐름표상의 영업활동 현금흐름을 평균총자산으로 나눈 비율이다. 총자산에서 영업활동 현금흐름이 차지하는 비중을 나타낸다.

총자산이익률이 총자산의 투자효율성을 발생주의로 평가한다면, 총자산 대비 영업현금흐름비율은 이를 현금주의로 평가하는 지표라고 할 수 있다. 그러므로 총자산이익률보다 총자산 대비 영업현금흐름비율이 높을수록 순이익의 질이 좋다고 판단할 수 있다.

(3) 주가 관련 수익성 지수

❶ 주당순이익(EPS)

주당순이익은 주식 1단위당 순이익을 나타내는 비율로서, 당기순이익을 시장에 유통되는 발행주식수로 나눈 금액을 말한다. 주당순이익은 기업의 수익력을 평가하는 가장 일반적인 지표 중 하나다.

❷ 주가수익률(PER)

주가수익률은 주가를 주당순이익으로 나눈 비율이다. 주가가 주당순이익에 비해 어느 정도로 평가되는지를 보여주는 지표다.

주가수익률 지표는 주식투자자들이 매우 유용하게 활용하는 투자지표 중 하나다. 가령 동종업종의 경쟁기업 또는 다른 업종에 비해 주가수익률이 낮다면 이는 주가가 주당순이익 대비 낮게 평가되어 있다는 뜻이므로, 향후에 상승할 가능성이 있는 것으로 평가한다.

❸ 배당수익률(Dividend Yield Ratio)

배당수익률은 1주당 배당액을 주가로 나눈 비율로서, 주식투자자가 배당으로 얻는 수익률을 표시한다. 주식투자자는 주가상승에 따른 자본이득과 배당에 따른 배당수익이라는 2가지 형태의 투자수익을 얻게 되는데, 배당수익률은 후자의 수익률을 말한다.

5. 재무비율분석의 지표: 활동성비율

활동성비율(Activity Ratio)은 기업이 보유한 자산을 얼마나 효율적으로 활용하고 있는지를 스스로 평가하는 지표다. 다시 말해 회계기간 동안 매출을 일으키기 위해 각각의 자산을 몇 회나 활용했는지, 즉 회전율이 얼마인지를 평가하는 것이다.

활동성비율에는 매출채권회전율, 재고자산회전율, 유형자산회전율, 총자산회전율 등이 있다.

❶ 매출채권회전율(Account Receivable Turnover Ratio)

매출채권회전율은 매출액을 평균매출채권으로 나눈 비율이다. 매출채권을 회수해 판매(매출)에 재투입하는 횟수, 즉 회전율을 나타내는 지표다. 매출채권의 현금화속도를 측정하는 지표이기도 하다.

가령 매출액이 20조 원이고, 매출채권 평균(기초 및 기말잔액의 평균)이 5조 원이라면 매출채권회전율은 4회가 된다. 이는 매출채권을 현금으로 회수해 다시 매출활동에 투입하는 횟수가 1년에 4회라는 뜻이고 거꾸로 생각하면 매출채권의 회수기간, 즉 현금화하는 기간이 평균 91일(365일÷4회) 정도 된다는 뜻이다.

매출채권회전율이 클수록 현금화가 빨리 이루어진다는 뜻이므로 활동성이 높다는 것을 알 수 있다.

❷ 재고자산회전율(Inventory Turnover Ratio)

재고자산회전율은 매출액을 평균재고자산으로 나눈 비율로, 재고자산이 당좌자산으로 변환되는 속도를 나타낸다. 재고자산이 판매되면 매출원가를 구성함과 동시에 현금 또는 매출채권, 즉 당좌자산으로 바뀐다. 이렇게 재고자산이 모습을 바꾸는 횟수가 1년에 몇 차례인지를 나타내는 비율이 바로 재고자산회전율이다.

만약 재고자산회전율이 3회라고 한다면 재고자산이 당좌자산으로 변화하는 기간은 평균 122일(365일÷3회) 정도라고 할 수 있다.

❸ 유형자산회전율(Tangible Asset Turnover Ratio)

유형자산회전율은 매출액을 평균유형자산으로 나눈 비율이다. 유형자산이 한 회계기간 동안 매출에 기여한 횟수를 평가하는 지표로, 회전율이 높을수록 유형자산이 효율적으로 가동되었음을 알 수 있다.

❹ 총자산회전율(Asset Turnover Ratio)

총자산회전율은 매출액을 평균총자산으로 나눈 비율이다. 유형자산회전율과 마찬가지로 한 회계기간 동안 총자산이 매출 발생에 몇 회나 기여했는지를 보여주는 지표다. 회전율이 높을수록 총자산의 효율성이 높다고 할 수 있다.

6. 재무비율분석의 지표: 성장성비율

성장성비율은 기업의 경영성과 또는 재무상태가 전기에 비해 당기에 얼마나 성장했는지를 보여주는 지표다. 성장성비율에는 매출액증가율, 영업이익증가율, 당기순이익증가율, 총자산증가율 등이 있다.

❶ 매출액증가율(Sales Growth Rate)

매출액증가율은 당기 매출액을 전기 매출액으로 나눈 비율로, 전기 대비 당기 매출액의 증가 정도를 나타낸다.

❷ 영업이익증가율(Operating Profit Growth Rate)

영업이익증가율은 당기 영업이익을 전기 영업이익으로 나눈 비율로, 전기 대비 당기 영업이익의 증가 정도를 나타낸다.

❸ 당기순이익증가율(Net Profit Growth Rate)

당기순이익증가율은 당기순이익을 전기순이익으로 나눈 비율로, 전기 대비 당기순이익의 증가 정도를 나타낸다.

❹ 총자산증가율(Asset Growth Rate)

총자산증가율은 당기말 총자산을 전기말 총자산으로 나눈 비율로, 전기 대비 당기 총자산의 증가 정도를 나타낸다.

7. 재무비율분석의 한계와 유의사항

재무비율분석은 회사의 경영성과 및 재무상태에 대한 매우 유용한 정보를 제공함에도 불구하고 여러 가지 한계를 지닌다. 이러한 한계를 무시하면 의사결정을 그르칠 우려가 있다.

첫째, 재무비율분석의 기초자료는 기업이 작성해 공시한 자료로서 과거의 자료다. 따라서 기업이 공시한 재무제표의 적정성 여부가 전제되어야 한다. 이와 동시에 여러 가지 대체적인 회계처리 방법이 있기 때문에 다른 기업과의 비교에 한계가 있다. 또 과거의 수치이므로, 이를 바탕으로 미래의 기업상태를 판단하고 평가하는 데 기본적인 한계가 있다.

둘째, 재무비율분석 지표는 한 기업의 비율분석에 불과하므로 객관적인 평가를 할 수 없다는 한계가 있다.

재무비율분석을 할 때는 이상과 같은 한계를 극복하기 위해 다음 사항에 유의해야 한다.

첫째, 기업이 공시한 재무제표의 적정성 여부에 대한 외부감사인의 의견을 참고해야 하며, 다른 기업과 비교할 때는 대체적인 회계처리 방법으로 인한 효과를 반영해 평가한다. 과거 수치의 한계를 극복하기 위해서는 기업의 과거 수년간의 재무비율을 이용한 추세분석을 통해 보완하는 것도 한 방법이다.

둘째, 기업의 재무상태에 대한 객관적인 평가를 위해서는 동종업계 평균비율 또는 동종업계 경쟁기업의 재무비율과 비교평가하는 것이 중요하다. 동종업계의 평균비율은 매년 출간되는 한국은행의 《기업경영분석》 또는 산업은행의 《재무분석》에 수록된 통계자료를 활용해 확인한다.

재무제표 분석의 완전이해에 도전해보자!

이제 마지막 과정인 재무제표 분석까지 모두 마쳤다. 상쾌한 마음으로 문제를 풀면서 정리하자.

1	재무제표 분석이란 무엇인가?
2	재무제표 분석의 3가지 방법은 무엇인가? ①　　　　　　　②　　　　　　　③
3	재무비율분석에 유용한 지표 4가지는 무엇인가? ①　　　　②　　　　③　　　　④
4	'은행가 비율'이라고도 하는 지표로서 기업의 단기 지급능력을 평가하는 비율은 무엇인가?
5	주식투자자들이 투자에 대한 수익률로 활용하는 지표는 무엇인가?
6	다음은 주당순이익 계산식이다. 괄호를 채워보자. 주당순이익 = 당기순이익 ÷ (　　　　　　　　　　　)

7	주가가 주당순이익의 몇 배인지를 평가하는 지표를 주가수익률(PER)이라고 한다. 계산식은 어떻게 되는가?
8	주가수익률이 낮으면 주가가 상승할 가능성이 크다고 평가한다. 그 이유는 무엇인가?
9	배당률은 배당금을 자본금으로 나눈 비율이다. 그렇다면 배당수익률은 무엇인가?
10	재무비율분석의 한계는 무엇인가?

정답

1. 재무제표의 수치를 가공해 의사결정에 유용한 새로운 정보를 산출해내는 과정을 말한다.
2. ① 추세분석, ② 백분율분석, ③ 재무비율분석
3. ① 안정성비율, ② 수익성비율, ③ 활동성비율, ④ 성장성비율
4. 유동비율
5. 자기자본이익률(ROE)
6. 주당순이익 = 당기순이익 ÷ (발행주식수)
7. 주가수익률 = 주가 ÷ 주당순이익
8. 주가수익률은 주당순이익 대비 주가 수준인데, 주가수익률이 낮으면 주가가 순이익에 비해 낮게 평가된 것으로 보기 때문이다.
9. 배당수익률은 배당금을 주가로 나눈 값으로, 주식투자 금액 대비 배당금 비율을 말한다.
10. 기업경영자가 작성한 과거의 자료라는 점이다.

좋은 기업과 재무제표 분석

1. 좋은 기업이란 어떤 기업을 말하는가?

우리가 어떤 기업의 재무제표를 입수해서 살펴보는 것은 그 기업의 재무상태를 평가하고 경제적 의사결정을 하기 위해서다. 물론 어떤 이해관계에 있는지에 따라 평가의 초점이 다를 수 있다. 투자자인지, 임원인지, 직원인지, 거래처나 지역사회인지에 따라 주된 평가대상과 그 기준이 다르기 때문이다.

또 같은 투자자라도 주식투자자인지 채권투자자인지에 따라 보는 관점이 다를 수 있다. 주식투자자라면 다소 위험이 있더라도 배당수익률이나 기업가치상승에 따른 자본이득 실현을 중시할 것이다. 반면, 채권투자자라면 위험을 회피하고 안정적인 수익창출을 통해 채권 이자와 원금회수의 안정성을 중시할 것이다.

또 같은 주식투자자라도 기업의 어떤 점을 중시하는지에 따라 기업에 대한 의사결정이 달라질 수 있다. 기업의 미래 성장가능성을 중시하기도 하고, 그 기업의 과거와 현재실적에 좋은 점수를 주기도 한다. 기업의 수익성을 우선으로 보기도 하고 영업활동의 활성화 여부(기업의 활력)를 중시하기도 한다. 따라서 어떤 기업이 좋은 기업인지에 대한 기준은 사람의 입장에 따라 다소 다를 수 있다.

그럼에도 불구하고 재무적 관점에서 기업을 평가할 때 주요하게 기준으로 삼는 몇 가지 요소가 있다. 그 기업의 성장성과 수익성, 안정성과 활동성 그리고 최근 등장하고 있는 ESG(Environmental, Social and Governance) 관점이 그것이다.

성장성은 해당 기업의 시계열수치비교를 통해서 평가하고, 수익성은 기업의 매출과 이익 간의 관계를 살펴서 판단한다. 그리고 이들 수치를 동종업종의 지수와 비교하여 기업을 평가한다.

안정성은 기업의 장단기 유동성 위험, 즉 부도위험 또는 이자지불이나 채권상환유예 위험 등을 보는 것이다. 업종 간의 비교를 통해 기업의 재무적 안정성 정도를 평가한다.

활동성은 재고자산의 판매와 매출채권의 회수가 적정한 주기로 일어나고 있는지, 즉 영업활동의 활성화를 평가하여 기업의 활력을 평가하는 것이다.

마지막으로 ESG 관점이란 기업활동 또는 기업 경영진이 환경(Environment)과 사회(Social), 지배구조(Governance) 측면에서 사회가 요구하는 기업의 윤리기준을 충족하는지를 평가하는 것이다.

2. 재무제표로 좋은 기업을 알 수 있는가?

재무제표는 기업에서 한 해 동안 발생한, 화폐로 표시할 수 있는 모든 거래를 회계처리한 결과물이다. 이는 곧 그 기간에 경영진이 영업활동과 재무활동, 투자활동 등에서 발휘한 경영능력이 고스란히 수치화된 자료이므로 기업평가의 핵심적인 지표다. 다만, 재무제표는 이미 발생한 거래의 결과물, 즉 과거의 자료라는 점에서 한계를 갖는다. 다시 말해 재무제표에 근거한 평가가 곧 그 기업의 미래를 보증해주는 것은 아니다.

더구나 재무제표에는 더 근본적인 한계가 있다. 기업이 보유한 핵심인력(인적 자원)이나 브랜드가치, ESG와 관련된 기업의 활동이나 지배구조 등과 같이 화폐액으로 측정하기 어려운 자산 그리고 미래에 실현될 지적재산권(무수히 많은 특허 등)이라든가 투입된 개발비의 미래가치, 그 기업이 처한 법적·제도적·국제적 환경의 가치 등은 반영하지 않는다. 바로 이 점이 주식시장에서 거래되는 주식가치와 주식의 장부가치에 차이가 나는 이유라고 할 수 있다. 그럼에도 불구하고 해당 기업의 장기간의 시계열분석 등을 통해서 일정한 경향성을 파악하여 이러한 한계를 나름 보완할 수 있다.

이해관계자는 이처럼 재무제표 분석이 갖는 한계를 염두에 두되, 그 기업이 속한 법적·제도적·국제적 환경 변화를 주시해야 한다. 경영진 변동이라든가 노사관계의 상황, 기술개발 등 기업활동에 영향을 미치는 중요한 사안에 대한 관심을 재무제표 분석과 결합해야 기업에 대해 보다 정확한 평가와 의사결정을 할 수 있다.

재무적 관점의 평가기준은 글로벌한 관점에서 세워야 하겠지만, 이 책에서는 국내 관점에서 산업평균과 비교하는 것으로 한다. 이 책에서 삼성전자와 네이버 두 회사의 지표와 비교평가 자료로 사용한 것은 한국은행의 《기업경영분석》[*]에 수록된 통계자료다.

 용어 해설

기업경영분석
외감법 대상 법인기업 26,880 개를 대상으로 한국은행에서 매년 출간하는 경영분석 자료를 말한다.

022 ▶ 어떤 회사인가?

앞에서 말한 평가기준과 방법에 따라 삼성전자와 네이버 두 회사를 대상으로 기업의 상태를 진단해보자.

잘 알다시피 삼성전자와 네이버는 전기전자업 및 정보통신업에서 한국을 대표하는 회사들이다. 우선 두 회사가 어떤 회사인지 그들의 설명을 들어보자. 두 회사의 재무제표 주석에 소개된 각 회사의 일반적 사항과 자본금 해당 부분을 여기에 옮긴다.

1. 삼성전자의 회사 개요와 자본금 현황

❶ 회사 개요

> 삼성전자주식회사는 1969년 대한민국에서 설립되어 1975년 한국의 증권거래소에 상장하였다. 회사의 사업은 가전부문(Consumer Electronics), 정보통신부문(Information Technology & Mobile Communication), 장치솔루션(Device Solution)부문으로 구성되어 있다. 가전부문은 TV, 모니터, 에어컨 및 냉장고 등의 사업으로 구성되어 있고, 정보통신부문은 휴대폰, 통신시스템, 컴퓨터 등의 사업으로 구성되어 있으며, 장치솔루션부문은 메모리, 파운드리(Foundry), 시스템 LSI 등의 반도체 사업으로 구성되어 있다.

❷ 자본금 현황

삼성전자주식회사는 보고기간 종료일 현재 회사의 정관에 의한 발행할 주식의 총수는 250억 주(1주의 액면금액: 100원)이며, 회사가 발행한 보통주 및 우선주의 수(소각주식수 제외)는 각각 5,969,782,550주와 822,886,700주다. 유통주식수는 발행주식의 수와 동일하며, 당기 및 전기 중 변동사항은 없다. 한편, 발행주식의 액면총액은 679,267백만 원(보통주 596,978백만 원, 우선주 82,289백만 원)으로 이익소각으로 인해 납입자본금 897,514백만 원과 상이하다.

2. 네이버의 회사 개요와 자본금 현황

❶ 회사 개요

네이버주식회사는 인터넷검색사이트의 운영 등 온라인정보제공사업을 영위할 목적으로 1999년 6월 2일 설립되었다. 회사는 2002년 10월 29일자로 한국거래소 코스닥시장에 상장되었으며, 2008년 11월28일 코스닥시장에서 유가증권시장으로 이전 상장하였다. 당기말 현재 주요 주주는 국민연금공단(8.94%) 등으로 구성되어 있다.

❷ 자본금 현황

네이버가 발행할 주식의 총수는 3억 주이고, 당기말 현재 회사가 발행한 보통주식수와 자기주식수(소각주식수 제외)는 각각 164,049,085주(1주당 액면가:100원)와 14,750,130주다. 당기말 현재 보통주자본금과 주식발행초과금은 각각 16,481,340천 원, 132,920,605천 원이며, 이익소각으로 인해 발행주식의 액면총액은 16,404,909천 원으로 납입자본금 16,481,340천 원과 상이하다.

회사의 역사와 주된 영업활동이 무엇인지 파악하고, 주식수와 액면가 등에 대한 정보를 파악하는 것은 어떤 회사에 투자하기 위한 가장 기초적인 일이라 할 수 있다.

회사의 수익성은
어떤가?

회사의 수익성이 좋은지 아닌지는 동종업종 대비 매출총이익률이나 영업이익률, 당기순이익률을 기준으로 판단한다. 이익의 크기도 물론 중요하지만, 이익의 크기는 매출의 크기와 비교할 때 그 의미가 더 분명해지므로 백분율, 즉 이익률을 판단지표로 삼고 업종 평균과 비교하는 것이 회사의 수익성 상태를 파악하기에 더 좋다.

즉, 회사의 관련 이익률을 기초로 하여 동종업종 기업들과 비교하여 상대적으로 어떤지 여부를 평가하여 판단해본다. 보통 새로운 블루오션시장을 개척한 기업의 이익률이 매우 높고, 경쟁기업이 많은 레드오션시장에서는 이익률이 대체로 업종 평균에서 크게 벗어나지 않는다.

두 회사가 속한 업종은 다르다. 삼성전자는 제조업 내의 전자전기장비업에 속하고, 네이버는 서비스업 내의 정보통신업에 속한다. 두 기업 모두 동종의 글로벌기업과 경쟁하고 있으므로 삼성은 애플, 네이버는 구글과 비교해본다.

두 회사의 수익성 관련 재무제표 자료는 다음과 같다.

(단위: 백만 원)

구분	삼성전자	애플	네이버	구글
매출액(영업수익)	199,744,705	418,648,291	5,018,667	294,844,936
매출원가	135,823,433	243,739,716	—•	126,960,810
매출총이익	63,921,272	174,908,575	—	167,884,125
영업이익	31,993,162	124,683,415	1,558,729	118,471,503
세전순이익	38,704,492	124,978,675	2,089,347	103,837,804
당기순이익	30,970,954	108,353,686	1,524,755	87,013,686

•네이버는 서비스업종으로 손익계산서에 서비스원가가 표시되어 있지 않음
※ 애플과 구글의 수치는 해당연도 기말 평균환율인 달러당 1,144.42원으로 원화환산한 수치임

삼성전자와 네이버는 매출액 규모에서는 약 40배, 당기순이익의 크기 면에서도 약 20배 차이가 난다. 또 두 회사가 영위하는 업종은 제조업과 서비스업으로, 매출과 이익이 발생하는 환경과 구조가 질적으로 다르다. 따라서 두 회사의 수치를 직접 비교하는 것은 큰 의미를 갖기 어려우므로 두 회사가 속한 업종의 다른 기업들 수치(평균값)와 비교하는 것이 타당하다.

삼성전자와 애플은 글로벌시장에서 경쟁하고 있으므로 비교의미가 크다고 할 수 있다. 매출액 규모나 이익규모에서 보면 삼성전자는 애플에 비해 매출규모는 2.1배, 이익은 3.9배 정도 작다. 네이버와 구글은 사실상 국내기업과 글로벌기업과의 비교이므로 그 의미가 크다고 할 수는 없지만, 두 회사가 국내 검색광고 시장에서 1위와 2위로 경쟁하고 있다는 점에서 의미를 찾을 수 있다.

| 삼성전자와 네이버의 동종기업 평균 수익률 비교 |

(단위: %)

구분	삼성전자	국내 전기전자업 평균	애플	네이버	국내 정보통신업 평균	구글
매출액영업이익률	16.02	13.94	56.94	31.06	11.16	56.94
매출액순이익률	15.51	12.79	29.31	30.38	12.12	29.51
자기자본순이익률(ROE)	16.45	14.23	36.88	4.59	12.53	8.02
총자산세전이익률	16.10	12.88	8.09	4.80	9.1	6.68

매출액 영업이익률은 회사의 수익성을 평가할 때 가장 중요한 지표라 할 수 있다. 영업이익은 회사의 그 어떤 이익지표보다 해당 회사의 지속가능성과 수익성의 크기를 판단하는 기초지표에 해당하기 때문이다. 영업이익이 (-)일 경우에도 당기순이익은 일시적으로 (+)이거나 클 수도 있기 때문에 당기순이익 여부로 회사의 수익성을 판단하면 자칫 오류를 범하기 쉽다.

1. 삼성전자의 수익성 평가

(1) 동종기업과 비교

우선 삼성전자의 수익성 지표를 살펴보자. 삼성전자는 매출액영업이익률, 즉 [영업이익(매출액-매출원가-판매관리비)÷매출액] 비율이 16.02%로 동종의 영업이익률 13.94%에 비해 2%(비율로는 16.02÷13.94=15%) 이상 높다. 즉, 수익성이 동종업종 기업들의 평균보다 높다.

특히 삼성전자의 매출규모가 해당 업종에서 가장 커서 이미 동종업계 평균을 끌어올리는 작용을 했음을 감안하면, 삼성전자 영업이익률은 다른 동종기업들보다 15% 이상 더 높다고 해석할 수 있다.

매출액순이익률, 즉 [당기순이익(매출액-매출원가-판매관리비-영업외수익비용-법인세비용)÷매출액] 비율도 15.51%로 동종평균 12.79% 대비 2.7% 이상 높아서 영업이익률보다 더 좋음을 알 수 있다.

이는 삼성전자의 영업외수익이 영업외비용보다 더 컸다는 걸 보여주는데, 주석을 보면 영업수익 중 기타수익 7.359조 원 가운데 배당수익이 압도적으로 큰 비중을 차지한다는 것을 알 수 있다(삼성전자 재무제표 주석 23. 기타수익 및 기타비용 참조). 즉, 당기 삼성전자가 투자한 회사로부터 얻은 배당수익은 무려 6.6조 원에 이른다.

기타수익	당기	전기
배당금수익	6,560,011	129,569
임대료수익	164,197	167,239
유형자산처분이익	278,849	306,182
기타	355,947	194,504
계	7,359,004	797,494

자기자본순이익률, 즉 [당기순이익÷{(전기말자본총액+당기말자본총액)÷2}]은 16.45%다. 이는 투하자본 100원당 연간 16.45원의 순이익이 발생했다는 뜻으로, 수익률이 꽤 높다고 할 수 있다. 특히 동종업계 평균 자기자본순이익률인 14.23%보다 2.2% 더 높다. 자기자본순이익률의 전 산업 평균은 9.53%로 나타나 전기전자업종의 투자 대비 수익률이 매우 높음을 알 수 있다.

총자산세전이익률, [세전이익÷{(전기말자산총액+당기말자산총액)÷2}]은 16.10%(삼성전자의 총자산순이익률은 12.88%)로 자산 100원당 16.1원의 세전이익(세후이익으로는 12.88원)을 낸 셈이다. 동종업계의 12.88% 대비 3.22% 더 높아서 자산투자의 효율성이 높다고 할 수 있다.

(2) 글로벌기업과 비교

한편, 글로벌 경쟁기업인 애플과 재무비율 수치를 비교해보자. 삼성은 애플에 비해 매출규모는 2.1배, 이익은 3.9배가 작다. 세계경제에서 미국기업이 갖는 시장지배력과 경쟁력이 크다는 것을 알 수 있다.

두 기업은 매출과 이익의 크기 차이만이 아니라 수익률에서도 큰 차이를 보인다. 매출액영업이익률에서는 3.55배, 매출액순이익률에서는 약 2배 차이가 나고, 자기자본순이익률에서도 2.2배 차이가 난다.

다만, 총자산세전이익률에서는 오히려 삼성전자가 애플을 2배 정도 앞서고 있는데, 이는 삼성전자의 총자산이 약 27조 원인 반면, 애플의 총자산은 411조 원으로 5배 이상 큰 데 기인한다. 이 점에서 삼성전자는 애플에 비해 자산의 효율성이 더 높다고 평가할 수 있겠다.

2. 네이버의 수익성 평가

(1) 동종기업과 비교

네이버의 수익성 지표를 살펴보자. 네이버는 매출액영업이익률이 31.06%로 정보통신업종의 평균 매출액영업이익률 11.16% 대비 거의 3배 가까이 높다. 이는 서비스업이라는 업종 특성과는 상관없고 주로 네이버의 주된 영업활동, 즉 인터넷검색 관련 영업의 압도적 수익성 덕분으로 평가된다. 국내 인터넷 검색분야에서 네이버의 점유율이 56~60%에 이를 만큼 높기 때문이다. 2위 구글이 37~38%로 추격하고 있으나 아직 격차가 크다.

특히 네이버의 매출규모는 해당 업종에서 가장 크다고 할 수 있으며, 이미 동종업계 평균을 끌어올렸다는 점에서 영업이익률의 비교 우위는 압도적이라 할 수 있다.

매출액순이익률도 30.38%로 동종업계 평균 12.12% 대비 무려 18% 이상 높다. 네이버도 삼성전자와 유사하게 배당금 수익이 3,469억 원으로 상당히 크게 나타난다(네이버 재무제표 주석 25. 금융수익 및 금융비용 참조). 세전순이익(2조 893억 원)의 16.7% 크기다. 투자수익도 높음을 알 수 있는 지표다.

기타수익	당기	전기
배당금수익	346,854,161	46,848,446
외환차이	2,296,9946	2,359,164
당기손익-공정가치측정금융자산평가이익	449,993,627	356,603,765
당기손익-공정가치측정금융자산거래이익	4,696,264	6,304,070
합계	824,513,998	412,115,445

자기자본순이익률은 4.59%로 투하자본 100원당 연간 4.59원의 순이익이 발생했다는 뜻이다. 네이버의 자기자본수익률은 그리 높다고 할 수 없으며, 특히 동종업계 평균 자기자본순이익률 12.53%보다 약 8%나 낮다. 이는 자기자본순이익률의 전산업평균 9.53%보다도 낮은 수치다. 자본투자의 효율성이 낮다고 할 수 있다.

총자산세전이익률도 4.8%(네이버의 총자산순이익률은 3.5%)로 자산 100원당 4.8원의 세전이익(세후이익으로는 3.5원)을 내서 동종업계 평균 9.1% 대비 매우 낮다. 자산투자의 효율성이 낮음을 알 수 있다.

네이버의 자기자본순이익률과 총자산순이익률이 동종업계 평균 대비 크게 낮은 이유를 분석해보면, 자산 가운데 금융자산 비중이 매우 큰 것에서 기인한다고 평가된다. 총자산 중 금융자산의 비중은 무려 73%에 해당하지만, 영업활동 관련 자산(매출채권 및 재고자산 등)은 겨우 27%에 불과하다. 금융자산 비중이 높다는 것은 전체 수익률이 금융자산의 수익률 수준으로 제약된다는 것을 뜻한다.

(2) 글로벌기업과 비교

네이버와 글로벌 경쟁기업인 구글의 재무비율 수치를 비교해보자. 네이버는 구글에 비해 매출규모는 54배, 이익은 58배가 작다. 구글은 미국기업이지만 실질적인 세계기업으로서 시장지배력과 경쟁력을 갖고 있다는 점에서 아직 국내기업의 틀을 벗어나지 못한 네이버와 차이가 크다.
매출과 이익의 크기 차이만이 아니라 수익률에서도 큰 차이를 보인다.
매출액영업이익률에서는 1.8배 차이가 난다. 다만, 매출액순이익률에서
는 오히려 네이버가 앞선다. 앞서도 말했듯이 순이익이란 주된 영업활
동에서 나오는 영업이익에 일시적 수익·비용인 영업외수익·비용을 가
산한 것이므로 중요성에서는 비중이 떨어진다. 일시적 요인이 작용했을
수도 있기 때문이다.

한편, 자기자본순이익률에서는 1.7배, 총자산세전이익률에서는 1.4배
차이를 보인다.

회사의 안정성은 어떤가?

회사의 안정성은 회사의 영업활동이 지속 가능한지를 판단하는 지표다. 동종업종 대비 유동비율(당좌비율)과 부채비율, 차입금의존도, 이자보상 비율, 비유동장기적합률 등을 기준으로 판단한다.

회사 입장에서는 수익성도 물론 중요하지만, 재무적 안정성이 뒷받침되지 못하면 영업활동을 지속하기 어렵고, 타인자본에 흔들려 주주가치가 크게 훼손될 수 있다. 회사의 안정성은 결국 회사가 타인자본을 활용하면서도 타인자본의 위협을 어느 정도 감당 가능한지를 평가하는 것이다.

안정성 평가에 가장 민감한 지표는 유동비율과 당좌비율이다. 안정성을 평가할 때는 유동부채의 상환압력을 견딜 만큼 유동자산(또는 당좌자산)을 확보하고 있는지를 본다. 흔히 말하는 흑자부도, 즉 이익을 실현하고도 운영자금이 부족해 발행한 어음을 만기일에 변제하지 못해 부도가 나고, 회사가 문을 닫는 불행한 상황이 발생할 가능성을 판단할 때 활용하는 지표다. 특히 당좌비율은 그런 점에서 가장 민감한 리트머스시험지 역할을 한다.

부채비율은 은행이나 신용평가기관에서 회사의 재무적 안정성을 평가할 때 가장 기본적으로 보는 지표다. 총자산 대비 부채의 비중 또는 자본 대비 부채의 비율을 말한다. 자기자본비율과 쌍을 이루는 비율이다.

차입금매출액비율이나 이자보상비율은 더욱 직접적으로 차입금에 대한 매출의 커버능력 그리고 이자지급능력을 평가하는 지표다.

두 회사의 안정성 관련 재무제표 자료는 다음과 같다.

| 삼성전자와 네이버의 안정성 관련 재무 지표 | (단위: 백만 원)

구분	삼성전자		네이버	
	당기	전기	당기	전기
매출액	199,744,705	166,311,191	5,018,667	4,126,629
영업이익	31,993,162	20,518,974	1,558,729	1,440,814
이자비용	3,698,675	5,684,180	71,247	41,343
유동자산	75,553,400	73,798,500	530,619	958,003
(재고자산)	15,973,100	13,831,400	1,658	2,547
비유동자산	177,588,800	155,865,900	11,182,647	7,865,548
총자산	251,112,200	229,664,400	12,962,421	8,823,551
유동부채	107,432,615	79,512,938	1,334,495	1,269,469
비유동부채	13,366,645	1,934,800	2,295,467	291,955
(차입금)	9,804,500	12,790,300	1,986,353	40,000
총부채	57,918,500	46,347,700	3,629,962	1,561,424
자기자본	193,193,700	183,316,700	9,332,459	7,262,126

삼성전자와 네이버의 매출액 규모를 살펴보면 양년도 평균에서는 약 40배, 자산규모에서는 약 22배 차이가 나고, 부채는 20배 차이가 난다. 하지만 차입금은 삼성전자가 네이버에 비해 11.2배 정도 많다.

제조업과 서비스업이라는 업종 차이가 두 회사의 자산과 부채의 구성에도 영향을 미칠 수 있으므로 두 회사의 수치를 직접 비교하는 것은 사실 큰 의미가 없다. 두 회사가 속한 업종의 다른 기업들 수치(평균값)와 비교하는 것이 타당하다.

또 삼성전자와 애플 그리고 네이버와 구글을 비교하는 것은 동종업종으로서 삼성전자와 네이버의 향후 전망을 추정해보는 데 유의미할 수 있다.

구분	삼성전자	국내 전기전자업 평균	애플	네이버	국내 정보통신업 평균	구글
유동비율	68.5	152.93	171.54	39.75	146.57	2,983.65
당좌비율	53.6	122.71	162.19	39.64	143.10	2,964.27
부채비율	23.1	42.16	82.03	28.00	77.81	29.96
차입금의존도	3.89	11.44	35.53	15.32	20.44	7.29
이자보상비율	864.99	4,060.35	4,119.05	2,187.77	1,064.77	22,706.65
비유동장기적합율	93.00	84.59	82.06	96.17	83.65	50.72
차입금/매출액	4.89	13.96	34.09	39.58	34.70	10.17

※ 한국은행 〈기업경영분석〉의 업종별 평균지표를 안정성 비교 대상으로 삼음

1. 삼성전자의 안정성 평가

(1) 동종기업과 비교

우선 삼성전자의 안정성 지표를 살펴보자. 삼성전자의 유동비율(유동자산/유동부채)은 68.5%, 당좌비율(당좌자산÷유동부채)은 53.6%로 전기전자업 평균인 152.93%, 122.71%보다 크게 낮다. 이는 유동자산(당좌자산)으로 유동부채, 즉 1년 이내에 갚아야 할 부채를 갚을 수 없는 상황이라는 점에서 재무적 위험신호다.

만약 차입금의존도마저 높았다면 재무상 위기에 처해 있다고 평가할 수 있다. 그런데 차입금의존도(차입금÷총자산)가 3.89%로 매우 낮고, 부채비율(23.1%)도 업종평균(42.16%)의 절반 정도이므로 그로 인한 재무적 위험은 높다고 할 수 없다.

이자보상비율도 업종평균(4,060.35)보다는 낮지만, 864.99%로 영업이익으로 이자를 보상하기에 충분하고 매출액 대비 차입금 비율도 매우 낮아 재무적 안정성을 갖추었다고 평가할 수 있다.

비유동장기적합률, 즉 [비유동자산÷(비유동부채+자기자본)]은 93%로

비유동자산에 투하된 자산 크기가 장기로 조달한 자기자본과 비유동부
채 범위 내에 있어서 기업의 안정성을 확인할 수 있다.

(2) 글로벌기업과 비교

삼성전자와 글로벌 경쟁기업인 애플과 안정성 수치를 비교해보자. 애플
은 삼성전자에 비해 유동비율과 당좌비율이 100%가 넘어 매우 안정적
인 상황을 보여주고 있다. 부채비율이나 차입금의존도, 비유동장기적합
율, 차입금매출액비율 면에서는 삼성전자가 상대적으로 우위에 있으나
재무적 안정성 면에서는 두 회사 모두 안정적임이 지표상으로 확인된다.

2. 네이버의 안정성 평가

(1) 동종기업과 비교

네이버의 안정성 지표를 보면 유동비율과 당좌비율이 각각 39.76%
39.64%로 100%에 크게 못 미친다. 즉, 1년 이내에 갚아야 할 부채를 유
동자산이나 당좌자산으로 갚을 수 없다는 뜻이다. 동종업종 평균에 크
게 못 미치는 수치다.

만약 부채비율이나 차입금의존도마저 높다면 재무적 안정성에 문제가
생길 수 있는데, 다행히 두 지표는 각각 28%와 15.32%로 낮아서 당장
재무적 위험은 크지 않은 상황이다.

이자보상비율도 2187.77%로 영업이익으로 이자를 충분히 충당하고 있
다. 차입금이 매출액에서 차지하는 비중도 동종업종 평균에 못 미치긴
하지만 39.58%로 위험수준은 아닌 것으로 평가된다. 비유동장기적합률
도 96.17%로 업종평균보다는 높지만 100% 이하 범위에 있어서 안정적
이라고 볼 수 있다.

(2) 글로벌기업과 비교

네이버와 글로벌 경쟁기업인 구글의 재무비율 수치를 비교해보자. 구글은 네이버에 비해 재무상황이나 경영성과 면에서 규모가 매우 큰 회사임에도 유동비율이나 당좌비율이 무려 2,983.65%, 2,964.27%나 될 만큼 재무적 안정성이 높다.

차입금의존도나 차입금매출액비율도 매우 낮아서 재무적으로 매우 안정되어 있음을 알 수 있다. 이자보상비율, 즉 영업이익으로 이자비용을 충당하는 비율은 22,706%로 네이버의 2,187.77%에 비해 현저하게 높음을 알 수 있다.

회사의 활동성은
어떤가?

회사의 활동성이란, 회사가 보유한 자산을 얼마나 효율적으로 활용하고 있는지를 평가하는 지표다. 총자산회전율, 유형자산회전율, 재고자산회전율을 동종업종 기업 평균과 비교하여 상대적 우위 여부를 판단한다. 회계기간 동안 영업활동을 위해 해당 자산을 몇 회나 활용하였는지, 즉 자산의 회전율이 얼마인지를 평가해보는 것이다. 기업의 활력을 보여주는 지표라 할 수 있다.

총자산회전율은 매출액을 평균총자산으로 나눈 비율로 회전율이 높을수록 자산 전체를 효율적으로 활용했다는 뜻이며, 유형자산회전율은 매출액을 평균유형자산으로 나눈 비율로서 영업활동에 사용되는 유형자산의 활용도가 높다는 뜻이다.

재고자산회전율은 매출액을 평균재고자산으로 나눈 비율로서 재고자산이 연간 몇 번 매출에 기여하는지 보여주는 지표로 기업 활동성의 핵심지표가 된다.

두 회사의 활동성 관련 재무제표 자료는 다음과 같다.

(단위: 백만 원)

구분	삼성전자		네이버	
	당기	전기	당기	전기
매출액(영업수익)	199,744,705	166,311,191	5,018,667	4,126,629
총자산	251,112,200	229,664,400	12,962,421	8,823,551
유형자산	103,667,000	86,166,900	1,429,366	1,078,819
재고자산	15,973,100	13,831,400	1,658	2,547

삼성전자와 네이버는 제조업과 서비스업이라는 업종 차이 때문에 자산 구성에서 큰 차이를 보인다. 삼성전자는 총자산 대비 유형자산의 비율이 39.48%, 재고자산의 비율은 6.2%인데 반해 네이버는 총자산 대비 유형자산 비율이 11.51%, 재고자산비율은 0.02%에 불과하다. 따라서 두 회사의 수치를 직접 비교하기보다는 두 회사가 속한 업종의 다른 기업들 수치(평균값)와 비교하는 것이 타당하다.

삼성전자와 애플 그리고 네이버와 구글을 비교하는 것은 동종업종으로서 삼성전자와 네이버의 향후 전망을 추정해보는 데 유의미할 수 있다.

| 삼성전자와 네이버의 동종기업 평균 활동성 비율 비교 | (단위: 회)

구분	삼성전자	국내 전기전자업 평균	애플	네이버	국내 정보통신업 평균	구글
총자산회전율	0.83	0.8	1.08	0.46	0.59	0.76
유형자산회전율	2.1	2.16	9.60	4	2.55	2.48
재고자산회전율	13.4	12.03	68.76	23.87	62.75	271.48

※ 활동성지표는 한국은행 〈기업경영분석〉 지표를 비교지표로 삼고 있기에 총자산회전율과 유형자산회전율, 재고자산회전율만 비교 대상으로 삼음

1. 삼성전자의 활동성 평가

(1) 동종기업과 비교

우선 삼성전자의 활동성 지표를 살펴보자. 삼성전자는 총자산회전율, 즉 [매출액÷{(당기말총자산+전기말총자산)÷2}]이 0.83회로 전기전자

업 평균 0.8회와 유사하다. 이는 삼성전자의 총자산이 연간 매출에 0.8 회 회전하여 기여하였다는 것으로, 자산과 매출이 상대적으로 균형상태임을 보여준다.

삼성전자의 유형자산회전율도 2.1회, 즉 유형자산이 연간 평균 2.1회 회전하면서 매출에 공헌한 것으로 업종 평균 유형자산회전율과 유사하다. 재고자산 회전율은 13.4회로 업종 평균보다는 회전율이 높다. 즉, 동종업종에 비해 재고자산이 연간 1회 정도 더 회전한 것으로 삼성전자의 재고자산 활동성이 상대적으로 높다고 할 수 있다. 삼성전자는 전반적으로 활동성 면에서 좋은 상태임을 알 수 있다.

(2) 글로벌기업과 비교

한편, 삼성전자와 글로벌 경쟁기업인 애플과 활동성 수치를 비교해보자. 동기에 애플은 총자산회전율은 1.08회로 삼성전자보다 좀더 높은 회전율을 보여준다. 자산활용의 효율성이 상대적으로 높다.

유형자산회전율도 삼성전자보다 4.5배 정도 높다. 유형자산에 대한 매출액 기여도, 즉 효율성이 상당히 높다는 것을 알 수 있다. 특히 재고자산회전율이 68.76회로, 이렇게 큰 회전율 차이는 곧 재고자산 정책의 질적 차이를 암시한다.

삼성전자의 총자산 대비 재고자산 비중이 6.2%인 데 반해 애플은 1.58%에 불과하다. 애플은 삼성전자에 비해 적정재고를 최소한의 수준으로 유지한다고 평가할 수 있다.

2. 네이버의 활동성 평가

(1) 동종기업과 비교

네이버의 활동성 지표를 보면 총자산회전율 0.46회로 전기전자업 평균 0.59회에 비해 떨어진다. 총자산 활용도의 효율성이 상대적으로 낮음을 알 수 있다. 하지만 유형자산회전율은 업종 평균 2.55회 대비 4회로 유형자산의 매출기여도가 평균보다 높다.

재고자산회전율은 2,387회로 업종 평균 62.75회보다 훨씬 높은데, 서비스업이라는 점을 고려하면 재고자산회전율의 매출 기여도의 의미는 그다지 크지 않다고 할 수 있다. 서비스업은 재고자산 판매가 주된 영업활동이 아니기 때문이다.

(2) 글로벌기업과 비교

네이버와 글로벌 경쟁기업인 구글의 활동성 수치를 비교해보자. 동기에 구글은 총자산회전율은 0.76회로 네이버보다 훨씬 높다. 이는 자산활용의 효율성이 상대적으로 높다는 뜻이다. 다만 유형자산회전율에서는 네이버가 앞서고 있는데, 재고자산회전율과 마찬가지로 네이버나 구글 모두 서비스업에 해당하므로 그 의미는 크지 않다고 볼 수 있다.

회사의 성장성은
어떤가?

회사의 성장성을 평가한다는 것은 해당 기업의 미래 전망에 대해 평가한다는 의미를 갖는다. 성장성을 평가하는 지표인 총자산증가율, 유형자산증가율, 매출액증가율을 동종업종기업 평균과 비교하여 상대적 우위여부를 판단한다.

총자산증가율은 회사의 전반적인 성장성을 나타내는 지표로서, 이를 분석할 때는 성장의 주된 근거가 된 자산이 무엇인지를 함께 분석할 필요가 있다. 총자산의 증가가 당좌자산이나 재고자산의 증가에 의한 것인지, 투자자산의 증가나 유무형자산의 증가에 의한 것인지에 따라 성장성의 질적 특성이 달라질 수 있기 때문이다.

당좌자산, 즉 금융자산이나 매출채권 등의 증가가 두드러질 경우에는 차입과 관련된 것은 아닌지, 매출증가와 연동되어 있는지 그리고 재고자산이 주된 것일 경우 그 원인은 무엇인지, 투자자산이 증가할 경우에도 그 이유를 함께 들여다봐야 성장성 지표의 의미를 정확히 파악할 수 있다. 다시 말해 성장성 증가 자체가 기업의 미래 전망을 평가하는 직접적 지표라기보다는 그 원인을 함께 들여다봐야 미래 전망의 성격과 가치평가를 할 수 있다는 뜻이다.

유무형자산의 증가율은 투자활동의 증가를 나타낸다고 볼 수 있다. 노후시설의 단순교체인지 아니면 신규투자인지에 따라 미래전망에 대한

평가도 달라질 수 있다. 매출액증가율이나 이익증가율은 회사의 성장성
이나 성장의 질을 보다 직접적으로 보여주는 지표라고 할 수 있다. 매출
액이나 이익의 증가율이 업종평균 대비 두드러지고 지속적일 때는 회사
의 미래를 좋게 볼 수 있는 지표로 삼을 수 있다.

두 회사의 성장성 관련 재무제표 자료는 다음과 같다.

| 삼성전자와 네이버의 성장성 관련 재무 지표 | (단위: 백만 원)

구분	삼성전자		네이버	
	당기	전기	당기	전기
매출액(영업수익)	199,744,705	166,311,191	5,018,667	4,126,629
총자산	251,112,200	229,664,400	12,962,421	8,823,551
유형자산	103,667,000	86,166,900	1,429,366	1,078,819

삼성전자와 네이버는 매출액 규모에서는 양년도 평균적으로 약 41배,
자산규모에서는 약 22배 차이가 나고, 특히 유형자산 크기에서는 76배
차이가 난다. 제조업과 서비스업이라는 업종 차이가 두 회사의 자산구
성에 차이를 만드는 것으로 평가된다. 따라서 두 회사의 수치를 직접 비
교하기보다는 두 회사가 속한 업종의 다른 기업들 수치(평균값)와 비교하
는 것이 타당하다.

삼성전자와 애플, 네이버와 구글을 비교하는 것은 동종업종으로서 삼성
전자와 네이버의 향후 전망을 추정해보는 데 유의미할 수 있다.

| 삼성전자와 네이버의 동종업종 평균 성장성 비율 비교 | (단위: %)

구분	삼성전자	국내 전기전자업 평균	애플	네이버	국내 정보통신업 평균	구글
총자산증가율	9.34	13.72	8.37	46.91	20.41	12.41
유형자산증가율	20.31	12.69	7.27	32.49	6.8	14.02
매출액증가율	20.1	20.77	33.26	21.62	15.33	41.15

※ 한국은행 〈기업경영분석〉에 공시된 지표인 총자산증가율과 유형자산증가율, 매출액증가율만을 성장성 지표 비교 대상으로 삼음

1. 삼성전자의 성장성 평가

(1) 동종기업과 비교

우선 삼성전자의 성장성 지표를 살펴보자. 삼성전자는 총자산증가율, 즉 [(당기말총자산-전기말총자산)÷전기말총자산]이 9.34%로 전기전자업평균(13.72%)보다 낮다. 삼성전자의 자산규모가 동종기업들에 비해 압도적으로 크다는 점을 감안하면 해당 비율이 낮다는 것에 의미를 부여하기가 곤란할 수도 있다.

그런데 총자산의 일부인 유형자산증가율을 보면 다른 양상이 나타난다. 삼성전자의 유형자산증가율, 즉 [(당기말유형자산-전기말유형자산)÷전기말유형자산]은 20.31%로 업종 평균보다 매우 높다는 것을 알 수 있다. 이를 통해 시설투자가 많이 이뤄졌음을 추정할 수 있다.

삼성전자의 유형자산은 총자산의 약 40%를 차지하는데, 총자산증가 대비 유형자산증가율이 크게 높다는 것은 유형자산에 투자하느라 금융자산 등이 감소했음을 추정하는 근거가 된다. 삼성전자와 같은 제조업에서 17.5조 원에 이르는 대규모 시설투자를 감행했다는 점은 삼성전자가 미래 사업 전망을 좋게 보고 있다는 지표로 해석될 수 있다.

한편, 삼성전자의 매출액증가율, 즉 [(당기매출액-전기매출액)÷전기매출액]은 20.1%로 동종업종 평균(20.77%)과 유사하다. 이는 전기전자업 시장 규모가 전년 대비 당기에 전체적으로 커졌음을 보여주는 지표이며, 삼성전자도 평균수준의 성장을 이루었다고 볼 수 있다. 참고로 전 산업의 전년 대비 당기매출액 증가율은 17.72%다.

(2) 글로벌기업과 비교

삼성전자와 글로벌 경쟁기업인 애플의 성장성 수치를 비교해보자. 동기에 애플은 총자산증가율은 8.37%였고, 이 가운데 유형자산증가율은

7.27%에 그쳤다. 총자산증가율 면에서는 삼성전자의 9.34% 증가와 유사하나 유형자산증가율 면에서는 삼성전자의 20.31% 증가와 큰 차이를 보인다. 이를 통해 삼성전자의 해당연도에 시설투자 증가가 두드러졌음을 알 수 있다.

다만, 좀더 세부적으로 삼성전자 내에서도 어떤 사업부의 시설투자인지를 들여다봐야 애플과 경쟁부문인지 아닌지 구체적으로 판단할 수 있고 재무제표 자료만으로 판단하기는 어렵다. 이처럼 재무제표 자료는 일정한 한계를 갖고 있으며, 투자자들은 이렇게 비어 있는 부분의 정보를 보완하기 위해 해당 기업에 대한 애널리스트의 구체적인 분석 자료도 참고해야 할 것이다.

매출액증가율을 비교하면 삼성전자(20.1%)보다 애플의 매출액증가율이 33.26%로 훨씬 더 높게 나타났다. 글로벌시장 경쟁에서 삼성이 뒤지고 있음을 알려주는 지표라고 할 수 있다.

2. 네이버의 성장성 평가

(1) 동종기업과 비교

네이버의 성장성 지표를 살펴보면 총자산증가율은 동종업종 평균의 2배 이상인 46.91%고, 유형자산증가율 또한 동종업종 평균 대비 5배 정도가 높은 32.49%에 달한다. 4,000억 원이 넘는 유형자산 증가분은 대부분 건설중인자산 증가로 나타나 네이버의 제2사옥 '1784'와 관련된 것으로 추정된다. 네이버는 서비스회사이므로 업무공간의 증가는 곧 미래전망을 좋게 보고 있다는 것으로 해석될 수 있다.

매출액증가율 면에서는 동종기업 평균 15.33%와 비교하면 21.62%로 상대적으로 높다. 동종시장에서 네이버의 경쟁력이 높다는 걸 보여주는 지표라 할 수 있다.

(2) 글로벌기업과 비교

네이버와 글로벌 경쟁기업인 구글의 재무비율 수치를 비교해보자. 네이버는 구글에 비해 자산규모 면에서 28배, 매출규모 면에서 54배가 작아 아직 글로벌기업이라고 하기엔 국제적 거래관계가 약하다.

총자산증가율이나 유형자산증가율 면에서는 네이버가 구글에 비해 상대적으로 앞서고 있으나, 총자산규모의 차이 때문에 그 의미는 그다지 크지 않다고 평가된다.

매출액증가율에서도 구글은 41.15%를 기록한 반면, 네이버는 21.62%에 머물고 있어서 글로벌경쟁기업의 성장성에 아직 많이 못 미치고 있음을 보여준다.

재무제표상의 기업가치와 시장가치 비교하기

기업의 가치를 재무제표만으로 평가하는 것은 적절하지 않다. 재무제표는 과거의 실적과 재무수치를 보여줄 뿐, 현시점에서 기업의 자산과 부채의 공정가치를 정확하게 반영한다고 볼 수 없기 때문이다.

가령 오래전에 취득한 부동산이나 오래된(장기체화) 재고자산의 가치라든가 투자개발비의 미래가치가 정확하게 반영되기 어렵고, 기업이 보유한 우수한 인적자원의 가치나 고객 신뢰, 노사관계, 소송관계 등도 재무제표 수치로 표시되지 않는다. 하지만 이들은 기업의 가치에 큰 영향을 미칠 수 있다. 그렇기에 기업가치 평가 시 회사 가치의 최저기준을 제시해주는 자료로서 재무제표에 접근할 필요가 있다.

기업가치를 시시각각 표현해주는 곳이 바로 주식이 거래되는 유가증권시장 또는 코스닥시장 같은 공개거래시장이다. 물론 그렇다고 해서 이곳에서 거래되는 기업 주식의 시장가치로 기업 전체 가치를 바로 측정할 수는 없다. 기업 전체를 사고파는 인수합병의 가치와 시장에서 거래되는 주식가치는 거래규모나 조건 등이 달라 단순환원할 수 없다. 또 해당 기업 주식에 대한 투기적인 매수수요나 공포심에 따른 매도공세에 따라 주가가 기업가치와 무관하게 등락하기도 한다. 공개시장에서 주식가치로 기업가치를 평가할 때는 이런 점을 고려해야 한다.

1. 기업가치와 시장가치를 비교하는 방법

이제 기업가치(장부가치)와 시장가치(주식가치)를 비교해보자. 주식투자 기법 중에는 주식가치가 기업가치보다 낮을 때 매수했다가 높을 때 매도하는 가치투자방법이 있다. 거래시장 주식가치와 재무제표상의 기업가치를 비교하여 의사결정을 하는 것이다. 이는 주식가치가 기업가치에 접근한다고 보는 관점을 기반으로 한다.

기업가치 평가에 쓰이는 지표는 ROE(자기자본이익률)와 EPS(주당순이익), PER(주가수익비율), PBR(주가순자산비율), EV(시가총액+순차입금)/EBITDA(세전영업현금흐름) 등이다.

ROE는 당기순이익÷평균자기자본, 즉 자기자본이익률을 말한다. 은행 예금이자율이나 타기업과 비교하여 평가한다. EPS는 당기순이익÷발행주식수로 주식 1주가 연간 벌어들이는 주당순이익을 말한다. PER는 주가÷주당순이익(EPS)으로 주가순이익률이라고 할 수 있다. 주가가 적정하게 평가되어 있는지를 판단하는 지표 중 하나다. 이 식을 이용하면 [주가=PER(주가÷주당순이익)×EPS(주당순이익)]가 된다.

PBR는 주가순자산비율로서, 주가÷1주당 자산으로 계산할 수 있다. 주가를 1주당 순자산가치로 나누었을 때 몇 배나 되는지로 주식의 장부가치와 시장가치를 비교하는 방법이다.

마지막으로 EV/EBITDA는 시가총액에 순차입금(총차입금-현금및투자유가증권)을 더한 뒤 이를 세전영업현금흐름으로 나눈 것으로, 기업이 영업활동으로 지금과 같이 현금을 벌어들일 경우 투자금(시가총액+순차입금)에 도달할 때까지 몇 년 걸리는지를 나타낸 수치다. 투자금 회수기간이라 할 수 있다.

2. 사례로 보는 기업가치와 시장가치

다음 표에 표시된 기업가치 관련 수치는 두 회사의 재무제표 수치와 재무제표 주석에 공시된 발행주식수를 이용하여 계산한 것이다. 이 수치를 이용하여 기업의 장부가치를 계산하고, 이 가치와 시장에서의 주식가치를 비교해보자.

| 삼성전자와 네이버의 기업가치 관련 재무 지표 |

구분	삼성전자		네이버	
	당기	전기	당기	전기
자기자본총액(백만 원)	193,193,700	183,316,700	9,332,459	7,262,126
발행주식수(주)	5,969,782,550	5,969,782,550	164,049,085	164,263,395
당기순이익(백만 원)	30,970,954	15,615,018	1,524,755	1,196,926
기말종가(원)	78,300	81,000	378,500	292,500
시가총액(억 원)	4,674,340	4,835,524	620,926	480,470
순차입금(백만 원)*	0	0	0	0
세전영업현금흐름(백만 원)	51,250,069	37,509,025	1,365,986	1,287,119

*순차입금=총차입금(차입금+사채)-현금성자산(현금+금융자산+유가증권 등)

구분	삼성전자	네이버
	당기말	당기말
자기자본이익률(ROE)	16.45%	18.38%
주당순이익(EPS)	5,188원	9,295원
주가수익비율(PER)	15%	41%
주가순자산비율(PBR)	2.42배	6.65배
투자금회수기간(EV/EBITDA)	9.1년	45.5년

먼저 두 회사의 자기자본이익률(ROE)을 비교해보자. 삼성전자는 16.45%, 네이버는 18.38%로 전기전자업종 평균 14.23%, 정보통신업종 평균 12.53%에 비해 높다. 1주의 평균 장부상 자기자본(납입금+잉여금 등)에 대한 당기분 이익의 크기, 즉 자기자본이익률 측면에서는 두 회사 모두 예금이자율보다 수익성 면에서 훨씬 유리할 뿐 아니라 전 산업평균 자기자본이익률인 9.53%보다 큼을 알 수 있다. 참고로 한국은행 발표에 따르면 2021년 제1금융권 가중평균 예금금리(예금이자율)는 평균 1.67%, 3년 만기 회사채 평균 금리는 2.08%다.

다음으로 EPS, 즉 순이익총액을 발행주식수로 나눈 1주당 순이익을 비교해보자. 두 회사는 1주당 액면가액이 100원으로 동일한데 삼성전자는 주당 5,188원, 네이버는 주당 9,295원으로 해당연도 주당순이익은 네이버가 2배 가까이 더 큼을 알 수 있다.

보통 적정주가를 추정할 때는 예상주당순이익에 예상주가수익비율을 곱하여 현재의 주가가 적정한지 평가한다. 예상주당순이익, 즉 미래의 기업 순이익에 대한 예측의 정확성에 따라 적정주가에 대한 예측도 편차가 있으며, 이처럼 예상순이익을 추정하는 일을 전문적으로 하는 사람이 바로 애널리스트다.

이번에는 두 회사의 PER를 비교해보자. PER는 주가수익비율, 즉 주가

÷주당순이익으로 삼성전자는 15배, 네이버는 41배로 네이버가 훨씬 높다. 삼성전자의 주당순이익 대비 주가가 네이버에 비해 낮게 평가되고 있음을 알 수 있다. 이는 시장에서 삼성전자보다 네이버의 미래수익률 기대치를 높게 평가하고 있음을 나타낸다.

PBR는 장부상 주식가치와 시장 주식가치를 비교평가하는 지표로 삼성전자는 장부상 가치보다 2.42배 높게 가격이 형성되어 거래되고, 네이버는 6.65배 높게 거래된다. 보통 제조업의 경우 PBR가 서비스업보다 낮게 나타나는데, 그 이유는 제조업처럼 장치가 많을수록 장부가치가 높게 나타나는 경향이 있기 때문이다.

투자금회수기간을 나타내는 지표인 EV/EBITDA는 삼성전자가 9.1년, 네이버가 45.5년으로 네이버의 영업현금흐름이 투자금 대비 적음을 보여준다. 이처럼 네이버의 주가가 상대적으로 높게 평가되고 있는 것은 투자자들이 네이버의 미래가치를 장부가치보다 높게 평가하고 있음을 의미한다.

이 회사는 사회윤리기준을 잘 지키고 있는가?

ESG(Environmental, Social and Governance)는 기업의 사회적 책임을 강조하는 경영윤리기준으로서 환경과 사회, 지배구조 측면에서 적정한 기준을 세우고 경영하는지를 평가하는 틀이라 할 수 있다.

환경 측면(E)에서는 기업이 기후변화에 대응하면서 탄소배출을 저감하고, 자원을 절약하며 재활용을 촉진하고 청정기술 개발에 힘쓰고 있는지 살펴본다. 사회적 측면(S)에서는 노동환경을 개선하고 사회적 약자를 보호하며, 인권존중과 고용평등 및 다양성을 지향하고 있는지 살펴본다. 지배구조 측면(G)에서는 투명한 기업경영, 반부패 및 공정성, 법과 윤리를 준수하는지 살펴봄으로써 기업경영의 사회적 책임과 윤리성을 평가한다.

ESG는 재무적 투자자들의 투자관이 시대에 따라 변화하는 것을 보여주는 동시에, 시민과 소비자들의 기업에 대한 관점을 반영하므로 기업의 안정성과 수익성에 영향을 미친다고 할 수 있다.

국제회계기준위원회에서는 국제지속가능성위원회(ISSB: International Sustainability Standards Board)를 설립하고, ESG 공시가이드를 마련할 예정이지만, 현행 기업회계기준에는 ESG 공시가 의무화되어 있지 않아 기업의 자율공시에 머물고 있다.

삼성전자의 당기 사업보고서(기타 참고사항)에 공시된 ESG 관련 내용은 다음과 같다(삼성전자의 2022년 사업보고서 참조).

나. 환경 관련 규제사항

당사는 법률에서 정하고 있는 각종 제품환경 규제와 사업장관리 환경규제를 철저하게 준수하고 있습니다. 특히 정부의 저탄소 녹색성장 정책에 부응하여 관련 법규에서 요구하는 사업장에서 발생하는 온실가스 배출량과 에너지 사용량을 정부에 신고하고 지속가능보고서 등을 통하여 이해관계자에게 관련 정보를 투명하게 제공하고 있습니다.

(제품 환경규제 준수)

전자제품은 일반적으로 소비자가 직접 휴대하거나, 가정에 설치하여 사용하고 있어 사용자 건강과 안전에 직·간접적인 영향을 미칠 수 있기 때문에 관련 환경규제가 강화되고 있습니다. 이에 대해 당사는 부품 및 제품의 개발단계부터 제조, 유통, 사용, 폐기 등 제품의 전 과정(Life Cycle)에 걸쳐 환경영향을 최소화하기 위한 활동을 하고있습니다. 유해물질을 제거한 부품 공급을 위해 협력회사 에코파트너 인증 제도를 운영하고 개발단계에서 제품의 친환경 요소(자원 사용 절감, 에너지 절약, 유해 물질 저감, 친환경소재 적용 등)를 제품에 반영하기 위해 에코디자인 평가 제도를 운영하며, 제품 사용 후 발생하는 폐전자제품을 회수하여 재활용하는 폐제품 회수·재활용시스템을 유럽, 북미, 한국, 인도 등 각국에서 운영하고 있습니다. 이러한 활동은 전기·전자 제품 관련 국내외 환경 법규를 준수할 뿐만 아니라 회사와 제품의 차별화 요소로 기여하고 있습니다.

(사업장관리 환경규제 준수)

제품생산과정에서 발생되는 오염물질의 배출을 최소화하기 위하여 대기 오염방지시설, 수질오염방지시설, 폐기물처리시설과 같은 환경오염방지 시설을 설치하여 운영함으로써 주변 환경에 대한 영향을 최소화하도록 하고 있습니다.
이러한 사업장의 환경관리는 관련 부처, 지방자치단체의 관리감독을 받고 있으며, 국내 및 글로벌 전 생산 사업장은 국제 환경안전보건경영시스템 인증 (ISO 14001, ISO 45001)을 취득하여 법규준수 및 자율관리 체제를 강화하고 있습니다.

한편 네이버는 사업보고서(기타 참고사항)에 ESG경영에 대한 공시를 하고 있다(네이버의 2022년 사업보고서 참조).

다. ESG 경영을 위한 노력

네이버는 지속 가능한 성장과 장기적 기업가치 증대를 위한 새로운 경영 패러다임인 ESG(환경, 사회, 지배구조) 경영에 앞장서고 있습니다. 이사회 산하에 사내이사 1인과 외부독립이사 3인으로 구성된 ESG위원회를 마련하여 전사 ESG가치를 향상하고 새로운 비즈니스 기회 확대를 모색하는 한편, 네이버의 중요 ESG이슈를 정의하고, 이를 개선하기 위한 7대 전략을 수립했습니다.

이를 추진하기 위한 조직으로 ESG 위원회 산하에 전담조직인 Green Impact팀을 구축하여, 전사 유관부서에서 추진하는 개별 ESG 추진과제를 관리하고, 외부 이해관계자 요구사항에 기반한 가이던스를 제시하며, 과제 추진 현황을 기반으로 ESG위원회에 연 4회 안건을 상정하고 있습니다. 이와 더불어 '2040 Carbon Negative'의 구체화를 위해서 설립한 환경 전담조직 Environment팀은 국내·외 환경규제 강화 기조에 선제적으로 대응하기 위한 재생에너지 전환 로드맵을 수립함과 동시에, 환경경영시스템을 도입하여 2021년 7월 ISO14001인증을 취득하였습니다.

ESG 전략 하의 다양한 환경·사회적 활동 추진을 가속화하기 위해, 2021년 3월과 5월에는 국내 테크·인터넷 기업 최초로 8억 달러 규모의 5년 만기 외화 ESG채권을 발행한 바 있습니다. 조성된 자금은 친환경 IT인프라와 사옥 마련을 비롯해 친환경적 SME 생태계 조성, 파트너 지원 확대 등 친환경 경영 및 사회문제 해결을 위한 포괄적인 용도에 활용하고 있으며, 구체적인 자금 집행 계획은 Sustainalytics로부터 사전 검증 의견을 받아 기업 웹사이트 내 Sustainable Finance Framework에 명시하고, 해당 자금의 집행 결과 및 수행 프로젝트들은 연간 단위로 발행되는 임팩트 리포트를 통해 투명하게 공개하고 있습니다. 이를 통해, ESG 경영을 위한 네이버의 다양한 노력을 글로벌 투자자들에게 적극적으로 알리고, 국내 대표 ESG 선도 기업으로서의 위상을 제고할 계획입니다.

두 회사의 공시를 보면 ESG에 대한 태도의 차이가 느껴진다. 삼성전자는 회사의 환경문제와 관련한 공시에 그친 반면 네이버는 온실가스 배출량 및 에너지 사용량을 해마다 보고하는 등 ESG 경영에 대한 관심과 시각이 더 뚜렷하다고 평가할 수 있겠다.

재무제표를 직접 분석해보자!

다음은 각각 현대자동차와 테슬라자동차회사의 약식 재무제표를 나타낸 것이다. 테슬라의 재무제표상 수치는 모두 달러를 원화로 환산한 금액으로 표시하였다.

| 현대자동차와 테슬라자동차회사의 재무상태표 | (단위: 백만 원)

재무상태표	현대자동차		테슬라	
	20×2년	20×1년	20×2년	20×1년
현금성자산	653,462	469,990	20,114,326	22,183,437
단기투자	13,301,376	14,806,196	149,919	—
매출채권등	6,695,323	6,292,450	2,189,275	2,158,376
재고자산	2,680,332	3,043,468	6,588,426	4,693,266
장기투자	24,620,941	22,527,935	1,441,969	—
유형자산	25,398,377	24,963,465	35,678,438	26,750,818
무형자산	4,564,249	4,653,274	523,000	595,098
이연세자산	1,055,717	943,953	—	—
기타자산	788,523	551,558	4,418,606	3,298,218
자산총계	**79,758,300**	**78,252,289**	**71,103,959**	**59,679,214**
매입채무등	15,398,877	13,952,456	11,472,811	6,924,885
단기차입금	4,644,914	3,756,982	1,818,483	2,439,903
장기차입금	3,468,226	3,838,016	6,002,483	10,994,443
선수수익	0	0	4,004,326	3,138,000
이연세부채	0	0	2,213,308	8,346,255
기타부채	3,571,271	3,516,326	10,603,051	8,164,292
부채총계	**27,083,288**	**25,063,780**	**36,114,462**	**40,007,779**
이익잉여금	49,094,270	49,232,719	378,803	-6,178,724
기타포괄익	25,369	157,539	61,799	415,424
납입자본금	3,555,373	3,798,251	34,548,895	25,434,735
자본총계	**52,675,012**	**53,188,509**	**34,989,497**	**19,671,435**
부채와 자본총계	**79,758,300**	**78,252,289**	**71,103,959**	**59,679,214**

손익계산서	현대자동차		테슬라	
	20×2년	20×1년	20×2년	20×1년
매출액	55,605,120	50,661,002	61,596,118	36,090,429
매출원가	46,539,009	41,007,374	46,025,139	28,502,925
매출총이익	9,066,111	9,653,628	15,570,979	7,587,505
판매관리비	6,904,898	7,581,351	5,169,345	3,599,201
연구개발비	1,499,590	1,303,651	2,967,481	1,706,330
영업이익	661,623	768,626	7,465,052	2,281,973
EBITDA	4,209,728	3,032,893	10,871,990	4,672,667
법인세	344,321	-132	799,950	334,171
중단손익	0	0	—	—
당기순이익	645,526	526,975	6,316,054	825,127

현금흐름표	현대자동차		테슬라	
	20×2년	20×1년	20×2년	20×1년
영업활동	5,664,421	6,093,376	13,157,397	6,801,288
투자활동	-4,491,580	-6,612,910	-9,004,297	-3,584,323
재무활동	-989,369	609,504	-5,954,417	11,413,301
환율변동	0	-1,980	-209,429	382,236
현금의증감	183,472	87,990	-2,010,746	15,012,502
자본적 지출	-3,462,771	-3,838,496	-7,454,752	-3,698,765
잉여현금	2,201,650	2,254,880	5,702,645	3,102,523

| 현대자동차와 테슬라자동차회사의 손익계산서 | (단위: 백만 원)

| 현대자동차와 테슬라자동차회사의 현금흐름표 | (단위: 백만 원)

| 현대자동차와 테슬라자동차회사의 기업가치 관련 재무 지표 |

구분(단위)	현대자동차	테슬라
기말주가(원)	209,000	403,133
기말주식수(주)	213,668,187	3,133,470,045
시가총액(백만 원)	44,656,651	1,263,206,399
순차입금(백만 원)	14,194,012	1,249,321,151

예제 1 두 회사의 수익성 지표를 계산하고 이에 대해 평가해보자.

구분	현대자동차	테슬라	국내 자동차업계 평균
매출액영업이익률	1.2%	12.1%	2.76%
매출액순이익률	1.2%	10%	2.6%
자기자본순이익률	1.2%	23%	4.25%
총자산세전이익률	1.3%	11%	3.33%

※이때 국내자동차업계 평균은 87.02%임

해설 두 회사의 수익성 지표를 바탕으로 수익성을 구체적으로 평가해보자. 매출액영업이익률 면에서 현대자동차는 국내 자동차업계 평균보다 뒤지고 있다. 그 원인을 추적해보면 현대자동차의 매출원가율(매출원가÷매출액)은 자동차업계 평균 87.02%보다 낮음(83.7%)에도 판관비 및 연구개발비 비율(연구개발비÷매출액)이 높은 데서 기인한다. 매출액영업이익률이 테슬라에 비해 현격하게 낮은 것은 글로벌 전기차 시장의 경쟁력에서 현대자동차가 뒤처지기 때문으로 평가된다.

자기자본순이익률과 총자산세전이익률이 자동차업계 평균보다 낮은 것은 순이익 대비 평균자기자본 또는 총자산이 업계 평균보다 많기 때문이다. 테슬라의 경우 자기자본순이익률이 23%에 달하고, 총자산세전이익률은 11%인데, 이런 차이는 평균자기자본은 상대적으로 적고 부채비율은 상대적으로 높은 데서 기인한다고 볼 수 있다.

예제 2 　두 회사의 안정성 지표를 계산하고 평가해보자.

구분	현대자동차	테슬라	국내 자동차업계 평균
유동비율	116.4%	218.5%	125.58%
당좌비율	103.0%	168.9%	104.29%
부채비율	34.0%	50.8%	76.48%
차입금의존도	10.2%	11.0%	18.23%
비유동장기적합률	94.5%	72.8%	88.6%
차입금÷매출액	14.6%	12.7%	19.65%

해설 　두 회사의 재무적 안정성을 구체적으로 평가해보자. 현대자동차는 유동비율과 당좌비율 모두 국내 자동차업계 평균보다 뒤처진다. 물론 모두 100%를 넘기 때문에 재무적 안정성에 문제가 있는 것은 아니다.

특히 부채비율 면에서 현대자동차는 업계 평균은 물론 테슬라에 비해서도 낮을 만큼 재무적 안정성이 높다. 차입금의존도나 매출액대비차입금의존도도 상대적으로 낮다. 비유동장기적합률도 100% 미만으로 낮아서 비유동자산에 투입된 자금을 모두 비유동부채와 자기자본으로 조달했음을 알 수 있다. 이는 부채로 인한 부담을 지지 않는다는 뜻이다.

테슬라와 비교하면 유동비율이나 당좌비율 면에서는 비교열위에 있지만, 재무적 안정성 면에서는 현대자동차가 더 양호하다고 평가할 수 있다.

예제 3 　두 회사의 활동성 지표를 계산하고 평가해보자.

구분	현대자동차	테슬라	국내 자동차업계 평균
총자산회전율	0.7%	0.9%	0.93%
유형자산회전율	2.2%	2.0%	2.93%
재고자산회전율	19.4%	10.9%	14.24%

해설 　두 회사의 활동성을 구체적으로 평가해보자. 현대자동차는 총자산회전율이나 유형자산회전율, 즉 총자산이나 유형자산이 1년간 매출 발생에 몇 회 기여했는지 나타내는 측면에서는 업계에 비해 조금 못미치지만 총자산회전은 1회에 가깝고, 유형자산회전

은 2회 넘게 기여하고 있다.

특히 재고자산회전은 무려 19.4회로 업계 평균은 물론 테슬라보다 재고자산의 매출전환 속도가 빠름을 알 수 있고, 그만큼 기업의 활력이 높다고 평가할 수 있다.

예제 4 두 회사의 성장성 지표를 계산하고 평가해보자.

구분	현대자동차	테슬라	국내 자동차업계 평균
총자산증가율	1.9%	19.1%	3.94%
유형자산증가율	1.7%	33.4%	0.64%
매출액증가율	9.8%	70.7%	11.85%

해설 두 회사의 성장성을 구체적으로 평가해보자. 현대자동차는 총자산증가율 면에서 업계 평균보다 훨씬 못 미치는 데 비해 유형자산증가율은 오히려 업계 평균보다 높다. 이는 유형자산에 대한 현대자동차의 투자가 업계 평균보다 높음을 뜻한다. 하지만 매출액 증가율에서는 업계 평균에 미치지 못한다.

이에 비해 테슬라는 총자산증가율도 매우 높은데, 특히 유형자산증가율이 상당히 큼을 알 수 있다. 매출액증가율 대비 유형자산증가율이 현대자동차에 비해 상당히 높다. 이는 지속적인 투자와 매출증가가 선순환 관계를 이루고 있음을 뜻한다.

예제 5 두 회사의 기업가치를 계산하고 평가해보자.

구분	현대자동차	테슬라
자기자본순이익률	1.2%	23.1%
주당순이익	3,021원	2,016원
주가순이익비율	69.2%	200.0%
주가순자산비율	84.4%	1,931.8%
투자금회수기간	2.5년	95.0년

해설 두 회사의 장부상 기업가치를 구체적으로 비교평가해보자. 두 회사는 매출액이나 총자산 면에서 규모가 비교적 유사하다. 현대자동차의 매출액은 55.6조 원, 테슬라는 61.7조 원이고, 현대자동차의 총자산은 79.8조 원, 테슬라는 71.1조 원이다.

하지만 1주당 주가와 시가총액에서는 현격한 차이를 보인다. 20×1년말 종가 기준 현대자동차는 주당 209,000원, 테슬라는 403,133원으로 약 2배 차이가 난다. 더구나 주식수에서 테슬라가 현대자동차보다 15배가량 많은데도 그렇다. 이 때문에 20×1년말 현대자동차의 시가총액은 44.7조 원인데 반해 테슬라의 시가총액은 무려 1,263.2조 원에 달한다.

이러한 차이는 자기자본순이익률의 차이, 주가순이익비율의 차이에서 기인하지만, 더 크게는 주식시장의 투자자들이 테슬라의 미래전망을 매우 좋게 보는 데서 기인한다고 볼 수 있다. 그러다 보니 현대자동차와 테슬라의 주가순자산비율이 무려 23배나 차이를 보이는 것이다. 이는 테슬라의 시장가치가 장부가치보다 23배 더 높게 평가되고 있다는 뜻이다. 따라서 투자금회수기간도 테슬라가 38배나 더 높다. 투자금회수기간이 긴 만큼 위험도 크다고 할 수 있지만, 그럼에도 테슬라에는 투자할 만한 매력이 있다고 할 수 있다.

부록

특별부록

재무제표 무작정 따라하기

※ 삼성전자와 네이버의 재무제표 주석은 금융감독원의 전자공시시스템(dart.fss.or.kr)을 이용해서 찾아보자.

〈삼성전자의 재무제표(2022.03.08.)〉

제53기: 2021년 01월 01일부터 2021년 12월 31일까지

제52기: 2020년 01월 01일부터 2020년 12월 31일까지

| 삼성전자 재무상태표 | (단위: 백만 원)

과목	주석	제 53 (당) 기		제 52 (전) 기	
자산					
I. 유동자산			73,553,416		73,798,549
1. 현금및현금성자산	4, 28	3,918,872		989,045	
2. 단기금융상품	4, 28	15,000,576		29,101,284	
3. 매출채권	4, 5, 7, 28	33,088,247		24,736,740	
4. 미수금	4, 7, 28	1,832,488		1,898,583	
5. 선급비용		817,689		890,680	
6. 재고자산	8	15,973,053		13,831,372	
7. 기타유동자산	4, 28	2,922,491		2,350,845	
II. 비유동자산			177,558,768		155,865,878
1. 기타포괄손익-공정가치금융자산	4, 6, 28	1,662,532		1,539,659	
2. 당기손익-공정가치금융자산	4, 6, 28	2,135		3,107	
3. 종속기업, 관계기업 및 공동기업 투자	9	56,225,599		56,587,548	
4. 유형자산	10	103,667,025		86,166,924	
5. 무형자산	11	8,657,456		7,002,548	
6. 순확정급여자산	14	2,324,291		1,162,456	
7. 이연법인세자산	25	1,211,100		992,385	
8. 기타비유동자산	4, 7, 28	3,808,630		2,411,157	
자산 총계			251,112,184		229,664,427

과목	주석	제 53 (당) 기		제 52 (전) 기	
부채					
I. 유동부채			53,067,303		44,412,904
1. 매입채무	4, 28	11,557,441		6,599,025	
2. 단기차입금	4, 5, 12, 28	9,204,268		12,520,367	
3. 미지급금	4, 28	13,206,753		9,829,541	
4. 선수금	17	474,731		424,368	
5. 예수금	4, 28	624,585		432,714	
6. 미지급비용	4, 17, 28	8,275,410		7,927,017	
7. 당기법인세부채		5,599,896		3,556,146	
8. 유동성장기부채	4, 12, 13, 28	139,328		87,571	
9. 충당부채	15	3,643,853		2,932,468	
10. 기타유동부채	17	341,038		103,687	
II. 비유동부채			4,851,149		1,934,799
1. 사채	4, 13, 28	29,048		31,909	
2. 장기차입금	4, 12, 28	431,915		150,397	
3. 장기미지급금	4, 28	2,653,715		1,247,752	
4. 장기충당부채	15	1,659,774		503,035	
5. 기타비유동부채		76,697		1,706	
부채 총계			57,918,452		46,347,703
자본					
I. 자본금	18		897,514		897,514
1. 우선주자본금		119,467		119,467	
2. 보통주자본금		778,047		778,047	
II. 주식발행초과금			4,403,893		4,403,893
II. 이익잉여금	19		188,774,335		178,284,102
IV. 기타자본항목	20		(-882,010)		(-268,785)
자본 총계			193,193,732		183,316,724
부채와 자본 총계			251,112,184		229,664,427

삼성전자 손익계산서

(단위: 백만 원)

과목	주석	제 53 (당) 기		제 52 (전) 기	
I. 매출액	29		199,744,705		166,311,191
II. 매출원가	21		135,823,433		116,753,419
III. 매출총이익			63,921,272		49,557,772
판매비와관리비	21, 22	31,928,110		29,038,798	
IV. 영업이익	29		31,993,162		20,518,974
기타수익	23	7,359,004		792,494	
기타비용	23	745,978		857,242	
금융수익	24	3,796,979		5,676,877	
금융비용	24	3,698,675		5,684,180	
V. 법인세비용차감전순이익			38,704,492		20,451,923
법인세비용	25	7,733,538		4,836,905	
VI. 당기순이익			30,970,954		15,615,018
VII. 주당이익	26				
기본주당이익(단위: 원)			4,559		2,299
희석주당이익(단위: 원)			4,559		2,299

삼성전자 자본변동표

(단위: 백만 원)

과목	주석	자본금	주식발행초과금	이익잉여금	기타자본항목	총 계
2020.01.01(전기초)		897,514	4,403,893	172,288,326	280,514	177,870,247
I. 총포괄손익						
1. 당기순이익		—	—	15,615,018	—	15,615,018
2. 기타포괄손익-공정가치금융자산평가손익	6, 20	—	—	—	93,251	93,251
3. 순확정급여부채(자산) 재측정요소	14, 20	—	—	—	(642,550)	(642,550)
II. 자본에 직접 인식된 주주와의 거래						
1. 배당	19	—	—	(9,619,242)	—	(9,619,242)
2020.12.31(전기말)		897,514	4,403,893	178,284,102	(268,785)	183,316,724
2021.01.01(당기초)		897,514	4,403,893	178,284,102	(268,785)	183,316,724
I. 총포괄손익						

과목	주석	자본금	주식발행초과금	이익잉여금	기타자본항목	총 계
1. 당기순이익		—	—	30,970,954	—	30,970,954
2. 기타포괄손익-공정가치금융자산평가손익	6, 20	—	—	—	(99,916)	(99,916)
3. 순확정급여부채(자산) 재측정요소	14, 20	—	—	—	(513,309)	(513,309)
II. 자본에 직접 인식된 주주와의 거래						
1. 배당	19	—	—	(20,480,721)	—	(20,480,721)
2021.12.31(당기말)		897,514	4,403,893	188,774,335	(882,010)	193,193,732

| 삼성전자 현금흐름표 |

(단위: 백만 원)

과목	주석	제 53 (당) 기		제 52 (전) 기	
I. 영업활동 현금흐름			51,250,069		37,509,025
1. 영업에서 창출된 현금흐름		50,357,361		39,541,654	
가. 당기순이익		30,970,954		15,615,018	
나. 조정	27	25,168,062		24,319,842	
다. 영업활동으로 인한 자산부채의 변동	27	(-5,781,655)		(-393,206)	
2. 이자의 수취		282,918		448,323	
3. 이자의 지급		(-125,036)		(-148,262)	
4. 배당금 수입		6,560,011		129,569	
5. 법인세 납부액		(-5,825,185)		(-2,462,259)	
II. 투자활동 현금흐름			(-24,435,207)		(-31,175,575)
1. 단기금융상품의 순감소(증가)		13,600,708		(-2,099,892)	
2. 기타포괄손익-공정가치금융자산의 처분		—		503	
3. 기타포괄손익-공정가치금융자산의 취득		(-234,975)		(-204,957)	
4. 당기손익-공정가치금융자산의 처분		912		74	
5. 종속기업, 관계기업 및 공동기업 투자의 처분		605,607		22,057	
6. 종속기업, 관계기업 및 공동기업 투자의 취득		(-138,858)		(-163,456)	
7. 유형자산의 처분		408,560		431,142	
8. 유형자산의 취득		(-36,021,504)		(-26,962,042)	
9. 무형자산의 처분		5,809		1,082	
10. 무형자산의 취득		(-2,459,929)		(-2,239,834)	

과목	주석	제 53 (당) 기		제 52 (전) 기	
11. 기타투자활동으로 인한 현금유출입액		(-201,537)		39,748	
III. 재무활동 현금흐름			(-23,885,054)		(-7,426,376)
1. 단기차입금의 순증가(감소)	27	(-3,288,858)		2,326,350	
2. 사채 및 장기차입금의 상환	27	(-117,963)		(-134,443)	
3. 배당금의 지급		(-20,478,233)		(-9,618,283)	
IV. 외화환산으로 인한 현금의 변동			19		54
V. 현금및현금성자산의 증가(감소)(I+II+III+IV)			2,929,827		(-1,092,872)
VI. 기초의 현금및현금성자산			989,045		2,081,917
VII. 기말의 현금및현금성자산			3,918,872		989,045

〈네이버의 재무제표(2022.03.04.)〉

제23기: 2021년 01월 01일부터 2021년 12월 31일까지

제22기: 2020년 01월 01일부터 2020년 12월 31일까지

| 네이버 재무상태표 |

(단위: 원)

과목	주석	제 23 (당) 기말		제 22 (전) 기말	
자산					
I. 유동자산			1,779,773,191,131		958,002,631,668
현금및현금성자산	6, 7	964,418,443,986		369,314,307,214	
단기금융상품	6, 7	205,748,800,000		3,998,800,000	
당기손익-공정가치 측정 금융자산	5, 6, 7	3,692,735,930		1,134,151,477	
매출채권및기타채권	6	538,909,879,285		553,283,357,905	
재고자산		1,657,864,895		2,546,626,045	
기타포괄손익-공정가치 측정 금융자산	5, 6, 7	24,254,505,540		—	
기타유동자산	9	41,090,961,495		27,725,389,027	
II. 비유동자산			11,182,647,374,778		7,865,547,902,079
유형자산	10	1,429,366,401,646		1,078,819,008,478	
사용권자산	11	27,825,290,362		22,191,160,932	
무형자산	12	52,992,451,444		40,107,676,668	
장기금융상품	6, 7	13,755,872,000		13,755,872,000	
당기손익-공정가치 측정 금융자산	5, 6, 7	1,619,663,081,922		1,370,978,035,427	
기타포괄손익-공정가치 측정 금융자산	5, 6, 7	2,009,532,628,699		1,238,899,975,144	
종속기업,관계기업 및 공동기업투자	13	5,872,911,000,309		4,046,756,563,826	
이연법인세자산	26	95,528,039,196		—	
매출채권및기타채권	6	27,689,808,738		24,861,039,898	

과목	주석	제 23 (당) 기말		제 22 (전) 기말	
기타비유동자산	9	33,382,800,462		29,178,569,706	
자산 총계			12,962,420,565,909		8,823,550,533,747
부 채					
I. 유동부채			1,334,494,719,909		1,269,469,278,464
매입채무및기타채무	14	523,648,450,674		569,677,851,494	
단기차입금	4, 6, 16	—		40,000,000,000	
당기법인세부채		466,079,897,352		359,805,275,309	
충당부채	17	2,674,409,542		32,541,708,760	
리스부채	4, 11	18,371,326,491		19,788,581,544	
기타유동부채	15	323,720,635,850		247,655,861,357	
II. 비유동부채			2,295,467,194,248		291,954,758,846
매입채무및기타채무	14	9,533,697,878		14,510,378,435	
사채	4, 6, 16	1,636,827,463,521		—	
장기차입금	4, 6, 16	349,525,600,000		—	
순확정급여부채	18	277,385,543,494		220,740,226,032	
충당부채	17	2,302,657,082		2,092,860,956	
이연법인세부채	26	—		29,669,335,032	
비유동리스부채	4, 11	19,505,218,405		24,672,861,187	
기타비유동부채	15	387,013,868		269,097,204	
부채 총계			3,629,961,914,157		1,561,424,037,310
자본					
I. 자본금	19		16,481,339,500		16,481,339,500
II. 자본잉여금			1,055,716,814,497		675,891,629,000
III. 기타자본구성요소	20		(-997,204,415,003)		(-1,233,773,041,044)
IV. 이익잉여금	22		9,257,464,912,758		7,803,526,568,981
자본 총계			9,332,458,651,752		7,262,126,496,437
자본 및 부채 총계			12,962,420,565,909		8,823,550,533,747

| 네이버 포괄손익계산서 | (단위: 원)

과목	주석	제 23 (당) 기		제 22 (전) 기	
I. 영업수익	32		5,018,667,294,374		4,126,629,312,584
II. 영업비용	23		(-3,459,938,514,095)		(-2,685,815,580,704)
III. 영업이익			1,558,728,780,279		1,440,813,731,880
기타수익	24	51,361,277,372		50,734,211,779	
기타비용	24	(-279,284,899,638)		(-206,972,193,347)	
이자수익		5,275,649,103		4,956,097,488	
금융수익	25	824,513,997,579		412,115,444,862	
금융비용	25	(-71,247,340,942)		(-41,343,378,557)	
IV. 법인세비용차감전순이익			2,089,347,463,753		1,660,303,914,105
법인세비용	26	(-564,592,453,792		(-463,379,370,520)	
V. 당기순이익			1,524,755,009,961		1,196,924,543,585
VI. 기타포괄손익			(-70,103,083,855)		112,773,681,347
당기손익으로 재분류되지 않는 항목			(-70,103,083,855)		112,773,681,347
기타포괄손익-공정가치 측정 지분상품 평가손익		(-74,057,026,958)		110,915,469,318	
기타포괄손익-공정가치 측정 지분상품 처분손익		17,199,903,875		2,034,430,424	
순확정급여부채의 재측정 요소		(-13,245,960,772)		(-176,218,395)	
VII. 총포괄이익			1,454,651,926,106		1,309,698,224,932
VIII. 주당이익	27				
기본주당순이익			10,257		8,214
희석주당순이익			10,165		8,168

| 네이버 자본변동표 | (단위: 원)

과 목	주석	자본금	자본 잉여금	기타자본 구성요소	이익잉여금	총 계
2020.1.1(전기초)		16,481,33 9,500	362,406,38 8,434	(1,548,531,53 1,541)	6,699,190,67 6,516	5,529,546,87 2,909

과 목	주석	자본금	자본 잉여금	기타자본 구성요소	이익잉여금	총 계
총포괄이익						
전기순이익		—	—	—	1,196,924,54 3,585	1,196,924,54 3,585
기타포괄손익-공정가치 측정 지 분상품 평가손익	6	—	—	110,915,46 9,318	—	110,915,46 9,318
기타포괄손익-공정가치 측정 지 분상품 처분손익	6	—	—	—	2,034,430,424	2,034,430,424
순확정급여부채 재측정요소				—	(176,218,395)	(176,218,395)
자본에 직접 인식된 주주와의 거래						
연차배당	28	—	—	—	(54,688,370,920)	(54,688,370,920)
자기주식의 취득		—	—	(15,516,00 3,480)	—	(15,516,003,480)
자기주식의 처분		—	328,485,24 0,566	151,388,77 2,302	—	479,874,01 2,868
자기주식의 소각		—	—	39,758,492,229	(39,758,492,229)	—
주식보상비용		—	—	28,211,760,128	—	28,211,760,128
사업결합으로 인한 자본변동		—	(15,000,00 0,000)	—	—	(15,000,000,000)
2020.12.31.(전기말)		16,481,33 9,500	675,891,62 9,000	(1,233,773,04 1,044)	7,803,526,56 8,981	7,262,126,49 6,437
2021.1.1.(당기초)		16,481,33 9,500	675,891,62 9,000	(1,233,773,04 1,044)	7,803,526,56 8,981	7,262,126,49 6,437
총포괄이익						
당기순이익		—	—	—	1,524,755,00 9,961	1,524,755,00 9,961
기타포괄손익-공정가치 측정 지 분상품 평가손익	6	—	—	(74,057,02 6,958)	—	(74,057,026,958)
기타포괄손익-공정가치 측정 지 분상품 처분손익	6	—	—	—	17,199,903,875	17,199,903,875
순확정급여부채 재측정요소		—	—	—	(13,245,960,772)	(13,245,960,772)
자본에 직접 인식된 주주와의 거래						

과 목	주석	자본금	자본 잉여금	기타자본 구성요소	이익잉여금	총 계
연차배당	28	—	—	—	(59,278,532,070)	(59,278,532,070)
자기주식거래		—	332,414,02 0,979	104,643,91 7,817	—	437,057,938,796
주석기준보상거래		—	42,100,21 4,545	190,489,65 7,965	—	232,589,872,510
자기주식소각		—	—	15,492,077,217	(15,492,077,217)	—
사업결함으로 인한 자본변동	33	—	5,310,949,973	—	—	5,310,949,973
2021.12.31.(당기말)		16,481,33 9,500	1,055,716,81 4,497	(997,204,41 5,003)	9,257,464,91 2,758	9,332,458,65 1,752

| 네이버 현금흐름표 |

(단위: 원)

과목	주석	제 23 (당) 기		제 22 (전) 기	
I. 영업활동 현금흐름			1,365,965,764,648		1,287,119,454,572
영업으로부터 창출된 현금흐름	29	1,656,553,370,619		1,668,333,659,331	
이자의 수입		4,581,536,466		3,900,318,666	
이자의 지급		(-15,792,780,568)		(-1,709,784,849)	
배당금의 수취		330,762,793,801		46,848,446,017	
법인세의 납부		(-610,139,155,670)		(-430,253,184,593)	
II. 투자활동 현금흐름			(-2,825,494,181,055)		(-1,284,562,175,225)
단기금융상품의 순증감		(-187,544,000,000)		—	
단기대여금의 증가		(-40,046,440,000)		(-95,268,000,000)	
장기금융상품의 증가		—		(-2,560,000,000)	
장기금융상품의 감소		—		10,000,000,000	
당기손익-공정가치 측정 금융 자산의 취득		(-289,352,018,876)		(-334,969,205,470)	
당기손익-공정가치 측정 금융 자산의 처분		176,867,578,236		801,146,157,760	
유형자산의 취득		(-381,462,480,731)		(-256,096,494,860)	
유형자산의 처분		785,914,054		1,617,851,470	
무형자산의 취득		(-16,905,804,564)		(-10,516,027,161)	

과목	주석	제 23 (당) 기		제 22 (전) 기	
무형자산의 처분		1,572,701,194		1,032,880,000	
기타포괄손익-공정가치 측정 금융자산의 취득		(-484,354,877,014)		(-46,470,714,355)	
기타포괄손익-공정가치 측정 금융자산의 처분		152,862,987,099		5,584,356,500	
종속기업및관계기업투자주식의 취득		(-1,961,871,943,107)		(-1,506,443,550,995)	
종속기업및관계기업투자주식의 처분		207,101,722,713		153,479,128,783	
리스채권의 회수		11,877,750,317		11,161,612,229	
사업결합으로 인한 현금유출입액	33	10,476,254,714		(-13,771,707,516)	
기타투자활동으로 인한 현금유출입액		(-25,501,525,090)		(-2,488,461,610)	
III. 재무활동 현금흐름			2,051,785,152,074		(-48,313,674,433)
단기차입금 차입		158,905,500,000		40,000,000,000	
단기차입금 상환		(-196,301,500,000)		—	
장기차입금 차입		351,297,700,000		—	
사채의 발행		1,588,456,943,730		—	
리스부채의 상환		(-20,033,517,627)		(-18,288,199,584)	
자기주식의 취득		—		(-15,516,003,480)	
자기주식의 처분		188,237,813,981		—	
주식선택권의 행사		39,796,328,200		—	
배당금 지급	28	(-59,278,532,070)		(-54,688,370,920)	
기타재무활동으로 인한 현금유출입액		704,415,860		178,899,551	
IV. 현금및현금성자산의 환율변동효과			2,847,401,105		641,666,927
V. 현금및현금성자산의 순증감			595,104,136,772		(-45,114,728,159)
VI. 기초 현금및현금성자산			369,314,307,214		414,429,035,373
VII. 기말 현금및현금성자산			964,418,443,986		369,314,307,214

부록 2 | 일반기업회계기준, 한국채택국제회계기준, 중소기업회계기준 비교표

구분	일반기업회계기준	한국채택국제회계기준(K-IFRS)	중소기업회계기준
의무적용 시기	2011년 1월 1일 이후 최초로 개시하는 회계연도부터	2011년 1월 1일 이후 최초로 개시하는 회계연도부터(기업의 선택에 따라 조기적용 가능)	2014년 1월 1일 이후 최초로 시작되는 회계연도부터
의무적용 대상 기업	외감법 대상 주식회사 중 K-IFRS 적용 않는 비상장기업 및 기타기업	유가증권시장 상장기업 및 코스닥시장 상장기업, 기타 법에서 정하거나 적용을 선택한 기업	외감법상 외부감사 대상이 아닌 모든 기업
회계처리의 기본관점	국제기준에 근접하면서도, 중소기업 부담완화, 국제적 적합성 고려	원칙중심(Principle-based), 거래의 실질에 맞는 회계처리, 실무적용과 해석에서 높은 수준의 판단을 요구	규정중심(Rule-based), 법률정책의 목적에 맞게 정해진 법적형식에 따른 회계처리
공시체계	개별재무제표 중심 + 연결재무제표 보완	연결재무제표 기준	개별재무제표 중심
재무제표의 구성요소	재무상태표, 손익계산서, 현금흐름표, 자본변동표, 주석으로 하고 현행처럼 표준양식을 제시(이익잉여금처분계산서는 주석사항으로)	재무상태표, 포괄손익계산서, 재무상태변동표(자본변동표, 현금흐름표 등), 주석. 재무제표 표준양식은 없고 포함될 내용 위주로 언급	재무상태표, 손익계산서, 자본변동표, 이익잉여금처분계산서, 주석. 재무제표 표준양식 있음
연결재무제표	K-IFRS와 동일. 단, 외감법규에서 정한 경우 소규모회사 제외 가능	연결범위(회계기준) • 아래 지배력 3요소 해당 시 연결 ① 힘의 보유 ② 변동 이익에 대한 노출·권리 보유 ③ ①과 ② 결합 가능 • 소규모회사 제외 기준 없음 • 특수목적기구 관련 별도 지배력 기준 규정	일반기업회계기준 준용
	K-IFRS와 동일. 다만, 종속 회사가 중소기업특례대상이거나 K-IFRS 적용 시 회계정책 일치 면제	지배.종속 회사간 동일한 회계정책 적용	일반기업회계기준 준용
금융자산·금융부채	K-IFRS와 동일	금융상품의 취득원가는 공정가치로 측정	유가증권 취득원가에는 거래원가를 포함. 단, 시장가격있는 경우 거래원가는 취득시점에 비용화

구분	일반기업회계기준	한국채택국제회계기준(K-IFRS)	중소기업회계기준
금융자산·금융부채	금융자산 양도자가 금융자산에 대한 통제권이 없고, 양수자가 자유로이 처분하면 매각거래, 그렇지 않으면 차입거래	금융자산 양도자가 위험과 보상 대부분을 이전하면 장부에서 제거, 양도자가 통제하고 있으며 관여하는 정도까지 유지	일반기업회계기준 준용
	단기매매증권과 매도가능증권은 공정가치, 만기보유증권은 상각후원가 측정	보유목적이나 계약조건에 따라 상각후원가, 기타포괄손익-공정가치, 당기손익-공정가치로 측정	금융부채(채권) 상각후원가법(유효이자율법)으로 평가
재고자산 평가	K-IFRS와 동일	실제원가와의 차이가 크지 않을 경우 표준원가법 허용	일반기업회계기준 준용
	후입선출법 허용	후입선출법 불허	일반기업회계기준 준용
	정상감모손실은 매출원가에 가산, 그렇지 않으면 영업외비용	감모손실을 회사가 영업손익으로 구분하여 표시 가능	일반기업회계기준 준용
지분법	K-IFRS와 동일	20% 이상일 경우 또는 유의적인 영향력을 갖는 경우 종속회사 지분만 합산	일반기업회계기준 준용
유형자산 및 무형자산	K-IFRS와 동일	손상차손과 보험금수익을 총액 표시	일반기업회계기준 준용
	합리적인 감가상각방법(정액법, 체감잔액법(정률법 등), 연수합계법, 생산량비례법 등)	입증가능한 합리적인 감가상각방법(정액법, 체감잔액법, 생산량비례법)	정액법,정률법,생산량비례법 중 택일(무형자산은 정률법 적용 불가)
	K-IFRS와 동일	감가상각방법 변경 시 회계추정변경으로 간주해 전진법 적용	감가상각방법 변경 시 회계정책변경으로 전진법 적용
	투자부동산은 재평가 허용하나 무형자산은 재평가 불허	유형자산,투자부동산,무형자산 모두 재평가 허용	일반기업회계기준 준용
	무형자산은 경제적효익 유입가능성이 매우 높을 때 인식	무형자산은 경제적효익 유입가능성이 높을 때 인식	일반기업회계기준 준용
	무형자산 내용연수는 법령 등에 의한 경우 아니면 20년 초과할 수 없음	무형자산 내용연수는 순현금유입을 창출할 것으로 기대되는 기간에 대해 예측가능한 제한이 없을 경우 인정함	일반기업회계기준 준용
	아직 사용할 수 없는 무형자산은 매년 말 손상검사 후 회수가능액을 추정해야함	내용연수 비한정 무형자산과 아직 사용할 수 없무형자산 및 사업결합으로 취득한 영업권은 매년 손상검사를 해야 함	일반기업회계기준 준용
사업결합	K-IFRS와 동일	취득법만 인정	일반기업회계기준과 동일
	K-IFRS와 동일	당기손익으로 인식	일반기업회계기준과 동일

구분	일반기업회계기준	한국채택국제회계기준(K-IFRS)	중소기업회계기준
이연법인세	향후 과세소득의 발생 가능성이 매우 높은 경우 이연법인세 자산 인식. 유동자산 또는 기타비유동자산으로 분류	향후 과세소득의 발생 가능성이 높은 경우 이연법인세자산 인식. 비유동자산으로만 분류	적용하지 않음
	한계세율 적용	평균세율 적용	적용하지 않음
충당부채, 우발부채 및 우발자산	충당부채는 자원의 유출가능성이 매우 높을 경우에 인식	충당부채는 자원의 유출가능성이 높을 경우에 인식	일반기업회계기준 준용
	퇴직급여충당부채는 기말 현재 전종업원이 일시에 퇴직할 경우 지급해야 할 퇴직금 상당액으로 함	퇴직급여충당부채는 확정급여채무의 현재가치와 당기근무원가를 결정하기 위해서는 예측단위적립방식을 사용함	일반기업회계기준과 동일
	퇴직연금운용자산은 기업이 직접 보유하고 있는 것으로 회계처리 퇴직급여관련부채=퇴직급여충당부채(+)퇴직연금미지급금(-)퇴직연금운용자산	사외적립자산으로 공정가치로 처리 확정급여부채=확정급여채무의현재가치(±)미인식보험수리적손익(-)미인식과거근무원가(-)사외적립자산의기말공정가치	일반기업회계기준과 동일
자본	K-IFRS와 동일	복합금융상품의 중도상환대가는 부채와 자본에 배분	일반기업회계기준 준용
	K-IFRS와 동일	외화전환사채의 부채부분은 현행환율로 외화환산	일반기업회계기준 준용
	K-IFRS와 동일	전환사채 조기전환 유도를 위한 전환대가는 당기손익으로 인식	일반기업회계기준 준용
	상환우선주 법적분류에 따라 자본항목 분류	상환우선주는 경제적 실질에 따라 자본 또는 부채로 분류	일반기업회계기준 준용
	자본금, 자본잉여금, 자본조정, 이익잉여금, 포괄손익누계액으로 분류	납입자본, 이익잉여금, 기타자본구성요소 등으로 분류	자본금, 자본잉여금, 자본조정, 이익잉여금으로 분류
(포괄)손익계산서 양식	매출총손익, 영업손익, 세전손익, 당기순익 등 표준 양식 제시	최소한 구성내용만 나열하고, 매출총손익, 세전세후영업손익, 당기순손익 등 예시	매도가능증권평가손익 등 포괄손익은 당기순손익에 포함하여 표시
수익인식 관련	아파트 등 예약매출은 건설형공사계약으로 원칙적으로 진행률에 의한 매출인식	아파트 등 예약매출은 재화의 판매로 보며, 재화의 위험과 효익이 고객에게 계속적으로 이전된 경우 진행률로 매출인식하고, 일정 시점에 재화의 위험과 효익이 고객에게 이전하는 경우에는 인도기준으로 매출인식	일반기업회계기준 준용
비용 분류방식	매출원가, 판매관리비, 기타비용 등 기능별 분류방식	기능별 분류 및 성격별 분류(감가상각비, 원재료구입, 운송비, 종업원급여 등)방식 허용	일반기업회계기준과 동일

구분	일반기업회계기준	한국채택국제회계기준(K-IFRS)	중소기업회계기준
종업원급여	퇴직급여산출 시 청산가치개념(일시퇴직을 가정한)에 근거	종업원의 미래임금상승률 및 시장수익률 등을 고려한 보험수리적 방법	일반기업회계기준과 동일
	K-IFRS와 동일	퇴직연금미지급금 측정 시 우량회사채수익률(두터운 시장이 없을 경우 국공채시장수익률) 적용	일반기업회계기준과 동일
환율변동효과	기능통화 손익항목의 표시통화 환산 시 거래일의 환율 또는 평균환율 중 선택	기능통화 손익항목의 표시통화 환산 시 거래일의 환율 또는 평균환율(환율변동이 유의적이지 않는 경우에만 사용 가능)	일반기업회계기준 준용
	해당국가 통화를 기능통화로 사용 가능	기능통화는 제반 사항을 고려하여 결정	일반기업회계기준 준용
농림어업	• 생물자산의 인식 후 측정: 순공정가치법/원가법 선택 • 수확물의 수확시점 인식: 취득원가	• 생물자산의 인식 후 측정: 순공정가치법 • 수확물의 수확시점 인식: 순공정가치	일반기업회계기준 준용
추출활동	탐사평가지출 관련 별도 기준 없음(유무형자산의 회계처리 기준을 준용)	탐사평가지출을 탐사평가자산으로 인식 가능	일반기업회계기준 준용
	탐사 관련 유무형자산 인식에 대해 별도 기준 없음	탐사 관련 유무형자산을 탐사평가자산으로 인식	일반기업회계기준 준용
일반기업회계기준 최초채택	과거 일반기준을 적용하지 않던 기업이 일반기준을 최초채택 시 적용	최초 K-IFRS 재무제표 작성 시 K-IFRS 최초채택 규정 적용	일반기업회계기준 준용
	당해회계연도분과 직전회계연도분을 비교하는 형식으로 재무제표 작성	세 개의 재무상태표, 두 개의 손익계산서, 현금흐름표, 자본변동표 및 관련 주석을 비교 공시	일반기업회계기준 준용
	최초채택시점에 간주원가 사용 가능	최초채택시점에 간주원가 사용 가능	일반기업회계기준 준용
중소기업 회계처리 특례	종전의 특례규정을 대부분 유지	중소기업 특례기준 없음	해당 조항 없음
현금흐름표	유가증권 취득과 처분 시 현금흐름은 투자활동	단기매매목적 금융상품 거래는 영업활동으로 분류	현금흐름표는 재무제표 구성요소 아니고, 대신 이익잉여금처분계산서는 포함
	법인세 중 유형자산처분 관련 특별부가세 제외하고 영업활동 현금흐름으로 분류	투자활동 및 재무활동관련 법인세는 투자활동 및 재무활동 현금흐름으로 각각 분류	

부록 3 〉 기업회계기준별 목차 비교

일반기업회계기준		한국채택국제회계기준(K-IFRS)		중소기업회계기준	
재무회계 개념체계		재무보고를 위한 개념체계		제1장 총칙	
제1장	목적, 구성 및 적용	제1101호	한국채택국제회계기준의 최초채택	제1조	목적
		제1102호	주식기준보상	제2조	적용
제2장	재무제표의 작성과 표시 I	제1103호	사업결합	제3조	회계정책의 선택
		제1104호	보험계약	제4조	재무제표
제3장	재무제표의 작성과 표시 II (금융업)	제1105호	매각예정비유동자산과 중단 영업	제5조	항목의 통합 및 구분표시
제4장	연결재무제표	제1106호	광물자원의 탐사와 평가	제2장 대차대조표	
		제1107호	금융상품: 공시	제6조	대차대조표 작성기준
제5장	회계정책, 회계추정의 변경 및 오류	제1108호	영업부문	제7조	당좌자산
제6장	금융자산·금융부채 제1절 공통사항 제2절 유가증권 제3절 파생상품 제4절 채권채무재조정	제1109호	금융상품	제8조	매출채권 등의 양도
		제1110호	연결재무제표	제9조	재고자산
		제1111호	공동약정	제10조	투자자산
		제1112호	타 기업에 대한 지분 공시	제11조	유형자산
				제12조	무형자산
		제1113호	공정가치측정	제13조	기타비유동자산
		제1114호	규제이연계정	제14조	유동부채
		제1115호	고객과의 계약에서 생기는 수익	제15조	비유동부채
		제1116호	리스	제16조	매입채무 등의 제거
		제1001호	재무제표 표시	제17조	종업원 급여
제7장	재고자산	제1002호	재고자산	제18조	그밖의 충당부채
제8장	지분법	제1007호	현금흐름표	제19조	자본금
제9장	조인트벤처투자	제1008호	회계정책, 회계추정의 변경 및 오류	제20조	자본잉여금
		제1010호	보고기간후사건	제21조	자본조정
제10장	유형자산	제1012호	법인세	제22조	이익잉여금 또는 결손금

일반기업회계기준		한국채택국제회계기준(K-IFRS)		중소기업회계기준	
제11장	무형자산	제1016호	유형자산	제3장 손익계산서	
		제1019호	종업원급여	제23조	손익계산서 작성기준
제12장	사업결합	제1020호	정부보조금의 회계처리와 정부지원의 공시	제24조	수익의 인식 시점
		제1021호	환율변동효과	제25조	수익의 측정
제13장	리스	제1023호	차입원가	제26조	매출액
제14장	충당부채,우발부채 및 우발자산	제1024호	특수관계자공시	제27조	매출원가
		제1026호	퇴직급여제도에 의한 회계처리와 보고	제28조	매출총이익
제15장	자본	제1027호	별도재무제표	제29조	판매비와 관리비
제16장	수익 제1절 수익인식 제2절 건설형공사계약	제1028호	관계기업과 공동기업에 대한 투자	제30조	영업이익
		제1029호	초인플레이션 경제에서의 재무보고	제31조	영업외수익
		제1032호	금융상품: 표시	제32조	영업외비용
제17장	정부보조금의 회계처리	제1033호	주당이익	제33조	법인세차감전순이익
제18장	차입원가자본화	제1034호	중간재무보고	제34조	법인세비용
제19장	주식기준보상	제1036호	자산손상	제35조	당기순이익
제20장	자산손상	제1037호	충당부채, 우발부채 및 우발자산	제4장 자산·부채의 평가	
제21장	종업원급여	제1038호	무형자산	제36조	자산의 평가기준
제22장	법인세회계	제1039호	금융상품: 인식과 측정	제37조	재고자산의 평가
		제1040호	투자부동산	제38조	유형자산과 무형자산의 평가
제23장	환율변동효과	제1041호	농림어업	제39조	유가증권의 평가
		제2101호	사후처리 및 복구관련 충당부채의 변경	제40조	매출채권의 평가
제24장	보고기간후사건	제2102호	조합원지분과 유사지분	제41조	매입채무 등의 평가
		제2105호	사후처리, 복구 및 환경정화를 위한 기금의 지분에 대한 권리	제42조	외화거래
제25장	특수관계자 공시	제2106호	특정 시장에 참여함에 따라 발생하는 부채: 폐전기·전자제품	제5장 회계정책·회계추정의 변경과 오류수정	
제26장	기본주당이익	제2107호	제1029호에서의 재작성방법의 적용	제43조	회계정책 및 회계추정의 변경

일반기업회계기준		한국채택국제회계기준(K-IFRS)		중소기업회계기준	
제27장	특수활동 제1절 농림어업 제2절 추출활동	제2110호	중간재무보고와 손상	제44조	오류수정
		제2112호	민간투자사업	제45조	주식의 발행
		제2114호	제1019호 확정급여자산한도·최소적립 요건및그 상호작용	제46조	자기주식의 취득과 처분
제28장	중단사업	제2116호	해외사업장 순투자의 위험회피	제47조	주식의 소각
제29장	중간재무제표	제2117호	소유주에 대한 비현금자산의 분배	제48조	배당
제30장	일반기업회계기준의 최초채택	제2119호	지분상품에 의한 금융부채의 소멸	제7장 특수거래	
제31장	중소기업 회계처리 특례	제2120호	노천광산 생산단계의 박토원가	제49조	리스거래
제32장	동일지배거래	제2121호	부담금	제50조	정부보조금과 공사부담금
제33장	온실가스배출권과배출부채	제2122호	외화거래와 선지급 선수취 대가	제51조	사업결합
보험업회계처리준칙		제2123호	법인세 처리의 불확실성	제8장 자본변동표	
		제2010호	정부지원: 영업활동과 특정 관련이 없는 경우	제52조	자본변동표
특수분야회계기준				제9장 이익잉여금처분계산서 및 결손 금처리계산서업외비용	
제5001호	결합재무제표	제2025호	법인세: 기업·주주의 납세 지위 변동	제53조	이익잉여금처분계산서
제5002호	기업구조조정투자회사	제2029호	민간투자사업: 공시	제54조	결손금처리계산서
제5003호	집합투자기구	제2032호	무형자산: 웹사이트원가	제10장 주석	
제5004호	신탁업자의 신탁계정	경영진설명서 작성을 위한 개념체계 번역서		제55조	주석의 정의
		중요성에 대한 판단 번역서		제56조	주석기재 사항

부록 4 │ 기업의 사업보고서와 공시 정보 이용 시 투자자 유의사항

> 상장기업 등은 재무제표를 포함한 사업보고서를 금융감독원의 전자공시시스템(dart.fss.or.kr)에 의무적으로 공시해야 한다.
> 상장기업의 투자자들은 해당 사업보고서를 이용할 때 다음 사항에 유의하여야 한다.

아래 내용은 금융감독원이 최근 발표한 내용을 바탕으로 정리한 것이다.

1. 사업보고서의 내용과 공시기한

(1) 사업보고서란?

사업보고서란 상장법인 등이 매 사업연도 및 분·반기말 기준의 재무제표(경영성과, 재무상태 등)와 증권의 변동에 관한 사항 등을 정기적으로 공시함으로써 주주·채권자 등 이해관계자는 물론 잠재적 투자자 등 정보이용자들에게 합리적인 투자판단 자료를 제공하기 위해 작성하는 공시서류를 말한다.

(2) 사업보고서 등의 제출기한

사업보고서는 매 사업연도 경과 후 90일 이내에, 분·반기보고서는 매 분·반기 종료 후 45일 이내에 금융위원회(금융감독원) 등에 제출하여야 하며, 공시서류 작성기준일을 기준으로 최근 3년간의 기간이 대상이 된다.

> 공시서류제출일이 속하는 사업연도의 직전사업연도 종료일(사업보고서) 및 공시서류제출일이 속하는 사업연도의 개시일로부터 3개월·6개월·9개월이 경과한 날(분·반기보고서)

3) 공시의 범위

한국채택국제회계기준(K-IFRS) 시행에 따라 연결재무제표 공시가 의무화되면서 비재무사항의 경우도 지배회사뿐만 아니라 종속회사에 관한 사항도 포함하여 기재하여야 한다. 비재무사항이란 요약재무정보, 재무제표 및 부속명세 등의 재무적인 사항을 제외한 공시항목(회사의 개요, 사업의 내용, 우발채무 등 6가지 비재무항목)을 통칭한다.

공시할 때는 법적 실체(개별회사 단위)가 아닌 경제적 실체(연결실체, 즉 지배회사와 종속회사를 포함)를 하나의 보고단위로 하여 사업보고서 등 내용을 공시한다.

(4) 사업보고서의 주요 기재내용

사업보고서 등의 주요 기재사항은 다음과 같이 총 12개 항목으로 구성된다.

1. 회사의 개요
2. 사업의 내용
3. 재무에 관한 사항
4. 감사인의 감사의견 등
5. 이사의 경영진단 및 분석의견
6. 이사회 등 회사의 기관 및 계열사에 관한 사항
7. 주주에 관한 사항
8. 임원 및 직원에 관한 사항
9. 이해관계자와의 거래내용
10. 그 밖에 투자자 보호를 위하여 필요한 사항
11. 재무제표 등
12. 부속명세서

또한 사업보고서 등을 공시할 때는 ① 회계감사인의 감사보고서, 연결감사보고서(분·반기 검토보고서), ② 내부감사의 감사보고서(분·반기 생략), ③ 내부감시장치에 대한 감사의 의견서(분·반기 생략), ④ 내부회계관리제도 운영보고서(분·반기 생략), ⑤ 결합감사보고서, 결합재무제표(분·반기 생략), ⑥ 전문가의 확인,

영업보고서, 정관 등(분·반기 생략)을 첨부하도록 하고 있다.

2. 사업보고서 등을 이용할 때 투자자들이 유의해야 할 사항

(1) 자본구조 및 자금 조달 현황 확인

❶ 증권 발행현황과 자금의 사용목적 등 파악

최근 3년간 증권 발행을 통한 자금조달내역, 자금 사용목적 및 실제 사용 내역, 그 차이 등을 확인할 필요가 있다. 특히 자금조달 횟수가 빈번하고 공모실적은 감소하는 반면, 소액공모 또는 사모*를 통한 자금조달 비중이 점차 커지거나 사모발행 시에도 일정변경 등이 빈번하다면 회사의 자금사정이 어렵다는 신호일 가능성이 있으므로 투자 시 유의할 필요가 있다.

> *사모(私募)란 기업이 새로 주식이나 사채를 발행할 때 일반으로부터 공모(公募)하지 않고, 발행회사와 특정한 관계가 있는 곳에서 모집하는 경우를 말한다.

아울러 세부 자금운영계획 등은 관련 증권신고서, 주요사항보고서, 투자설명서 및 증권발행실적보고서 등을 참조하여 확인한다. 또한 채무증권 상환기일(만기) 집중 여부 점검을 통해 회사의 유동성 위험 발생가능성, 시기 등을 평가할 필요가 있다.

❷ 전환사채나 신주인수권부사채 등 주식연계채권 발행현황 파악

기업이 발행하고 아직 상환하지 않은 전환사채(CB)나 신주인수권부사채(BW) 등 자본 증가와 관련 있는 증권의 발행잔액을 확인할 필요가 있다. 이는 향후 지분증권 투자 시 본인의 지분가치가 감소할 가능성을 보여주기 때문이다.

❸ 영구채 등 신종자본증권 발행현황 파악

영구채 등 신종자본증권은 채무증권임에도 회계상 자본으로 인정되므로 당해 신종자본증권의 발행내역 등을 확인할 필요가 있다. 특히 회계처리상 자본으로 분류되지만 형식적으로는 채무증권으로서 원리금에 대한 상환의무가 있음에도 유의해야 한다. 동 증권이 부채로 분류되는 경우 부채비율 상승 등 기업의 재무구조에 미치는 영향이 적지 않기 때문이다.

> 영구채란 만기 30년 이상의 채권으로, 그 만기를 발행회사가 불리한 조건이긴 하지만 임의로 연장할 수 있어서 자본으로 분류된다.

(2) 지배구조 및 경영권 변동 확인

❶ 최대주주 지분율 및 과거 최대주주 변동현황 파악

상장법인의 경우 최대주주의 지분율이 낮을수록 적대적 M&A 대상이 될 가능성이 높아 경영상 안정성이 저해될 소지가 있으므로 최대주주의 지분율 파악이 중요하다. 특히 최대주주의 지분율이 낮은 상태에서 최대주주 변동이 빈번한 경우 안정적인 경영을 통한 기업가치 증대보다는 자본차익 획득을 위한 최대주주 등의 불공정거래 대상이 될 가능성이 높다고 할 수 있다.

또한 공모 유상증자 시 최대주주의 유상증자 참여 여부가 최대주주의 지속경영 가능성 판단을 위한 중요한 요소이므로 주의해야 한다.

❷ 회사 및 임직원에 대한 제재현황 파악

회사 또는 임직원이 회사의 업무수행과 관련하여 상법 및 자본시장법, 외감법, 공정거래법, 조세관련법, 환경관련법 등을 위반하여 형사처벌을 받거나 행정조치 등을 받은 사실이 있는지, 한국거래소 또는 금융투자협회로부터 제재조치를 받은 사실도 확인할 필요가 있다. 특히 최대주주 또는 경영진의 횡령·배임, 분식회계 적발 시에는 상장폐지 가능성이 있으니 유의해야 한다.

(3) 회사의 영업위험 관련

❶ 사업부문별 실적 파악

재무제표를 통해 제시되는 회사(연결실체) 전체의 실적 외에, 사업보고서상 연결실체의 사업부문별 실적현황을 파악하여 핵심사업의 영업현황 및 향후 전망 등을 확인한다. 특히 한국거래소 수시공시로 매출·공급계약의 정정공시(특히 반기말 또는 사업연도말 전후)가 빈번한 회사의 경우 안정적인 영업실적이 실현되지 않는 경우가 많으므로 투자 시 유의해야 한다.

❷ 신규 사업 진출 및 타법인 투자 등 목적사업 변경현황 확인

신규 사업 진출을 위한 타법인 투자 등 목적사업 변경이 빈번하다면, 주된 영업활동의 낮은 수익성 등으로 인해 회사의 지속가능성에 의문이 든다는 신호로 볼 수 있다. 또한 빈번한 사업목적 변경에도 불구하고 신규 사업을 통한 재무구조 및 영업실적 개선효과가 미미할 경우에는 기업정상화보다는 단기간 내 시세차익 획득 등 불공정거래 대상이 될 가능성이 있다.

❸ 영업이익 및 영업현금흐름의 발생 추이 검토

재무제표상 영업이익 및 영업활동으로 인한 현금흐름이 안정적으로 발생하고 있는지 여부를 검토해야 한다. 특히 최근 수년간 영업이익 및 영업현금흐름이 연속 마이너스(-)임에도 유상증자 등 재무활동을 통해 현금을 조달 후 영업과 무관한 타법인 투자 및 자금대여 등에 사용하는 경우 불공정거래 등과 연관될 가능성이 있다.

❹ 회사의 지급보증 등 우발채무현황 파악

기업의 사업보고서상 중요한 소송사건 및 채무보증·채무인수약정 현황 등의 우발채무와 관련하여 (연결)감사보고서 주석 내용도 반드시 확인할 필요가 있다. 특히 재무상태가 부실한 회사일수록 지급보증 등의 우발채무가 현실화될 가능성이 높고, 연결실체 내 특수관계자간 지급보증 시 동반 부실의 위험도 존재한다.

(4) 기타 사항

❶ 외부감사인의 감사의견 확인

외부감사인의 감사의견이 비적정의견(한정의견, 부적정의견, 의견거절)인 경우 한국거래소에 의한 관리종목 지정 또는 상장폐지 사유에 해당한다. 또한 감사의견이 적정의견이라 하더라도 감사보고서상 강조사항(또는 특기사항)으로 '계속기업으로서의 불확실성'이 기재되는 경우가 있으므로 (연결)감사보고서를 반드시 확인해야 하며, 내부감시장치에 대한 감사의 의견서는 회사의 감사가 평가한 의견서로서 회사의 내부감시장치 운영현황을 개략적으로 파악할 수 있으므로 참고할 필요가 있다.

❷ 사업보고서 작성기준일 이후 발생사건 파악

사업보고서 작성기준일 이후부터 제출일 사이에 발생한 중요한 사건 및 이로 인한 변동내용 또는 회사에 미치는 영향 등이 기재되어 있으므로 이를 확인하는 것이 좋다.

> 중요한 사건이란 동 사건으로 인해 제출일 현재의 관련 증권의 권리 내용 또는 가치에 관하여 중대한 오해를 유발할 우려가 있는 사건을 말한다.

<참고>

사업보고서의 일반적인 구성체계

대제목	중제목	소제목
I. 회사의 개요	1. 회사의 개요	
	2. 회사의 연혁	
	3. 자본금 변동사항	
	4. 주식의 총수 등	
	5. 의결권 현황	
	6. 배당에 관한 사항 등	
II. 사업의 내용	1. 사업의 개요	
	2. 주요 제품, 서비스 등	
	3. 주요 원재료	
	4. 생산 및 설비	
	5. 매출	
	6. 수주상황	
	7. 시장위험과 위험관리	
	8. 파생상품 및 풋백옵션 등 거래현황	
	9. 경영상의 주요 계약 등	
	10. 연구개발활동	
III. 재무에 관한 사항		
IV. 감사인의 감사의견 등		
V. 이사의 경영진단 및 분석의견	1. 개요	
	2. 재무상태 및 영업실적	
	3. 유동성 및 자금조달과 지출	
	4. 부외거래	

대제목	중제목	소제목
	5. 그밖에 투자의사결정에 필요한 사항	
VI. 이사회 등 회사의 기관 및 계열사에 관한 사항	1. 이사회에 관한 사항	1. 이사회 구성 개요
		2. 중요의결사항
		3. 이사회 내 위원회
		4. 이사의 독립성
		5. 사외이사의 전문성
	2. 감사제도에 관한 사항	
	3. 주주의 의결권 행사에 관한 사항	
	4. 계열회사 등의 현황	
VII. 주주에 관한 사항	1. 최대주주 및 그 특수관계인의 주식소유 현황	
	2. 최대주주 변동현황	
	3. 주식의 분포	
	4. 주식사무	
	5. 주가 및 주식거래실적	
VIII. 임원 및 직원에 관한 사항	1. 임원 및 직원의 현황	
	2. 임원의 보수 등	1. 이사·감사의 보수현황 등
		2. 주식매수선택권의 부여 및 행사현황 등
IX. 이해관계자와의 거래내용	1. 대주주 등에 대한 신용공여 등	
	2. 대주주와의 자산양수도 등	
	3. 대주주와의 영업거래	
	4. 대주주 이외의 이해관계자와의 거래	
X. 그 밖에 투자자 보호를 위하여 필요한 사항	1. 공시내용의 진행·변경상황 및 주주총회 현황	1.공시사항의 진행, 변경상황
		2. 주주총회 의사록 요약

대제목	중제목	소제목
	2. 우발채무 등	1. 중요한 소송사건
		2. 견질 또는 담보용 어음·수표현황
		3. 채무보증 현황
		4. 채무인수약정 현황
		5. 그 밖의 우발부채 등
		6. 자본으로 인정되는 채무증권의 발행
	3. 제재현황 등 그밖의 사항	1. 제재현황
		2. 작성기준일 이후 발생한 주요사항
		3. 중소기업기준 검토표
		4. 직접금융 자금의 사용
		5. 외국지주회사의 자회사 현황
		6. 법적위험 변동사항
		7. 합병 등의 사후정보
		8. 녹색경영
		9. 정부의 인증 및 그 취소에 관한 사항
		10. 조건부자본증권의 전환, 채무재조정 사유의 변동현황
XI. 재무제표 등	1. 재무제표 및 연결재무제표	
	2. 대손충당금 설정현황	
	3. 재고자산 현황 등	
	4. 채무증권 발행실적	
XII. 부속명세서		